Astrid Hackel

Paradox Blindheit

Inszenierungen des Sehverlusts in Literatur, Theater und bildender Kunst der Gegenwart

Astrid Hackel arbeitet als Publizistin, Lektorin und Kulturwissenschaftlerin. Sie studierte Literatur- und Theaterwissenschaft sowie Museumsmanagement und -kommunikation in Berlin und Toulouse und war Mitglied im Graduiertenkolleg „Geschlecht als Wissenskategorie“. Aktuell forscht sie zum Thema Ausstellungskritik und im Kontext des DFG-Forschungsnetzwerks „Aktionskunst jenseits des Eisernen Vorhangs“ zu Kunst in der DDR zwischen 1976 und 1989.

Astrid Hackel

Paradox Blindheit

Inszenierungen des Sehverlusts in Literatur, Theater und bildender Kunst der Gegenwart

Neofelis Verlag

Diese Publikation wurde ermöglicht durch die großzügige Unterstützung von:

Gerda-Weiler-Stiftung für feministische Frauenforschung
D-53894 Mechernich, www.gerda-weiler-stiftung.de

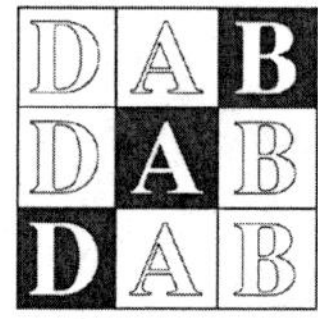

Deutscher Akademikerinnenbund
http://www.dab-ev.org/

F O N T E

Stiftung zur Förderung des
geisteswissenschaftlichen Nachwuchses

Bibliografische Information der Deutschen Nationalbibliothek
Die Deutsche Nationalbibliothek verzeichnet diese Publikation in der Deutschen Nationalbibliografie; detaillierte bibliografische Daten sind im Internet über http://dnb.d-nb.de abrufbar.

Umschlaggestaltung: Marija Skara
Lektorat & Satz: Neofelis Verlag (fs/ae)
Druck: PRESSEL Digitaler Produktionsdruck, Remshalden
Gedruckt auf FSC-zertifiziertem Papier.
ISBN (Print): 978-3-95808-131-4
ISBN (PDF): 978-3-95808-182-6

Inhalt

I
Blindheit –
Einführung in eine ambivalente Denkfigur

Paradox Blindheit

„There's nothing to see, Isabella. Sometimes you think too much and then you are absent-minded or your imagination runs riot."[1] Anna ist irritiert: Ihre Adoptivtochter Isabella sieht weiße Blitze, die sie selbst nicht sieht. Und weil an Annas Vernunft und ihrer Wahrnehmung niemand zweifelt, müssen Isabellas Blitze wohl Einbildungen ihres überspannten Gehirns sein.

In der Theaterinszenierung *Isabella's Room* (Jan Lauwers und Needcompany, 2004) markiert die kurze Episode den Beginn von Isabellas Erblindung. Die rüde Zurechtweisung durch ihre Adoptivmutter kennzeichnet eine konfliktreiche Konstellation: Die sehende Person entscheidet, ob es etwas zu sehen gibt oder nicht – auch wenn sie nicht zwangsläufig diejenige ist, die alles ‚sieht'. Annas selbstsichere Aussage basiert auf dem in einer okularzentrischen Kultur grundlegenden Common Sense, dass eine blinde Person weniger glaubwürdig ist als eine sehende, wenn es um Fragen der visuellen Kompetenz, um das Erkennen und Benennen sichtbarer und demnach vermeintlich evidenter Tatsachen geht. Im Rahmen solcher normativen Konventionen ist die Aussage, dass Blinde sehen, paradox. Doch gerade dies ist zu bezweifeln. Die von der Inszenierung *Isabella's Room* und den übrigen in dieser Studie untersuchten Arbeiten aufgeworfene Kernfrage lautet nicht, ob, sondern was und wie blinde Figuren sehen. Blindheit wird nicht als ein Gegensatz, sondern als eine spezifische Ausprägung visueller Wahrnehmung begriffen; das Paradox besteht folglich in der Differenz zwischen einem konventionellen Blindheitsbegriff und der blindes Sehen inkludierenden Denkfigur Blindheit. Die dieser Denkfigur

1 Zit. n. Jan Lauwers / Needcompany: *Isabella's Room* (UA: 09.07.2004, Cloître des Carmes, Festival d'Avignon).

innewohnende Verschränkung von Blindheit und Sehen bildet die Grundannahme der vorliegenden Untersuchung. Ihr Ziel ist es, Bedeutungen und Funktionen von Blindheit in visuellen bzw. visuell kodierte Kunst thematisierenden Kunstformen herauszustellen. Als Untersuchungsmaterial dient eine Auswahl neuerer Arbeiten aus den Bereichen der Literatur, der Fotografie, des Theaters und der szenischen Installationskunst. Visuelle Wahrnehmung wird in den analysierten Arbeiten als etwas Destabilisiertes, Prekäres und Nichtselbstverständliches gesetzt, das es aufzugeben, (wieder-)anzueignen, zu transformieren oder neu zu besetzen gilt. Blindheit fungiert folglich als ein Sujet, das die Auseinandersetzung mit Formen der Ausbildung und Transformation von Wahrnehmungs- und Darstellungsgewohnheiten geradezu erzwingt. Ausgehend von dieser Beobachtung weist die Studie die zentrale Stellung von Blindheit innerhalb der Ausweitung, Umdeutung und Demontage konventioneller Vorstellungen des Sichtbaren und des Sehens sowie damit zusammenhängender Formen der Subjektivierung, des Wissens und der Wahrnehmung nach. Neuere, im Kontext des ‚westlichen Denkens' zu verortende Auseinandersetzungen mit Blindheit stellen also keine Absage an das Paradigma der Visualität dar; vielmehr erweisen sie sich als produktiv für das Aushebeln und Aufbrechen verkürzter, ausgrenzender und normierender Praktiken visueller Wahrnehmung. Formen der Infragestellung und Demontage sind umso notwendiger, als diese verkürzten Praktiken den konventionellen wie traditionsreichen Deutungsmustern von Blindheit eingeschrieben sind. Da sich diese Muster bis ins 21. Jahrhundert hinein als prägend und erstaunlich dauerhaft für das westliche Verständnis von Blindheit erwiesen haben, ist ihre Benennung für die wissenschaftliche Auseinandersetzung mit dem Thema unabdingbar. Im Folgenden sollen drei zentrale Deutungsmuster, deren Grundlinien eng ineinander verflochten sind, skizziert werden. Erstens erscheint Blindheit als Kondition für verschiedene Formen der das okulare Sehen übersteigenden höheren Wahrnehmung, zweitens – bedingt durch diese Aufladung und die patriarchale Kulturgeschichte – als tendenziell männliches ‚Privileg', und drittens wird sie als Gegenbild zur epistemischen Überhöhung als eine Form der Strafe, der Entmachtung, als existenzielle Krise und als Vorbotin des Todes interpretiert.

Deutungsmuster

1. Blindheit als Form höherer Wahrnehmung

Interpretationen von Blindheit stehen immer in einem Spannungsverhältnis zu Interpretationen des Sehens. Während Sehtheorien durchaus ohne Verweis auf Blindheit auskommen mögen, ist es umgekehrt undenkbar, Vorstellungen von Blindheit nicht auf visuelle Konzepte zurückzuführen. Sprachliche

Konventionen verdeutlichen, wie sehr sich Erkenntnis – bzw. das Nachdenken über Erkenntnis – noch immer im Modus des Visuellen vollzieht, obwohl der Okularzentrismus seit der zweiten Hälfte des 20. Jahrhunderts (vor allem im Zuge der Repräsentationskrise nach 1945, des Linguistic sowie Performative Turn und schließlich des Digital Turn) infrage gestellt wird.[2] Mathias Mayer erkennt in der Figur des Blinden sogar die Galionsfigur des Phonozentrismus, der die kulturelle und geschichtliche Vormachtstellung des Gesprochenen gegenüber dem Geschriebenen bezeichnet.[3] Als eine bis in die griechische Antike zurückzuverfolgende Denkfigur steht Blindheit nicht allein für die Einschränkung sinnlicher Wahrnehmung und menschlicher Erkenntnisfähigkeit, sondern zugleich für ihre Ausweitung mittels der Stimme, des Gehörs und der Taktilität sowie eines gesteigerten Bewusstseins. Dieses ambivalente Deutungsmuster, dessen Pole die Erschütterung einer gewohnten Wahrnehmungsweise und deren Transformation in eine höhere Form der Einsicht bilden, findet sich bereits im Teiresias-Mythos. Teiresias wurde, weil er die unbekleidete Göttin Athena beim Bad überraschte, geblendet, hierfür später jedoch durch die Gabe der Prophetie entschädigt.[4] Blindheit erscheint hier also nicht nur als Strafe für einen verbotenen, die Sphäre zum Göttlichen überschreitenden Blick, sondern zugleich als Voraussetzung für Teiresias' Karriere als ‚blinder Seher'. Sie stellt sowohl eine Gabe als auch einen Fluch dar. Ihre ambivalente Bedeutung zeichnet eine vom Teiresias-Mythos vereidigte, auch auf Homer und den blinden Sänger Demodokos zurückführbare dialektische Denkfigur aus, die ihren Platz ebenso in der rabbinischen Literatur wie in der neuzeitlichen Erkenntnistheorie, in literarischen Werken der Romantik ebenso wie im Idealismus und in der Moderne hat.[5] Ein wichtiger Grund für ihre Prominenz liegt in der mit Teiresias verbundenen Vorstellung, dass jenseits der Unterscheidung zwischen einer okularen und einer transzendentalen Wahrnehmung auch beides zugleich möglich ist, also blind und sehend zu sein. Die in dieser Tradition stehende Figur ist blind für das allen Anderen zugängliche Sichtbare und empfänglich für ein nach deren Maßstäben unsichtbares, arkanes Wissen.[6] Aufgrund

2 Vgl. hierzu die Ausführungen in Kap. II.

3 Mathias Mayer: *Dialektik der Blindheit und Poetik des Todes. Über literarische Strategien der Erkenntnis*. Freiburg i. Br.: Rombach 1997, S. 26.

4 Vgl. Kap. II.

5 Darauf komme ich in den Ausführungen zum Forschungsstand zurück. Auf die Bedeutung für die rabbinische Literatur nehmen ausführlich Bezug: Mayer: *Dialektik der Blindheit*; Moshe Barasch: *Blindness. The History of a Mental Image in Western Thought*. New York / London: Routledge 2001.

6 Vgl. exemplarisch Mayer: *Dialektik der Blindheit*, S. 57: „Was Teiresias als Blinder sieht, aber dem Blick der Sehenden entzogen bleibt, ist mit einer Distanzierung vom unmittelbaren Leben

dieser ambivalenten Fern-Nähe, die sich in der Nähe zum Göttlichen und der Distanz zum Weltlichen konkretisiert, eignet ihr etwas Unheimliches und Geheimnisvolles.

Zu den frühesten Trägern der positiv konnotierten Begabung zählt neben dem blinden Seher Teiresias auch Homer als Prototyp des blinden Chronisten und Künstlers. Seine Imaginationskraft ist dank des fehlenden Augenlichts größer und präziser als bei nichtblinden Menschen; sie ermöglicht ihm exakte Beschreibungen von Ereignissen, Personen und Objekten. Homers Gabe verweist zudem auf den bis in die Gegenwart virulenten Konflikt zwischen einer mimetisch-realistischen und einer magisch inspirierten Kunstauffassung, worauf insbesondere Kapitel III Bezug nehmen wird.[7] In der Tradition Homers steht auch die Figur des allwissenden Blinden, der sich wie der blinde Bibliothekar Jorge in Umberto Ecos Roman *Der Name der Rose* von einem (hier in Büchern) materialisierten Wissen emanzipiert hat, weil er selbst als ein gigantischer Wissensspeicher fungiert.[8]

Zusammenfassend lässt sich festhalten, dass Blindheit als Topos in der Literatur, der Philosophie und der Theologie eine paradigmatische und erstaunlich resistente Figur für die Sichtbarmachung und Aushandlung alternativer, meist innerlicher Bildwelten und existenzieller Konflikte vorstellt. Durch die Gleichzeitigkeit von Wissenszuwachs und -verlust, das Erlangen einer neuen (visionären) Sehweise um den Preis eines (visuellen) Kompetenzverlusts wird sie als prädestiniert erkannt, um ein produktives menschliches Dilemma beispielhaft in ein Bild zu setzen.

2. *Blindheit und Geschlecht*

Signifikant ist die bis zur Entwicklung des Films nachweisbare männliche Kodierung von Blindheit.[9] Aus der griechischen Mythologie sowie aus dem

infiziert, die nicht als Verlust diagnostiziert wird, sondern ‚wesentlich' als Figur der Ent-fernung, der Konzentration und Annäherung erscheint [...]. Denn dem umfassenden Wissen des Teiresias ist präsent, was zwischen Himmel und Erde verborgen oder offensichtlich ist, so daß an seinem Wort kein Zweifel möglich ist." Seine Autorität verdankt sich dem Umstand, über einen Zugang zum (göttlichen) Wissen zu verfügen, der den anderen Sterblichen verwehrt ist.

7 Der Gegensatz wird u. a. im Idealismus und in der Romantik wieder aufgegriffen. Zur Bedeutung der ambivalenten Blindheit Homers in diesem Zeitraum vgl. exemplarisch Alexandra Hildebrandt: *„Lebwohl, du heiterer Schein!" Blindheit im Kontext der Romantik*. Würzburg: Königshausen & Neumann 2002, insb. S. 139–140; Kai Nonnenmacher: *Das schwarze Licht der Moderne. Zur Ästhetikgeschichte der Blindheit*. Tübingen: Niemeyer 2006, S. 218, 240.

8 Umberto Ecos allwissendem Blinden Jorge – einer deutlichen und politisch gemeinten Anspielung auf den rechtskonservativen Dichter und Bibliothekar Jorge Luis Borges – fehlt es jedoch an Menschlichkeit. Umberto Eco: *Il nome della rosa*. Mailand: Bompiani 1980.

9 Vgl. Kap. II und den Ausblick der Studie (Kap. VII).

Alten und Neuen Testament, die sich als kanonische Quellen für die Beschäftigung mit Blindheit erwiesen haben, sind überwiegend männliche Figuren wie der Sänger Homer, der sich selbst blendende König Ödipus, der Seher Teiresias, der mächtige Samson oder der (während seines Bekehrungserlebnisses vorübergehend geblendete) Apostel Paulus überliefert. Die negative Deutung der zwischen Mittelalter und Früher Neuzeit in christlichen Gesellschaften mit Eigenschaften wie Geiz und Verschlagenheit verbundenen Figur des blinden Bettlers überschneidet sich mit der Lesart von Blindheit als Sinnbild der Ignoranz gegenüber einer hegemonialen Religion ebenso wie mit ihrer Interpretation als eine göttliche oder irdische Sanktionierung nonkonformen Verhaltens.[10] Teil dieses Motivkomplexes ist die religiöse wie weltliche Assoziation von Blindheit als Strafe für unmoralisches Verhalten, da das Auge kulturgeschichtlich über die Schaulust auf die ‚Sünde' verweist: Es ist vor allem die Begierde, die im Einklang mit den christlich-moralischen Lehren im späten Mittelalter und in der Frühen Neuzeit ‚blind' macht. Wie die anderen moralisch sanktionierten Affekte äußert sie sich nach Auffassung des Humanisten Erasmus von Rotterdam in aller Deutlichkeit im Gesicht, ja in den Augen.[11] Da Macht als herrschaftssicherndes Konzept innerhalb der modernen, patriarchalen und heteronormativen Repräsentationsstrukturen lange Zeit ausschließlich ein männliches Privileg war, ist es nur konsequent, wenn auch der Träger des grundsätzlich mit Macht korrelierten Blicks männlich kodiert ist. Sandor Ferenczi hat auf die historische Dimension der populären Analogie zwischen Kastrations- und Blendungsangst hingewiesen,[12] Sigmund Freud machte diese Analogie zu Beginn des 20. Jahrhunderts durch ihre psychoanalytische Grundierung populär; später fand sie ihren Niederschlag in den psychoanalytisch- und genderorientierten Kultur- und Filmwissenschaften,[13] Mieke Bal erkennt

10 Vgl. Barasch: *Blindness*, S. 92–102, 116–120. Gert Hofmann setzt sich in einer historischen Erzählung, die im 16. Jahrhundert spielt, mit diesem Stereotyp auseinander. Ders.: *Der Blindensturz.* Darmstadt / Neuwied: Luchterhand 1985.

11 Die Rede ist von der populären Schrift *Über die Umerziehung der Kinder* aus dem Jahr 1529. Vgl. Thomas Kleinspehn: *Der flüchtige Blick. Sehen und Identität in der Kultur der Neuzeit.* Reinbek: Rowohlt 1989, S. 23–39, worin der Autor auf die kulturelle Wechselwirkung zwischen Affektkontrolle und Selbsterkenntnis mit Bezug auf Erasmus von Rotterdam, Martin Luther und physiognomische Studien eingeht. Vgl. außerdem Jürgen Manthey: *Wenn Blicke zeugen könnten. Eine psychohistorische Studie über das Sehen in Literatur und Philosophie.* München / Wien: Hanser 1983; Christina von Braun: *Versuch über den Schwindel. Religion, Schrift, Bild, Geschlecht.* Zürich / München: Pendo 2001, insb. S. 207–220. Hier setzt sich von Braun mit der Bedeutung des taktil kodierten Blicks im religiösen wie im weltlichen Denken auseinander.

12 Vgl. Kap. II.

13 Vgl. exemplarisch Laura Mulvey: Visual Pleasure and Narrative Cinema. In: Bill Nichols (Hrsg.): *Movies and Methods.* Berkeley / Los Angeles: University of California Press 1985; dies.:

sie deutlich in Rembrandts Gemälde der *Blendung Samsons*.[14] Blendung fungiert, wie Freud herausstellt, in der Legende um Lady Godiva als mustergültige Sanktion für den Verstoß gegen das Verbot, die unbekleidete, aber keusche Adelige zu betrachten.[15] Es ist gerade ihre ‚Reinheit', die den Voyeurismus (und die ihm implizite Lust) eines das Verbot missachtenden Schneiders wirkungslos macht – und zwar für immer. Der moralische Gegensatz zwischen dem herabwürdigenden, weil sexuell motivierten Blick dieses prototypischen Voyeurs und der asexuellen Nacktheit der sich für die Bevölkerung aufopfernden Lady Godiva ist schlicht zu groß, um folgenlos zu bleiben. Ob von einer weltlichen oder wie hier einer höheren Instanz (von Freud als autosanktionierendes Gewissen gedeutet) vollstreckt, macht die Blendung des ‚unmoralischen' Blicks, den der Schneider verkörpert, aus ihm eine Gegenfigur zum ‚sehenden Blinden', wie ihn Homer oder Teiresias vorstellen. Der Ausgleich in Form einer Gabe fehlt in dieser Geschichte, Blindheit ist hier allein Strafe.[16]
Unter den weiblichen Blinden sind bis weit ins 19. Jahrhundert hinein fast ausschließlich typisierte Figuren überliefert – Heilige wie Lucia und Odilia oder Allegorien wie Fortuna, Synagoga oder Justitia. Doch letztere eignen sich kaum als Argument gegen den Befund der Unterrepräsentation von Frauen in der Kulturgeschichte der Blindheit. So haben unter anderem Aleida Assmann, Sigrid Schade und Silke Wenk nachgewiesen, dass derartige (Ideal-)Darstellungen keineswegs mit ‚realen' Weiblichkeitsbildern zu verwechseln seien – im Gegenteil verstärkten sie sogar die Abwesenheit der Frau in der Kulturgeschichte.[17] Sie

Visuelle Lust und narratives Kino. In: Liliane Weissberg (Hrsg.): *Weiblichkeit als Maskerade*. Frankfurt am Main: Fischer 1994, S. 48–65; dies.: The Oedipus Myth. Beyond the Riddles of the Sphinx. In: Dies.: *Visual and Other Pleasures*. Bloomington: Indiana UP 1989, S. 159–176; Kaja Silverman: *Male Subjectivity at the Margins*. London / New York: Routledge 1992; dies.: *Fetishism and Curiosity*. Bloomington: Indiana UP 1996; Renata Salecl / Slavoj Žižek (Hrsg.): *Gaze and Voice as Love Objects*. Durham / London: Duke UP 1996; Elisabeth Bronfen: Bilder, die töten – Tod im Bild. Gedanken zu Michael Powells *Peeping Tom*. In: Gertrud Koch / Sylvia Sasse / Ludger Schwarte (Hrsg.): *Kunst als Strafe. Zur Ästhetik der Disziplinierung*. München: Fink 2003, S. 207–226.

14 Mieke Bal: Reading the Gaze: The Construction of Gender in ‚Rembrandt'. In: Stephen Melville / Bill Readings (Hrsg.): *Vision & Textuality*. London: Macmillan 1995, S. 147–173.

15 Sigmund Freud: Die psychogene Sehstörung in psychoanalytischer Auffassung [1910]. In: Ders.: *Studienausgabe*, Bd. 6, hrsg. v. Alexander Mitscherlich / Angela Richards / James Strachey. Frankfurt am Main: Fischer 1971, S. 206–213, hier S. 211. Vgl. Kap. II.

16 Ein weiteres Beispiel ist Orion, der für die Vergewaltigung von Oinopions Tochter Merope geblendet wurde. Vgl. u. a. Robert von Ranke-Graves: *Griechische Mythologie. Quellen und Deutung*. Reinbek: Rowohlt 2001, Kap. 41; Orion. In: *Der Neue Pauly*, hrsg. v. Hubert Cancik / Helmuth Schneider / Manfred Landfester. http://referenceworks.brillonline.com/entries/der-neue-pauly/orion-e900750 (Zugriff am 04.09.2014).

17 Vgl. Aleida Assmann: Der Wissende und die Weisheit – Gedanken zu einem ungleichen Paar. In: Sigrid Schade / Monika Wagner / Sigrid Weigel (Hrsg.): *Allegorien und Geschlechterdifferenz*.

fungieren nämlich gerade aufgrund ihrer gesellschaftlichen Unmarkiertheit – wie Aleida Assmann argumentiert – als unbesetzte Projektionsfläche, weshalb Begriffliches mit Vorliebe Frauenkörpern auf den Leib geschrieben werde.[18] Die Präsenz weiblicher Allegorien ist also eher ein Indikator für die reziproke Unterrepräsentation von Frauen in gesellschaftlichen Handlungszusammenhängen, wie auch blinde Allegorien, etwa Justitia oder Fortuna, zeigen.

3. Blindheit als Gegenbild zur epistemischen Überhöhung

In der Kulturgeschichte tritt Blindheit gleichermaßen als Auslöser, Katalysator und Resultat von Seh-, Sinn- und Erkenntniskrisen auf. Sie enthält über die Infragestellung der Wahrnehmung das Potenzial einer umfassenden, alle Lebensbereiche betreffenden Destabilisierung. Dabei geht es um Erfahrungen der Desorientierung, der Selbstentfremdung oder Dezentrierung, der sozialen und räumlichen Isolation und der Ausgrenzung aus bekannten Sinnzusammenhängen entsprechend der kulturellen Verflechtung von Praktiken des Sehens und Erkennens, des Identifizierens und Benennens. In Sophokles' *Ödipus* – dem Text, der Ödipus als Prototyp der ‚Blindheitsgeschichte' etabliert – kommen diese Momente überein:[19] Seine Blindheit gegenüber den eigenen Eltern zieht die Ermordung des Vaters und die Heirat mit der Mutter nach sich, führt also in eine existenzielle Krisensituation. Als Ödipus die Ursache und Folge seiner Taten erkennt, verurteilt er sich durch das Ausstechen seiner Augen zu wirklicher Blindheit. Mit dieser besonders grausamen Sühne in Form der Selbstbestrafung gibt er seiner früheren, noch metaphorischen Blindheit zudem eine auch für andere sichtbare Form. Als selbst vollzogene Transposition der zu spät erkannten Verblendung, die – Ausdruck des göttlichen Fluchs eines ganzen Geschlechts durch das Orakel – ist Ödipus' Selbststigmatisierung also auch als das (transponierte und verstärkende) Resultat der durch den blinden Seher Teiresias offen gelegten genealogischen Verbindungen zu begreifen, die sein bis dahin als vorbildlich erachtetes Handeln in ihr Gegenteil wenden. Sophokles' Ödipus verlässt Theben von seiner Tochter Antigone geleitet als blinder Bettler. Am Kolonos-Hügel bei Athen geht er schließlich in Hoffnung auf Frieden in den Hades. Hierhin wird die motivische Nähe zwischen Blindheit und Tod vollzogen. Die Strafe, der ersatz- und entschädigungslose Entzug des Sehvermögens, konkretisiert sich zuerst im sozialen, dann im

Köln: Böhlau 1994, S. 11–25; Silke Wenk: *Versteinerte Weiblichkeit. Allegorien in der Skulptur der Moderne.* Köln: Böhlau 1996.

18 Assmann: Der Wissende und die Weisheit, S. 24–25.

19 Sophokles: König Ödipus. In: Ders.: Werke in einem Band, aus d. Griech. u. hrsg. v. Rudolf Schottlaender. Berlin / Weimar: Aufbau 1982, S. 167–236.

physischen Tod. Unter anderem durch Alltagserfahrungen wie die Altersblindheit motiviert, handelt es sich bei dieser Verkettung um eine poetische Wahlverwandtschaft, die in der deutschen Romantik, etwa bei Clemens Brentano oder Adelbert von Chamisso, wie Alexandra Hildebrandts Untersuchung zeigt, vor allem wegen ihres Pathos gefiel.[20] Entsprechend oft treten in der Romantik die sich gegenseitig verstärkenden poetischen Sinnbilder von einem durch Desillusionierung, Trauer oder Alter getrübten Blick, von Blindheit, (ewiger) Nacht, Finsternis, Schlaf und Tod auf.[21] Physiologisch wie sinnbildlich materialisiert sich in der blinden Figur auch nach der Romantik häufig die Trauer um etwas Verlorenes. Der Verlust – nicht nur als verlorene Sehfähigkeit, sondern auch als eine frühere Liebe oder eine vergangene Ära – verleiht seinerseits der Blindheit einen melancholischen Zug, insbesondere in dieser Epoche, aber auch in den Gegenwartskünsten.

Das Erbe der Blindheit

Die benannten Deutungsmuster fungieren bis heute als Matrix für vielschichtige und ambivalente Interpretationen von Blindheit an der Schwelle zwischen Sehen und Nichtsehen, physiologischer Realität und Sinnbildlichkeit. Durch ihre existenzielle Dimension hat Blindheit einen festen Platz in der theoretischen und künstlerischen Aushandlung von Subjekt- und Souveränitätsentwürfen. Als künstlerisches Sujet ermöglicht sie nicht nur das Nachdenken über die visuelle Wahrnehmung, ihre Grenzen und deren Überwindbarkeit, sondern forciert dieses Nachdenken gar durch ihre akute Infragestellung und Gefährdung.

Grundlegend für die vorliegende Studie ist die Überzeugung, dass die bis hierhin aufgefächerten Deutungstraditionen ein hochkomplexes Erbe darstellen, zu dem sich Kunst und Wissenschaft stets positionieren müssen: Zu groß ist die kulturelle Vorbelastung durch Blindheit als einer ambivalenten Denkfigur, als dass sie sich förmlich aus dem ‚Nichts' heraus neu imaginieren ließe. Charakteristisch für die Kunst der Jahrtausendwende ist das Ineinandergreifen zweier gegensätzlicher Bestrebungen, worauf vor allem Kapitel V unter Bezugnahme

20 Hildebrandt: *„Lebwohl, du heiterer Schein!"*, insb. S. 93, 125–127. Hildebrandt verweist in der Parallelisierung von Tod und Blindheit auf Thomas Machos Akzentuierung ritualisierter Gesten: „Man sagt, daß den Sterbenden die Augen brechen, weniger um die spätere Zerstörung des Augenlichts zu antizipieren, als um den Moment festzuhalten, in welchem der Augenkontakt mit dem Sterbenden abreißt. Brechen kann nur eine Verbindung, ein Zusammenhang. Und zu den ersten Handlungen, die am gestorbenen Menschen verrichtet werden, zählt, daß ihm die Augen zugedrückt werden." (Zit. n. ebd., S. 125.)

21 Ebd., u. a. S. 125–127, 177–179.

auf Jacques Derrida eingeht. Die Verpflichtung, das Erbe anzutreten, steht in einem konstruktiven Spannungsverhältnis zur gleichzeitigen Verpflichtung, diesem Erbe untreu zu werden, es in etwas anderes zu transformieren.
Blindheit fungiert vor dem Hintergrund zeitgenössischer Wirklichkeitserfahrung, die als zusammengesetzt, fragmentarisch, disparat, ironisch und *per se* unverfügbar erscheint, dank ihres destabilisierenden Potenzials als ein bedeutsames Mittel zur Emanzipation von allzu konsistenten und allzu realistischen Darstellungsweisen. Das komplexe Erbe der Blindheit motiviert Künstler_innen bis in die Gegenwart, grundlegende Mechanismen der Weltwahrnehmung und der Erkenntnis, der Kultur und der Subjektkonstitution in Form fiktiver Blindheitsszenarien jenseits etablierter Verfahren und Normen zu ergründen. Die Ambivalenz des vielschichtigen Sujets veranlasst sie, mit der visuellen Kodierung des eigenen Mediums oder eines darin thematisierten Mediums zu operieren und diese Operationen mit weiterreichenden epistemischen und ästhetischen Fragestellungen zu verknüpfen. Dabei geht es vorrangig um die Frage, wie sich Erkenntnis heute vollzieht, welche Voraussetzungen für die Möglichkeit ästhetischer Erfahrung gegeben sein müssen, wie das Verhältnis der menschlichen Sinne – das Sehen, Hören, Riechen, Tasten und Schmecken – zueinander organisiert ist und wie sich die innere Vorstellungskraft von äußerlich sichtbaren Bildern unterscheidet. Blindheit verweist damit über ihre narrativen und bildhaften bzw. szenischen Funktionen hinaus immer auch auf die Ebenen von Kunstproduktion und -rezeption. Der Fokus der vorliegenden Arbeit liegt auf der Funktion und der Bedeutung der aufgezeigten Deutungstraditionen in einer spürbar veränderten kulturellen Situation, in der die lange Zeit dominierenden patriarchalen Auffassungen und die christlichen Moralvorstellungen zunehmend an Kraft verlieren. Zur Diskussion steht, welche Denkfiguren in der neueren Kunst ausgeblendet, aufgegriffen, umgedeutet oder torpediert werden und welche Konsequenzen sich daraus für die konkrete Arbeit und ihre Stellung in Kunst und Theorie ergeben.

Die Auswahl des Untersuchungsmaterials

Untersucht werden zwei literarische Texte (Paul Brodowskys Erzählung *Aufnahme*[22] und Dea Lohers Theatertext *Hund*[23]), eine Literatur und Fotografie

22 Paul Brodowsky: Aufnahme. In: Ders.: *Die blinde Fotografin*. Frankfurt am Main: Suhrkamp 2007, S. 9–29.

23 Dea Loher: Hund. In: Dies.: *Magazin des Glücks. Berliner Geschichte. Die Schere. War Zone.* Frankfurt am Main: Verlag der Autoren 2002, S. 71–96.

kombinierende Arbeit (Sophie Calles *Les Aveugles*[24]), eine Theaterinszenierung (*Isabella's Room* von Jan Lauwers und Needcompany) sowie eine szenische Installation, in der die visuelle Wahrnehmung der Besucher_innen vorübergehend gestört wird (*All Together Now* von Meg Stuart[25]). Ausgewählt wurden Arbeiten, die beispielhaft für ihre Gattung und ihren Umgang mit Blindheit stehen. Es handelt sich um vier repräsentative Beispiele international anerkannter Künstler_innen sowie die Erzählung eines vergleichsweise jungen Autors (Brodowsky), dessen Brechung gängiger Korrelationen von Blindheit, Fotografie und Tod das präsentierte Spektrum bereichert.
Die ausgewählten Werke sind mit Ausnahme von Sophie Calles 1986 ausgestellter Arbeit *Les Aveugles* zwischen 2002 und 2008 entstanden.[26] Sie signalisieren, wie stark in jüngerer Zeit die Auseinandersetzung mit Blindheit von der kritischen Reflexion von Seh- und Rezeptionsgewohnheiten geprägt ist – ein der Komplexität des Themas adäquater Ansatz, der bereits *Les Aveugles* kennzeichnet. Der Sehverlust fungiert in allen untersuchten Arbeiten als ein Mittel, um in einer spezifischen kulturellen Situation das Verhältnis zwischen einem (scheinbar) Realen und einem Imaginären auszuloten und neu zu konstituieren. Zugespitzt lässt sich konstatieren, dass die Notwendigkeit – oder Lust – zur Reflexion und Neukonstitution einer durch die Infragestellung der gewohnten Wahrnehmung aus den Fugen geratenen Welt gar die eigentliche Triebfeder

24 Sophie Calle: *Blind*. Katalog. Arles: Actes Sud 2011.

25 Meg Stuart / Damaged Goods: *All Together Now* (UA: 16.10.2008, Helmut-List-Halle, Graz, steirischer herbst).

26 Wenn ich mit Bezug auf das Untersuchungsmaterial von Werken spreche, dann im Bewusstsein der Spannung, die sich zwischen der klassischen Werkästhetik Hegels (die auf Vollendung, Ganzheit und Einheit abzielt) und dem performativen, das heißt flüchtigen Modus der analysierten Aufführungen einerseits und der offenen Struktur der übrigen Arbeiten andererseits ergibt. Aus diesem Grund wird der Begriff etwa in den Theaterwissenschaften seit ihren Anfängen kontrovers diskutiert, wie Therese Birkenhauer mit Blick auf die kulturhistorischen Zäsuren, die zu einem jeweilig anders gelagerten Begriffsverständnis geführt haben, darlegt. In klarer Abgrenzung zu einer positivistischen Auffassung verwende ich den Begriff hier in Korrespondenz mit neueren Ansätzen, zu denen auch Umberto Ecos Konzept des ‚offenen Kunstwerks' zählt (vgl. Anm. 46), als einen „Grenzbegriff […], der auf die vielfältigen Vermittlungen im Prozess ästhetischer Produktion und Rezeption verweist. Mit Werk ist jene Seite der künstlerischen Praxis benannt, die sich den Intentionen der Produzenten widersetzt, in ihnen nicht aufgeht. Werk in diesem Sinn ist eine Bezeichnung für die Begrenzung der Intention durch das Material, den Abstand zwischen Produzent und Produkt. In dieser Perspektive erscheint das Werk nicht als fertiges Objekt, sondern als eine Instanz der Vermittlung zwischen beabsichtigtem und Realisiertem, Subjektivität und Material. Werk bezeichnet hier eine historisch gewordene Objektivität der Form, an der sich eine der Gegenwart verhaftete Subjektivität ausbildet und darstellt." (Therese Birkenhauer: Werk. In: *Metzler Lexikon Theatertheorie*, hrsg. v. Erika Fischer-Lichte / Doris Kolesch / Matthias Warstat Stuttgart / Weimar: Metzler 2005, S. 389–391, hier S. 390.)

in den untersuchten Arbeiten ist: Sie ist der Anlass, jemanden als blind zu imaginieren. Darin äußert sich die Lust an einem offenen, unkalkulierbaren Ausgang eines auf diese Weise zum Experiment werdenden Ereignisses – eine Bereitschaft, Formen der Desorientierung und Destabilisierung nicht (nur) als Bedrohung, sondern (auch) als Herausforderung zu begreifen, selbst wenn sie nur um den Preis einer gewissen Verletzbarkeit zu haben ist, wovon besonders *All Together Now* zeugt.

In allen ausgewählten Arbeiten geht es um das grundlegende Verhältnis zwischen Mensch und Welt, Macht und Ohnmacht, Wahrnehmung und Wirklichkeit, Männlichkeit und Weiblichkeit: Blindheit beschäftigt sowohl Künstler als auch Künstlerinnen; im Mittelpunkt der untersuchten Arbeiten stehen Personen unbestimmten Alters und sogar Geschlechts, die als blind imaginiert werden. Diesen Befund gilt es in Beziehung zur genannten männlichen Spur in der Kulturgeschichte der Blindheit zu setzen. So ist mit Blick auf Dea Lohers umfangreiches Werk bemerkenswert, dass in ihren Theatertexten wiederholt weibliche Blinde in Aktion treten, daher muss es verwundern, dass das Thema Blindheit in der Forschung zu Dea Loher bislang vollkommen unbearbeitet ist. In Bezug zu Brodowskys Erzählung wiederum überrascht, dass die Kritik in der blinden Protagonistin geradezu reflexartig einen männlichen Ödipus erkannt hat, obwohl es im Text keinerlei Anhaltspunkte dafür gibt. In Calles *Les Aveugles* kamen die sinnfälligen, inhaltlichen Parallelen zu Denis Diderots *Brief über die Blinden. Zum Gebrauch für die Sehenden* in der Rezeption bislang viel zu kurz.[27] Ähnliches lässt sich über Lauwers' und Needcompany's Theaterinszenierung *Isabella's Room* sagen: Die Blindheit der Protagonistin fungiert hier zugleich als die Denkfigur bzw. Verkörperung eines abstrakten Problems und die szenische Verkörperung, das heißt sinnlich erfahrbare Ausstellung einer als blind imaginierten und schon deshalb besonderen Figur.

Analysiert werden Inszenierungen, die Blindheit in einem größeren künstlerischen und theoretischen Zusammenhang verorten und somit über die genannten Deutungsmuster hinaus Beziehungen zu interdisziplinären Diskursen knüpfen, die auf den ersten Blick kaum Berührungspunkte mit dem Thema vermuten lassen, so etwa die Frage nach dem adäquaten Umgang mit dem kolonialen Erbe (Kapitel V) oder nach post-gendertheoretischen Körpervorstellungen (Kapitel VI). Darüber hinaus wohnt den hier versammelten Arbeiten eine spürbare Rückwärtsgewandtheit und Melancholie inne, die in übergeordneten Diskursen zur Fotografie und zur Erzeugung von Erinnerungen, Illusionen und ästhetischen Empfindungen eingelagert sind.

27 Denis Diderot: Brief über die Blinden. Zum Gebrauch für die Sehenden. In: Ders.: *Philosophische Schriften*, Bd. 1, aus d. Franz. u. hrsg. v. Theodor Lücke. Berlin: Aufbau 1961, S. 51–99.

Die Spannbreite des Untersuchungsmaterials führt vor Augen, dass tendenziell alle (visuell kodierten) Kunstformen mit Blindheit operieren.[28] Doch wie ist das Verhältnis zwischen literarischen und szenischen Darstellungsweisen bzw. was unterscheidet sie? Was bedeutet es, Verkörperungen von Blindheit sprachlich fassen zu wollen, und was, diese Verkörperungen auszustellen – sei es im Medium der Fotografie bei Sophie Calle oder im Medium des Theaters bei Jan Lauwers oder Meg Stuart? Die ausgewählten Arbeiten zeigen, dass das Bedürfnis nach einer kritischen Auseinandersetzung mit Verkörperungen von Blindheit ebenso wie mit dem eigenen Medium nicht auf bestimmte Kunstformen beschränkt, sondern disziplinär und medial übergreifend ist. Die stilistische und künstlerische Breite soll indes keineswegs den Eindruck erwecken, hier werde ein Überblick im Sinne einer möglichst vollständigen Aufstellung derjenigen Arbeiten angestrebt, die in den letzten Jahren zum Thema Blindheit entstanden sind. Anliegen ist vielmehr, aktuelle Darstellungstendenzen in Form konzentrierter Einzelstudien aufzuzeigen.[29]

Blindheit: Begriff und Forschungsstand

Von Blindheit wurde nun bereits in den verschiedensten Begriffen – als Denkfigur, Sujet und Topos (im Sinne eines Gemeinplatzes, aber auch im Sinne einer komplexen, bildlichen Übertragung), als Allegorie, Motiv und Metapher – gesprochen. Ferner klang in der Skizzierung der vielfältigen Verschränkungen von Deutungstraditionen an, dass unterschiedliche Vorstellungen und Intentionen ineinandergreifen, wenn in geisteswissenschaftlichen Diskursen von Blindheit die Rede ist – ganz zu schweigen von der in Literatur und Popmusik beliebten Phrase von der ‚blindmachenden Liebe'. Ohne in einer einzelnen analytischen oder künstlerischen Kategorie aufzugehen, spielen all die genannten

28 Ein weiteres visuelles Medium ist selbstredend der Film, wie bereits einschlägig dargestellt in Alexandra Tacke (Hrsg.): *Blind Spots. Eine Filmgeschichte der Blindheit vom frühen Stummfilm bis in die Gegenwart.* Bielefeld: Transcript 2016. Zur Schnittstelle zwischen Blindheit und Film vgl. außerdem Nils Reschke: Blick-Störungen: Sehen, Blindheit, Kino. In: Ders. / Kenneth S. Calhoon / Eva Geulen / Claude Haas (Hrsg): *„Es trübt mein Auge sich in Glück und Licht". Über den Blick in der Literatur.* Berlin: Schmidt 2010, S. 257–269; Astrid Hackel: Die Gefährdung des Blicks. Terence Youngs Thriller „Wait until Dark" (1967). In: Tacke: *Blind Spots*, S. 143–162; dies.: Das Auge der Kamera. Blindheit und Emanzipation in Maru Solores' Spielfilm *Camera Obscura.* In: Marietta Kesting / Sophia Kunze (Hrsg.): *Dark Rooms. Räume der Un/Sichtbarkeit.* Berlin: Neofelis 2016, S. 141–157.

29 Bewusst ausgeklammert wurden Arbeiten, die den formulierten Ansprüchen an eine komplexe künstlerische und mediale (Selbst-)Reflexivität meiner Einschätzung nach nicht gerecht werden, also beispielsweise Werke, die Blindheit bzw. blinde Figuren lediglich als ‚Genrefiguren' einsetzen, ‚Einfühlung' in Blinde suggerieren oder Blindheit allein als Behinderung thematisieren.

Aspekte für die vorliegende Untersuchung eine Rolle, weshalb es sinnvoll erscheint, von Blindheit in unterschiedlichen Begriffen zu sprechen.

Mit ihrem kulturtheoretischen und interdisziplinären Ansatz unterscheidet sich die vorliegende Studie von den meisten, zumal den deutschsprachigen Monografien, die seit 1990 in der Literaturwissenschaft und Kunstgeschichte erschienen sind. Sie versucht erstmals, jüngere Inszenierungen von Blindheit aus so unterschiedlichen Gattungen wie der Literatur, dem Theater und der bildenden Kunst miteinander zu konfrontieren. Ein wesentliches Charakteristikum neuerer Blindheitsinszenierungen ist, dass sich in ihnen viele verschiedene, darunter divergierende und widersprüchliche Vorstellungen von Blindheit brechen. In der Forschung überwiegen demgegenüber bislang monothematische Motivgeschichten, die umfassende Zeiträume wie den Idealismus und die Romantik oder die zweite Hälfte des 20. Jahrhunderts in den Mittelpunkt stellen und einen kompilierenden Ansatz vertreten.[30] Eine Ausnahme bildet Volkmar Mühleis' kunsthistorische Studie *Kunst im Sehverlust*,[31] die sich dem Schaffen blinder oder in ihrer Sicht stark eingeschränkter Künstler im ausgehenden 20. und frühen 21. Jahrhundert widmet. Sehr präsent in der Forschung ist die Auseinandersetzung mit den naturwissenschaftlichen und philosophischen Diskursen des 16. bis 18. Jahrhunderts, ihren Erfindungen (optischer Geräte wie Fernrohr und Mikroskop) und Entdeckungen (wie der des so genannten blinden Flecks und der medizinischen ‚Heilbarkeit' von Blindheit durch neue Operationen).[32] Diese Entwicklungen spielen zwar auch in der vorliegenden Studie eine Rolle, bekommen jedoch aufgrund der Präsenz anderer kulturtheoretischer Fragestellungen eine andere Gewichtung. Explizit geht es darum, einer ontologischen und eher fortschrittsoptimistischen Lesart historischer Entwicklungen einen Ansatz gegenüberzustellen, der über die exemplarischen Untersuchungen auf die Offenlegung des Konstruktionscharakters erprobter kulturhistorischer Narrative zielt und etablierte, immer wieder reproduzierte Deutungsmuster aufzubrechen hilft.

30 Peter Utz: *Das Auge und das Ohr im Text. Literarische Sinneswahrnehmung in der Goethezeit.* München: Fink 1990; Pilar Baumeister: *Die literarische Gestalt des Blinden im 19. und 20. Jahrhundert: Klischees, Vorurteile und realistische Darstellungen des Blindenschicksals.* Frankfurt am Main: Lang 1991; Harry Merkle: *Die künstlichen Blinden. Blinde Figuren in Texten sehender Autoren.* Würzburg: Königshausen & Neumann 2000; Peter Bexte: *Blinde Seher. Die Wahrnehmung von Wahrnehmung in der Kunst des 17. Jahrhunderts.* Dresden: Verlag der Kunst 1999; Barasch: *Blindness*, Hildebrandt: *„Lebwohl, du heiterer Schein!"*; Nena Welskop: *Der Blinde. Konstruktionen eines Motivs in der deutschsprachigen Literatur nach 1945.* Würzburg: Königshausen & Neumann 2014.

31 Volkmar Mühleis: *Kunst im Sehverlust.* München: Fink 2005.

32 So bei Bexte: *Blinde Seher*; Hildebrandt: *„Lebwohl, du heiterer Schein!"*; Nonnenmacher: *Das schwarze Licht der Moderne.*

Neben den auf blinde Figuren konzentrierten Studien wird Blindheit in der Forschung auch als eine Grundeigenschaft literarischer Texte und speziell als Problem sprachlich evozierter Räumlichkeit und Imagination begriffen. Sie erscheint im übertragenen Sinn als Grundbedingung und Effekt von Literatur als Gattung. Folglich belegt Alf Mentzer in seiner Studie *Die Blindheit der Texte* die grundsätzliche Blindheit der Rezipient_innen gegenüber literarisch evozierten Welten.[33] Die durch einen Text hervorgerufenen bildhaften Vorstellungen können nicht oder nur bedingt kollektiv sein und bleiben deshalb notwendigerweise Produkte der individuellen Rezeption und Imagination. Mentzers Zugang steht in der namentlich mit Paul de Man, aber auch mit Wolfgang Iser verbundenen Tradition eines methodischen Verständnisses von Blindheit als einem Spezifikum literarischer Texte.[34]

Die vorliegende Studie, die literatur-, theater-, kunst- und kulturwissenschaftliche, darüber hinaus auch psychoanalytische, phänomenologische und gendertheoretische Fragestellungen einbezieht, begreift Blindheit im Gegensatz dazu weder als dezidiert geistes- und epochenspezifisches Motiv noch als eine systemimmanente Grundeigenschaft literarischer Texte. Sie geht vielmehr von einer offenen (Wissens-)Verkörperung aus, die zugleich eine Praxis der Wahrnehmung und der Reflexion, der Stimulation und der Transformation darstellt. Da Blindheit in der Regel personalisiert auftritt, liegt es nahe, von ihr im Modus der Verkörperung zu sprechen. Zugleich aber verbindet sich mit jeder personalen Verkörperung eine zu vollziehende Praxis. Blindheit wird also verkörpert und praktiziert. Sie ist demnach eine performative Kategorie, die sich in Mustern der Wiederholung und Modifikation äußert, sich ständig reproduziert und verändert: von kulturgeschichtlicher Warte aus, in Bezug auf eine in den einzelnen Werken geschilderte Entwicklung (wie die sukzessive Erblindung der Fotografin in Brodowskys *Aufnahme*), in Relation zu weiterführenden Diskursen

33 Alf Mentzer: *Die Blindheit der Texte. Studien zur literarischen Raumerfahrung.* Heidelberg: Winter 2001.

34 Paul de Man geht in seinen literarischen Analysen von einer Dialektik zwischen Absicht und Wirkung aus: Seines Erachtens vermitteln viele Texte das Gegenteil dessen, was vermittelt werden soll. Dieses Muster ist eine Spielart der Dialektik zwischen Blindheit und Einsicht (Paul de Man: *Blindness and Insight. Essays in the Rhetoric of Contemporary Criticism.* New York: Oxford UP 1971). Vgl. darüber hinaus Wolfgang Iser: *Der Akt des Lesens. Theorie ästhetischer Wirkung.* München: Fink 1976. Am Beispiel von Henry James' Novelle *The Figure in the Carpet* geht Iser gleich zu Beginn auf die Differenzen zwischen einer bild- und einer textevozierten Plastizität ein und entwickelt daraus eine ‚Leerstellenästhetik', die u. a. auf einer sinnbildlichen Blindheit der Texte basiert: „Den Sinn in den gedruckten Seiten selbst formuliert zu finden, bildet die in der ganzen Novelle niemals preisgegebene Voraussetzung des mit aller philologischen Akribie arbeitenden Kritikers. Deshalb sieht er nur Leerstellen (*blank*), die ihm das vorenthalten, was er in den gedruckten Seiten des Textes vergeblich sucht." (Ebd., S. 20.)

(postkolonialen, Gender- oder ästhetischen Diskursen) oder zu zählebigen Alltagsvorstellungen von Blindheit, wie sie Calles Ausstellung *Les Aveugles* ins Gedächtnis ruft.

Ausgeprägter als die Bezüge zur Literatur- und Kunstgeschichte sind die methodischen und diskursiven Parallelen zur theaterwissenschaftlichen Forschung. Das ist insofern bemerkenswert, als ausgerechnet in diesem Bereich eine umfassende Studie zu Inszenierungen von Blindheit bislang fehlt.[35] Doch ergeben sich hier etliche Anknüpfungsmöglichkeiten, insbesondere zu den diskutierten Phänomenen des szenischen Entzugs, die sich in Formen visueller Absenz konkretisieren – ob mit Verweis auf den Off-Bereich der Bühne, den Einsatz von Dunkelheit oder die Schaffung spürbar leerer Räume.[36] Auf diesen Diskurs nimmt vor allem Kapitel VI Bezug. Ein weiterer Bereich, zu dem sich vielschichtige Interferenzen ergeben, ist die interdisziplinäre Erforschung von Blickrelationen im Theater, die insbesondere vor dem Hintergrund der gender- und medienorientierten Blickkritik einen Akzent auf visuelle Störungen, Unterbrechungen und das Fremdwerden des (eigenen) Blicks setzt.[37] Einen dritten Schwerpunkt markieren nichtvisuell kodierte Phänomene. Allen voran sei hier auf den maßgeblich von der Theaterwissenschaft angeregten, jedoch fächerübergreifenden Stimmdiskurs und die damit einhergehende Neugewichtung der sinnlich-perzeptiven Präferenzen und Kompetenzen verwiesen.[38] Ergänzend kommen neuere Auseinandersetzungen mit taktilen und haptischen (Aufführungs-)Erfahrungen in Betracht, da auch sie im Zeichen einer

35 Jedoch gibt es einige erwähnenswerte Aufsätze; so betrachtet Gabriele Brandstetter Blindheit aus einer medientheoretischen Perspektive als ein flüchtiges Phänomen, das in seiner Äußerung bereits verschwindet (Gabriele Brandstetter: Un/Sichtbarkeit: Blindheit und Schrift. Peter Turrinis „Alpenglühen" und William Forsythes „Human Writes". In: Henri Schoenmakers / Stefan Bläske / Kay Kirchmann / Jens Ruchatz (Hrsg.): *Theater und Medien. Grundlagen – Analysen – Perspektiven. Eine Bestandsaufnahme.* Bielefeld: Transcript 2008, S. 85–98).

36 Vgl. Krassimira Kruschkova (Hrsg.): *OB?SCENE. Zur Präsenz der Absenz im zeitgenössischen Tanz, Theater und Film.* Wien / Köln / Weimar: Böhlau 2005; Gerald Siegmund: Erfahrung, dort, wo ich nicht bin: Die Inszenierung von Abwesenheit im zeitgenössischen Tanz. In: Gabriele Klein / Wolfgang Sting (Hrsg.): *Performance. Positionen zur zeitgenössischen szenischen Kunst.* Bielefeld: Transcript 2005, S. 59–75; ders.: *Abwesenheit. Eine performative Ästhetik des Tanzes. William Forsythe, Jérôme Bel, Xavier Le Roy, Meg Stuart.* Bielefeld: Transcript 2006; André Eiermann: *Postspektakuläres Theater. Die Alterität der Aufführung und die Entgrenzung der Künste.* Bielefeld: Transcript 2009.

37 Adam Czirak: *Partizipation der Blicke. Szenerien des Sehens und Gesehenwerdens in Theater und Performance.* Bielefeld: Transcript 2012.

38 Doris Kolesch / Sybille Krämer (Hrsg.): *Stimme. Annäherung an ein Phänomen.* Frankfurt am Main: Suhrkamp 2006; Jenny Schrödl: *Vokale Intensitäten. Zur Ästhetik der Stimme im postdramatischen Theater.* Bielefeld: Transcript 2011; Vito Pinto: *Stimmen auf der Spur. Zur technischen Realisierung der Stimme in Theater, Hörspiel und Film.* Bielefeld: Transcript 2012.

Relativierung visueller Präferenzen stehen und damit in einem Spannungsfeld zu verorten sind, das Formen von Blindheit grundsätzlich einschließt.[39]
In der vorliegenden Studie wird Blindheit als eine Form der Aktivierung untersucht. So ist das gängige Narrativ gesteigerter Tast- und Hörerfahrungen, das die untersuchten Inszenierungen teils aufgreifen, nicht als Ausgleich eines ‚Defizits' zu verstehen, sondern zuerst als eine Wahrnehmungstransformation. Blindheit rekurriert auf die visuell kodierte Unterbrechung einer Alltagsroutine, die über die visuelle Wahrnehmung hinaus die gesamte Persönlichkeit, die im Zentrum der jeweiligen künstlerischen Arbeit steht, ihre Sinnesorganisation, Identität und Beziehung zur Umwelt affiziert und nachhaltig verändert. Sie befähigt ein Subjekt demnach zu einer besonderen Erfahrung, die erst in der immanenten Krise und durch sie ermöglicht wird. Als Verkörperung wird Blindheit in den untersuchten Arbeiten zugleich gesetzt und in einem performativen Akt hervorgebracht. Sie ist eine komplexe Aktivierungsfigur, die ‚das Sehen', das heißt die vielfältigen Praktiken, die sich darunter subsumieren lassen, nicht einfach negiert, sondern destruiert und bereichert – sei es im Modus der Kritik, der Umbesetzung oder der Transformation. Blindheit ermöglicht, wie im Folgenden gezeigt wird, intensive und ungewohnte Begegnungen mit Bildern, Dingen, Menschen und Gedanken, weil die von ihr gezeichneten Figuren jenseits der erprobten, visuell kodierten Zugangsweisen neue Wege finden und ausprobieren (müssen). Diese Befähigung schließt eine dem Diskurs immanente Form der Verletzbarkeit ein. Blind werden sich die Protagonist_innen aus den untersuchten Werken der Bedeutung des Sehens ebenso bewusst wie eines jenseits dessen liegenden Wahrnehmungs- und Einfühlungspotenzials. Gleichfalls klingt damit bereits an, dass die blinden Figuren Konzepte der kohärenten Figurenidentität bzw. psychologischen Rollenfigur übersteigen und in einer intensiven Verbindung zu ihrer Umgebung stehen, sei diese nun räumlich oder aber sozial kodiert.
Bezüglich der besonderen Eigenschaften, die eine menschliche Gestalt in literarischen, szenischen oder bildnerischen Darstellungen auszeichnen, also etwa Geschlecht und Alter, Herkunft und individuelle Persönlichkeitsmerkmale,[40] kommt es in den Arbeiten zu erstaunlichen Überschneidungen und partiellen Ununterscheidbarkeiten zwischen einzelnen Figuren (*Aufnahme, Hund, Isabella's Room*), aus theaterwissenschaftlicher Perspektive darüber hinaus

39 Erin Manning: *Politics of Touch: Sense, Movement, Sovereignity*. Minneapolis: University of Minnesota Press 2007; Gabriele Brandstetter / Gerko Egert / Sabine Zubarik (Hrsg.): *Touching and Being Touched. Kinethesia and Empathy in Dance and Movement*. Berlin / Boston: de Gruyter 2013.

40 Vgl. Jens Roselt: Figur. In: *Metzler Lexikon Theatertheorie*, S. 104–107, hier S. 104.

zwischen Rolle und Schauspielerin (*Isabella's Room*) sowie zwischen dem individuellen Leib und dem ihn umgebenden Raum (*All Together Now*). Mit Gabriele Brandstetter und Sybille Peters lässt sich diese charakteristische Unbestimmtheit als ein performativer Effekt von Wiederholungen verstehen, der ein Changieren zwischen De- und Refiguration bewirkt: „im Hervortreten einer Verschiebung in der Figur, deren Differenz von Wiederholung zu Wiederholung evident wird."[41] Damit kann Blindheit als eine zeitgemäße Figur im Sinne eines „Sammelterminus für ein synthetisches, in seiner Vielgestaltigkeit gleichwohl als Einheit gedachtes Gebilde" begriffen werden.[42] Sie tritt infolge der aufgezeigten diskursiven Zusammenhänge immer schon in einer ausgewiesenen Heterogenität in Erscheinung. Die zum Teil auffallend unpräzise gehaltenen Figuren sind deshalb von vornherein nicht als Identifikationsangebote zu begreifen. Im Gegenteil, sie laden zu einer rezipierenden Dezentralisierung, zur verfremdenden Reflexion allzu vertrauter eigener oder adaptierter Positionen ein.

Abschließend ist zum hier verwendeten Blindheitsbegriff anzumerken, dass die Studie nicht den Ansätzen der Disability Studies folgt. Obwohl auch hier – vor allem in der Untersuchung von Calles *Les Aveugles* – ethische und moralische Aspekte eine Rolle spielen, zielt sie keineswegs auf die Herausbildung von Kriterien einer diesbezüglichen Bewertbarkeit künstlerischer Darstellungen von Blindheit.[43] Keine der Arbeiten beansprucht ‚Wahrhaftigkeit', keine zielt auf die Erzeugung einer kohärenten Darstellung von Blindheit; keine maßt sich an, im Besitz eines Wissens über physiologisch-soziale Auswirkungen von Blindheit zu sein. Bezeichnend ist hingegen, dass die ausgewählten Arbeiten hinsichtlich ihres Umgangs mit Blindheit auf produktive Weise ‚unfertig' wirken. Sie tragen so der Tatsache der ‚Nichtfassbarkeit' eines Phänomens Rechnung, das hier in Anlehnung an die sich für die zeitgenössische Theaterwissenschaft höchst produktiven Überlegungen von Bernhard Waldenfels als ein Phänomen verstanden wird, das sich stets etwas Fremdes bewahrt.[44]

41 Gabriele Brandstetter / Sybille Peters: Einleitung. In: Dies. (Hrsg.): *De figura. Rhetorik – Bewegung – Gestalt.* München: Fink 2002, S. 7–31, hier S. 18.

42 Ebd., S. 7.

43 Eine zentrale Aufgabe bleibt nichtsdestoweniger weiterhin die stärkere Anbindung der Kulturwissenschaften an die Disability Studies und umgekehrt nach Vorbild der angloamerikanischen Szene. In diesem Zusammenhang vorbildhaft sind Markus Dederich: *Körper, Kultur und Behinderung. Eine Einführung in die Disability Studies.* Bielefeld: Transcript 2007; Beate Ochsner / Anna Grebe (Hrsg.): *Andere Bilder. Zur Produktion von Behinderung in der visuellen Kultur.* Bielefeld: Transcript 2013; Anne Waldschmidt / Hanjo Berressem / Moritz Ingwersen (Hrsg.): *Culture – Theory – Disability. Encounters between Disability Studies and Cultural Studies.* Bielefeld: Transcript 2012.

44 Vgl. hierzu die Ausführungen in den Unterkapiteln „Die Schwelle" und „Einbildungen" in Kap. VI.

Ellipsen. Zur Argumentationsstruktur

Wenn Wirklichkeitserfahrung – insbesondere im Zeichen der Postmoderne bzw. nach 1945 – als disparat, widersprüchlich, sprunghaft und fragmentarisch betrachtet wird,[45] dann potenziert sich diese Vorstellung durch Imaginationen von Blindheit als Krise und Movens von Krise. Sie erscheint als geeignetes Mittel, um Kreisläufe zu durchbrechen, Grenzsituationen herbeizuführen, Entscheidungen zu forcieren und intensive Erfahrungen zu generieren. In diesem Sinn umkreist die vorliegende Studie ihr Thema mal in engeren, mal in weiteren Bahnen und orientiert sich dabei argumentativ an der Ellipse – bei aller Mehrdeutigkeit des sowohl in der darstellenden Geometrie als auch in der Rhetorik geläufigen Begriffs. Zu Beginn jedes Kapitels wird in Inhalt, Form und zentrale Fragestellungen des zu analysierenden Werks eingeführt, bevor einzelne Aspekte in weiterführenden Diskursen exkursartig vertieft werden. Ziel ist keine systematisch hierarchische Abhandlung der einzelnen Arbeiten, sondern ein dynamischer Argumentationsverlauf, der sich durchaus auch von seinem ‚eigentlichen' Gegenstand entfernt, ihn allerdings niemals aus dem Blick verliert und immer wieder zu ihm zurückkehrt. Dieses Vorgehen erlaubt, der dem Thema immanenten Disparität, Sprunghaftigkeit und Dezentrierung am ehesten gerecht zu werden. Passend erscheint mir deshalb der Vergleich mit der Ellipse, die in der darstellenden Geometrie eine geschlossene ovale Kurve beschreibt und zwei Zentren besitzt. Diese Polyzentrik trägt der konstitutiven Verschränkung von Sehen und Blindheit Rechnung, die für die vorliegende Studie grundlegend ist. Zudem erinnert das grafische Schema der Ellipse aufgrund der beiden Brennpunkte an die binokulare Struktur des Sehens und sogar an die Form des menschlichen Auges selbst. Weil die äußere Linie der Ellipse einen klaren Verlauf anzeigt, ihre innere Struktur gleichzeitig jedoch Aspekte von Nähe und Distanz vereint, kann sie den Anspruch meiner Untersuchung auf eine innerhalb einer nachvollziehbaren Kontur bestehende Offenheit und Elastizität illustrieren.

Umberto Eco formuliert das der Relation zwischen künstlerischer Produktion und Rezeption innewohnende Muster in einer frühen Konzeption seines ‚offenen Kunstwerks' wie folgt:

> Im Grunde ist eine Form ästhetisch gültig gerade insofern, als sie unter vielfachen Perspektiven gesehen und aufgefaßt werden kann und dabei eine Vielfalt von Aspekten und Resonanzen manifestiert, ohne jemals aufzuhören, sie selbst zu sein.[46]

45 Vgl. dazu insbesondere Kap. II.

46 Umberto Eco: Die Poetik des offenen Kunstwerks. In: Ders.: *Das offene Kunstwerk*, aus d. Ital. v. Günter Memmert. Frankfurt am Main: Suhrkamp 1977, S. 27–59, hier S. 30.

Obwohl Eco zwischen geschlossenen und offenen Formen eines Kunstwerks unterscheidet[47] – liegt doch, wie er zugleich betont, beiden Ausprägungen eine einzige Einstellung zugrunde: Die Überzeugung nämlich, dass jedes Werk im Zuge der Rezeption aktiviert werde: „jedes ‚Lesen', ‚Betrachten', ‚Genießen' eines Kunstwerks stellt eine, wenn auch stumme und private Form von ‚Ausführung' dar."[48] Die im Anschluss zu untersuchenden Inszenierungen zeichnen sich auf besondere Weise durch eine ‚Flüchtigkeit' aus: Ähnlich dem paradoxen Mechanismus des blinden Flecks tendiert Blindheit zum Entzug im Versuch einer Annäherung von außen.

Doch die Ellipse erweist sich nicht nur in Form der visuellen Konkretisierung eines nichthierarchischen Vorgehens als produktiv für die Argumentationsstruktur der vorliegenden Arbeit, sondern auch hinsichtlich ihrer Funktion als eine rhetorische Figur der Auslassung. Ausgelassen werden in der Regel Satzteile, Episoden oder Vorgeschichten, die von den Rezipient_innen eigenständig ergänzt werden können.[49] Das Ausgelassene ähnelt gewissermaßen der Stellung des blinden Flecks, der selbst nicht sichtbar, indirekt aber aus dem Kontext zu erschließen ist. Meines Erachtens kann über inszenierte Blindheiten nur in Form von Auslassungen nachgedacht werden, und zwar aus mehreren Gründen. Zwei von ihnen möchte ich hier unterstreichen: Erstens die mit Waldenfels' Phänomenologie des Fremden zusammengebrachte Nichtfassbarkeit, die sich in introspektiv kodierten Zugängen (wie in *All Together Now* oder in Derek Jarmans Film *Blue*[50]) ebenso zeigt wie in Inszenierungen von Blindheit, die eine distanziertere Perspektive einnehmen. Zweitens fungiert die Metapher als eine wiederkehrende (Hilfs-)Figur, um Blindheit zu umschreiben, selbst in spezifischer Hinsicht als Auslassung, ersetzt sie doch „etwas durch etwas anderes", wie Mieke Bal feststellt. Hierbei müsse jedoch, wie Bal argumentiert, eine gewisse Ähnlichkeit gegeben sein – aber auch eine merkliche Differenz. „Durch die Verbindung von Ähnlichkeit und Unterschied", schlussfolgert Bal, „kommt der neue, kreative, informative Überschuß der Metapher zustande", und dieser sei unentbehrlich für den stets sich erneuernden Umgang mit Begriffen, was an die

47 Der in der Moderne infrage gestellte Werkcharakter liegt für ihn in der künstlerischen Komposition (und Intention) eines „Ganze[n]", das „in definiter und abgeschlossener Weise" organisiert und dargeboten wurde, sodass „das Werk selbst, die ursprünglich vom Künstler imaginierte Form" nachvollzogen werden konnte (ebd., S. 28–30).

48 Ebd., S. 29.

49 Vgl. Stefan Matuschek: Ellipse. In: *Historisches Wörterbuch der Rhetorik*, Bd. 2, hrsg. v. Gert Ueding. Tübingen: Niemeyer 1994, Sp. 1017–1022, hier Sp. 1018.

50 *Blue* (US 1993, R: Derek Jarman).

Ausführungen zu Blindheit als konstituierender Verkörperung und als Denkfigur anschließt.[51]

Dass die Ellipse aus sprachwissenschaftlicher Perspektive als ein Sonderfall der Anapher gehandelt wird, bestärkt diese Annahme. Die Anapher meint die fortlaufende Wiederholung einer Sinneinheit, eines Motivs oder Themas.[52] Die zu untersuchenden Werke erfordern eben diese doppelte Perspektivierung – einerseits ist ihnen trotz aller Diversität ein gewisser Leerstellencharakter eigen, der zur Programmatik des offenen Kunstwerks und zur Rezeptionsästhetik der Leerstelle in Kunst und Literatur gehört,[53] andererseits arbeiten die hier versammelten Künstler_innen in unterschiedlicher Weise, wie auch im Verweis auf das performative Potenzial von Blindheit dargelegt, mit dem Mittel der Wiederholung – und einer ihr innewohnenden Logik des steten Aufschubs einer (abschließenden) Identität. In Brodowskys Erzählung sind es einzelne Wörter und Versatzstücke, die wiederholt werden – und dadurch Leerstellen produzieren: Das sprechende Ich fällt immer wieder in eine Art mantraartigen Refrain, der es von der Durchdringung des ‚eigentlichen' Problems abzuhalten scheint. Eine weitere Spielart der leerstellenhaften Wiederholung stellt das zentrale Thema der Vergegenwärtigung von Vergangenem dar. Die Protagonistinnen aus *Aufnahme*, *Hund* und *Isabella's Room* bestehen auf der Wiederholung vergangener Ereignisse, auf einer Aktualisierung ihrer Vergangenheit. Die Wiederholung erscheint als ein Versuch der (Wieder-)Aneignung von Geschichte vor dem Hintergrund einer veränderten ‚Sicht' auf Erlebtes. Calles Arbeit wiederum zeichnet sich vor allem durch ihre klare Serialität, die strenge Formgebung und die Leitfrage nach den Interferenzen von Schönheitsvorstellungen und Blindheit aus. Am radikalsten freilich kommen die Figur der Auslassung und die der Wiederholung in Stuarts Installation *All Together Now* überein, wo zwischen dem Modus der Auslassung und dem der steten Wiederholung (dieser Auslassung) nicht mehr länger unterschieden werden kann.

Den Kern der Studie bilden fünf Kapitel (Kap. II–IV) zu den untersuchten Arbeiten, deren Inhalt und zentrale Fragestellungen im Folgenden kurz umrissen werden.

51 Mieke Bal: Zu Tode erschrocken. In: Dies.: *Kulturanalyse*, aus. d. Engl. v. Joachim Schulte. Frankfurt am Main: Suhrkamp 2006, S. 44–71, hier S. 58–59.

52 Susanne Winkler: Ellipsis. In: *Encyclopedia of Language & Linguistics*, hrsg. v. Anne H. Anderson / Laurie Bauer / Margie Berns / Graeme Hirst et al. Oxford: Elsevier 2006, S. 109.

53 Vgl. Kap. II.

Der Aufbau der Studie

Paul Brodowskys Erzählung Aufnahme *(2007)*

In den Kapiteln II und III wird belegt, wie sehr die Auseinandersetzung mit Blindheit in literarischen Texten an die Prominenz einer visuellen Kunstform gebunden ist. Doch ergibt sich hier eine produktive Spannung gerade aus dem Kontrast zwischen visuellen Bildmedien und dem literarischen Schreiben als einer Möglichkeit, betont andere Bilder zu generieren.

Bei Paul Brodowsky ist es die Fotografie, die als ein ‚realistisches Medium' (Evidenz) *par excellence* in die Erzählung eingeführt wird, wie sich mit Verweis auf Roland Barthes und Susan Sontag zeigen lässt.[54] Ihre Wirkmacht schwindet jedoch – sei es infolge der impliziten Digitalisierung oder der in der Erzählung verhandelten persönlichen Sinnkrise. Das langsame Sterben einer analogen Technik personalisiert sich in einer erblindenden Fotografin, die auf diese Weise mehr und mehr zu einem lebendigen Paradox wird. Die Vagheit, in der die Charakterisierung der Protagonistin verharrt, dehnt sich auf deren bevorstehende, aber stets aufgeschobene Blindheit aus. Als eine schwer zu benennende, latente Gefahr schwebt sie über der ganzen Erzählung und verbindet sich mit der partiellen Amnesie des erzählenden Ich, das wie die Fotografin merkwürdig identitätslos bleibt. Die Figurenzeichnung belegt also jene signifikante Blindheit des literarischen Textes, weil sie als ein diskursives Kontinuum in den Akt des ausführenden Lesens hineinreicht. Blindheit wird, so die zentrale These, zu einer verkörperten, wissenschaftlich-künstlerischen Praxis, deren Ziel in der Transformation der Fotografin und der durch sie personalisierten Fotografie besteht. Die Selbsttötung, auf die *Aufnahme* hinausläuft, bedeutet indes kein notwendiges Scheitern an dieser Aufgabe, sondern ermöglicht eine Situation gleichzeitiger An- und Abwesenheit, wie durch die einschlägige Inszenierung innerhalb der Erzählung und vergleichende Rückschlüsse auf Peggy Phelans Thesen zu Leben und Werk Francesca Woodmans nachgewiesen wird.[55]

Da die aus der Lektüre von Brodowskys Erzählung *Aufnahme* zu entwickelnden spezifischen Fragestellungen für die gesamte Arbeit relevant sind, steht diese Erzählung am Anfang. Die Unbestimmtheit des Geschlechts des erzählenden Ich weist voraus auf Lohers *Hund* sowie die radikale Verunklärung der expliziten Sichtbarkeit geschlechtlicher Kodierungen bei Meg Stuart – und

54 Roland Barthes: *Die helle Kammer. Bemerkung zur Photographie*, aus d. Franz. v. Dietrich Leube. Frankfurt am Main: Suhrkamp 1989; Susan Sontag: *Über Fotografie* [1980], aus d. Amerik. v. Mark W. Rien / Gertrud Baruch. Frankfurt am Main: Fischer 2013.

55 Peggy Phelan: Francesca Woodman's Photography. Death and the Image One More Time, In: *Signs* 27,4 (2002), S. 979–1004.

mehr noch bei Eszter Salamon, deren *Tales of the Bodiless*[56] im Kapitel VI vergleichend in die Analyse von *All Together Now* einbezogen werden. Die zentrale These, die sich aus diesem übergreifenden Befund ableiten lässt, lautet, dass in neueren Inszenierungen die Frage nach einer binär-geschlechtlichen Kodierung von Blindheit in übergeordnete, unter anderem post-gendertheoretische Fragestellungen eingelagert – und damit partiell aufgehoben ist.

Dea Lohers Theatertext Hund *(2002)*

Kapitel III konfrontiert die in Kapitel II herausgestellte Abwesenheit der blinden Frau in der Kulturgeschichte mit dem Umstand, dass in Dea Lohers Theatertexten blinde Figuren auftauchen, die ausnahmslos weiblich kodiert sind. Am Beispiel der Textminiatur *Hund* wird nach der Funktion und den Folgen dieser Verschiebung gefragt. Eingelassen ist dieser Aspekt allerdings in eine Diskussion der vielfältigen Verfahren Lohers, die darauf zielen, ein normatives Denken in binären Kategorien wie sehen/nicht-sehen, männlich/weiblich, aktiv/passiv, vollkommen/unvollkommen und lebendig/leblos auszuhebeln. Kennzeichnend sind eine poetisch operative Haltung, die in der bildenden Kunst ein Korrektiv für das eigene Schaffen erkennt – hier die Bildhauerei – und ein sowohl episches als auch illusionistisches Verständnis von Theater.[57] Die Aushebelung vermeintlich oppositioneller Begriffe impliziert indes keine Nivellierung von Unterschieden, sondern insistiert vielmehr auf dem Gedanken eines ständigen Fließ- und Tauschcharakters, der Differenzen hervortreten lässt, indem er mit ihnen spielt, sie lustvoll demontiert und neu kombiniert. Ähnlich wie bei Brodowsky evoziert *Hund* Vorstellungen von Trauer und Tod, die ein allgemein vorherrschendes, negativ konnotiertes und als Einschränkung der Lebensqualität der Trauernden gewertetes Verständnis von Blindheit mit Vorstellungen der geistigen Erweiterung oder Reifung konfrontiert – als eine Voraussetzung für ein erweitertes (Selbst-)Bewusstsein und Souveränität. Blindheit fungiert hier gemäß ihrer motivgeschichtlichen Nähe zum Tod nicht als dessen Vorbotin, sondern als Initiatorin einer erst durch den Tod (des Geliebten) möglichen veränderten Einstellung gegenüber existenziellen Fragen. Zugleich ermöglicht sie – wie bei Brodowsky als Indikatorin

56 Eszter Salamon: *Tales of the Bodiless* (UA: 21.05.2011, Kaaitheater, Brüssel, KunstenFESTIVALdesArts).

57 In Anlehnung an Umberto Eco verstehe ich unter Poetik sowohl einen Oberbegriff für die dezidierten Erklärungen der Autorin, die in die Analyse einfließen, als auch den aus der Textanalyse erkennbaren Bauplan, „dergestalt, daß man aus der Art, wie das Werk gemacht ist, erschließen möchte, wie es gemacht sein wollte." (Umberto Eco: Vorwort 2. Auflage. In: Ders.: *Das offene Kunstwerk*, S. 7–26, hier S. 10.)

medialer Transpositionen – einen neuen Zugang zu ausgewählten Skulpturen des Bildhauers Alberto Giacometti, dem Loher ihre Miniatur widmet; es wird daher versucht, Giacomettis künstlerische Positionen mit der dem Pygmalion-Mythos inhärenten Mimesiskonzeption zu korrelieren.

Sophie Calles Ausstellung Les Aveugles *(1986)*

Was die Stellung der Fotografie betrifft, ist *Les Aveugles* gewissermaßen ein Gegenstück zu Brodowskys *Aufnahme*. Blindheit und Fotografie werden hier auf ganz andere Weise zueinander in Beziehung gesetzt. Während *Aufnahme* den Verlust der visuellen Wahrnehmung und Darstellbarkeit nicht nur inhaltlich, sondern auch formal verhandelt, wählt Calle für ihre Arbeit einen dokumentarischen Stil und stellt Blindheit im Modus scheinbarer Objektivität einer (ebenso scheinbaren) Evidenz des Sichtbaren gegenüber. Das Prinzip der Kontrastierung setzt sich in der gewählten Form, einer Kombination aus Texten und Fotografien, fort, in der Sophie Calle einer mehrdeutigen Praxis der Imagebildung nachgeht. Indem die für ihre investigativen Methoden bekannte Künstlerin blindgeborene Menschen nach ihrem *image of beauty*, ihrer Vorstellung von Schönheit, befragt und die Ergebnisse ihrer Erhebung ‚sehenden' Ausstellungsbesucher_innen präsentiert, stellt sie zwei miteinander verschränkte Formen der Imagebildung zur Diskussion. Entsprechend der Koinzidenz von Sehen und Nichtsehen als einer Grundannahme der vorliegenden Arbeit lässt sich an diesem Beispiel ein kulturelles Kipp-Phänomen prägnant verdeutlichen: die Doppeldeutigkeit, die analog zum Imagebegriff in einer Formulierung wie ‚die Wahrnehmung Blinder' mitschwingt. Sie lässt sich zum einen derart interpretieren, dass Blinde (visuell) wahrnehmen, und rekurriert zum anderen darauf, dass sie wahrgenommen werden. Die zweite Lesart weist so auf den erwähnten Objektstatus von Blindheit hin, der als Ergebnis einer im Alltagsdenken virulenten Imagebildung hinterfragt wird. Die ambivalente Durchdringung, ja die Frage, wer in *Les Aveugles* wen ansieht – die Ausstellungsbesucher_innen die Porträtierten oder umgekehrt – wird mit Diderots *Brief über die Blinden* konfrontiert, der bezeichnenderweise *für den Gebrauch der Sehenden* gedacht war und so maßgeblich zu einer Imagebildung beigetragen hat, deren Auswirkungen bis heute spürbar sind.

Calle zeigte ihre Arbeit im Rahmen einer Ausstellung; das Format der Ausstellung findet bei Lauwers und Needcompany wiederum Eingang in eine andere Kunstform, das Theater, denn hier wird eine museale Sammlung auf der Bühne präsentiert. Daraus wiederum ergibt sich eine inhaltliche und formale Parallele zu Brodowskys *Aufnahme* und Lohers *Hund*. Erneut wird in *Isabella's Room* eine visuell kodierte Praxis – die Ausstellung – in eine Kunstform integriert, in der es, wenngleich unter anderen Vorzeichen, darum geht, etwas zu zeigen. Warum ausgerechnet kulturelle Praktiken des Sichtbarmachens immer wieder mit Vorstellungen von Blindheit kontrastiert werden, gehört zu den zentralen Fragen der vorliegenden Studie.

Die Theaterinszenierung Isabella's Room *(Jan Lauwers und Needcompany, 2004)*
Kapitel V betrachtet Blindheit im Spannungsfeld zweier einflussreicher Kulturinstitutionen, dem Theater und dem Museum. Die Inszenierung von Jan Lauwers und Needcompany folgt dem Muster von Blindheit als Erkenntniszuwachs und -verlust, das hier auf die Frage nach einem adäquaten Umgang mit einer Privatsammlung kolonialer Artefakte angewendet wird. Die Künstler_innen haben eine archäologisch-ethnologische Privatsammlung aus einer museal kodierten Sphäre in eine als flüchtig charakterisierte Sphäre überführt und im Rahmen der Inszenierung fiktionalisiert. Dieser Akt wird als ein Bekenntnis gewertet, in die Aushandlung der Deutungshoheit über Geschichte – beispielhaft repräsentiert in jenem Erbe – neben der Institution des kulturhistorischen Museums auch die Institution Theater stärker zu involvieren.
Blindheit wird als eine komplexe Haltung gegenüber den auf der Bühne (re-)präsentierten Objekten befragt. Nachzuweisen ist, dass der Transfer selbst und die ständige Dynamisierung eines um seinen Ort gebrachten Erbes einen anderen Blick auf die Artefakte ermöglichen. Ähnlich wie in Lohers *Hund* fungiert Blindheit hier als Ausdruck einer pointiert illusionistischen Darstellungsweise, verbunden mit dem Anspruch der aktiven Entkopplung einer kausalen Verbindung zwischen Sehen und Erkennen. Anknüpfend an Kapitel II erfolgt in diesem Kapitel eine weitere Umdeutung des Ödipus-Mythos: nicht nur in Form einer geschlechtlichen, sondern auch ethisch-moralischen Wendung, nämlich der Suspendierung des Inzestverbots. Gezeigt wird, dass der ‚andere' Blick nur um den Preis des Grenzübertritts, der Ausblendung und Demontage von (ehemaligen) Konventionen und Sinnzuschreibungen zu haben ist. Die Künstler_innen nutzen dies zur Erprobung neuer Zugänge zum Erbe und zur Rekonstruktion und Fortschreibung der darin verkörperten Geschichte. Diese Geschichte ist in *Isabella's Room* immer mehrdeutig: Die Lebensgeschichte der erblindeten Ethnologin Isabella Morandi verknüpft sich unentwirrbar mit der Geschichte des 20. Jahrhunderts, der Modus des realistischen Erzählens mit der Sphäre des Mythischen und Irrealen. Hier tritt der Konstruktionscharakter von Geschichte wie von Geschichten besonders deutlich zutage – und erinnert zugleich an das Gebot, aufmerksam und skeptisch gegenüber jedem kulturellen Zugriff, jeder Form ihrer Aneignung zu sein.

Meg Stuarts szenische Installation All Together Now *(2008)*
Werden bis hierher die Fotografie und Bildhauerei sowie die Ausstellung und das Theater, ja selbst die Literatur als visuell kodierte Kunstformen untersucht, beschäftigt sich Kapitel VI mit einer szenischen Situation, die das Sehen selbst als eine verlässliche Praxis der Wahrnehmung, Identifikation und Kommunikation suspendiert. Meg Stuarts Performance-Installation *All Together Now* stellt im Rahmen der Studie die künstlerisch radikalste Form im Umgang mit Blindheit dar. Durch den Einsatz eines licht- (und schall-)isolierten Schwarzraums werden die Rezipient_innen hier selbst vorübergehend zu ‚Blinden', da sich ihnen ‚nichts' zeigt. Herausgearbeitet werden die vielschichtigen Effekte, die diese die Gattung Theater selbst infrage stellende Ausnahmesituation zeitigt. Aufgezeigt wird, wie dieser spezifische Raum die Besucher_innen mit sich selbst und den Grenzen ihrer Wahrnehmung konfrontiert. *Ex negativo* lässt sich ermessen, wie fließend der (halbbewusste) Übergang zwischen Sehen und Erkennen, zwischen dem Anblick eines Menschen und den Rückschlüssen auf sein Geschlecht ist. Die exemplarische Einbeziehung von Salamons szenischer Fiktion *Tales of the Bodiless* und darin verhandelter, gender- und humanwissenschaftlicher Diskurse unterstreicht diesen Aspekt und schließt an den problematisierten Vorgang der Imagebildung in Calles *Les Aveugles*, aber auch die Unbestimmtheit des Geschlechts in *Hund* und *Aufnahme* an.
In Anbetracht der eingangs diagnostizierten Engführung von Blindheit und Geschlecht lässt sich postulieren, dass das Geschlecht der Blindheit in den Künsten der Gegenwart weder männlich noch weiblich, sondern auf progressive Weise aufgebrochen ist. Bezeichnend ist, dass Krisen der (visuellen) Wahrnehmung und des Denkens in der Regel an blinde Figuren gebunden sind, die ihre Grenzen, ihre Wahrnehmung, ihr Verhältnis zu sich selbst und ihrer Geschichte, ihrem Körper und ihrer Umwelt neu bestimmen müssen. Die künstlerische Auseinandersetzung mit dieser Herausforderung soll nun im Mittelpunkt stehen.

II
Selbstansichten – Fotografie, Blindheit und Tod in Paul Brodowskys Erzählung *Aufnahme* (2007)

Die blinde Fotografin

Paul Brodowskys Kurzgeschichte *Aufnahme* bildet den Auftakt seines zweiten, 2007 erschienenen Erzählbandes *Die blinde Fotografin*. Der Buchtitel bezieht sich auf die erste der insgesamt sechs, untereinander nicht verbundenen Erzählungen: Während er mit dem vermeintlichen Paradox der blinden Fotografin spielt und damit unmissverständlich auf die Protagonistin dieses ersten Textes verweist,[1] scheint dessen Titel *Aufnahme* sein eigentliches Thema eher zu kaschieren: Beim Lesen stellt sich indes heraus, dass hinter dem zunächst unspektakulären Titel eine ungeheure Geschichte steckt – nämlich die einer fotografischen Aufnahme, die die Selbsttötung der Protagonistin dokumentiert.
Brodowskys Hauptfigur, die die Leser_innen nur rückblickend aus der vermittelten Perspektive eines erzählenden Ich kennenlernen, wird als eine Fotografin in die Erzählung eingeführt, die ihren Lebensunterhalt „mit Aufnahmen von Essen für Stadtmagazine und Nobelrestaurants"[2] verdient und darüber hinaus ambitionierte eigene Projekte verfolgt. Mit fortschreitender Erblindung fotografiert sie immer weniger, bis sie diese Tätigkeit ganz einstellt. Zugleich arbeitet sie, wie jedoch erst am Schluss der Erzählung klar wird, an der aufwendigen

1 Brodowskys Kombination von Blindheit und Fotografie mag zunächst wie ein Paradox erscheinen, weil die physiologische Sehfähigkeit eine zentrale Voraussetzung für das Fotografieren zu sein scheint; dass Formen des Sehverlusts allerdings ebenso gute Voraussetzungen sein können, um visuelle Kunst zu produzieren und zu rezipieren, zeigen Künstler_innen wie Evgen Bavčar, Alice Wingwall, Kurt Weston oder solche, die wie Sue Webster und Maria Lassnig künstlerischen Tätigkeiten bewusst mit verbundenen Augen nachgehen.

2 Brodowsky: Aufnahme, S. 16. Seitenangaben im Folgenden im Text.

Inszenierung ihrer letzten Aufnahme, die ihren Tod in einer präzise kalkulierten, ausschließlich von ihr selbst bestimmten Form dokumentieren soll. Dafür näht sie sich ein aus „Leinen und Spitze" (29) zusammengesetztes Kleidungsstück.[3] Aus Stoffbahnen, die sie quer durch ihre Atelierwohnung spannt, schafft sie ein, aus Sicht des erzählenden Ich, „böses Schattenkabinett" (29), das die Kulisse für das letzte Foto bildet. Mit Hilfe eines Fernauslösers hält die Fotografin ihr Ende inmitten dieses selbst geschaffenen Bühnenbilds fest.
Der Suizid der namenlosen Frau,[4] die zuvor in einem nicht näher benannten Zeitraum erblindet ist, markiert den Höhepunkt und Schluss im zeitlichen Verlauf der Erzählung. Die Entdeckung der Toten ist der Auslöser des disparaten ‚Gedankenstroms',[5] der die ungeordneten, noch ganz vom Schrecken des Erlebten geprägten Reflexionen einer ebenfalls namenlosen, in der Ich-Form erzählenden Person wiedergibt. Vom Suizid als zentralem Ereignis aus unternimmt dieses Ich den Versuch einer Rekonstruktion der Ereignisse, die aus seiner Sicht zu diesem Ende geführt haben. Im Einklang mit den vorangestellten Worten „[...] no time for consciousness" (9) wird es von seinen Erinnerungen an die letzten Wochen und Monate seines Zusammenseins mit der Fotografin geradezu bestürmt. Es handelt sich dabei um eine erzähltechnisch verlautbarte Stimme, die kein erkennbares Gegenüber, sondern eher sich selbst adressiert. Es ist demnach Teil des Erzählten, das es entsprechend der vom Autor verwendeten homodiegetischen Erzählweise zum Zeitpunkt des Erzählens noch einmal nacherlebt.[6]

3 Das Hemd verweist auf einen von der Fotografin erwähnten, noch unvollendeten Zyklus, für den sie Kleidungsstücke näht. (17) Er kann aufgrund seiner Funktion als selbst genähtes Leichenhemd betrachtet werden.

4 Die Fotografin heißt zwar möglicherweise Ella, denn dieser Name wird in einer momenthaften Szene durch eine Bar gerufen (18), wer dabei aber wen ruft – die Fotografin eine Bekannte oder die Bekannte die Fotografin –, bleibt unklar. Diese Stelle ist nicht nur leicht zu überlesen, sie ändert auch wenig am Eindruck, es mit seltsam identitätslosen Figuren zu tun zu haben.

5 Der Begriff wird hier nicht im strengen Sinn der Erzähltechnik des ‚Bewusstseinsstroms' (oder *stream of consciousness*) verwendet. Zwar erinnert *Aufnahme* der Form nach an diese (beispielhaft in James Joyce' Roman *Ulysses* verwirklichte) Methode, weil aus der ersten Person Indikativ Präsens das Erlebte scheinbar ungeordnet und den Gedanken der Figur folgend wiedergegeben wird (Innensicht). Zugleich aber arbeitet Brodowskys (poetisches) Konstruktionsprinzip, wie noch dargelegt wird, diesem Eindruck entgegen.

6 Bei der homodiegetischen Erzählweise ist der Erzähler Teil der erzählten Welt und tritt demnach (oft in Form des Ich-Erzählers) als erzählendes *und* ‚erzähltes' bzw. erlebendes Ich in Erscheinung, so auch in Brodowskys *Aufnahme*. Vgl. Gérard Genette: *Die Erzählung*, aus d. Franz. v. Andreas Knop. München: Fink 1998, S. 174–179.

Leerstellen und Anschlussmöglichkeiten

Brodowskys Text *Aufnahme* wurde 2006 für den Ingeborg-Bachmann-Preis nominiert. Das Spektrum der Reaktionen der Jurymitglieder reichte von begeistertem Zuspruch, angesichts eines „Dokument[s] einer Überwältigung" mit „atemlose[m] Sog" (Iris Radisch) über den „einschläfernden" Eindruck einer „routinierten Mechanik" und einer problematischen „Spannung zwischen Absicht und Ergebnis" (Heinrich Detering) bis hin zu ablehnenden Äußerungen angesichts der literarischen „Vorführung der Methode", die Daniela Strigl das Gefühl vermittelte, es mit einem „Schreibschulentext[]" zu tun zu haben.[7]

Trotz der hier angedeuteten Kritik eignet sich *Aufnahme* aus verschiedenen Gründen für den Einstieg in die vorliegende Studie: Die Erzählung wirkt in einem produktiven Sinn offen, das heißt, sie evoziert verschiedene fotografie-, kultur- und wahrnehmungstheoretische Diskurse, ohne sich einer bestimmten Theorie zu verschreiben. Bemerkenswert ist zunächst, dass die Ausgangskonstellation ein so paradoxes wie verführerisches Denkbild heraufbeschwört, das den Horizont weit über den Text hinaus öffnet: Wie reagiert eine Fotografin, die nicht nur mit ihren Augen, sondern ‚zusätzlich' mit einem Fotoapparat sieht, auf den so langsamen wie unausweichlichen Prozess ihres Sehverlusts? In Anbetracht der umfassenden kulturellen und symbolischen Privilegierung des Gesichtssinns steigert die Fotografie als visuelles Medium die Vorstellung eines derartig existenziellen Vorgangs. Die motivische Zuspitzung (visuelle Passion, Sehverlust, Tod) verdeutlicht, wie sehr (literarische) Geschichten über Erblindungen auch Geschichten existenzieller Verunsicherungen sind. Dies trifft ferner auf das mit der Sehfähigkeit schwindende Erinnerungsvermögen zu, das die Fotografin ereilt – und in anderer Form das vom Schrecken gezeichnete erzählende Ich.

Durch den Verzicht auf eine in sich geschlossene, kohärente Darstellung lädt Brodowskys Text zu einer über das Material hinausreichenden Exegese ein – zum Weiterdenken und Ergänzen ausgelassener Informationen. Entsprechend der damit verbundenen Aufwertung des Rezeptionsvorgangs orientiert sich die Analyse an Ecos in den frühen 1960er Jahren entwickeltem Verständnis von der modernen Ästhetik, die auf der Unabgeschlossenheit des Kunstwerks basiert[8] sowie am literaturwissenschaftlichen Modell der vor allem mit Wolfgang Iser

7 Die Zitate sind allesamt der Zusammenfassung der Diskussion der Jurymitglieder entnommen. Online unter: http://archiv.bachmannpreis.orf.at/bachmannpreisv2/bachmannpreis/texte/stories/117972/index.html (Zugriff am 15.03.2017).

8 Eco: Die Poetik des offenen Kunstwerks.

verbundenen ‚Leerstelle'.[9] Iser führt den kunstästhetischen Begriff der Leerstelle in die Literaturtheorie ein, die eine erweiterte Spielart der in der vorliegenden Arbeit als Untersuchungsform und Schreibpraxis herausgestellten Ellipse ist. Neben den seinerzeit in den Philologien vorherrschenden Instanzen Autor und Text wertet Iser den ‚Akt des Lesens' als einen produktiven Vorgang auf.[10] Die für Texte konstitutive Auslassung von Informationen ist demnach die Voraussetzung für einen individuellen Sinnvollzug, für seine auf Fremdheit *und* Nachvollziehbarkeit basierende Aneignung[11] – ein Interpretationsverhalten, das unter Bezugnahme auf Eco schon als „Ausführung" bezeichnet wurde.[12]

Die Überzeugung von der grundsätzlichen Offenheit eines Kunstwerks, seiner (konstruktiven) ‚Unbestimmtheit',[13] ist eine Voraussetzung der vorliegenden Arbeit, die künstlerische Blindheitsdarstellungen als Konkretisierungen dieser Auffassung befragt. So setzt Brodowsky die Ellipse als einen literarischen Kunstgriff ein, um den Eindruck unmittelbarer Nähe zum Geschehen zu erzeugen. Wie in der modernen Lyrik, zu deren Epochenmerkmalen die

9 Wolfang Iser: *Die Appellstruktur der Texte. Unbestimmtheit als Wirkungsbedingung literarischer Prosa.* Konstanz: UVK 1970; ders.: *Der implizite Leser. Kommunikationsformen des Romans von Bunyan bis Beckett.* München: Fink 1972; ders.: Der Akt des Lesens; ders.: *Das Fiktive und das Imaginäre. Perspektiven literarischer Anthropologie.* Frankfurt am Main: Suhrkamp 1991.

10 Iser knüpft damit an Roman Ingarden an, der zu den Begründern einer phänomenologischen Ästhetik zählt. Am Konzept des Positivismus übte Ingarden bereits Anfang der 1930er Jahre Kritik, indem er die Kriterien für die Beweisbarkeit von Bedeutung selbst als nicht verifizierbar erklärte. Ein Schlüsselbegriff in seiner Rezeptionsästhetik ist die Isers Idee der Leerstelle vorausgehende ‚Unbestimmtheit', vgl. exemplarisch Roman Ingarden: *Das literarische Kunstwerk. Eine Untersuchung aus dem Grenzgebiet der Ontologie, Logik und Literaturwissenschaft.* Halle: Niemeyer 1931, S. 68. Vgl. außerdem Amie Thomasson: Roman Ingarden. In: *Stanford Encyclopedia of Philosophy*, hrsg. v. Edward N. Zalta. http://plato.stanford.edu/archives/fall2012/entries/ingarden/ (Zugriff am 18.07.2014). Zu Ingardens Publikationen zählen u. a. weiterhin ders.: *Untersuchungen zur Ontologie der Kunst: Musikwerk. Bild. Architektur. Film.* Tübingen: Niemeyer 1962; ders.: *Der Streit um die Existenz der Welt*, Bde. 1, 2,1, 2,2. Tübingen: Niemeyer 1964; ders.: *Vom Erkennen des literarischen Kunstwerks.* Tübingen: Niemeyer 1968; ders.: *Erlebnis, Kunstwerk und Wert. Vorträge zur Ästhetik 1937–1967.* Tübingen: Niemeyer 1969.

11 Iser: *Der Akt des Lesens*, bes. S. 348: „Leerstellen und Negationen markieren bestimmte Aussparungen bzw. virtuell gebliebene Themen auf der syntagmatischen und der paradigmatischen Achse des Textes. Sie erzeugen damit notwendige Möglichkeiten, um die fundamentale Asymmetrie zwischen Text und Leser auszubalancieren. Sie initiieren eine Interaktion, in deren Verlauf die Konturen des Leergelassenen von den Vorstellungen des Lesers besetzt werden, wodurch sich auch die Asymmetrie zwischen Text und Welt aufzuheben beginnt und der Leser eine ihm fremde Welt zu Bedingungen erfahren kann, die nicht durch seinen Habitus determiniert sind."

12 Eco: Die Poetik des offenen Kunstwerks, S. 29.

13 Siehe Anm. 10 in diesem Kapitel.

rhetorische Figur der Ellipse gehört,[14] werden die Vieldeutigkeit, ja mitunter Widersprüchlichkeit und Assoziationsdichte durch seine Verwendung einer fragmentarischen Syntax und Semantik geschürt. Die Aufwertung der Rezeption infolge dieses Modells beschränkt sich nicht auf die Literaturwissenschaft, wie vor allem die im Folgenden genannten Untersuchungen zeigen. So korrespondiert die Idee der partizipativen Generierung von Kunst mit dem Stellenwert der Kopräsenz von Akteur_innen und Zuschauer_innen in einer Theateraufführung (Kapitel V und VI), der sich vor allem in den Arbeiten von Erika Fischer-Lichte widerspiegelt,[15] und dem Modell der kritischen Kulturanalyse, wie sie Stuart Hall am Centre for Contemporary Cultural Studies in Birmingham (CCCS) in den 1960er und 1970er Jahren zusammen mit anderen Kulturtheoretiker_innen entwickelt hat.[16]

Angesichts der pointierten Offenheit des Textes mag verwundern, dass Brodowskys erblindende Protagonistin mit einer sehr konkreten Figur identifiziert wurde: mit Sophokles' Ödipus. Dies ist jedoch genauer betrachtet kein Zufall. Anhand dieser Identifizierung lässt sich vielmehr zeigen, wie eng der Rahmen für Interpretationen von Blindheitsnarrativen mitunter gesteckt ist. Einige Hintergründe dieser Zuschreibung sollen im Folgenden offengelegt und probehalber auf ihre Haltbarkeit überprüft werden. Dabei wird die Aufmerksamkeit auf den Konstruktionscharakter dieser Deutung gelenkt. Eine so einflussreiche Figur wie Ödipus wird nämlich, so zeigt sich am Beispiel von *Aufnahme*, selbst dann als Interpretationsvorlage bemüht, wenn die Erzählung keinerlei Anhaltspunkte für diese Identifizierung bietet.

Im Anschluss an die exemplarische Erprobung populärer Deutungsmuster möchte ich mit Diane Arbus und Francesca Woodman zwei Künstlerinnen in die Untersuchung einbeziehen, die möglicherweise tatsächlich für die Charakterisierung der Hauptfigur aus Brodowskys Texts eine Rolle gespielt haben – in jedem Fall aber die verschiedene Diskurse integrierende Untersuchung bereichern. Durch die Einführung der beiden Fotografinnen, die zu unterschiedlichen Zeiten in New York gewirkt und ihr Leben durch Suizid

14 Vgl. Matuschek: Ellipse, Sp. 1021.

15 Vgl. exemplarisch Erika Fischer-Lichte: *Ästhetik des Performativen.* Frankfurt am Main: Suhrkamp 2004, insb. S. 63–126.

16 Hall fasst den Inhalt von Texten (nicht notwendig literarischen) in einer grundsätzlichen Mehrdeutigkeit, ja Widersprüchlichkeit auf. Sie ist bezeichnend für den Konstruktionscharakter der Sprache, die Realität niemals abbildet, sondern interaktiv hervorbringt, siehe Stuart Hall: Encoding/Decoding. In: Ders. / Dorothy Hobson / Andrew Lowe / Paul Willis (Hrsg.): *Culture, Media, Language. Working Papers in Cultural Studies, 1972–79.* London: Hyman 1980, S. 128–138.

beendet haben, werden verschiedene Aspekte wie der literarische Umgang mit Wahrnehmungsgrenzen, Verstöße gegen Seh- und Darstellungskonventionen und der zentrale Bedeutungskomplex von Tod, Schmerz und Suizid auslotbar. *Aufnahme* handelt von der Anfechtbarkeit, Verletzbarkeit und Unverfügbarkeit des menschlichen Blicks in verschiedenen Konstellationen. Das Phänomen der Blindheit ist dabei weder im Dienst der Überhöhung noch der Herabsetzung einer spezifischen Ausprägung von visueller Wahrnehmung anzusiedeln. Allgemein lässt sich feststellen, dass Blindheit hier – wie auch in den anderen zu untersuchenden Arbeiten – im Zusammenhang mit einer betonten Pluralisierung und Auffächerung verschiedener Sehpraktiken und damit weder im Zeichen der Eingrenzung menschlicher Wahrnehmung noch im Zeichen der Reue und Unzulänglichkeit der (menschlichen) Erkenntnisfähigkeit entsprechend des Ödipusmythos steht.

Die literaturwissenschaftliche Analyse von Brodowskys Umgang mit Blindheit und Tod bezieht kulturtheoretische Überlegungen zur Bedeutung der Stimme, der Psychoanalyse und der Porträtfotografie ein. Die Erzählung eignet sich auch deshalb für die Einführung in die Thematik zeitgenössischer Blindheitsentwürfe in den Künsten, weil es in *Aufnahme* dezidiert um den Vorgang einer Erblindung inklusive seiner differenzierten Auswirkungen auf die betroffene Figur und ihr soziales Umfeld geht. In den anderen hier behandelten Arbeiten – mit Ausnahme von Stuarts Schwarzraum (Kapitel VI) – erscheint Blindheit hingegen als ein Vorgang, mit dem sich die betroffenen Figuren eher arrangiert haben, ja dessen Auswirkungen sie im Vergleich zu Brodowskys Protagonistin weniger als einschränkend wahrnehmen, denn als akzeptierte Transformation ihrer sinnlichen Wahrnehmung. Keine weitere Arbeit verknüpft die Vorstellung von Blindheit so radikal mit dem Gefühl der Verunsicherung. Nirgends sonst steht Blindheit in so deutlichem Bezug zu einer äußerlich sichtbaren Transformation. Keine andere Figur schließlich entscheidet sich dafür zu sterben. Tod und Blindheit erweisen sich mit Blick auf die moderne Kulturgeschichte als motiv- und philosophiegeschichtlich verschränkte Begriffe.[17] An dieser Stelle tritt eine charakteristische Dichotomie zutage. Selbst zeitgenössische Blindheitsnarrative weisen sich durch eine Traditionsbindung aus, die teils bewusst gewählt, teils aber auch von einer ebenfalls traditionsverhafteten Rezeption oktroyiert wird. Mit diesem Befund umzugehen, ist eine zentrale Herausforderung in der Auseinandersetzung mit künstlerischen Entwürfen von Blindheit.

17 Vgl. Mayer: *Dialektik der Blindheit*. Um die Korrelationen zwischen Blindheit und Tod über eine reine Motivgeschichte hinaus erkennbar zu machen, verknüpft der Autor für seinen Zugang zur Poetik des Todes (am Beispiel des Laokoon) und zur Dialektik der Blindheit (am Beispiel des Teiresias) das hermeneutische Präsenzdenken mit Jacques Derridas Dekonstruktivismus.

Die literarische Form

Aufnahme ist ein stark durchkomponierter Text, der auf effektvolle, symbolkräftige Bilder setzt. Er beginnt mit einer elliptischen Verkürzung, den vieldeutigen Worten „[w]ie schlafend". (9) Sie werden im weiteren Verlauf des Textes wiederholt und weisen so über den zunehmenden Sehverlust der Protagonistin hinaus bereits auf ihren Tod voraus: Mit der Beschreibung der Toten, „der Blick ins Leere, reglos, wie schlafend, wie mit offenen Augen schlafend" (29), schließt die Erzählung wieder an den Anfang an.

Die wichtigste unter den symbolkräftigen Figuren ist die der blinden Fotografin selbst; darüber hinaus tauchen – eher als momenthafte Schatten – ein blinder Obdachloser mit „milchweißen Augen" (13) und eine um sich selbst kreisende Maus, der ein Auge und ein Stückchen Schwanz fehlen (14), auf. Doch auch Bilder wie das der „blinde[n] Fotografin in der Dunkelkammer" (22) und ihr Tasten nach einem lautlos lachenden Mund (22) sind erkennbar um Intensität, Eindringlichkeit und Prägnanz bemüht.

Die unvermittelte Art und Weise, in der diese stilisierten Bilder, die zum Teil nur lose um den zentralen Erzählstrang gruppiert sind, im Text auftauchen und die Enttäuschung darüber, dass sie ohne dramaturgische Funktion in der Erzählung bleiben, befördern eine „merkwürdig kalt[e]"[18] Wirkung, wie die Rezensentin Anja Hirsch bemerkt. Dies ist allerdings keine (Ab-)Wertung, sondern die Beobachtung eines literarischen Vorgangs, der durchaus intendiert scheint. Hirsch stellt in diesem Zusammenhang eine literarische Verwandtschaft heraus: „Brodowskys etwas müde protokollierende Figuren sind Nachfahren einer Prosa, die sich mit dem Namen Judith Hermann verbindet".[19] Damit spannt sie den Bogen zu einer (meist weiblichen) Generation von Schriftsteller_innen, die seit dem Ende der 1990er Jahre melancholisch-elegische Einblicke in den unspektakulären Alltag einer selbstvergessenen Generation von Caféhaus-Intellektuellen, prekären Künstler_innen und Arbeitslosen gibt. Und wie bei Judith Hermann und vielen anderen nach 1970 geborenen Schriftsteller_innen zeichnen sich auch bei Brodowsky, in *Aufnahme* ebenso wie in den anderen fünf Erzählungen des Bandes, zwischenmenschliche Beziehungen grundsätzlich durch ihre Instabilität aus: Niemand weiß, woran er (oder sie) ist, und – weit erstaunlicher – möchte es auch gar nicht wissen.[20]

18 Anja Hirsch: Etüden in Gleichgültigkeit: Paul Brodowskys Erzählungsband „Die blinde Fotografin" spielt mit der Sprödigkeit – die Wirkung bleibt nicht aus. In: *Frankfurter Rundschau*, 16.06.2007. http://www.fr.de/kultur/literatur/die-blinde-fotografin-etueden-in-gleichgueltigkeit-a-1191825 (Zugriff am 10.04.2017).

19 Ebd.

20 Vgl. exemplarisch Julia Franck: *Der neue Koch*. Zürich: Ammann 1997; Judith Hermann: *Sommerhaus, später*. Erzählungen. Frankfurt am Main: Fischer 1998; dies.: *Nichts als Gespenster*.

Brodowskys Verzicht auf einen übergeordneten Erzähler bzw. externen Fokalisator unterstreicht diese Wirkung und berechtigt, hier von einem dramatischen Erzählmodus zu sprechen.[21] In Anlehnung an Gérard Genette ist darunter eine distanzarme Darstellung von Ereignissen zu verstehen.[22] Charakteristika dieses Darstellungstyps sind nach Matias Martinez und Michael Scheffel jene für *Aufnahme* signifikante „Art Selbstvergessenheit" und „die scheinbare Abwesenheit einer das Erzählte vermittelnden narrativen Instanz".[23] Der dramatische Modus vermittelt Unruhe und Anspannung, wobei mit Blick auf Brodowskys Erzählung unklar bleibt, ob dies dem Modus des Erlebten entspricht oder der gegenwärtigen Stimmung des sich erinnernden Ich. Da alles, worauf sich die erzählende Stimme beruft, bereits vergangen ist, erfolgt die Darstellung im Präteritum; andererseits erzeugt der Text eine „fiktive[] Gegenwärtigkeit",[24] weil „nur die erzählte Geschichte, nicht [...] das Erzählen selbst"[25] als vergangen erscheinen, gesteigert durch den literarischen Anspruch, die Leser_innen an der Verstörtheit der sprechenden Figur unmittelbar teilhaben zu lassen.[26]
Auslöser der assoziativen Wiedergabe durch die erzählende Person ist die Entdeckung des Suizids; dreimal wird in immer anderen Worten erzählt, wie sie nach Hause kommt, sich über die merkwürdige Stille wundert, vergeblich nach der Fotografin ruft und diese schließlich erhängt findet. Bezeichnend ist der aus der Art der Darstellung sprechende Verlust des Zeitgefühls auf Seiten der erzählenden Figur. So kann sie sich nicht erinnern, wann sie die Fotografin gefunden hat: „Gestern Abend, oder war es vorgestern oder einer der anderen Abende." (9) Ebenso bezeichnend ist die hierdurch erzeugte Desorientierung der Leser_innen, die ohne jede Einführung oder Kontextualisierung in den Gedankenstrom hineingezogen werden; der Anspruch, nah an der Wahrnehmung des

Frankfurt am Main: Fischer 2003; Tanja Dückers: *Spielzone*. Berlin: Aufbau 1999; Karen Duve: *Keine Ahnung*. Frankfurt am Main: Suhrkamp 1999; Paul Brodowsky: *Milch Holz Katzen*. Frankfurt am Main: Suhrkamp 2002; Susanne Heinrich: *In den Farben der Nacht*. Köln: DuMont 2005; Anna Katharina Hahn: *Kürzere Tage*. Frankfurt am Main: Suhrkamp 2009.

21 Die Autoren grenzen sich in ihrer Verwendung des Wortes ‚dramatisch' von der Textform des Dramas ab und betonen, dass sie sich damit nicht nur auf Dialoge und Monologe, sondern auch Erzählungen von Worten und Ereignissen beziehen (Matias Martinez / Michael Scheffel: *Einführung in die Erzähltheorie*. München: Beck 2002, S. 49).

22 Vgl. ebd., S. 49.

23 Ebd., S. 50.

24 Käthe Hamburger zit n. ebd., S. 72.

25 Ebd.

26 Entsprechend der Darstellung von Wirklichkeitseffekten in epischen Texten ließe sich sagen, dass die Erzählende „eine so geringe Distanz zu [ihrem] Erleben [hat], daß [sie] noch ganz unmittelbar von ihm gezeichnet ist" (ebd., S. 74).

erzählenden Ich zu bleiben, erklärt, warum ihm selbstverständliche Aspekte (wie beispielsweise der Charakter der Beziehung zur Fotografin, die gemeinsame Vorgeschichte, Namen, Beruf etc.) unerwähnt bleiben.[27]
Auf diese Weise wird

> die Illusion einer unmittelbar greifbaren „Wirklichkeit" auch dadurch unterstützt, daß hier zahlreiche Gegenstände genannt und [...] beschrieben werden, die für die eigentliche Handlung im Rahmen der erzählten Geschichte offenbar funktionslos sind und die in einer Welt jenseits der Erzählung einfach „da" zu sein scheinen.[28]

Im Einklang mit der homodiegetischen Darstellung, der zufolge die Erzählinstanz als ein erzählendes und ein erzähltes Ich in Erscheinung tritt, entsteht eine Art Realitätseffekt, der, wie von Seiten der Kritik verschiedentlich bemängelt, durch sprachliche Ungenauigkeiten und Redundanzen beeinträchtigt, die beabsichtigte Wirkung nicht immer erreicht:

> An einem Abend zeigte sie mir einen Club im zweiten Stock eines unscheinbaren Reihenhauses, auf halber Treppe eine Gittertür, man musste klingeln, warten bis ein Türsummer ging, oben wurden wir gefragt, wen wir treffen wollten, Carlos, sagte sie, der Raum war langgestreckt, niedrige Decke und keine Fenster, ein DJ spielte Merengueplatten, wir setzten uns an eines der Tischchen, ich holte zwei Drinks, an der Bar saß eine Frau, die mir vage bekannt vorkam, sie saß da alleine, sie war schmal, beinahe hager, dunkelbraune Haare, ihre Arme waren sehnig, ich konnte ihre Muskeln erkennen, lange Fingernägel, wir schauten uns kurz an, dann bekam ich die Getränke. (18)

Obwohl die Beschreibungen wie in diesem Beispiel recht detailreich sind, evozieren sie beim Lesen kaum konkrete Vorstellungen von den handelnden Personen und den Schauplätzen. Brodowskys Text ist wie schon mehrfach angedeutet von einer spürbaren Unbestimmtheit geprägt, die sich vor allem auf die Identität der Figuren, die erzählte Zeit und den Ort der Handlung bezieht.
Besonders auffällig ist, dass das Geschlecht des erzählenden Ich unbestimmt bleibt. Ebenso wenig zu erkennen sind sein Alter und Beruf; die Leser_innen erhalten keinerlei biografische Hinweise, was jedoch – grundsätzlich – zum literarischen Modus des selbstvergessenen Erzählens passt. Die Literaturkritik sieht im erzählenden Ich – sei es durch einen vom Geschlecht des Autors ausgehenden Analogieschluss oder durch einen heteronormativen Reflex – durchgehend eine männliche Instanz, obgleich der Text diesen Schluss an keiner Stelle zwingend macht.[29] Ebenso gut könnte es sich um eine Erzählerin handeln, da

27 Siehe Anm. 5 in diesem Kapitel.

28 Martinez / Scheffel: *Einführung in die Erzähltheorie*, S. 50.

29 Alle mir bekannten Rezensionen gehen von einer männlichen Erzählinstanz aus, ebenso der Klappentext des Buches und die Verlagsdarstellung. Vgl. exemplarisch Hirsch: Etüden in Gleichgültigkeit; Jutta Person: Schöner leiden. Ineinanderkopiert, zusammengesetzt, rückwärts

sich die Fotografin offensichtlich zu Frauen hingezogen fühlt, eine Frau küsst und bevorzugt Frauen fotografiert. Statt das erzählende Ich auf ein Geschlecht festzulegen, möchte ich die als Stilmittel diagnostizierte Unbestimmtheit auch in dieser Hinsicht ernst nehmen und verzichte dementsprechend auf eine eindeutige Geschlechtszuweisung.[30] Die Beziehung zwischen dem erzählenden Ich und der Fotografin bleibt vage. Aus der Erinnerung wird deutlich, dass sie sich etwa ein Jahr vor dem Suizid in einer Bar kennengelernt, unterhalten und geflirtet haben, dass die erzählende Person abrupt gegangen, dann aber noch einmal zurückgekehrt sei, um die Fotografin ohne Umschweife zu küssen. Dieser Anfang gibt das Muster vor, das die Beziehung insgesamt kennzeichnet: ein ständiges Hin und Her, ein Auf und Ab der Gefühle und Stimmungen.

Auch in welcher Zeit die geschilderten Erlebnisse und die Reflexionen darüber stattfinden, bleibt unklar. Nichts weist darauf hin, dass die Erzählung in der jüngsten Gegenwart spielt. Sofern sich die beiden Protagonist_innen nicht den neuen Medien und aktueller Technik verweigern, wofür es aber weder Anzeichen noch Belege gibt, deutet die Abwesenheit von Mobiltelefonen, Internet und Digitalkameras auf eine Zeit vor oder um die Mitte der 1990er Jahre hin. In diese Zeit datiert auch die Popularisierung der im Text erwähnten Piercings.[31] Aus dem Text geht lediglich hervor, dass die Fotografin eine analoge Kamera verwendet, ihre Bilder selbst entwickelt und ihre abgezogenen Fotografien in Mappen ablegt. Der Zeitraum der Handlung ist auf diese Weise absichtlich in eine noch bekannte, aber gleichzeitig schon ins Geschichtliche hinübergleitende Epoche gerückt; er bleibt vage, ist jedoch nicht fremd.[32]

Auf orientierende bzw. hierarchisierende Strukturierungen, Anführungszeichen und Absätze wird ebenfalls verzichtet; Punkte am Satzende werden häufig durch Kommata ersetzt. Wer nicht schon durch den Buchtitel

abgespielt: Paul Brodowskys Erzählband „Die blinde Fotografin“. In: *Süddeutsche Zeitung*, 31.05.2007, S. 16; Beatrix Langner: Zugespitzt: Sechs Erzählungen und kein Lektor. In: *Neue Zürcher Zeitung*, 22.05.2007, S. 27; Antje Korsmeier: Ganz in Wörter eingehüllt. In: *die tageszeitung*, 17.03.2007. http://www.taz.de/!278314/ (Zugriff am 21.02.2017).

30 Auch wenn diese Lösung stilistisch nicht immer elegant erscheinen mag, möchte ich weiterhin vom erzählenden Ich, der erzählenden Figur bzw. Person sprechen.

31 Vgl. exemplarisch Sarah Sawyer: *Body Piercing and Tatooing. The Hidden Dangers of Body Art.* New York: Rosen 2007, S. 1. Im Deutschen ist der Begriff ‚Piercing‘ ebenfalls erst seit Mitte der 1990er Jahre üblich, in den *Duden* hielt der Begriff ‚Zungenpiercing‘ 2004 Einzug, vgl. http://www.duden.de/rechtschreibung/Zungenpiercing (Zugriff am 20.06.2014).

32 Diese Beobachtung wird im Laufe dieses Kapitels noch medientheoretisch untermauert, da das zeitliche Auseinanderfallen zwischen dem Aufnehmen von Bildern und ihrer Entwicklung das Medium der Fotografie kennzeichnet. Die zeitliche Differenz weist wiederum auf Kapitel III voraus, worin zwei Figuren geschildert werden, die der Gegenwart enthoben scheinen.

Die blinde Fotografin ahnt, worum es in *Aufnahme* geht, würde erst nach sieben Seiten erfahren, warum die Fotografin sich berichten lässt, was das erzählende Ich bei seinen Streifzügen durch die Stadt wahrnimmt. Da sich die Fotografin zunehmend weniger auf ihr eigenes Sehvermögen verlassen kann, beauftragt sie es, stellvertretend für sie zu sehen und ihr von seinen Eindrücken zu erzählen. Außerdem soll es mit einer Frau, die der Fotografin ähnelt, Stationen ihrer gemeinsamen Geschichte nachstellen. Wieso sich die erzählende Person dazu verpflichten lässt, ob aus Liebe oder Mitleid mit der Partnerin, darüber gibt der Text keine Auskunft. Die Berichte werden immer wieder durch erinnerte O-Töne der Fotografin unterbrochen. Mit dieser Montagetechnik arbeitet der Text an der Verunklärung der beiden verlautbarten ‚Stimmen'. Zwar wird die Orientierung der Leser_innen über den Einsatz von Inquitformeln wie ‚sagte sie' oder ‚fragte sie' immer wieder hergestellt, zwischendurch aber geht ebenso regelmäßig die Übersicht darüber, wer gerade spricht, verloren. Somit wird die Verwirrung des erzählenden Ich mit der Absicht, die Wirkung des Textes über die enthaltenen Informationen hinaus zu intensivieren, den Leser_innen angetragen. Dementsprechend bleibt mitunter unentscheidbar, ob es das atemlose und assoziative, sprunghafte Sprechen der Freundin wiedergibt oder ob sich in die erinnerte Wiedergabe von deren Worten die eigene Erinnerung an ein Subway-Erlebnis des vorigen Abends schiebt:

> Wenn ihr dann zu ihr fahrt, sagte sie, nehmt ihr ein Taxi, genauso wie wir, du sollst mir das Gefühl beschreiben, das Gefühl in dem Moment, wenn ihr dem Fahrer schon erklärt habt, wo es hingehen soll und ihr allein seid auf der Rückbank, und ihr wisst, dass es jetzt kein Zurück mehr gibt und ihr beide schweigt, leicht erschrocken über die Schnelligkeit, mit der ihr da hineingeraten seid. Gestern bin ich in der Subway eingeschlafen, als ich aufwachte, waren außer mir nur zwei Obdachlose im Wagen, irgendwann wachte einer von ihnen auf, grauhaarig, abgemagert, als er den Kopf zu mir drehte, sah ich seine milchweißen Augen, er war blind, er stand auf, tastete sich vorwärts, trat auf die kleine Plattform zwischen den Waggons, um auf die Gleise zu pinkeln. Merk dir, wie ihre Wohnung eingerichtet ist, ob sie in einem Doorman-Building wohnt, was man bei ihrer Wohnung beim Blick aus dem Fenster sieht, was für Gewürze in der Küche stehen. (13)

Gerade weil eine Erblindung als existenzieller Verlust erfahren wird, der potenziell alle Lebensbereiche tangiert, in denen es in der Folge zu einer umfassenden raumzeitlichen, aber auch im übertragenen Sinn zu einer Desorientierung kommt,[33] vermittelt der Text mit diesem Verfahren eine Ahnung der Krise,

33 Eine durch Blindheit evozierte bzw. verstärkte räumliche und zeitliche Desorientierung ist ein Grundmotiv in literarischen Blindheitsdarstellungen. Vgl. exemplarisch James Kelman: *How Late It Was, How Late*. London: Secker & Warburg 1994. Kelman nutzt die Blindheit des Protagonisten als literarisches Mittel zur Verstärkung der Schwierigkeiten, die er bei der Suche nach seiner verschwundenen Freundin hat; schon Max Frisch hatte in *Mein Name sei*

verstärkt durch die fehlende Strukturierung, den Verzicht auf Anführungszeichen und die grafische Gesamterscheinung des Textes als einem absatzlosen Block. Die Verwirrung der Erzählfigur spiegelt die Desorientierung der erblindeten Freundin wider und aktualisiert sie; in deutlich abgeschwächter und stilisierter Form vermittelt die Erzählung ein durch die Perspektive der erzählenden Person gebrochenes Gefühl für die gravierenden Auswirkungen der Erblindung.

Zu diesem Eindruck trägt auch der Handlungsort bei. *Aufnahme* ist erkennbar in New York angesiedelt, allerdings spielt die Stadt für die Erzählung nur eine untergeordnete Rolle; es bleibt bei einem unscharfen Bild, einer Kulisse, wenn auch einer bewusst gewählten. Die Entscheidung, die Geschichte in einer so heterogenen Weltstadt anzusiedeln, dient offenbar dazu, eine ungefähre Vorstellung aufzurufen, die oft mit New York verbunden wird. Skizziert werden die unschönen Seiten der Metropole: Schmutz, Unrat, Getier in den Subway-Tunneln, von Armut und Krankheit gezeichnete Menschen und streunende Tiere auf den Straßen.[34] Die beiden Figuren bewegen sich bei Nacht oder im morgendlichen Zwielicht durch menschenleere Viertel, fahren Taxi oder besuchen Stripteasebars und Nightclubs voller ‚skurriler' Typen. Indem die Fotografin als eine prekäre Künstlerin eingeführt wird, in deren als Atelier genutzter Erdgeschosswohnung der Putz von den Wänden bröckelt und Wasser eindringt, sobald es regnet (10), reproduziert der Text ein bestimmtes New-York-Bild: die Metropole als ein Ort der Extreme, als ‚Stadt der Städte', als Schauplatz

Gantenbein am Beispiel des sich blind gebenden Protagonisten vielfältige Möglichkeiten erörtert, eine vorgetäuschte Blindheit als Alibi zu nutzen, um unangenehme Dinge nicht wahrnehmen zu müssen (Max Frisch: *Mein Name sei Gantenbein*. Frankfurt am Main: Suhrkamp 1964). Der Topos des ‚übertriebenen' Ordnungssinns bestätigt *ex negativo* die Wirkmacht des (befürchteten) Orientierungsverlusts. Vgl. exemplarisch Susan Sontag: *Death Kit*. New York: Farrar, Straus & Giroux 1967; Nina Jäckle: Möglicherweise Tier. In: Dies.: *Es gibt solche*. Berlin: Aufbau 2002, S. 25–44. Vgl. auch die Ausführungen über Denis Diderots *Brief über die Blinden* in Kap. IV. – Wieder einen anderen Akzent setzt Jacques Derrida in seinem kunsttheoretischen Essay *Aufzeichnungen eines Blinden* über eine metaphysische Interpretation von Blindheit als Voraussetzung, sich und die Welt radikal ‚anders' wahrzunehmen. Dabei hebt er das produktive Potenzial der Selbst- und Fremdvergessenheit hervor: Die Orientierung zu verlieren, wird zu einer vielschichtigen rhetorisch-ästhetischen Figur, um Wahrnehmungs- und Darstellungsgrenzen bewusst zu überschreiten. Blindheitsdarstellungen aus der Kunst dienen Derrida als Anlass, über die Kulturgeschichte der Blindheit hinaus über Möglichkeiten der Selbstimagination als blinder Künstler oder Philosoph nachzudenken. (Vgl. Jacques Derrida: *Aufzeichnungen eines Blinden. Das Selbstporträt und andere Ruinen*, aus d. Franz. v. Andreas Knop / Michael Wetzel, hrsg. v. Michael Wetzel. München: Fink 1997.)

34 Vgl. Brodowsky: Aufnahme, S. 10: „[...] die unzähligen Tesafilmfetzen der an die Decke geklebten und wieder abgerissenen Plakate, die Mäuse zwischen den Gleisen [...], zwischen den Batterien, den Getränkedosen und Kondomen".

von Hoffnung und Scheitern. Die Unbestimmtheit, die sich auf die Identität der Figuren, das Geschlecht des erzählenden Ich, den Ort der Handlung, die erzählte Zeit und die dramaturgische Funktion symbolkräftiger Bilder bezieht, erscheint in dieser Verdichtung als die offenkundige Entsprechung einer existenziellen Verunsicherung.

Augen, Sehen, Erblindung

Als die Fotografin sich eingestehen muss, dass sie nicht mehr ausreichend sehen kann, um ihre Motive zu erkennen und die Kamera zu bedienen, hört sie auf zu fotografieren. Der Verlust der Sehfähigkeit wiegt für Brodowskys Protagonistin umso schwerer, als sie ihren Lebensunterhalt als Fotografin bestreitet und nebenher an eigenen, ihr offenbar sehr wichtigen Projekten arbeitet. Die Fotografie spielt die zentrale Rolle in ihrem Leben; dies ist ein Grund für das emotionale Ungleichgewicht, das ihre Beziehung zum erzählenden Ich kennzeichnet. Denn während die Hauptperson, um die das Erzählte kreist, ausschließlich die Fotografin ist, geht die erzählende Person keiner Beschäftigung nach und kann sich (vorübergehend) ganz in den Dienst der erblindenden Freundin stellen. Täglich bekommt sie neue Anweisungen, sie soll ‚offenen Auges' durch die Stadt gehen und ihr jene Eindrücke schildern: „[V]ergiss nicht die japanischen Nudelsuppen, sagte sie, erzähl mir, wie sie aussehen, mit dem rauen, tiefschwarzen Nori vor den hellen, beinahe hautfarbenen Nudeln, vergiss nicht die verzweigten Subwaystationen". (10) Worin ihre Motivation besteht, sich vollständig den Wünschen der Fotografin zu fügen, ob aus Liebe, Fürsorglichkeit, Mitleid oder Faszination für einen Menschen in der Krise, darüber verrät der Text nichts.

In der Erzählung finden sich auch Beschreibungen von Fotoaufnahmen, darunter ein Zyklus mit Aktfotografien:

> [S]ie hatte dafür Freundinnen gefragt, Frauen in Bars und Clubs angesprochen, die Frauen waren auf den Bildern geschminkt, die nackten Oberkörper und die Gesichter mit einer zarten Schicht Grundierung und Puder überzogen; Wimpern, Lippen und Brüste in dem gleichen, hellen Ton, die Körper erschienen glatt, beinahe wächsern; zugleich schauten alle direkt in die Kamera und immer war etwas aus der fast graubeigen Maske hervorgehoben, glänzende, kirschrote Lippen, überlange Maskarawimpern, einige der Frauen trugen Piercings, andere standen in leeren Zimmern, die Fußböden voller Reißzwecken oder Holzsplitter. (16)

Die Passage ist voller Anspielungen auf die thematische Durchdringung von Blindheit und Tod; die graubeige, wächserne Nacktheit der Körper, das Maskenartige, der unmittelbare Blick in die Kamera, der mit der leitmotivischen Phrase, „wie mit offenen Augen schlafend", korrespondiert; all das rückt auch die Beklemmung einer Erblindenden ins Bild und nimmt ihren inszenierten Tod vorweg. Darüber hinaus befinden sich die Modelle in Räumen mit „Fußböden voller Reißzwecken und Holzsplitter", die für Blinde wegen ihrer Unpassierbarkeit etwas zutiefst Verunsicherndes, Alptraumhaftes haben müssen. Den zunehmenden Sehverlust erfahren die Leser_innen als eine umfassende Einschränkung der Wahrnehmung der Fotografin, die ihre räumliche Perspektive verliert und befürchten muss, mit jeder Bewegung, jedem Schritt auf ein potenzielles Hindernis zu stoßen. Ihre Wohnung verlässt sie bevorzugt nachts, wenn kein Mensch mehr unterwegs ist, mehrmals wird die Stadt als ausgestorben beschrieben; nach einem demütigenden Erlebnis verlässt die Fotografin ihre Wohnung gar nicht mehr.

Auffällig ist, dass *Aufnahme* keinerlei Grund, sei er physiologischer, psychischer oder psychosomatischer Art, für die fortschreitende Erblindung benennt. Sie fügt sich allem Anschein nach in die „Liste der Heimsuchungen",[35] die die Literaturtheoretikerin und Psychoanalytikerin Julia Kristeva in ihrer Studie *Schwarze Sonne. Depression und Melancholie* als potenzielle Auslöser für beide psychischen Zustände zusammenstellt:

> Ein Verrat, eine tödliche Krankheit, jener Unfall oder jene Behinderung, die mich abrupt der von mir als normal erachteten Kategorie der normalen Menschen entreißt [und] mich schlagartig in ein anderes Leben [versetzt].[36]

Obwohl die Fotografin unter ihrem Sehverlust leidet, taucht kein einziges Mal die Frage auf, ob es eine Möglichkeit gäbe, den Prozess medizinisch aufzuhalten; die fortschreitende Erblindung erscheint als unabänderliches Faktum und *fatum* – ein unbeeinflussbares Ereignis, das, verstärkt durch die affektive Wirkung des Textes, eine umfassende Transformation bewirkt.

Nochmals ist in diesem Kontext zu betonen, dass die Fotografin zunächst durchaus noch sehen kann. Beim Lesen entsteht der Eindruck, es handele sich um eine Frau, die ihrer (vollständigen) Erblindung zuvorkommt: Sie bereitet sich auf ihre Zeit als Blinde vor, indem sie das Blindsein übt. So erinnert sich das erzählende Ich daran, wie es die Freundin über „plötzlich überfroren[e]" Pfützen führt, und an ihren Wutausbruch, nachdem sie „auf einer Eisfläche beinahe" ausgerutscht war; sie „schrie auf, fast verbittert, pass doch auf, sagte sie und ließ mich los, sie hatte die Augen offen, ging jetzt alleine". (20) Die strengen Aufforderungen, die knappen Anweisungen und die harschen Reaktionen der Fotografin wirken, als hätte sie in ihrer tiefen Krise jede Höflichkeit und allen Respekt gegenüber dem erzählenden Ich verloren. Dessen Umgang mit diesem

35 Julia Kristeva: *Schwarze Sonne. Depression und Melancholie*, aus d. Franz. v. Bernd Schwibs / Achim Russer. Frankfurt am Main: Brandes & Apsel 2007, S. 11.

36 Ebd.

Verhalten ist nicht Thema der Erzählung und wird vollständig ausgeblendet. Die Fotografin verlangt sehr viel, ohne hierfür Dankbarkeit zu zeigen oder eine andere Gegenleistung dafür zu erbringen. Im Gegenteil: Sie enthält der erzählenden Figur Vertrauen, Zuneigung und Zärtlichkeit vor, sodass der Eindruck einer emotional unterkühlten Persönlichkeit entsteht.

Dass die beiden bevorzugt in der Dunkelheit unterwegs sind, korrespondiert mit der Feststellung, dass sich die Fotografin „bis zum Schluss weigerte [...], eine Brille zu tragen". (16) Offenkundig möchte sie öffentlich nicht als ‚Sehbehinderte' wahrgenommen werden, also um jeden Preis den äußeren Eindruck von Souveränität wahren. Zwischen dem Wunsch nach Unabhängigkeit und ihrem Hilfebedürfnis scheint die Fotografin hin- und hergerissen. In einem Club fragt sie zuerst, „was sind das für Leute, [...] wie sehen sie aus" (20), um dann, plötzlich schlechter Stimmung, dem erzählenden Ich in einer Mischung aus Kränkung und Eifersucht ins Wort zu fallen:

> [D]anke, unterbrach sie mich, ich kann schon selber kucken, sagte sie, ganz blind bin ich nicht, und wenn du so scharf auf die Schwarzhaarige bist, geh doch hin und frag sie, ob sie dich mitnimmt auf die Toilette, sagte sie, stand auf und ging aus der Bar. (21)

Die Art und Weise, wie die Fotografin mit ihrer Umwelt in Kontakt steht, verändert sich allmählich. Sie kann die unterschiedlichen Flüssigkeiten, die sie in der Dunkelkammer benötigt, nicht mehr über ihren Blick auseinander halten, sondern benutzt dafür nun ihre Nase. (20) Die Dunkelkammer ist der letzte Ort, an den sie sich zurückziehen kann, der letzte Ort, wo sich außer ihr niemand auskennt:

> [S]ie weigerte sich, mich oder jemand anders mit in die Dunkelkammer zu nehmen, du kannst mir da nicht helfen, sagte sie und lächelte, beinahe spöttisch, eine blinde Fotografin, sagte sie, jetzt musste sie lachen, eine blinde Fotografin lebt ohnehin in einer Dunkelkammer. (22)

Die Dunkelkammer wird bei Brodowsky zu einer metonymischen Entsprechung der Blindheit. Sie ist aber auch der Ort, wo aus den anderswo gesammelten ‚Eindrücken', also der belichteten Oberfläche des Films, durch den physikalisch-chemischen Prozess des Entwickelns sichtbare Bilder entstehen. Als diese Arbeit nicht mehr möglich ist – sie greift mit der Hand in die Fixierlösung – ist der Moment erreicht, an dem „sie mit dem Entwickeln ganz auf[hört]". (22) Mit zunehmender Einschränkung ihres Sehvermögens hat sie allerdings eine dem Aufnehmen und Entwickeln ähnliche Technik erprobt: Als Apparat für die externe Aufzeichnung von Eindrücken dient ihr das erzählende Ich, ihr eigener Kopf soll die Dunkelkammer ersetzen. Doch die Fotografin muss einsehen, dass der ihr vertraute technische Prozess des Entwickelns

nicht auf diese Weise übertragbar ist: Die gelieferten Beschreibungen sind ihr zu ungenau, aus ihnen sind keine scharfen, also präzisen Bilder zu gewinnen. Sie kehrt daher zur Fotografie zurück, beschränkt sich nunmehr jedoch allein auf das Aufnehmen. Das Entwickeln, vorher selbstverständlicher Teil ihrer Praxis als Fotografin, trennt sie vollständig ab; weder überlässt sie das Entwickeln ihrer/m Partner_in noch gibt sie Anweisungen, was mit den von ihr belichteten Filmen geschehen soll.
Den entscheidenden Wendepunkt in der Geschichte markiert im Rückblick der erzählenden Person eine seltsame Begebenheit in einem „ausgestorbenen Park" (21), durch den die beiden Figuren zur Zeit der Morgendämmerung laufen:

> [I]rgendwann blieb ich stehen, da vorne, sagte ich, ein Fuchs, und zeigte in den Nebel, das ist doch ein Hund, sagte sie, Vorsicht, sei still, sagte ich, sonst läuft er weg, natürlich ein Fuchs, sagte ich, [...] sie drückte sich an mich, das ist mir unheimlich, hier mitten in der Stadt, sagte sie, Tiere sind mir unheimlich, ich schob sie von mir weg, willst du nicht ein Foto machen, sagte ich, jetzt sehe ich ihn nicht mehr, wo ist er denn jetzt, sagte sie, da vorne, sagte ich und holte ihre Kamera aus der Tasche, siehst du nicht, er scheint irgendwas zu fressen, einen Hasen, einen toten Vogel vielleicht, sie nahm ihre Kamera und schaute hindurch, sie zog die Augenbrauen zusammen, konzentrierte sich, drückte zweimal auf den Auslöser, dann drehte sie sich um und fasste mir ins Gesicht, du lachst ja, sagte sie, als ich schwieg, schlug sie auf mich ein, mit beiden Händen, ich hielt sie bei den Handgelenken fest, fass mich nicht an, sagte sie, wieso, sagte ich, die Richtung hat doch gestimmt. (21–22)

Die Fotografin merkt, dass sie nicht länger in der Lage ist zu fotografieren. Sie wird darüber hinaus mit einer weiteren gravierenden Folge ihres Sehverlusts konfrontiert, nämlich ihrer offensichtlichen Hilflosigkeit. Der erzählenden Figur obliegt nicht nur die Deutungsmacht über den Blick, sie scheint sogar über den Irrtum und die Hilflosigkeit der Fotografin zu lachen. „Seit dem Morgen im Park wirkte sie verändert, sie aß kaum noch, schickte mich los, ohne mir konkrete Anweisungen zu geben [...]." (22)
Nach diesem Schlüsselerlebnis beginnt die Fotografin mit den Vorarbeiten für ihre letzte Aufnahme, die sie aufwendig inszeniert, „sie nähte jetzt viel, stundenlang saß sie an der Maschine". (22) Das erzählende Ich spannt ihr den Faden ein, legt ihr die Stoffe zurecht, „dünnes Leinen, Wildleder, graue Spitze" (25) – und muss feststellen, dass die Fotografin auch körperlich verfällt.
Kurz bevor sie sich umbringt, beschäftigt sich sie sich mit der Herstellung einer fotografischen Serie. Sie beschließt, Blumen in unterschiedlichen Blühstadien aufzunehmen; das erzählende Ich erinnert sich:

> [N]achdem ich ihr eine [Amaryllis, A. Ha.] mitgebracht hatte, hatte sie sich gewünscht, dass ich ihr weiter Amaryllen mitbrachte, täglich eine, obwohl sie sie nicht mehr selber sehen konnte, sie stellte sie nebeneinander auf das Fensterbrett, ich musste sie ihr beschreiben, alle

der Reihe nach, die glänzendgrünen Knospen, die sich aus der Knospe hervorschiebenden, noch geschlossenen Blüten in voller Pracht, die hellrosa, die glutrot eingefärbten Blütenblätter, Stempel und Staubgefäße beinahe wie Fremdkörper im Zentrum, die sich immer weiter zurückbeugenden Blütenblätter, die plötzlich begannen einzufallen, zu knittern, das trübe Wasser in den Glasvasen, die zitronengelben Staubgefäße, die heruntergefallenen Blätter, ich durfte die abgeblühten Amaryllen nicht fortwerfen, nach zwei Wochen holte sie eine Kamera und ein Stativ und fotografierte die Blumen, jede einzeln, sie fühlte vorsichtig nach dem Stiel, der Blüte und der Wand dahinter und wählte den Ausschnitt intuitiv, ich musste für sie scharf stellen, sie sagte, sie interessiere sich für die unterschiedlichen Blühstadien. (28)

Die Fotografin schafft eine Serie fotografischer Stillleben, die die welkenden, welken und verwelkten Blumen als Sinnbild für Vergänglichkeit inszenieren. Obwohl der Text mit dem Aufrufen dieser Bilderfolge erneut im Ungefähren bleibt, erscheint die detaillierte und konzentrierte Dokumentation des biologischen Verfalls zweifellos als ein *memento mori*, zumal sie der Entdeckung der toten Fotografin durch das erzählende Ich im Verlauf der Erzählung unmittelbar vorausgeht. Ihr Interesse für Stadien jenseits desjenigen, in dem Blumen in der Regel entsorgt werden, spiegelt die Bereitschaft der Fotografin wider, selbst einen konventionalisierten Schlusspunkt zu überschreiten: Wie das Beobachten verschiedener Keimstadien beispielsweise zum Biologieunterricht gehört, während die Zersetzung von Pflanzenteilen eine eher geringe Rolle spielt, dokumentiert die Fotografin diesen ausgeblendeten Teil eines vollen Kreislaufs des Lebens, zu dem der Prozess des Sterbens dazugehört. Zugleich aber sind die verwelkenden Blumen auch ein Hinweis darauf, dass der Suizid nicht nur als konsequente, überlegte und gründlich geplante Reaktion auf eine tiefe Lebenskrise erscheint, sondern auch als effektvoller Höhepunkt einer künstlerisch-investigativen Auseinandersetzung jenseits der eigenen Befindlichkeit mit den Themen Leben, Sterben und Tod.[37]

37 Die symbolische Kodierung der Amaryllis arbeitet der hier vorgeschlagenen Interpretation zu: Im ersten Teil der in den sogenannten Eklogen zusammengefassten Hirtengedichten Vergils (entstanden zwischen 42 und 35 v. u. Z.) wird die Liebe des Sängers und Hirten Tityrus zur Nymphe Amaryllis besungen: „du aber, Tityrus, liegst seelenruhig im Schatten / und lehrst die Wälder, ‚Schöne Amaryllis' zu antworten." (Vers 4–5). Dies korrespondiert mit der Delegation der Erzählerin durch die blinde Fotografin, worauf ich noch eingehen werde: Sie hat die Aufgabe, das Vergangene wieder ‚wach zu rufen', die alten Plätze wieder aufzusuchen, und – mit Bezug auf das Pathos der Eklogen – die Stadt auf das ‚Echo' hin zu befragen, das die Fotografin darin erfährt; im achten Teil geht es am Beispiel der ambivalenten Beziehung zwischen Amaryllis und Daphnis um die erfüllte und die unerfüllte Liebe; auch zu Battista Guarinis auf bukolischen Motiven Vergils basierenden Tragikomödie *Il Pastor fido* ließen sich Parallelen herausstellen. Hier geht es ebenfalls um Treue und tragische Schuldverstrickung: Eine unmittelbare Referenzfigur stellt die Amaryllis im zweiten Auftritt dar, da ihr von ihren ‚Gespielinnen' die Augen verbunden wurden: Zaudernd und zaghaft sucht sie vergebens nach ihnen: „Wo seid ihr, und

Zwischen Fortschreibung, Umdeutung und Emanzipation: Ödipus und Peeping Tom

Die in *Aufnahme* verhandelte Blindheit lässt sich als eine Form des ‚Schicksals' begreifen, weil die Fotografin mit ihrem Sehvermögen verliert, was ihr am teuersten ist. Selbst wenn der Begriff seit der Moderne anachronistisch wirkt und eine Herausforderung eher im Umgang mit kontingenten Ereignissen besteht, ist doch nicht von der Hand zu weisen, dass die Ausblendung von Gründen innerhalb der Erzählung die Spekulationen darüber nährt und dem Sehverlust etwas Schicksalhaftes verleiht.

Mit dem Ödipusmythos und einer weiteren Legende möchte ich nun zwei populäre Deutungsmuster für Blindheit als Strafe (des Schicksals) vorstellen, die zwar nur marginale Bedeutung für Brodowskys *Aufnahme* haben, nichtsdestoweniger aber den Fundus prägen, aus dem sich die Literaturwissenschaft immer wieder bedient, wenn es um die Interpretation von Blindheit geht. Gemeint ist die erwähnte Parallelisierung von Brodowskys Fotografin mit einem der Prototypen im kulturgeschichtlichen Repertoire tragischer Figuren: Sophokles' Ödipus.[38]

was macht ihr? Du, Lisetta, / Die so verlangt hat nach dem Spiel der Blinden! / Was zögerst du? wo bist du, Corisca?" Amaryllis' Nebenbuhlerin Corisca hatte dieses Spiel arrangiert und so eingerichtet, dass Amaryllis' Geliebter Myrtill ohne deren Wissen Zeuge dieses Spiels werden würde: Dieser sagt zu sich selbst, als er Amaryllis blind tapsend und tappend sieht: „Wohl kann man jetzo sagen, / Die Lieb' ist blind und hat verbundne Augen." Die ‚Blindheit' der auf Coriscas Intrigen hereingefallenen Amaryllis nimmt ihre Verlassenheit vorweg und korrespondiert mit der (selbst gewählten) Verlassenheit der Fotografin; verstärkt durch den alltäglichen Umstand, dass es sich bei der Amaryllis um eine zumeist einzeln verschenkte Blume handelt, deren Verfall sich eher mit der erblindenden und allein sterbenden Künstlerin verbinden lässt als zum Strauß gebundene Blumen. Vgl. P. Vergilius Maro [Vergil]: *Bucolica. Hirtengedichte.* Studienausgabe Lat./Dt., aus d. Lat. v. Michael von Albrecht. Stuttgart: Reclam 2001, S. 7; Battista Guerini: Szenen aus dem Pastor Fido. In: August Wilhelm von Schlegel: *Übersetzungen und Nachbildungen nebst Erläuterungen und Abhandlungen. Sämmtliche Werke,* Bd. 1.3, hrsg. v. Eduard Böcking. Leipzig: Weidmann'sche Buchhandlung 1846, S. 149–162, hier S. 152.

38 Unbestritten ist die zeitgenössische Ödipus-Rezeption von der Ubiquität des Freud'schen Ödipus so sehr beeinflusst, dass dieser hier mit aufgerufen wird. Ödipus' Blendung stellt ausgehend von Freuds Konzeption des ‚Ödipus-Komplexes' nach früher psychoanalytischer Lesart eine übertragene Kastration dar, vgl. Sigmund Freud: Das ökonomische Problem des Masochismus [1924]. Ders.: *Studienausgabe,* Bd. 3, hrsg. v. Alexander Mitscherlich / Angela Richards / James Strachey. Frankfurt am Main: Fischer 1975, S. 339–354. Dementsprechend wird auch die Angst vor der Blendung als (verdrängte) Angst vor der Kastration interpretiert. Freuds ehemaliger Schüler Sándor Ferenczi hatte bereits 1912 von seinem Versuch berichtet, Ödipus' Selbstblendung als „Selbstentmannung" zu deuten (Sándor Ferenczi: Symbolische Darstellung des Lust- und Realitätsprinzips im Ödipus-Mythos. In: *Imago* 1,3 (1912), S. 276–278). Er nimmt in seinen Überlegungen „Zur Augensymbolik" 1913 erneut darauf Bezug. Dabei geht er wie sein Kollege Rudolf Reitler von tradierten Alltagspraktiken aus, in denen Augen symbolisch mit der Bedeutung der Genitalien gleichgesetzt werden, was psychoanalytisch als Übertragung (Verdrängung) gewertet wird (beide Artikel in: Beiträge zur Symbolik. In:

Es ist in diesem Zusammenhang kein Zufall, dass Ursula März in Brodowskys Fotografin einen „weiblichen Ödipus“ erkannt hat. Mit Ödipus sah März hier einen von „zwei Schwerarbeiter[n] [...] am Werk“, „die zwei große Kapitel der Kulturgeschichte erzählen und sie auch noch umdeuten.“[39] Dass das Motiv des Sophokles'schen bzw. Freud'schen Ödipus sich tatsächlich als Folie für Brodowskys Erzählung eignet, wage ich zu bezweifeln. Festzuhalten ist jedoch, dass Forschung und Kritik immer wieder auf eine Handvoll blinder Figuren rekurrieren, zu denen neben Teiresias, Homer und Samson vor allem Ödipus zählt: „Oedipus [...] is the everyman of human psychological development, an archetype, an icon, a bastion of Western collective mythology“.[40] Dementsprechend fungiert er als zeitloser Gewährsmann für eine tendenziell mit Sinn und Sinnesfeindlichkeit aufgeladene Blindheit: eine Blindheit, die mehr konnotiert, als dass jemand nicht mit seinen Augen sehen kann und aufgrund seines Menschseins zu spät erkennen muss; eine schicksalhafte, gewalt- und lustkodierte Blindheit mit selbstzerstörerischem Potenzial.

Der mythische Ödipus wird Opfer des ‚blinden Schicksals‘ – allerdings eines von den Göttern auferlegten –, das ihn auf dem Höhepunkt seines Ruhms ereilt und dennoch ohne die Schuld der Hybris in schrecklichste Frevel verstrickt. Seine furchtbaren Taten begeht Ödipus ‚blind‘,[41] denn er erkennt weder seinen Vater noch seine Mutter, als er den einen umbringt und die andere heiratet. Seine Tragik ist vornehmlich darin zu suchen, dass er seine schrecklichen Irrtümer rückwirkend erkennen muss, wodurch er in der westlichen Philosophie, Psychoanalyse und in den Künsten zu einer Allegorie menschlicher Erkenntnisfähigkeit schlechthin avanciert ist.[42] Für die grausame Selbsterkenntnis, seine

Internationale Zeitschrift für Psychoanalyse 1,1 (1913), S. 159–164. Aus einer neueren, kritischen Perspektive auf die psychoanalytische Verstärkung von Kastrations- und Blendungsmoment erwähnt seien noch einmal Mieke Bals von Rembrandts Darstellung der Blendung Samsons ausgehende Überlegungen zum Konstruktionscharakter des Ödipus-Modells (Bal: Reading the Gaze).

39 Alle Zitate aus dem Beitrag von Ursula März im Onlinearchiv des Literaturwettbewerbs Klagenfurt (http://archiv.bachmannpreis.orf.at/bachmannpreisv2/bachmannpreis/texte/stories/117972/index.html (Zugriff am 15.03.2017)). Mit dem zweiten „Schwerarbeiter“ meint März „die schöne Leiche“, ein Motiv, das sie in dem inszenierten Tod der Fotografin wiedererkennt (ebd.).

40 Jill Scott: *Electra After Freud. Myth and Culture. Cornell Studies in the History of Psychiatry.* New York: Cornell UP 2005, S. 1.

41 Sophokles: König Ödipus. Zur Darstellung des Mythos vgl. exemplarisch Hans von Geisau: Oidipus. In: *Der kleine Pauly. Lexikon der Antike*, Bd. 4, hrsg. v. Konrat Ziegler / Walther Sontheimer. München: dtv 1979, S. 253–254; von Ranke-Graves: *Griechische Mythologie*, S. 337–342.

42 Zur neueren Diskussion des Freud'schen Ödipus-Komplexes aus psychoanalytischer, literatur-, filmwissenschaftlicher und kultursoziologischer Perspektive vgl. exemplarisch Mulvey: The Oedipus Myth; Julia Kristeva: *Sens et non-sens de la révolte.* Paris: Fayard 1996;

tragische Verkörperung des (zu späten) Wissens, bestraft sich Ödipus, indem er sich selbst blendet, was aus psychoanalytischer Sicht mit Freud als Kastration zu deuten ist.[43] Ödipus' Selbstblendung kündet von seiner unumkehrbaren Entmachtung. Für Freud verweist sie nicht nur auf einen menschlichen Grundkonflikt, sondern speziell auf die Macht des Gewissens und seine selbststrafende Funktion,[44] auf mangelnde Souveränität und Ängste im Zuge der (verinnerlichten) Autoritätsfixierung und eine ebenfalls von Ängsten und Tabus geprägte Sexualität.[45] Dies sind jedoch nicht mehr die drängenden Probleme der Zeit, in der Brodowskys Geschichte spielt. Ohne zu bestreiten, dass es Kontinuitäten und Verschiebungen in der Verwendung des Ödipus-Stoffes gibt – wie hier am Beispiel von *Isabella's Room* zu zeigen sein wird –, ermüdet Ödipus mittlerweile, wie Derrida befindet, gerade weil er seit Jahren immer wieder bemüht, ja „überstrapaziert“[46] wird. Und mit rhetorischer Skepsis fragt er: „Wird man Blindheit mit Kastration übersetzen? Interessiert man sich noch dafür?“[47]

Diane Jonte-Pace: *Teaching Freud.* Oxford: Oxford UP 2003; Jörn Ahrens: *Ödipus. Politik des Schicksals.* Bielefeld: Transcript 2004; René Girard: *Oedipus Unbound. Selected Writings on Rivalry and Desire*, hrsg. v. Mark Rogin Anspach. Stanford: Stanford UP 2004; Henk de Berg: *Freuds Psychoanalyse in der Literatur- und Kulturwissenschaft*, aus d. Engl. v. Stephan Dietrich. Tübingen / Basel: Francke 2005; Almut-Barbara Renger: *Oedipus and the Sphinx. The Threshold Myth from Sophocles through Freud to Cocteau.* Chicago: Chicago UP 2013.

43 Siehe Anm. 38 in diesem Kapitel sowie von Ranke-Graves Relativierung: „Obwohl die Blindheit des Phoinix, des Lehrer des Achilleus […] von den griechischen Grammatikern als ein Euphemismus für Impotenz gedeutet wurde, ist die primitive Mythe doch stets eindeutig: Sowohl die Kastration des Uranos als auch des Attis wurde in Lehrbüchern des Klassischen Zeitalters ohne falsche Scham beschrieben. Die Blendung des Oidipus liest sich daher eher wie eine theatralische Erfindung als wie eine ursprüngliche Mythe.“ (Von Ranke-Graves: *Griechische Mythologie*, S. 342).

44 Siehe Anm. 38 in diesem Kapitel.

45 Die dysfunktionale Sexualität besteht für Freud u.a. in der erotischen Bindung an die Mutter bei gleichzeitiger Eifersucht auf den Vater, die von Schuldgefühlen begleitet werden (Kastrationsangst). Entscheidend in diesem Kontext ist Freuds Grundannahme, dass es den nach seinen (frühen) Beobachtungen im Alter von etwa fünf Jahren bei Jungen auftretenden Ödipus-Konflikt zu überwinden gilt, um eine ‚gesunde' Sexualität entwickeln zu können. Der Ödipus-Komplex bildet auch die Grundannahme für Freuds Tabu-Konzeption. Vgl. Sigmund Freud: Totem und Tabu. Einige Übereinstimmungen im Seelenleben der Wilden und der Neurotiker [1913]. In: Ders.: *Studienausgabe*, Bd. 9, hrsg. v. Alexander Mitscherlich / Angela Richards / James Strachey. Frankfurt am Main: Fischer 1974, S. 287–444; ders.: Das Ich und das Es [1923]. In: Ders.: *Studienausgabe*, Bd. 3, hrsg. v. Alexander Mitscherlich / Angela Richards / James Strachey. Frankfurt am Main: Fischer 1975, S. 273–330; ders.: Der Untergang des Ödipuskomplexes [1924]. In: Ders.: *Studienausgabe*, Bd. 5, hrsg. v. Alexander Mitscherlich / Angela Richards / James Strachey. Frankfurt am Main: Fischer 1972, S. 243–252. Mit Verweis auf Freuds Überlegungen zu den Ursachen psychogener Sehstörungen komme ich im Anschluss auf das Thema zurück.

46 Derrida: *Aufzeichnungen eines Blinden*, S. 24.

47 Ebd., S. 106.

Für ein höheres Maß an Skepsis spricht auch die durch Ödipus' Ubiquität immer wieder bestätigte männliche Kodierung in der Kulturgeschichte der Blindheit.[48] Derrida ist sich des Problems bewusst, wenn er in seinem Essay *Aufzeichnungen eines Blinden. Das Selbstporträt und andere Ruinen* feststellt, dass „[d]ie blinden alten Männer [...] in Massen [...] den Raum unserer Erinnerungen [bevölkern]".[49] Hinzu kommt die tendenzielle Überalterung des Personals:

> Eli, Isaak, Tobit, all diese blinden Alten sehnen sich nach ihren Söhnen [...]. Sie leiden wegen ihrer Söhne, auf die sie ständig warten, mitunter, um tragisch von ihnen enttäuscht oder getäuscht zu werden.[50]

Auch „Teiresias ist alt und blind".[51] – Brodowskys erblindende Fotografin ist weder alt noch männlich. Doch kennt das kulturelle Gedächtnis schlicht kaum junge Protagonistinnen, die sich anstelle eines Ödipus' vergleichend aufrufen ließen.[52] So werden aus literaturwissenschaftlicher Perspektive differenziertere Figuren, wie sie infolge des Films auftreten, tendenziell ausgeblendet.[53] Statt aus Mangel an Alternativen in der Analyse auf die wenigen männlichen Referenzfiguren zurückzugreifen und so deren Ubiquität erneut zu bestätigen, kann in der Abwesenheit geeigneter Vorbilder auch die Chance gesehen werden, stärker vom Material aus neue Rezeptionsangebote zu artikulieren, die sich vom

48 Zu den bekannten Protagonisten zählen neben Ödipus u. a. der erwähnte Seher Teiresias, der Sänger Homer, der einem Komplott zum Opfer fallende, geblendete Samson, die von Derrida erwähnten Altersblinden aus der christlichen Mythologie (Tobit, Eli, Isaak). Eine andere tropologisch motivierte Funktion kommt Motiven wie dem des blinden Bettlers zu. Vgl. exemplarisch Barasch: *Blindness*; Hans Sedlmayr: Pieter Bruegel: Der Sturz der Blinden: Paradigma einer Strukturanalyse. In: *Hefte des Kunsthistorischen Seminars der Universität München* 2 (1957), S. 1–49. Dabei handelt es sich jedoch um kein historisches oder gar ‚mythologisches' Phänomen: Johannes Windrich stellt beispielsweise mit Blick auf Thomas Bernhards Schaffen fest, dass „[i]n nicht weniger als zehn der achtzehn abendfüllenden Dramen des Autors [...] Figuren auf[treten], deren Gesichtssinn im Schwinden begriffen oder beinahe schon verloren ist." Windrich erstellt eine Typologie. Bezeichnend ist, dass neben dem ausschließlich von Männern repräsentierten Typen des Intellektuellen, Schauspielers und Regisseurs bzw. Spielleiters an den Augen erkrankte Frauen lediglich als Nebenfiguren oder Schweigende auftauchen – ein Befund, der zweifellos auf die allgemeine Stellung weiblich kodierter Figuren bei Bernhard verweist. Vgl. Johannes Windrich: *Technotheater. Dramaturgie und Philosophie bei Rainald Goetz und Thomas Bernhard*. München: Fink 2007, S. 296–297.

49 Derrida: *Aufzeichnungen eines Blinden*, S. 44.

50 Ebd., S. 27.

51 Zit. n. Gherardo Ugolini: *Untersuchungen zur Figur des Sehers Teiresias*. Tübingen: Narr 1995, S. 122.

52 Vgl. zur strukturellen Dimension dieses Problems aus kunsthistorischer Perspektive Linda Nochlin: Why Have There Been No Great Women Artists? In: *ARTnews*, 1/1971, S. 22–39, 67–71.

53 Reschke: Blick-Störungen, stellt einige Charakterfiguren vor, über die gängige, auch genderkodierte ‚Blindenklischees' dekonstruiert werden.

Ödipus-Komplex emanzipieren. Die Abwesenheit vergleichbarer weiblicher Vorbilder entbindet also ein Stück weit vom kulturellen Reflex, sich an ihnen abzuarbeiten, und ermöglicht von vornherein einen freieren Blick auf das Material. Diesen Aspekt möchte ich nun über einen Exkurs zur Figur des *Peeping Tom* vertiefen, der ausgehend von einer englischen Legende zum Synonym für einen Voyeur avanciert ist und als eine Art Relais zwischen Ödipus und der blinden Fotografin fungieren kann.

Falscher Freund: Freuds Psychoanalyse

Freud beruft sich auf eine bekannte englische Legende, die auf das 13. Jahrhundert zurückgeht,[54] um einen Zusammenhang zwischen sexueller Schaulust und psychogenen Sehstörungen, also psychisch motivierten Einschränkungen der Sehfähigkeit, herzustellen. Die anmutige, tugendhafte Lady Godiva soll ihren geizigen Mann, den Grafen Leofric, veranlasst haben, die erdrückende Steuerlast der ihm unterstehenden Einwohner von Coventry zu senken, indem sie nur von ihren Haaren bedeckt auf einem Pferd durch die Stadt geritten sei – eine Bedingung ihres Mannes, die er für unerfüllbar hielt. Auf Geheiß Lady Godivas seien an diesem Tag alle Bewohner zu Hause geblieben und hätten ihre Türen und Fenster fest verschlossen. Nur ein einfacher Schneider habe diesen Wunsch nicht respektiert und heimlich durch ein Loch gespäht. Daraufhin sei er erblindet.[55]

Freud zufolge wird dieser Schneider nach dem alten Talionsprinzip, Gleiches mit Gleichem zu vergelten, bestraft; die Geschichte dient ihm zur

54 Dass der Protagonist Tom heißt, wird dagegen erst seit dem 18. Jahrhundert kolportiert. Vgl. Daniel Donoghue: *Lady Godiva. A Literary History of the Legend*. Oxford: Blackwell 2002, S. 69–71.

55 Auf diese Version der Legende beruft sich Freud, vgl. Freud: Die psychogene Sehstörung, S. 211. Es ist bemerkenswert, dass der Voyeur, bevor er den Namen Tom (Thomas) erhielt, als „Action", also Actaeon, bezeichnet wird. Actaeon hatte, nach der am weitesten verbreiteten Ovid'schen Version, die Göttin Artemis beim Bade überrascht und war von ihr in einen Hirsch verwandelt worden. In der Blendung von ‚Action' bzw. ‚Tom' vermischt sich der Actaeon-Mythos mit der ganz ähnlichen Geschichte des Teiresias, der für seine Beobachtung der unbekleideten Göttin Athena mit Blindheit gestraft wurde. Michael Wetzel präzisiert die den Sündenfall vorwegnehmende Anmaßung – als Mensch zu sehen, was den Göttern vorbehalten ist – in Richtung des uneindeutigen göttlichen Geschlechts: Teiresias erblindet demnach, „weil er in jener mythischen Urszene sieht, was es nicht zu sehen gibt: die Nacktheit, d. h. Unverborgenheit oder Unheimlichkeit des nicht einen Geschlechts der Göttin Athene". Michael Wetzel: „Ein Auge zuviel." Derridas Urszenen des Ästhetischen. In: Derrida: *Aufzeichnungen eines Blinden*, S. 129–155, hier S. 137. Weiter verweist Wetzel auf Nicole Loraux: Ce que vit Tirésias. In: *Écrit du temps* 2 (1982), S. 99–100. Vgl. außerdem Mayer: *Dialektik der Blindheit*; Hans von Geisau: Teiresias. In: *Der kleine Pauly*, Bd. 5, S. 558.

Veranschaulichung der enormen Wirkmacht des Gewissens oder Über-Ichs: „Weil du dein Sehorgan zu böser Sinneslust mißbrauchen wolltest, geschieht es dir ganz recht, wenn du überhaupt nichts mehr siehst."[56] Sanktioniert wird also die explizit durch ein weibliches Objekt hervorgerufene sexuelle Schaulust einer männlichen Figur, die auf diese Weise zum prototypischen Voyeur avanciert – einem Menschen, der andere ohne deren Einwilligung beobachtet oder filmt.[57] Bleibt man also im Muster von Übertretung und Strafe, mithin in einem Muster, das auch den Ödipus-Mythos kennzeichnet, so muss die ‚böse Sinneslust' des prototypischen Voyeurs zuerst in den fotografischen Sujets von Brodowskys Protagonistin gesucht werden. Ganz unabhängig von einer möglichen, im Text aber nie artikulierten erotischen Komponente könnte ihr „Zyklus von Aktfotografien" (16) als ein nach traditionellem Kunstverständnis ‚anmaßendes Sehen' gedeutet werden, dessen stete Wiederholung eine Zweckentfremdung darstellt, zumal es sich um einen geschlechtsspezifisch weiblichen Kamera-Blick handelt, der sich auf geschlechtsspezifisch weibliche Modelle richtet. Dabei wären nach psychoanalytischer Lesart weniger die als künstlerisches Motiv allgemein akzeptierte Nacktheit von Frauen, sondern ihre ‚Herkunft', ihre Inszenierung und die latente Homoerotik das zu Bestrafende: Die Modelle findet die Fotografin schließlich in zwielichtigen Bars und Clubs, sie tragen Piercings und sind für die Fotos auf eine irritierende Weise geschminkt: Details wie dem durch Mascara oder Lippenstift betonten Blick oder Mund steht die grundlegend glatte und wächsern wirkende Grundierung der Körper gegenüber. (16) Während die Person an der Kamera in erster Linie ihrer Lust nachgeht, so eine vorherrschende Lesart der Fotografie, an die Susan Sontag erinnert, ist aufseiten des Modells eine latente Beunruhigung zu verbuchen, denn es weiß nicht, was der oder die das Gesicht hinter der Kamera verbergende Fotograf_in in ihm sieht.[58] Hinzu käme, dass Brodowskys Fotografin nicht als eine Person mit erfülltem Liebesleben, sondern eher als unterkühlt erscheint; sie führt das erzählende Ich an der langen Leine und rückt die Fotografie – nach psychoanalytischer Lesart – an die Stelle der praktizierten Liebe. Die sexuelle Schaulust würde demzufolge aus dem Nichteingeständnis der Kastrationsangst herrühren.[59] Heute ist kaum noch glaubwürdig zu vermitteln,

56 Freud: Die psychogene Sehstörung, S. 211.

57 Die Bezeichnung *Peeping Tom* wurde im angloamerikanischen Raum zum Synonym für den Voyeur.

58 Vgl. Susan Sontag: In Platos Höhle. In: Dies.: *Über Fotografie*, S. 9–30, hier S. 15–17.

59 Jonathan Metzl gibt einen Überblick über die verschiedenen Voyeurismus-Konzepte in der Psychoanalyse seit Freud. Vgl. Jonathan M. Metzl: Voyeur Nation? Changing Definitions of Voyeurism, 1950–2004. In: *Harvard Review of Psychiatry* 12,2 (2004), S. 127–131.

dass eine New Yorker Fotografin, die noch dazu ein längst etabliertes Genre repräsentiert, wegen dieser Darstellungen auf so drastische Weise von ihrem Gewissen gemartert wird wie in Freuds Modell: von einem Gewissen, das auf Verinnerlichung gesellschaftlicher Normen schließen lässt, die realiter gar nicht mehr existieren. In der Erzählung gibt es keinerlei Hinweise auf Gewissensbisse, Schuldgefühle, Scham oder Zweifel an der Legitimität der fotografischen Aufnahmen.

Vor dem Hintergrund der gesellschaftlichen und sexuellen Liberalisierung wies Sontag bereits in den 1970er Jahren darauf hin, wie schwer es geworden sei, noch „[u]nanständige Sujets zu finden".[60] Auslöser für diese Beobachtung war ein Bekenntnis der New Yorker Fotografin Diane Arbus, deren Aufnahmen von Transvestiten, Nudisten und Exzentrikern demnach rar gewordene ‚unanständige Sujets' darstellten, zumal sie ihre Modelle auch in Sideshows oder sogenannten ‚Freak Shows' fand, in denen Menschen (den ‚Völkerschauen' vergleichbar) wegen sichtbarer Auffälligkeiten öffentlich zur Schau gestellt wurden. Sontag zitiert Arbus, die sich Mitte der 1940er Jahre als Fotografin selbständig gemacht hatte, als es noch nicht selbstverständlich war für eine Frau, ihren Lebensunterhalt als Fotografin zu bestreiten: „Ich hielt das Fotografieren immer für etwas Unanständiges – das fand ich daran besonders kennzeichnend."[61] Man kann sich die Gemengelage der Gründe vorstellen, die zu dieser kritischen (Selbst-)Einschätzung geführt haben mögen: die Tatsache, sich als Frau in einer Männerdomäne zu bewegen, entsprechende Skepsis und wenig Solidarität, ein Hang zu Motiven, die bestens geeignet waren, den Voyeurismus des Publikums zu bedienen, der Rückschluss von den Motiven auf die ‚schrägen' Vorlieben der Fotografin[62] sowie der geradezu topisch „‚perverse[]' Aspekt des Fotografierens",[63] an den Sontag in dem Zusammenhang erinnert. Damit meint sie jene oft bemühte Analogie zwischen Kamera und Phallus, die sich im 20. Jahrhundert durch die breite Rezeption Freuds gestützt in einem paradigmatischen Film wie *Peeping Tom* niederschlägt, der

60 Sontag: In Platos Höhle. In: Dies.: *Über Fotografie*, S. 9–30, hier S. 18.

61 Ebd. Diane Arbus war die erste amerikanische Fotografin, deren Arbeiten bei der Biennale in Venedig 1972 (!) ausgestellt wurden.

62 Postum hat Arbus' nicht autorisierte Biografin Patricia Bosworth (auf deren Biografie ich noch eingehen werde) dieses Image der Künstlerin befeuert, wie Rachel Adams bemerkt: „Much of the blame for this confusion lies with Patricia Bosworth's unauthorized 1984 biography, which speculates at length about Arbus' feelings of alienation from her family and peers, her unconventional sexual proclivities, and her attraction to all things freakish." (Rachel Adams: *Sideshow U.S.A.: Freaks and the American Culture Imagination*. Chicago / London: University of Chicago Press 2001, S. 130.)

63 Sontag: In Platos Höhle, S. 18.

diese Analogie vergleichsweise früh um den Aspekt der (hier: Film-)Kamera als Mordwaffe erweitert.[64]

Die ausgewählten Modelle und die Art ihrer Darstellung im Rahmen des Akt-Zyklus der Fotografin mögen lose an Motive von Arbus erinnern; keineswegs aber zeugen sie von einem weiblichen Narzissmus als Auslöser einer sexuellen Schaulust, die der kausalen Logik in der englischen Legende oder in Michael Powells Thriller *Peeping Tom* entsprechen würde.[65] In Abkehr von Parallelisierungen mit männlichen Prototypen wie Peeping Tom oder Ödipus plädiere ich für eine skeptische Haltung gegenüber allzu populären Referenzfiguren. In den folgenden Abschnitten möchte ich eine Interpretation vorschlagen, die stärker von Brodowskys Protagonistin ausgeht, sie zu den zwei oben genannten Fotografinnen in Relation setzt und Fragen der Wahrnehmung, ihrer Erforschung und ihrer Grenzen weiterverfolgt.

Erblindung als Krise des Sehens

Die Protagonistin aus Brodowskys Erzählung mag auf den ersten Blick wie eine wegen ihrer fortschreitenden Erblindung in die soziale (Selbst-)Isolation und Depression gleitende Person wirken. Doch lässt sich für diese Kausalverbindung auch eine alternative Lesart entwickeln. Ausgangspunkt hierfür ist die Frage, ob sich die Erblindung in ihren erzählten Äußerungen (Verlust des Fokus, Unschärfen, Desorientierung etc.) auch als Metapher dafür begreifen lässt, dass erinnerte Wirklichkeit ohnehin fragmentarisch, disparat und unscharf ist. In diesem Sinn wäre die Erblindung nicht so sehr aufseiten der wahrnehmenden Instanz in der Erzählung als vielmehr aufseiten des Wahrgenommen zu verorten.

64 Das Erscheinen von Michael Powells Thriller *Peeping Tom* (*Augen der Angst*, UK 1960) löste international eine Welle der Entrüstung aus. Kaja Silverman argumentiert, dass die rigorose Ablehnung der Presse weniger auf die Thematik von Voyeurismus, Sadismus und Mord zurückzuführen sei, sondern vielmehr auf die Verweigerung des Films, sich der vorherrschenden kulturellen Verleugnung von männlicher Insuffizienz anzuschließen (Katja Silverman: *The Acoustic Mirror. The Female Voice in Psychoanalysis and Cinema*. Bloomington: Indiana UP 1988, S. 32–41). Vgl. außerdem Bronfen: Bilder, die töten; Leo Marks: *Peeping Tom*. London: Faber 1998; Andrea Sabaddini: Watching Voyeurs. Michael Powell's *Peeping Tom* (1960). In: *The International Journal of Psychoanalysis* 81,4 (2000), S. 809–813. Auch Susan Sontag geht auf Powells Spielfilm ein und schreibt: „Der Film geht von der Annahme aus, daß zwischen Impotenz und Aggressivität, zwischen professionalisierter ‚Schaulust' und Grausamkeit Beziehungen bestehen, die auf die zentralen, mit der Kamera verknüpften Phantasievorstellungen verweisen." (Sontag: In Platos Höhle, S. 19.)

65 Elisabeth Bronfen führt den weiblichen Narzissmus von Marks Opfern als Grund an, sie zu bestrafen (Bronfen: Bilder, die töten, S. 212).

Die Grenzen des fotografischen ‚Einfangens' einer ständig im Wandel begriffenen und immer subjektiv gefärbten Realität werden in der theoretischen Auseinandersetzung mit den Möglichkeiten der Fotografie kontrovers diskutiert, schließt das so früh zur Evidenz verpflichtete Medium doch „immer auch eine Reflexion über das Sehen und Gesehene mit ein".[66] Sontag erinnert in ihrer Textsammlung *Über Fotografie* daran, dass diese Kunstform im „etwas zweifelhaften Ruf [stehe], die realistischste – und deshalb zugänglichste – unter den mimetischen Künsten zu sein".[67] Fotografien weckten, so Sontag mit kritischer Perspektive auf dieses Diktum, „im Menschen unweigerlich das Bedürfnis, eine Art Patronat über die Realität auszuüben",[68] sie könnten jedoch immer nur fragmentarische Ausschnitte wiedergeben.

Sontags Feststellung mag selbstverständlich klingen, doch zeugt Brodowskys Erzählung von einem ungebrochenen Bedürfnis, sich künstlerisch mit einer grundsätzlich als ungenügsam empfundenen Erfahrung des Sehens und der Darstellbarkeit des Gesehenen auseinanderzusetzen. Ausgehend von der Fotografie, als einer nach wie vor wirksamen Vorzeigereferentin der Realität, verhandelt *Aufnahme* die Möglichkeit der Repräsentierbarkeit vor dem zeitlichen Hintergrund der ‚Postmoderne', das heißt einer ohnehin als nicht (mehr) authentisch, sondern immer schon zusammengesetzt, fragmentarisch, disparat, ironisch und unverfügbar erfahrenen Realität.[69] Ein postmodernes Phänomen *par excellence*, das mit der ausgestellten Unverbindlichkeit und emotionalen Distanz zwischen den Figuren in Brodowskys Erzählung korrespondiert, ist der „von Theoretikern beklagte Verlust unmittelbarer Körpererfahrungen, der sich daran zeigt, dass der Körper sich in dem Maße entzieht, wie man ihn

66 Bernd Steigler: Fotografie und Wahrnehmung. In: Ders. (Hrsg.): *Texte zur Theorie der Fotografie.* Stuttgart: Reclam 2012, S. 157–160, hier S. 157. Das Buch bietet einen soliden Einstieg in die zentralen Fotografie-Diskurse seit Mitte des 19. Jahrhunderts bis zur Gegenwart.

67 Susan Sontag: Objekte der Melancholie. In: Dies.: *Über Fotografie*, S. 53–83, hier S. 53. Vgl. auch Barthes: *Die helle Kammer*; für Barthes ist die Fotografie „ihrem Wesen nach ganz Evidenz" (ebd., S. 118).

68 Ebd., S. 82.

69 Zur ‚Postmoderne', die keine Epoche bezeichnet, sondern vielmehr einen Oberbegriff für den breit gefassten Verlust vermeintlicher Wahrheiten darstellt, und dazu, wie er in den Geschichts-, Sozial- und Kulturwissenschaften seit Ende der 1960er Jahre kontrovers diskutiert wird vgl. Robert Weimann / Hans U. Gumbrecht (Hrsg.): *Postmoderne – globale Differenz.* Frankfurt am Main: Suhrkamp 1991; Wolfgang Welsch: *Unsere postmoderne Moderne.* Weinheim: VCH 1987; ders.: (Hrsg.): *Wege aus der Moderne. Schlüsseltexte der Postmoderne.* Weinheim: VCH 1988. Eine fundierte Einführung in die vielfältigen im Zeichen der Postmoderne generierten Differenzerfahrungen gibt Dorothea Dornhof: Postmoderne. In: Christina von Braun / Inge Stephan (Hrsg.): *Gender@Wissen. Ein Handbuch von Gender-Theorien.* Köln / Weimar / Wien: utb 2009, S. 285–308, darin auch weiterführende Literatur.

unmittelbar erfahren will".[70] Diese Diagnose lässt sich, wie noch darzulegen ist, auf das durchaus psychoanalytisch interpretierbare Spannungsverhältnis zwischen der ausgeblendeten Emotionalität der Fotografin und dem hohen Stellenwert nackter und verletzter Körper auf den Fotografien übertragen.
Zunächst jedoch sei hier an die von Walter Benjamin in seinem zentralen Aufsatz *Das Kunstwerk im Zeitalter seiner technischen Reproduzierbarkeit* apodiktisch herausgestellte Historizität der Wahrnehmung erinnert. Vor dem Hintergrund seines diagnostizierten Aura-Verfalls des Kunstwerks – vorangetrieben durch die neuen Möglichkeiten der Reproduktion durch Film und Fotografie – formuliert Benjamin Mitte der 1930er Jahre seine viel zitierte Einschätzung über das Ineinandergreifen geschichtlicher und perzepetiver Transformationsprozesse:

> *Innerhalb großer geschichtlicher Zeiträume verändert sich mit der gesamten Daseinsweise der menschlichen Kollektiva auch die Art und Weise ihrer Sinneswahrnehmung.* Die Art und Weise, in der die menschliche Sinneswahrnehmung sich organisiert – das Medium, in dem sie erfolgt – ist nicht nur natürlich[,] sondern auch geschichtlich bedingt.[71]

Aufnahme ruft regelrecht nach einer Analogisierung von zeitgenössischen Technik- und (leiblich kodierten) Wahrnehmungsproblemen. Durch das gedankliche Nebeneinander eines vermeintlich objektiven Kamerablicks und des subjektiven Blicks der Fotografin, der als seine Verlängerung im Sinne Marshall McLuhans begreifbar ist,[72] werden die Grenzen zwischen dem (noch) Wahrnehmbaren und dem Nicht-Wahrnehmbaren literarisch ebenso ausgelotet wie die Wechselbeziehungen zwischen Mediengeschichte und Wahrnehmungsgeschichte. Dass sich der Autor dabei des Motivs der Blindheit bedient, wundert kaum, wenn man bedenkt, dass „Blindheit […] eine überraschend konstante Partnerin der Macht visueller Darstellung [ist]. Sie erscheint genau dort als zentrales diskursives Gegengewicht, wo visuelle Formen der Bildung im Aufstieg begriffen sind und als überwältigend empfunden werden",[73] und, so ist mit Blick auf Brodowskys Erzählung zu ergänzen, ebenso da, wo sie im Abstieg begriffen sind. Alenka Zupančič, die sich den Interferenzen zwischen psychoanalytischer

70 Ebd., S. 286.

71 Walter Benjamin: Das Kunstwerk im Zeitalter seiner technischen Reproduzierbarkeit. In: Ders.: *Das Kunstwerk im Zeitalter seiner technischen Reproduzierbarkeit. Drei Studien zur Kunstsoziologie.* Frankfurt am Main: Suhrkamp 1977, S. 7–44, hier S. 14. (Herv. i. Orig.)

72 Marshall McLuhan: *Understanding Media: The Extensions of Man.* New York: McGraw-Hill 1964 (Critical Edition: Corte Madera: Gingko 2003.)

73 Caroline Jones: Der blinde Mann. Oder: Wie man eine Ausstellung besucht. In: Caroline Welsh / Stefan Willer (Hrsg.): *„Interesse für bedingtes Wissen". Wechselbeziehungen zwischen den Wissenskulturen.* München: Fink 2008, S. 153–178, hier S. 154.

und philosophischer Subjekttheorie widmet, spitzt mit Blick auf ein Paradigma moderner Blindheitsdarstellung, René Descartes' *Dioptrique*, die nur scheinbar paradoxe Verstehensfigur eines Blinden, der über die Funktion des Sehens Auskunft geben kann, zu einem exklusiven Modell menschlicher Erkenntnis zu: „The only way to represent and to *explain* the process of vision is to do it via the figure of a blind man."[74] Die epistemisch und ästhetisch kodierte Augenbinde – Inbegriff des Privilegs Sehender, sich gegenüber blinden Menschen vorübergehend als blind zu inszenieren[75] – wird im Anschluss an Descartes in der sensualistischen Philosophie (etwa bei Gottfried Wilhelm Leibniz, George Berkeley, Denis Diderot oder Étienne Bonnot de Condillac) zu einer mehr oder weniger praxisbezogenen Herausforderung an den menschlichen Sinnesapparat stilisiert, förmlich über sich selbst hinauszuwachsen. Zudem reizt am Modell blinder Selbstimagination die Chance zur Selbstdistanzierung, zur bewussten Hinlenkung auf die der Erfahrung und Theoretisierung menschlicher Wahrnehmung inhärenten Probleme und Unzulänglichkeiten: Zwecks der Verfertigung und kritischen Revision eines solchen historisch bedingten Wissens wird ‚der Blinde' zu einer ausgezeichneten Figur konstruktiver Selbstkritik erhoben – ebenso aber zur Verkörperung der grundlegend melancholisch-gebrochenen Beziehung zu einer nicht mehr zeitgemäßen Kunst.[76]

74 Alenka Zupančič: Philosophers' Blind Man's Buff. In: Salecl / Žižek (Hrsg.): *Gaze and Voice as Love Objects*, S. 32–58, hier S. 32. (Herv. i. Orig.) Auf Deutsch erschienen als: Alenka Zupančič: Blindekuh der Philosophen. In: Claudia Blümle / Anne von der Heiden (Hrsg.): *Blickzähmung und Augentäuschung. Zu Jacques Lacans Bildtheorie.* Berlin: Diaphanes, 2009. S. 425–448.

75 Das schließt die Möglichkeit ein, andere (aber auch sich selbst) bewusst zu täuschen – literarisch dargestellt bspw. in Max Frischs Roman *Mein Name sei Gantenbein* oder in Daniel Kehlmanns Roman *Ich und Kaminski* (Frankfurt am Main: Suhrkamp 2003). Zu dieser Konstellation bemerkt Derrida, angeregt durch zeichnerische Darstellungen des personifizierten Irrtums (einem Mann mit Augenbinde): „*Er betrügt sich*, entweder weil er sich, beinahe absichtlich, selbst betrügt, oder weil er betrogen wird, sich aus Willensschwäche betrügen läßt oder weil er tastend versucht, seine eigene Blindheit zu betrügen." (Derrida: *Aufzeichnungen eines Blinden*, S. 95). (Herv. i. Orig.) Vgl. hierzu auch: Nina Zschocke: *Der irritierte Blick. Kunstrezeption und Aufmerksamkeit.* München: Fink 2006. Zur ikonologischen Funktion der Augenbinde in Kunst und Literatur der Renaissance – im Vergleich zur Antike und zur jüngeren Gegenwart – vgl. außerdem: Vgl. Erwin Panofsky: Der blinde Amor. In: Ders.: *Studien zur Ikonologie der Renaissance.* Köln: DuMont 1997, S. 153–202.

76 Eine eindrucksvolle Analogie zwischen dem blinden Blumenmädchen und der zu Ende gehenden Ära des Stummfilms stellt Charles Chaplin in seinem Film *City Lights* her. Das Bekenntnis „I can see now" des Blumenmädchens am Ende des Films gibt einer anhaltenden Trauer über eine mehrdeutige Desillusionierung Ausdruck, vgl. Stefan Ripplinger: *I can see now. Blindheit im Kino.* Berlin: Verbrecher Verlag 2008, S. 5–12. – Zur Dialektik von Gabe und Fluch, die kulturellen Blindheitsfigurationen eingeschrieben ist, vgl. vor allem Mayer: *Dialektik der Blindheit*, aber auch Jones: Der blinde Mann; und Zupančič: Philosophers' Blind Man's Buff. – Zu den Interferenzen zwischen Blindheit, Sehen und Erkenntnis vgl. darüber hinaus exemplarisch auch

Nicht zufällig verschränkt *Aufnahme* die Fotografie – als ein Medium, das ein realistisches Abbild verspricht – erzähltechnisch mit der allmählichen Erblindung der Protagonistin. Die Erzählung beruft sich auf diese Weise auf ein vielerprobtes Mittel der Wissensgenese. Sie eröffnet so den Raum zwischen einer idealen und deshalb zwangsläufig außerhalb der Erzählung anzusiedelnden, ungestörten Wahrnehmung (im Zeichen der ‚Normalität') und dem als Entwicklung kenntlichen Verlust dieser physiologischen wie technischen Möglichkeiten (im Zeichen der ‚Anomalie'). So bemerkt Bernhard Waldenfels in seinen unter dem Titel *Sinnesschwellen* fortgesetzten Studien zur Phänomenologie des Fremden, dass „aus der Technik ein unerklärlicher Unfall" werde, „wenn sie von außen in eine natürlich-intakte Körperwelt einbricht."[77] Auf Maurice Merleau-Ponty und Henri Bergson Bezug nehmend führt Waldenfels aus, dass man von „‚vortechnischen' Körperprozessen ausgehen" könne, „die sich allerdings erst nachträglich als solche enthüllen".[78] Anstoß dieser ‚Enthüllung' – einer paradigmatischen Urszene, die Teiresias' sanktionierten Anblick der Göttin Athena ebenso aufruft[79] wie den Fakt, dass Ödipus im Schoß seiner Mutter ‚nichts' anstelle des männlichen ‚Etwas' sieht[80] – ist nach Waldenfels also ein Unfall, eine Störung, ein nicht kalkuliertes Ereignis, das die Funktionsroutine unvorhergesehener Weise unterbricht – und dadurch einen Denk- und Transformationsprozess auslöst.

Als so ein Unfall kann aus mediengeschichtlicher Perspektive der Einzug der Digitalisierung in die Welt von Brodowskys Erzählung verstanden werden. Am Vorabend eines tiefgreifenden Medienwechsels gerät die von der Fotografin

Hartmut Böhme: Das Licht als Medium der Kunst. In: Michael Schwarz (Hrsg.): *Licht, Farbe, Raum. Künstlerisch-wissenschaftliches Symposium*. Braunschweig: Hochschule für bildende Künste 1997, S. 111–137; Nonnenmacher: *Das schwarze Licht der Moderne*; Knut Ebeling: Too much (light). Blendung, Exzess und die Dekonstruktion des Sehens. In: Kathrin Busch / Helmut Draxler (Hrsg.): *Theorien der Passivität*. München: Fink 2013, S. 142–159.

77 Bernhard Waldenfels: *Sinnesschwellen. Studien zur Phänomenologie des Fremden 3* [1999]. Frankfurt am Main: Suhrkamp 2013, S. 176.

78 Ebd.

79 Siehe Anm. 55 in diesem Kapitel.

80 Vgl. Mieke Bal: Vielsagende Objekte. Das Sammeln aus narrativer Perspektive. In: Dies.: *Kulturanalyse*, S. 117–145, hier S. 130–132. Hier paraphrasiert und interpretiert Bal Freuds Konzeption des Ödipus-Komplexes wie folgt: „Das Kind ‚sieht blitzartig', daß die Mutter keinen Penis hat, identifiziert sich mit diesem schockierenden Anblick im Zuge seiner ersten metaphorischen Übertragung des ‚Penismangels' auf einen ‚fundamentalen, existenziellen Mangel' und handelt dementsprechend. Diese negative ‚Präsenz' auf seiten [*sic*] der Mutter kann aufgrund ihrer Negativität nur das Produkt einer Symbolisierung sein. Das Erlebnis ist visuell, und das Sehen hat nichts Objektives an sich. Der ‚Mangel' ist nicht das gesehene Objekt, sondern die vom sehenden Subjekt beigesteuerte Ergänzung. [...] Das Sehen [...] ist ein Akt der Interpretation, der Konstruktion aus dem Nichts." (Ebd., S. 131.)

praktizierte analoge Fotografie in eine Krise; das bevorzugte Medium, das über die technisch verlängerte Sicht tief mit der physiologischen Wahrnehmung ihrer Trägerin verbunden ist, wird mit einer vernichtenden Selbsterkenntnis konfrontiert: Sie hat sich selbst überlebt. Diese Lesart würde die Todessehnsucht der Fotografin, ihre Vorliebe für verwelkende Amaryllen und ihre Selbsttötung aus allegorischer Perspektive erklären. *Aufnahme* kann als ein Gleichnis auf den außerhalb der Geschichte, in der Vergangenheit liegenden technischen Standard der (analogen) Fotografie einerseits und den erzählten Verlust ihrer Funktion und Bedeutung als Interpretin von Wirklichkeit andererseits begriffen werden.[81] Möchte man in der Fotografin eine Personifikation der Fotografie an der Schwelle zur Digitalisierung sehen, so erscheint ihre Erblindung als ‚verdeckte' – kulturgeschichtlich untermauerte – Erkenntnis der Unzulänglichkeit eines historischen, subjektiven Blicks und der Fotografie als seines maschinellen Substituts. Insofern stünde die Erblindung der Fotografin für das Eingeständnis, sich der Allegorie des blinden Irrtums vergleichbar zu lange an ein Versprechen geklammert zu haben, das in immer größere Diskrepanz zur Wirklichkeitserfahrung gerückt ist: Die Fotografin wird so zu einer anachronistischen Figur, ja zur melancholischen Verkörperung einer bereits der Vergangenheit angehörenden Sehkonvention.

Die Einsicht in die Unzulänglichkeit des eigenen Sehens enthält bei Brodowsky nichts Transzendentales oder Metaphysisches; vielmehr setzt die Erzählung den Akzent auf die kontrastive Wirklichkeitserfahrung einer nachtaktiven Künstlerin, die sich zwischen Stripteasebars, schmutzigen Straßen, menschenleeren Plätzen und ihrer heruntergekommenen Atelierwohnung bewegt – und ihre Erblindung mitunter als eine konkret zu meisternde Aufgabe begreift. Ohne die soeben vorgeschlagene Lesart zu revidieren, möchte ich eine Akzentverschiebung vornehmen: weg vom mediengeschichtlich-epistemischen Aspekt hin zum (1) künstlerisch-experimentellen Gehalt der Fotografie einerseits sowie zur (2) Darstellung der Krise und der dadurch ausgelösten Transformation der Wahrnehmung andererseits.

Vor der für die Fotografin erschütternden Szene im Park überwiegen noch die Bemühungen, ihre Situation zu bewältigen, das Blindsein zu üben, den Blick auszulagern bzw. stärker anderen Sinnen, beispielsweise dem Geruchssinn, zu vertrauen und so den Verlust der Sehfähigkeit durch eine Transformation der Wahrnehmung zu kompensieren.[82] Der Umstand, dass ihr der Fokus in

81 Vgl. die grundlegende Theoretisierung vom seit den späten 1960er Jahren ausgerufenen Ende des fotografischen Zeitalters, zusammengefasst in Herta Wolf (Hrsg.): *Fotokritik am Ende des fotografischen Zeitalters*. 2 Bde. Frankfurt am Main: Suhrkamp 2002–2003.

82 Zur Transformation der Wahrnehmung siehe den folgenden Abschnitt „Autonomieverlust und Autoritätsgewinn".

doppeltem Sinne entgleitet, ohne dass sie den erreichten Grad der Verschlechterung ihrer Sehfähigkeit und damit das Unvermögen, selbst zu fotografieren, registriert hätte, bewirkt eine Dynamisierung der zuvor bereits spürbaren Krisenphänomene. Hatte sie dem erzählenden Ich zuvor immer exakte Vorgaben gemacht, welche Eindrücke es auf ihren Erkundungsgängen durch die Stadt einsammeln sollte, schickt sie es nun „los, ohne [...] konkrete Anweisungen zu geben" (22). Sie selbst verlässt die Wohnung dagegen überhaupt nicht mehr, beginnt Wodka zu trinken, isst kaum noch und verändert sich auch äußerlich („du bist dünn geworden, sagte ich, dünn, dünn" (25)).

Ein wichtiger Aspekt der durch die Abnahme ihrer Sehfähigkeit verstärkten Krise sind ihr quasi vollständiger Rückzug aus der Gesellschaft und ihrem sozialen Umfeld sowie ein damit einhergehender Verlust an Sichtbarkeit. Letzterer korrespondiert mit der Dichotomie von Sehen und Gesehenwerden, die den sozialen und politischen Bereich ebenso bestimmt wie die Kunst.[83] Das bedeutet, dass eine blinde Person auch sich selbst nicht (mehr) sehen kann und dass ihr die Selbstverständlichkeit entgleitet, sich in den Blicken anderer, in ihren Gesichtern zu ‚spiegeln', mit ihnen über den Austausch von Blicken zu kommunizieren. Dies verdeutlicht etwa der Moment, als die Fotografin der erzählenden Figur ins Gesicht fassen muss, um sich ihre Reaktion zu vergegenwärtigen (22), oder der, als sie jene nach ihrem Aussehen befragt. (25) Die Blinde kann sich nicht selbst gegenübertreten; wenn es ihr nicht möglich ist, am Blick des anderen abzulesen, wie sie aussieht, wie sie wirkt, fehlt ihr eine wichtige Voraussetzung, um aus dem charakteristischen Wechselspiel von Blick und Gegenblick, (Selbst-)Sein und (Selbst-)Distanz ihr Selbstbild zu bestimmen und zu aktualisieren. Im Unterschied zu einer Porträtfotografie etwa ist das Selbstbild nicht statisch, sondern in permanenter Bewegung begriffen. Dennoch sind beide Bilder gleichermaßen nur unvollkommene Ausschnitte aus der mit Blicken nicht einzufangenden Wirklichkeit – einer Wirklichkeit, an deren Komplexität die Augen der Fotografin offenbar gescheitert sind.

Autonomieverlust und Autoritätsgewinn

Der zunehmende Sehverlust der Fotografin steht erzählerisch im Zusammenhang mit einem ebenfalls zunehmenden Verlust an Autonomie, was sich unter anderem in ihrem abnehmenden Handlungsradius äußert. Gleicht es zunächst noch einem Spiel, wenn sie sich mit geschlossenen Augen von ihrem/r Freund_in durch die Straßen führen lässt, ist die erblindende Figur schließlich darauf angewiesen, dass jemand stellvertretend für sie sieht und auch den Blick

83 Vgl. exemplarisch Czirak: *Partizipation der Blicke*, insbesondere die komprimierte Darstellung moderner und postmoderner Blick-Akt-Theorien ebd., S. 31–70.

durch die Kamera für sie scharfstellt. Die fortschreitende Auflösung, die sich auch im äußeren Erscheinungsbild der Fotografin ausdrückt, steht von Anbeginn des Textes in einem markanten Spannungsverhältnis zum Stellenwert der sprechenden Stimme.[84] Gemeint sind die durch das erzählende Ich vermittelten sprachlichen Äußerungen der Fotografin, die in der Regel neben Aufforderungen und Anweisungen kurze Bemerkungen zu den gestellten Aufgaben enthalten:

> [V]ergiss den Club nicht, den ich dir gezeigt habe, ich möchte, dass du noch einmal hingehst, [...] sag mir, ob die mit den wasserstoffblonden Strähnen noch hinter der Bar arbeitet, die immer alle anfeuert, [...] erzähl mir, wie die Barfrau den Stripperinnen zur Ermunterung Whiskey in den Mund und über das Gesicht spuckt, ob die Frauen sich hastig ausziehen, während die Männer johlen, [...] vergiss nicht die Reihe der Ampeln, die aufgehängten, leicht schwankenden Rotgrünfolgen im Nachthimmel, vergiss nicht, noch einmal in diese andere Bar zu gehen, in der wir uns das erste Mal getroffen haben, der hohe, mit hellem Holz ausgekleidete Raum mit den schrägen Wänden [...]. (11)

Die in direkter Rede wiedergegebenen Anweisungen der Fotografin, die man beim Lesen selbst zu hören glaubt, prägen die gesamte Textform; sie sind wesentliche Indikatoren für die kalkulierte Wirkung des Textes als Dokument atemlosen Reflektierens. Im Zusammenhang mit dem beschleunigten Sprechen sind für mich folgende drei Punkte von besonderem Interesse: Zum einen möchte ich von der Beobachtung aus, dass die Fotografin durch die akkumulierten Appelle wesentlich *stimmlich* in Erscheinung tritt, fragen, ob und, wenn ja, wie dieser Wechsel durch ihren Autonomieverlust motiviert ist. Zum anderen möchte ich mich unter Einbeziehung zentraler Überlegungen zum ambivalenten Phänomen der Stimme darauf konzentrieren, auf welche Weise die Darstellung von Verlautbarungen der Protagonistin in Brodowskys Erzählung mit ihrer Sorge vor dem Vergessen und einer dadurch ausgeprägten Autorität einhergeht. Schließlich werde ich diesen Gedanken um die Frage erweitern, inwiefern die imaginäre Verlautbarung sprachlicher Äußerungen und insbesondere das suggerierte Tempo, in dem die Fotografin mit dem erzählenden Ich spricht, in *Aufnahme* nicht nur als Mittel gegen das Vergessen erprobt wird, sondern auch als ein Mittel, um zu vergessen.

84 Damit beziehe ich mich weder auf die Vorstellung einer realiter erklingenden Stimme – schließlich handelt es sich um einen literarischen Text – noch auf die Stimme im erzähltheoretischen Sinn Genettes. Stattdessen meine ich, wenn ich hier und im Folgenden, soweit nicht anders gekennzeichnet, von ‚Stimme' spreche, die akustische Imagination einer erklingenden, menschlichen Stimme. Angemerkt sei zudem, dass Brodowsky auf jede fiktionsimmanente Beschreibung des Klangs der Stimmen verzichtet.

Die Stimme der Fotografin – Die Fotografin als Stimme

Die Stimme ist im Anschluss an Jacques Lacan neben dem libidinös und machtkodierten Blick eine andere, das heißt verstärkende Möglichkeit der Machtausübung.[85] Einerseits delegiert die erblindende Fotografin ihren Blick, andererseits besetzt sie damit den Blick der_des Anderen, eine Pattsituation, die sich anhand der Erzählung schwerlich auflösen lässt und in ihrer Struktur unmittelbar auf die Darstellung der Stimme verweist.

Zunächst verdeutlicht die Aneignung des ‚fremden Blicks' das Bemühen der Fotografin um den Erhalt ihrer Souveränität; die Einschränkung der Sehfähigkeit wird, wie bis hierher dargelegt, als ein existenzieller Einschnitt in ihre Handlungsfreiheit erfahren. Sie nutzt die erzählende Figur gewissermaßen, um sich die Vertrautheit mit ihrem (räumlich-urbanen und sozialen) Umfeld zu erhalten, in dem sie sich selbst nicht mehr routiniert bewegt. Auffällig ist der autoritäre Gestus dieses Unterfangens, denn bevor die Fotografin nach jener Schlüsselszene im Park aufhört, der erzählenden Figur konkrete Anweisungen zu geben, bestehen ihre Handlungen vorrangig in appellativen Äußerungen: „vergiss nicht", „sag mir", „pass auf", „konzentrier dich", „merk dir", „erzähl mir" etc. Die erzählende Person erinnert sich vor allem an die genauen Anweisungen der Fotografin und erst in einem zweiten Schritt an ihre eigenen, für die Erblindende unbefriedigend bleibenden Versuche, sie umzusetzen. Die Stimme erweist sich hier als primäres Objekt im Gegensatz zur Funktion des Blicks. Ist es also der sukzessiven Reduktion ihres Sehvermögens zuzuschreiben, dass die Fotografin buchstäblich ihre Stimme als ein alternatives Mittel zur visuell basierten Selbstkonstitution wiederentdeckt? Und läge darin eine – freilich ungenutzte – Chance zur Kompensation des gravierenden Verlusts ihrer Sehfähigkeit?[86]

85 Für Lacan stellt die Stimme ein *Objekt klein a* dar, das heißt ein libidinös besetztes Objekt des Begehrens, das einen integrativen Teil der Psyche bildet; für Lacan evoziert das *Objekt klein a* (wozu er mit Bezug auf Freud neben der Stimme die Brust, Fäzies, den Phallus und eben den Blick zählt) immer auch eine Angst. Vgl. Jacques Lacan: *Le séminaire livre X: L'angoisse* [1962–63]. Paris: Seuil 2004. Vgl. weiterführend Salecl/Žižek (Hrsg.): *Gaze and Voice as Love Objects*, darin insb. Mladen Dolar: The Object Voice, S. 7–31. Dolar arbeitet die dichotome Struktur der Stimme heraus, die einerseits als etwas Leiblich-Materielles zu betrachten sei, andererseits jedoch als eine *per se* flüchtige Spur: „Beyond the voice, with flesh and bones [...], there lies the fleshless and boneless entity defined purely by its function." (Ebd., S. 7.) In dieser Weise zeigt sich, dass sie niemals ganz zum Körper ‚passt', ihr also eine apodiktische Fremdheit eignet (ebd., S. 10–12).

86 Unter anthropologischen Gesichtspunkten ist davon auszugehen, dass man sich von Geburt an durchaus unmediatisiert akustisch ‚selbst betrachten' kann (auch wenn der Resonanz-Körper den eigentlichen Klang der Stimme mehr oder minder verzerren kann), während man für die visuelle Selbst-Betrachtung einen Spiegel braucht und zuvor erst einmal das Spiegelstadium durchlaufen haben muss, um sich selbst überhaupt erkennen, das heißt verstehen zu können,

Im wörtlichen Sinn verschafft sich Brodowskys Fotografin zunächst Gehör. Das Gehör aber stellt das wirkungsvolle Pendant zur Stimme dar. Ihre nervösen, geradezu manischen Verlautbarungen sind folglich als ein Gegenimpuls zu ihrer sich auflösenden Sicht und ihrer eigenen körperlichen Sichtbarkeit zu begreifen. In dieser Hinsicht greift der Text die figurative Bedeutung der Selbstbespiegelung auf, wenn die_der Erzählende sich erinnert, dass die Fotografin zu einem Zeitpunkt, da sie kaum noch sehen konnte, sie_ihn aufforderte: „Du musst mir sagen, wie ich aussehe, du bist mein Spiegel, sagte sie." (25) Während die Fotografin ihre Umgebung wie sich selbst also immer ungenauer wahrnimmt, scheint sie über die zunehmende Produktion von Worten die identitätskonstituierende Kraft der Stimme für sich zu entdecken. Denn die Stimme ist, bevor es um Fragen der Motivation und potenziellen Machtausübung geht, zunächst einmal als ein Ausweis leiblicher Anwesenheit im Raum zu begreifen, worauf jenseits von Mladen Dolar auch die deutschsprachige Forschung im Zuge des Linguistic Turn und stärker noch des damit einhergehenden Performative Turn[87] Bezug nimmt, verbunden vor allem mit den Arbeiten von Doris Kolesch, Sybille Krämer, Gernot Böhme, Bernhard

dass man selbst Quelle des eigenen Antlitzes ist. Wenn hier also von der Wiederentdeckung des Klangs und damit der Macht der eigenen Stimme die Rede ist, bezieht sich das auf die vorherige Vormachtstellung des Visuellen.

87 Mit dem Begriff des *Performative Turn* verbindet sich die Vorstellung eines auf die späten 1950er bzw. frühen 1960er Jahre zurückgehenden Paradigmenwechsels in den Kultur- und Geisteswissenschaften, der Disziplinen wie die Performance Studies, die Cultural Studies oder die Visual Culture Studies hervorgebracht bzw. nachhaltig inspiriert hat. Performanz, ursprünglich eine Metapher für Theatralität, wird im Zuge dessen zu einer heuristischen Kategorie, um menschliches Verhalten jenseits repräsentationsästhetischer Ansätze zu erforschen. Geschichte und Bedeutung werden nicht als etwas Gegebenes, sondern Gemachtes betrachtet. Gemäß dieses Konstruktionscharakters spielt der Gedanke der Verkörperung und des Vollzugs von Wissen und Bedeutung in den Theaterwissenschaften eine zentrale Rolle. Zur einschlägigen Literatur zählen u. a. John Austin: *How to Do Things with Words. The William James Lectures Delivered at Harvard University in 1955*. Cambridge: Harvard UP 1975; Victor Turner: Betwixt and between. The Liminal Period in Rites de Passage. In: Melford E. Spiro (Hrsg.): *Symposium on New Approaches to the Study of Religion*. Seattle: American Ethnological Society 1964; Judith Butler: *Excitable Speech. A Politics of the Performative*. New York: Routledge 1997; Peggy Phelan: *Unmarked. The Politics of Performance*. London / New York: Routledge 1993; Rebecca Schneider: *The Explicit Body in Performance*. London / New York: Routledge 1997; Philip Auslander: *Liveness. Performance in a Mediatized Culture*. London / New York: Routledge 1999; Doris Kolesch: „Performative turns" in den Kulturwissenschaften. Von der Textualität zur Stimmlichkeit. In: *Jahrbuch des Kulturwissenschaftlichen Instituts Essen* (1998–1999), S. 254–275;Uwe Wirth (Hrsg.): *Performanz. Zwischen Sprachphilosophie und Kulturwissenschaften*. Frankfurt am Main: Suhrkamp 2002; Erika Fischer-Lichte: *Performativität. Eine Einführung*. Bielefeld: Transcript 2012; dies.: *Ästhetik des Performativen*; dies. / Christian Horn / Matthias Warstat (Hrsg.): *Verkörperung*. Tübingen / Basel: Francke 2001; Christoph Wulf / Jörg Zirfas (Hrsg.): *Ikonologie des Performativen*. München: Fink 2005.

Waldenfels und Dieter Mersch.[88] Böhme etwa relativiert in seinem Aufsatz „Die Stimme im leiblichen Raum" mit Verweis auf die Arbeiten von Jakob Böhme die kulturelle Privilegierung des Gesichts (im doppelten Sinn) als primären Indikator leiblicher Anwesenheit im Raum zugunsten der traditionell nachgeordneten (Wahrnehmungs-)Äußerungen der Stimme bzw. des Halls und des Geruchs: „Beides sind Weisen, in denen ein Seiendes den ganzen Raum seiner Umgebung [...] durchdringt."[89] Mit Blick auf die theatralen Möglichkeiten der Stimminszenierung präzisiert er, „dass der in der Stimme von jemandem erfahrene Charakter nicht unbedingt der Charakter ist, die die entsprechende Person hat, sondern eben nur der *Charakter in der Erscheinung*".[90] Der Erscheinungscharakter, dem die mit Dolar angesprochene Differenz inhärent ist, muss folglich als eine instabile, ständigen Veränderungen unterworfene Größe aufgefasst werden.

Bekanntlich vertritt John Austin in seiner *Theorie der Sprechakte* die Auffassung, jede sprachliche Äußerung stelle zugleich eine Handlung dar.[91] Austins Prägung einer bis heute gebräuchlichen Verwendung des Begriffs ‚performativ' erfuhr eine Verstärkung durch Judith Butler, als sie in Anlehnung an Austins Sprachgebrauch ihre Theorie vom sozial konstruierten Geschlecht (*Gender*) entwickelte.

88 Vgl. exemplarisch Doris Kolesch: Natürlich künstlich. Die Stimme im Medienzeitalter. In: Dies. / Jenny Schrödl (Hrsg.): *Kunst-Stimmen.* Berlin: Theater der Zeit 2004, S. 19–38; dies.: Wer sehen will, muss hören. Stimmlichkeit und Visualität in der Gegenwartskunst. In: Dies. / Krämer (Hrsg.): *Stimme*, S. 40–64; dies.: Zwischenzonen. Leiblichkeit – Räumlichkeit – Aisthesis. In: Dies. / Vito Pinto / Jenny Schrödl (Hrsg.): *Stimm-Welten. Philosophische, medientheoretische und ästhetische Perspektiven.* Bielefeld: Transcript 2009, S. 11–22; Sybille Krämer: Nachdenken über die Stimme. In: *Die Stimme. Konkretisationen ihrer Fremdheit.* München: Iudicium 2006, S. 82–91; dies.: Stimmen im Konzert der Disziplinen. Zur Einleitung in diesen Band. In: Dies. / Kolesch (Hrsg.): *Stimme*, S. 7–16; dies.: Die ‚Rehabilitierung der Stimme'. Über die Oralität hinaus. In: Ebd., S. 269–295; dies.: Die Heterogenität der Stimme oder: Was folgt aus Friedrich Nietzsches Idee, dass die Lautsprache hervorgeht aus der Verschmelzung von Bild und Musik? In: Alfred Messerli / Hans Georg Pott / Waltraud Wiethölter (Hrsg.): *Stimme und Schrift. Zur Geschichte und Systematik sekundärer Oralität.* München: Fink 2008, S. 57–74; dies.: Sprache, Stimme, Schrift. Über die implizite Bildlichkeit im Sprachgebrauch. In: Arnulf Deppermann / Angelika Linke (Hrsg.): *Sprache intermedial. Stimme und Schrift, Bild und Ton.* Berlin / New York: de Gruyter 2010, S. 13–28; Gernot Böhme: Die Stimme im leiblichen Raum. In: Kolesch / Pinto / Schrödl (Hrsg.): *Stimm-Welten*, S. 23–32; Waldenfels: *Sinnesschwellen*; ders.: Das Lautwerden der Stimme. In: Kolesch / Krämer (Hrsg.): *Stimme*, S. 191–210; Dieter Mersch: Jenseits von Schrift: Die Performativität der Stimme. In: *Dialektik. Zeitschrift für Kulturwissenschaft* 2 (2000), S. 79–92; ders.: *Was sich zeigt. Materialität, Präsenz, Ereignis.* München: Fink 2002; ders.: Präsenz und Ethizität der Stimme. In: Kolesch / Krämer: (Hrsg.): *Stimme*, S. 211–236.

89 Böhme: Die Stimme im leiblichen Raum, S. 28. (Herv. i. Orig.)

90 Ebd.

91 John Austin: *Zur Theorie der Sprechakte*, aus d. Engl. v. Eike von Savigny. Stuttgart: Reclam 1979.

Zuerst in ihrem Aufsatz „Performative Acts and Gender Constitution"[92] und später ausführlich in ihrer Studie *Das Unbehagen der Geschlechter* führte Butler aus, warum das soziale Geschlecht (*Gender*) eines Menschen nichts natürlich Gegebenes, sondern eine durch wiederholende Akte hervorgebrachte, stets erneuerte kulturelle Prägung sei:

> [D]ie Geschlechtsidentität [ist] ein Tun, wenn auch nicht das Tun eines Subjekts, von dem sich sagen ließe, daß es der Tat vorausginge. [...] Hinter den Äußerungen der Geschlechtsidentität (gender) liegt keine geschlechtlich bestimmte Identität (gender identity). Vielmehr wird diese Identität gerade performativ durch diese ‚Äußerungen' konstituiert, die angeblich ihr Resultat sind.[93]

In Korrespondenz zu den erwähnten Identitätsdiskursen der Culture Studies, wie sie einst am CCCS betrieben wurden und heute in ähnlicher Ausrichtung an der von Mieke Bal gegründeten Amsterdam School for Cultural Analysis, Theory and Interpretation (ASCA) weiterverfolgt werden, konstituiert sich Identität unter anderem auch im Hervorbringen stimmlicher Äußerungen. In Bezug auf Brodowskys Fotografin kann es zwar weder um die Beschreibung der Stimme als eines konkreten Klangphänomens gehen, etwa in ihrer Intonation, noch bietet Brodowskys Erzählung Stoff für die Erörterung einer damit einhergehenden Gender-Transformation. Festzustellen ist indes, dass angesichts der Vagheit ihrer Erscheinung der Stimme ein zentraler Stellenwert innerhalb der Etablierung der Fotografin zukommt und die Notwendigkeit, stimmlich zu intervenieren, also ihrem/r Freund_in ins Wort zu fallen, ihn/sie zu genaueren Beschreibungen zu animieren, im Zusammenhang mit ihrer erfahrenen Erblindung steht: „[I]ch sehe Büsche, ein graues Eichhörnchen, sagte ich ihr, präziser, sagte sie, so habe ich keine Bilder". (13)

Im Zuge ihres Sehverlusts verkörpert sich die Fotografin nicht mehr vorrangig sichtbar und sehend im Raum, sondern tritt vorzugsweise als vernehmbare und sprechende Stimme in Erscheinung: Indem sie spricht, ist sie da. Das macht sie sich selbst wie der Erzählfigur bewusst, deutlich ausgeformt in der Spiegelszene. (25) Darüber hinaus bringt die auffällige Dialogstruktur die von Kolesch hervorgehobene „responsive Struktur von Wahrnehmung und ihre – im Falle des Hörens besonders ausgeprägte – soziale Verfasstheit"[94] zum Ausdruck. Da eine

92 Judith Butler: Performative Acts and Gender Constitution: An Essay in Phenomenology and Feminist Theory. In: *Theatre Journal* 40,40 (1988), S. 519–531.

93 Judith Butler: *Das Unbehagen der Geschlechter*, aus d. Amerik. v. Katharina Menke. Frankfurt am Main: Suhrkamp 1991, S. 49. (Herv. i. Orig.)

94 Kolesch: Wer sehen will, muss hören, S. 50.

gravierende Folge des Sehverlusts in der räumlichen Desorientierung liegt,[95] verweist die Erzählung auf die sozialen Aspekte, die für den Vorgang der Selbstkonstitution unerlässlich sind und durch ebenjenen Verlust der Sehfähigkeit empfindlich gestört werden. Die Abhängigkeit vom erzählenden Ich ist mit dem merklichen Wunsch der Fotografin nach Unabhängigkeit auf lange Sicht unvereinbar. Was zunächst einen Ausweg aus der Krise darstellen könnte, entpuppt sich so als eine Illusion, als Trugschluss.

Erinnern und Vergessen

Das Sprechen der Fotografin kündet jedoch nicht nur von ihrer veränderten (Selbst-)Wahrnehmung, die die Krise ebenfalls transformiert, aber nicht überwindet, sondern auch von ihrer Sorge vor dem Vergessen. Ihre signifikante, vermehrt wiederkehrende Anweisung lautet dementsprechend: „vergiss nicht"; sie scheint aber nicht nur an das erzählende Ich zu ergehen, sondern auch an sich selbst. In ihrer Angst vor der Auflösung ihrer nicht mehr zu aktualisierenden bildhaften Erinnerungen sind der Erblindenden die Beschreibungen nie ausreichend exakt: „[K]onzentrier dich, sagte sie, deine Bilder, du sollst sie mir beschreiben, ich will alle deine Eindrücke, [...] möglichst genau". (13) Doch schon, indem sie sich mithilfe der von sprachlichen Bildern durchsetzten Aufforderungen noch einmal imaginär an all die Orte, zu all den Menschen, die ihr etwas bedeutet haben, rückversetzt, bemüht sich die Fotografin um die Vergegenwärtigung ihrer Erinnerungen. Allerdings kann der sprachliche Nachvollzug eigenen Erlebens nicht das eigene Sehen ersetzen, denn alles, was die Fotografin sich vergegenwärtigt, gehört bereits unwiederbringlich ihrer Vergangenheit an; sie wird nichts mehr auf die gewohnte Weise sehen, sondern sich nur als verblassendes Abbild in Erinnerung rufen können.

Dies verweist auf einen neuralgischen Punkt in der Geschichte und Theorie der Fotografie, auf die Tatsache, dass sogar trotz größter zeitlicher Nähe auch das soeben Festgehaltene bereits zum Vergangenen zählt.[96] „Wie der Sammler", so Sontag, „ist auch der Fotograf von einer Leidenschaft getrieben, die eine Leidenschaft für die Gegenwart zu sein scheint, tatsächlich aber stets mit einem Sinn für die Vergangenheit verbunden ist."[97] Das bedeutet mit Blick auf Brodowskys

95 Darauf werde ich ausführlicher in Kap. VI eingehen.

96 Vgl. neben Barthes: *Die helle Kammer*, auch Walter Benjamin: *Kleine Geschichte der Photographie*. Frankfurt am Main: Suhrkamp 1977, S. 45–64; und exemplarisch Denis Roche: „Das flüchtige Vorüberziehen des Schönen." Fragen von Charles Grivel. In: *Fotogeschichte* 20 (1986), S. 27–32.

97 Sontag: Objekte der Melancholie, S. 79.

ohnehin der Vergangenheit anhängenden Fotografin, dass der Wunsch, sich Bilder im Kopf zu vergegenwärtigen, trügerisch und eher dazu geeignet ist, das Bedauern über die Uneinholbarkeit der Gegenwart zu nähren, anstatt es zu zerstreuen. Der Wunsch, diesen Mangel auszugleichen, vergrößert also das Problem, anstatt es zu lösen. Aus dem gleichen Grund sind die Versuche der Erzählfigur, die Ansprüche der Fotografin zu befriedigen, von vornherein zum Scheitern verurteilt: Sie kann die Erwartungen nicht erfüllen, weil ihre Auftraggeberin die Ergebnisse an der Intensität ihrer früheren Seherfahrungen misst. So ergibt sich von Brodowskys Erzählung aus eine Verbindung zu einem wiederkehrenden Motiv in der Kulturgeschichte der Blindheit, wonach jede Hoffnung, ein Sehender möge stellvertretend für einen Blinden seine Augen benutzen, zum Scheitern verurteilt ist.[98] Als die Fotografin morgens in einem nebligen, menschenleeren Park begreifen muss, dass sie weder ihren eigenen Blick durch den ihrer/s Partner/s_in ersetzen kann noch mithilfe des Fotoapparats in der Lage ist, Bilder festzuhalten, gibt sie ihre Versuche zur Rekonstruktion ihrer Erinnerungen offenbar auf. Die nach der großen Enttäuschung im Park überraschend unpräzisen Anweisungen sind nun nur noch ein Vorwand, um freie Hand für die Vorbereitungen zu ihrer letzten großen Aufnahme zu haben. Diese soll allerdings so beschaffen sein, dass sie ein schwer zu verdrängendes Nachbild hinterlässt – statt an eigenen Erinnerungen arbeitet sie nun an fremden.

Das von der Fotografin geschaffene letzte Bild würde die erzählende Person offensichtlich gern vergessen können; paradigmatisch ist die Szene, in der sie „das Bild auslöschen" möchte, nachdem sie „wie in einem Reflex" das Licht in dem Raum angeschaltet hat: „[I]ch riss die Stoffbahnen herunter, das Seil, ihr heller Hals, sie hatte ein graues Hemd an, Leinen und Spitze". (29) Die fragmentarische, abgehackte Schilderung verdeutlicht die immensen Schwierigkeiten, das traumatische Ereignis zu vergessen, unabhängig davon, wie bruchstückhaft und ungenau die Erinnerungen an das Erlebte sind. Genau dies markiert den Unterschied zwischen den beiden Figuren: Während die

98 Exemplarisch sei hier auf die oft variierte Parabel verwiesen, in der ein Lahmer und ein Blinder sich gegenseitig zu ergänzen suchen. Laut Albert Esser findet sich das didaktische Motiv u.a. bei Philippos von Thessaloniki bzw. Isidoros von Bolbythia, bei Leonidas von Alexandria, Plato dem Jüngeren und Antiphylos von Byzanz (Albert Esser: *Das Antlitz der Blindheit in der Antike. Die kulturellen und medizinhistorischen Ausstrahlungen des Blindenproblems in den antiken Quellen*. Leiden: Brill 1961, S. 84). Vgl. darüber hinaus exemplarisch das Gedicht von Christian Fürchtegott Gellert: Der Blinde und der Lahme. In: *Werke*, Bd. 1, hrsg. v. Gottfried Honnefelder. Frankfurt am Main: Insel 1979, S. 50–51; Dario Fo: Moritat vom Blinden und vom Lahmen. In: Ders.: *Obszöne Fabeln. Mistero Buffo. Szenische Monologe*, aus d. Ital. v. Peter O. Chotjewitz. Berlin: Rotbuch 1984, S. 92–99. Ernst Barlach schuf 1919 ein Bronzerelief zu diesem Motiv (Werkverzeichnis Laur II 283, Kunsthalle Bremen).

eine um ihre Erinnerungen kämpft und sie sich durch eigenes Sprechen und ‚fremde' Berichte sichern möchte, wird die andere ihre Erinnerungen nicht los. Im Gegenteil, die Inszenierung hat sich in das Gedächtnis der erzählenden Figur unwiderruflich eingebrannt; der Moment, als sie in die Wohnung kommt und die Erhängte findet, wird gleich dreimal erzählt, was die Dichotomie von Vergegenwärtigung und Vergessen unterstreicht. Es drängt sich der Eindruck auf, der schreckliche Anblick wird in der Hoffnung vergegenwärtigt, dass sich durch stete Wiederholung irgendwann eine Abnutzung einstellen würde. Die ungeordneten Reflexionen der einerseits um eine Chronologie bemühten, andererseits von unterschiedlichen Gedanken, Eindrücken und unauslöschlichen Bildern aus dem Konzept gebrachten Erzählstimme ist bestenfalls der Ansatz zu einer Bewältigung. Ihr Ausgang bleibt offen.

Die flüchtigen und deshalb stets zu erneuernden Aufforderungen der Fotografin erfüllen, so lässt sich zusammenfassen, zwei wesentliche Funktionen innerhalb des Textes. Zum einen zeugen sie von der Transformation der Fotografin, die infolge ihres Sehverlusts zunehmend als Sprecherin in Erscheinung tritt und so auf eine andere Weise ihre Autonomie zu behaupten sucht. Zum anderen unterstreichen die gesprochenen, d.h. flüchtigen und unverfügbaren Anweisungen die Flüchtigkeit und Unverfügbarkeit von erinnerten Bildern. Die Sehnsucht der Fotografin, Herrin ihrer Erinnerungen zu bleiben, und der Wunsch des erzählenden Ich, konkrete Bilder zu vergessen, verdeutlichen die grundlegende Bedeutung des Sehens (aber auch Hörens) für Prozesse der Erinnerung, zeigen zugleich jedoch, dass Erinnern und Vergessen kaum steuerbare Bereiche des menschlichen Bewusstseins sind.

Fotografie und Tod: Diane Arbus und Francesca Woodman

Bemerkenswert an *Aufnahme* ist die Verflechtung der drei, schon für sich hochkomplexen Motive Erblindung, Fotografie und Suizid. Aufgrund der beiden letzteren Motive sowie der Tatsache, dass die Erzählung in New York angesiedelt und die Hauptfigur weiblich ist, liegt es nahe, die Fotografin mit zwei bekannten Künstlerinnen zu verbinden: Diane Arbus (1923–1971) und Francesca Woodman (1958–1981). Zu betonen ist, dass die Fotografin keineswegs eine Wiedergängerin der einen oder der anderen Künstlerin darstellt, auch wenn es sehr wahrscheinlich ist, das gerade Arbus für die Entstehung des Textes eine wichtige Rolle gespielt hat. Bevor Brodowsky seine Erzählung im Sommer 2006 in Klagenfurt vorstellte, hielt sich der Schriftsteller zwischen 2005 und 2006 als Writer in Residence am Deutschen Haus der New York University

auf, wo nach seiner Auskunft große Teile des zweiten Buchs entstanden sind.[99] Im selben Jahr fanden drei Arbus-Ausstellungen in führenden New Yorker Museen und Galerien statt.[100] Ebenfalls 2005 wurde Patricia Bosworth' 1984 erstmals veröffentlichtes Buch *Diane Arbus. A Biography* mit einem neuen Nachwort wiederaufgelegt.[101] In diesem, von Arbus' Angehörigen nicht autorisierten Buch kolportiert oder erfindet Bosworth das Gerücht, Arbus hätte ihren Tod mit Stativ und Fernauslöser dokumentiert, was aus Arbus' Umfeld scharf zurückgewiesen wurde.[102] Über das Buch urteilt Catherine Lord: „[T]he photographs are 'explained' by constructing Arbus herself as a freak, and their power, from which she derives their value as art, is legitimated by her suicide."[103]
Doch gerade die Legende ihres Freitods gab der Mythenbildung um Arbus enormen Aufwind.[104] Die Vorstellung der Fotografin, die ihren eigenen Tod in einem letzten selbstgeschaffenen Foto festhält, inspirierte etwa die Foto-Künstlerin Claudia Reinhardt zu einer Rekonstruktion der Szene.[105] (Abb. 1) Ihre Aufnahme mit dem Titel *Diane* hat Reinhardt mit einem kurzen Text versehen: „Diane Arbus [...] killed herself by cutting her wrists open in the bathtub in her studio. According to the legend she photographed herself suiciding."[106]
Für eine konkrete Fotografie kann sogar eine Verwendung in Brodowskys Erzählung angenommen werden: 1969, kurz vor ihrem Tod, entstand ein Porträt der Künstlerin von der Fotojournalistin Mary Ellen Mark, das auf erschütternde Weise ihren Zustand festhält: ein müder, wie abwesender Blick, eingefallene Wangen, hervortretende Sehnen am Hals, ungeordnetes kurzes

99 Vgl. die Homepage des Autors: http://www.paulbrodowsky.de/cms/front_content.php?idcat=19&maincat=4 (Zugriff am 30.04.2014).

100 Im Museum of Modern Art, im Whitney Museum of American Art und in der Robert Miller Gallery, vgl. http://www.artnet.com/artists/diane-arbus/ (Zugriff am 30.04.2014).

101 Patricia Bosworth: *Diane Arbus. A Biography*. New York / London: Norton 2005.

102 Vgl. Adams: *Sideshow U.S.A.*, S. 130.

103 Catherine Lord: What Becomes a Legend Most. The Short Sad Career of Diane Arbus. In: Liz Heron / Val Williams (Hrsg.): *Illuminations. Women Writing on Photography from the 1850s to the Present*. London: Tauris 1996, S. 237–250, hier S. 247.

104 Vgl. Adams: *Sideshow U.S.A.*; Lord: What Becomes a Legend Most; Judith Thurman: *Cleopatra's Nose. 39 Varieties of Desire*. New York: Picador 2007, insb. S. 57–62; Marie Czach: Diane Arbus, Sylvia Plath and Anne Sexton. A Stringent Poetry and Tragic Celebrity. In: *History of Photograhy* 19 (1995), S. 100–106; Ariella Budrick: Diane Arbus. Gender and Politics. In: Ebd., S. 103–126.

105 Claudia Reinhardts Aufnahme ist Teil einer Serie mit nachgestellten Selbsttötungen verschiedener Künstlerinnen, unter ihnen Sylvia Plath, Sarah Kane und Anne Sexton. Vgl. http://www.claudia-reinhardt.de/folio.asp?kat=14&q=p (Zugriff am 10.04.2014).

106 Zit. n. ebd.

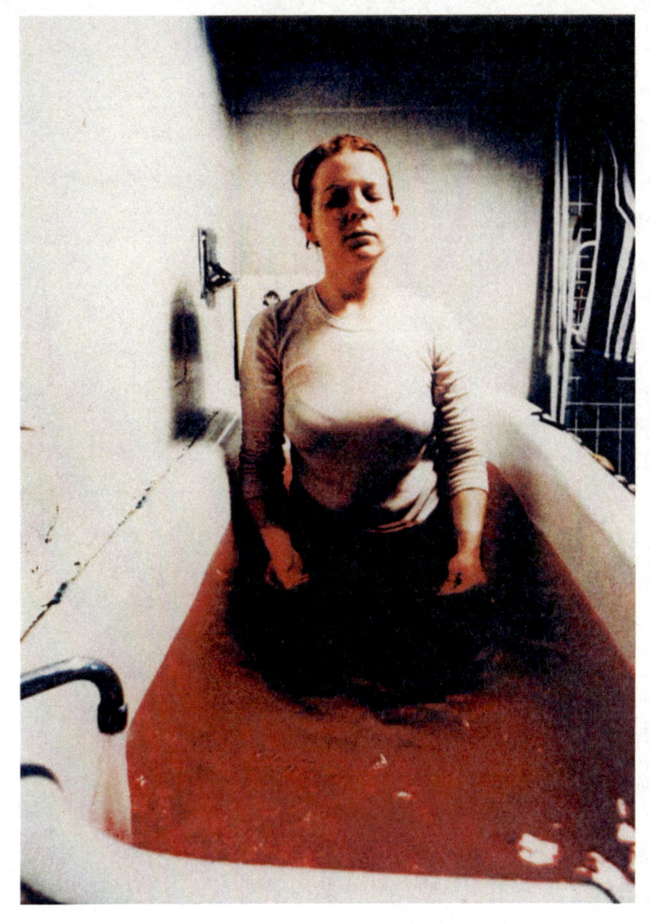

Abb. 1
Claudia Reinhardt:
Diane (aus der Serie
Killing Me Softly – Todesarten, 2000–2004).

Haar, ein abgemagerter Körper. Es korrespondiert mit der Beschreibung der Fotografin durch die Erzählfigur:

> [D]u bist dünn geworden, sagte ich, dünn, dünn, sagte sie, dein Schlüsselbein tritt hervor, deine Taille ist noch schmaler als früher, man erkennt die Sehnen an deinem Hals, mein Gesicht, sagte sie, deine hohen Wangenknochen, die etwas große, sehr gerade Nase, dein immer zerlegenes, beinahe struppiges, dunkelblondes Haar, die Haut um deine Augen ist faltig, fast knittrig. (25–26)

Wichtig ist hierbei weniger der Nachweis eines Vorbilds oder die Offenlegung einer literarischen Methode, sondern die Verbindung des Textes mit zwei konkreten Fotografinnen, was in einer Art *tertium comparationis* zu weiterführenden Schlüssen führt. So sind zwar für einen Bezug zu Woodman keine vergleichbaren Indizien zu finden, dennoch ermöglicht der Blick auf ihre Arbeiten einen anderen Zugang zu der Frage, in welcher Relation Werk und Suizid oder auch Fotografie und Tod zueinander stehen könnten.

Von dieser Überlegung geht auch Peggy Phelan in ihrer Untersuchung *Francesca Woodman's Photography. Death and the Image One More Time* aus:

> Not all of Woodman's work concerns death, but I believe her preoccupation with it permeates her understanding of photography. Indeed, it is my contention that her interest in death allows us to glimpse an unusual view of what death and art, together and separately, might mean.[107]

Eine Fotografie wie *House #3* etwa (Abb. 2) macht den Entzug des Körperlichen, das Geisterhafte, aber auch Engelhafte eines im Entschwinden begriffenen Mädchens sichtbar, das mit ihrem Hintergrund zu verschmelzen scheint. Andere Fotografien wiederum – so etwa *Untitled* (Abb. 3) – rekurrieren auf Sterbeposen.

Phelan vertritt die Ansicht, dass der Tod von Anfang an in Woodmans Arbeiten präsent gewesen sei – und zwar als biologisches Ereignis (Akt) sowie als kulturelle Interpretation (Bild). In diesem Sinn betont Phelan den Aspekt der Probe (*rehearsal*) und der Wiederholung (*repetition*), womit sie nicht nur die theatrale und soziale Komponente der sich zugleich als Modell und Fotografin konstituierenden Künstlerin[108] akzentuiert, sondern auch eine weitgehend von Affekten gereinigte sachliche Lesart ihrer Selbsttötung vorschlägt: „Woodman's use of photography as a way to rehearse her death allows us to consider her art as an apprenticeship in dying, rather than the thing that somehow outlasts or conquers death."[109] Phelan weist den kulturellen Reflex, vom Tod *per se* im Modus des Tragischen zu sprechen, für Woodmans Arbeiten zurück und deutet deren Fotografien in einem produktiven Sinn als selbstorganisierte „Ausbildung im Sterben".[110]

In Brodowskys Erzählung müssen Melancholie und Depression nicht zwingend als Folge einer ‚Einsicht', sondern können auch als Ursache der thematisierten

107 Phelan: Francesca Woodman's Photography, S. 988.

108 Peggy Phelan erweitert die Vorstellung der Künstlerin als Modell und Fotografin um eine_n Rezipient_in hin zu einer Trinität der personalen Erscheinung (ebd., S. 979).

109 Ebd., S. 1002.

110 Phelan ist sich der Missverständlichkeit dieses Gedankens bewusst und nimmt eine Zwischenposition zwischen Rosalind Krauss und Abigail Solomon-Godeau ein. Kraus hat, indem sie den ersten kunsthistorischen Aufsatz über Woodman geschrieben hat, zu ihrer Popularisierung beigetragen; sie ging mit keinem Wort auf Woodmans Tod ein, während Abigail Solomon-Godeau in ihrem späteren Aufsatz über Woodman aus Phelans Sicht allzu selbstverständlich auf die Tragik dieses Ereignisses rekurrierte. Phelan schreibt: „Are we certain that her suicide is a tragedy? What might we gain if we considered it, however tentatively, as a kind of an achievement, even, as I will suggest shortly, as a kind of gift? I know this proposition is delicate." (Ebd., S. 984.) Phelan schließlich weiter hinsichtlich ihrer eigenen Motive: „I want neither to romanticize death nor to contribute to an essentializing view of 'the suicided artist'." (Ebd.)

Abb. 2
Francesca Woodman:
House #3, Providence, Rhode Island 1976.

Abb. 3
Francesca Woodman:
Untitled, Rom, 1977–1978.

Erblindung interpretiert werden. Die im Zeichen der Erblindung erfolgende Suspendierung fände ihr Objekt, wie oben vorgeschlagen, nicht primär im Blick der Fotografin, sondern in einem zu Sehenden, das wie nach einer langen Beziehung mit der Zeit unbefriedigend, langweilig wirkt, die Fotografin nicht mehr zu überraschen und zu begeistern vermag.[111] Auge und Fotoapparat, menschlicher Blick und ‚technisches Bild'[112] sind in der Erzählung entsprechend eng verbunden, ohne freilich zu verschmelzen. Die Fotografie tritt hier zwar ohnehin als ein Medium auf, das nicht im Sinne der piktorialistischen Fotografie der Wende zum 20. Jahrhundert die menschliche Wahrnehmung nachahmen möchte, sondern bewusst mit Mitteln der künstlerischen Verfremdung, Brechung und Erweiterung arbeitet, doch auch die darüber versprochenen Zugänge zu einer betont ‚anderen' Realität scheinen die Fotografin – vielleicht gerade weil sich mit der Fotografie kein Affront mehr riskieren lässt – nicht länger zufrieden zu stellen. Julia Kristeva geht von der Annahme aus, dass es Sinn „nur von der Verzweiflung her"[113] gibt; die Verzweiflung – auch die aus einer Nostalgie herrührende – ließe sich als Ursache und Katalysator einer (metaphorischen) Erblindung befragen, die zum Anlass wird, die Grenzen der sich verändernden Wahrnehmung auszuloten: nicht im Gestus der Resignation, sondern im Gestus der Neugier und des Experiments. Auch der sorgfältig geplante und aufwendig inszenierte Tod von Brodowskys Fotografin muss nicht zur logischen Folge ihrer durch die Erblindung verstärkten Krise reduziert werden, sondern kann im Anschluss an Phelans Sicht auf Woodman eher als Höhepunkt einer Untersuchungsreihe zum Thema Sterben, Schmerz und Tod interpretiert werden.

Sie sind daher ebenfalls als Teile einer *apprenticeship in dying* zu begreifen, die in der Selbsttötung ihren Abschluss findet. Zweck der ‚Ausbildung', besser gesagt: der Untersuchungen, ist es, sich das Unvorstellbare vorzustellen, denn der „Tod ist uns empirisch nur als Erfahrung des Todes Anderer zugänglich. Was im und nach dem eigenen Tod passiert, können wir nur in der Imagination antizipieren [...]", wie Katharina Sykora im ersten Band von *Die Tode der Fotografie*

111 Theoriegeschichtlich musste die Fotografie enttäuschen, weil die gerade mit den Anfängen des Mediums verbundene „emphatische Proklamierung" der „Evidenz des Sichtbaren" angesichts der vielschichtigen und als konstruiert wahrgenommenen Realität zunehmenden Zweifeln wich (Steigler: Fotografie und Wahrnehmung, S. 158).

112 Der Terminus trifft hier nur eingeschränkt zu, weil Aufnahmen von Fotograf_innen deren Vorstellungen folgen, statt als rein maschinelle Produkte den menschlichen Faktor zu minimieren oder gar auszuschalten. Die Erwartungen hinsichtlich einer unmittelbaren Abbildung der Realität sind bei ‚technischen Bildern' daher größer (vgl. hierzu Horst Bredekamp: *Das technische Bild: Kompendium zu einer Stilgeschichte wissenschaftlicher Bilder*. Berlin: Akademie 2008).

113 Ebd., S. 13.

festhält.[114] Brodowskys Text zeigt, wie die Fotografin vor allem mit künstlerischen Mitteln ihren Tod zu antizipieren versucht und sich um adäquate Darstellungen bemüht. Das Problematische daran fasst Phelan (für Woodman) in die einfache Frage: „Is it possible to photograph something that doesn't exist?"[115] Und sie verknüpft diese Frage mit der an Roland Barthes und Walter Benjamin geschärften These, dass die Fotografie möglicherweise (nach wie vor) das beste Medium sei, um mit Blick auf ein Jahrhundert, „[that] has witnessed more death and loss than any other century", auf die andauernde Zeitlichkeit der Trauerarbeit – „the ongoing temporality" – zu antworten.[116] Schließlich hat die Fotografie vor diesem Hintergrund das kulturelle Verständnis des Todes als Bild wie als Akt nachhaltig verändert.[117] In *Aufnahme* werden vier fotografische Zyklen beschrieben: unbekleidete, leichenhaft geschminkte Frauen mit maskenhaften Gesichtern (16), Selbstporträts, u. a. mit einer frischen Verletzung (23), Blüten in unterschiedlichen Stadien des Verfalls (27, 28) und Personen in selbstgenähten ‚Leichenhemden' (17, 29); sie dienen dazu, die genannten Bereiche Sterben, Schmerz und Tod frei von hemmenden kulturellen und gesellschaftlichen Konventionen auf ihre Voraussetzungen, ihren Verlauf und ihre Auswirkungen hin zu befragen. Das bedeutet, dass Brodowsyks Protagonistin durchaus an den Grenzen des Wahrnehmbaren (und des Fotografierbaren) und der durch die Erblindung bewirkten Einschränkungen leidet – aber ihr Leiden erhält durch die rücksichtslosen Untersuchungen einen anderen Sinn.

So erkundet sie beispielsweise die Wirkung von Verletzungen in der Nähe der Schlagadern. In einer Szene beobachtet die Erzählfigur die Fotografin mit einer anderen Frau, die ihr von einigen Aktaufnahmen her bekannt vorkommt. Die beiden bemerken sie nicht gleich,

114 Katharina Sykora: *Die Tode der Fotografie. Totenfotografie und ihr sozialer Gebrauch*, Bd. 1. München: Fink 2009, S. 15.

115 Phelan: Francesca Woodman's Photography, S. 988.

116 Ebd., S. 979–980. Phelan bezieht sich auf die von Benjamin und Barthes herausgestellten Wechselwirksamkeiten zwischen Fotografie und Tod (Benjamin: Das Kunstwerk; Barthes: *Die helle Kammer*) und auf den von Freud in seinem Aufsatz „Trauer und Melancholie" (1917) geprägten Begriff der Trauerarbeit. Benjamins Aufsatz „Das Kunstwerk im Zeitalter seiner technischen Reproduzierbarkeit", der zunächst 1936 in französischer Übersetzung erschien, könne – so Phelan – als optimistische Begrüßung einer demokratischeren Kunst gelesen werden, aber auch als eine Trauerrede auf den Aura-Verlust. Der Anlass für Barthes' fast 50 Jahre nach Benjamin verfasste Anmerkungen zur Fotografie sei der Tod seiner Mutter gewesen: „Channeling his mourning into a search for the ontology of the photograph, Barthes suggests that portrait photography creates a rehearsal for death. By stilling a model in time, portrait photography takes on a posthumous relation to both the model and the moment." (Phelan: Francesca Woodman's Photography, S. 980.)

117 Ebd.

> [S]ie redeten nicht mehr, sie hielten sich an den Händen, plötzlich beugte die Dunkelhaarige sich vor und küsste sie, dann bemerkte ich, dass die Dunkelhaarige ihr mit einem Fingernagel über die Haut am Handgelenk fuhr, in der Nähe der Pulsadern. (19)

Die erzählende Person bemerkt an dieser Stelle eine blutende Wunde und registriert zugleich ihren „merkwürdigen Gesichtsausdruck, traurig, und doch schien sie zu lächeln". (19) Kurz vor dem Freitod der Fotografin findet sie in einer herumliegenden Mappe „eine Serie mit Selbstporträts, Aktfotografien" und entdeckt dort das Foto einer Selbstverletzung:

> [A]uf einem dritten Bild erkannte ich sie kaum wieder, das Bild zeigte ihren Oberkörper, die Haut hellbeige, wie ich das von ihren Aktfotografien kannte, perfekt geschminkt, dünner Lidstrich, am unteren Bildrand konnte man erkennen, dass sie eine Jeans trug, in der rechten Hand hielt sie eine Rasierklinge, auf dem linken Oberarm war ein handbreiter, feiner Schnitt zu sehen, der gerade erst begonnen hatte, sich mit Blut zu füllen, sie schaute direkt in die Kamera, herausfordernd, beinahe glücklich. (23)

Am Schluss beider Textstellen wird das erschreckende Bild potentiell lebensgefährdender Verletzungen um zurückhaltende Hinweise auf die Zufriedenheit mit deren Ergebnis („doch schien sie zu lächeln", „beinahe glücklich") ergänzt. Die Hinweise sollen nicht das Drastische der Szenen relativieren, sondern sie haben die Aufgabe, jene in den größeren Sinnzusammenhang der Untersuchungen zu integrieren. Das Selbstporträt mit der offensichtlich präzise inszenierten Selbstverletzung fungiert hier sowohl als Verknüpfung zu den früher beschriebenen Aktaufnahmen gleichartig geschminkter Frauen als auch zum letzten Foto der toten Künstlerin. Das Dokumentieren solcher Experimente verbindet Brodowskys Fotografin zudem mit Woodman: Eine ihrer vielen Selbstaufnahmen zeigt einen Ausschnitt ihres Körpers zwischen Hals und Oberschenkel, die rechte Brust ist entblößt, in der rechten Hand hält sie ein Messer, mit dem sie offenbar die Außenlinie ihrer Brust geritzt hat – bevor sie versucht, die Wunde mit Passfotostreifen zuzukleben. (Abb. 4) Die Bildunterschrift erklärt diesen Schritt in Richtung eines Begehrens nach Aufrichtigkeit, eines aufrichtigen Ausdrucks ‚echten' Schmerzes: „I could no longer play. I could not play by instinct."[118] Obwohl bei Brodowsky nicht so explizit formuliert wie hier, wirkt die Ernsthaftigkeit hinter den Selbstversuchen der Fotografin doch ebenso glaubwürdig; sie sind weder Affekthandlungen noch Ausdruck eines wie auch immer gearteten ‚psychischen Defekts'.

Die Liste von Experimenten im Grenzbereich von Schmerz und Tod zeugt davon, dass das *Dasein* in Brodowskys Erzählung von Anfang an von einer

118 Auch Phelan nimmt auf diese Aufnahme Bezug (vgl. ebd., S. 992).

Abb. 4: Francesca Woodman: *I could no longer play by instinct*, Providence, Rhode Island 1977.

vorweggenommenen *Abwesenheit* durchsetzt ist.[119] Dies gilt auch für Fotografien von bereits gestorbenen Personen, doch nicht allein in Phelans Sinne, die in Woodmans Arbeiten unabhängig von ihrem Suizid den Tod als Thema erkennt, sondern auch im Verständnis Barthes', den das in solchen Aufnahmen unsichtbare, aber inhärente Schicksal erschreckt: „Das Kinderphoto meiner Mutter vor Augen, sage ich mir: sie wird sterben: ich erschauere [...] *vor einer Katastrophe, die bereits stattgefunden hat.*"[120] Und ausgehend vom Porträt eines jungen Mannes, das 1865 in seiner Hinrichtungszelle entstanden ist, bemerkt Barthes: „Indem die Photographie mir die vollendete Pose (den Aorist) darbietet, setzt sie für mich den Tod in die Zukunft."[121] Sichtbare Zeichen der Auseinandersetzung mit dem Sterben fügen der nach Barthes bereits mitzubedenkenden ‚Katastrophe' eine tragische Komponente hinzu: Hätte nicht durch richtiges Lesen der Zeichen der Suizid verhindert werden können? Die Fotografien werden im Rückblick zu übersehenen Signalen der bevorstehenden Selbsttötung: „[V]ielleicht hätte ich die Zeichen wahrnehmen können, aber sie hat nichts preisgegeben, mich nicht eingeweiht in ihre Pläne". (16) Barthes' *punctum*, das die Aufnahmen Woodmans ebenso wie die imaginären, nur als Ekphrasis existierenden Fotografien von Brodowskys Protagonistin charakterisiert, entfaltet seine eigentliche Wirkung erst nach dem Tod der Künstlerinnen, denn neben ihren besonderen Motiven ist es das Wissen um ihr Ende, das ihrem Werk besondere Eindringlichkeit verleiht.[122]

Tatsächlich trug der Umstand, dass Woodman und Arbus Suizid begingen, wesentlich dazu bei, das Werk beider Künstlerinnen von ihrem Sterben her zu betrachten; den Blick der Forschung hat diese Wahrnehmung mitunter verstellt. Allerdings lässt sich festhalten, dass die beiden Fotografinnen durch ihre Selbsttötung die Interpretation der Fotografie als Bild *und* Akt gleichermaßen

119 Vgl. auch Siegmund: Erfahrung, dort, wo ich nicht bin, S. 64. Siegmund rekurriert hier auch auf Bernhard Waldenfels' *Phänomenologie des Fremden*: „Am Horizont der Abwesenheit taucht jene ultimative Abwesenheit auf, deren Erfahrung niemals einzuholen ist: der Tod. Als uneinholbares Fremdes, das unsere Vorstellungskraft sprengt, weil man es nicht leben kann, eröffnet er eine Welt, in der das Subjekt *nicht* vorkommt."

120 Vgl. Barthes: *Die helle Kammer*, S. 106. (Herv. i. Orig.)

121 Vgl. ebd., v. a. S. 102. Der Aorist bezeichnet als (in der deutschen Sprache ungebräuchliche) Tempusform ein Ereignis, das in der Vergangenheit liegt, aber als momentan oder ‚punktuell' dargestellt bzw. wahrgenommen wird; es geht also um ein Zusammenfallen von Gegenwärtigem und Vergangenem.

122 Zum Begriff des *punctum* vgl. Barthes: *Die helle Kammer*, S. 35–36. Benjamins Aura-Begriff paraphrasiert Phelan in seiner Dialektik wie folgt: „For Benjamin, the reproducibility of the photographic image dims the aura traditionally associated with artistic masterpieces. The collapse of this tradition creates the possibility for a new, more democratic art." (Phelan: Francesca Woodman's Photography, S. 979.)

bestätigt haben, ja sogar selbst Argument der Interpretation wurden. Brodowskys Erzählung vereindeutigt dieses Denkbild, indem er eine Fotografin erfindet, die ihren Tod nicht nur ‚ankündigt', sondern als Erblindende bereits in sich trägt. Als Personifikation der analogen Fotografie hat sie sich selbst bereits überlebt, das heißt, sie ist in ihrer eigenen Gegenwart tendenziell fehl am Platz. Damit knüpft die Erzählung an eine symbolische Zuschreibung an, nach der blinde Figuren den Tod gleichzeitig bedeuten und erwarten.[123]
Kulminationspunkt der hier skizzierten Bedeutungsstränge ist die Selbsttötung der Fotografin; die letzte Aufnahme gerät zu einem ‚Gruppenbild' ihrer verschiedenen Persönlichkeitsaspekte: Es zeigt die Erblindete, die Fotografin, die autonome Persönlichkeit, die Forscherin, die Grenzgängerin – und über all dem die vage, seltsam identitätslose Persönlichkeit, die sich in der erzählenden Figur nachgerade fortsetzt. Ausgerechnet die Aufnahme, die der Erzählung ihren Titel gibt, wird nicht beschrieben – sie bildet die große Auslassung, den Höhepunkt und die Verdichtung des erprobten Erzählverfahrens: das noch nicht entwickelte Bild.[124] Wie bei dem Selbstporträt aus der Mappe agiert Brodowskys Protagonistin gleichzeitig als Modell und als Fotografin, als Bühnenbildnerin und als Regisseurin eines von der Kamera bezeugten Selbstversuchs. Sie sieht sich durch ihre Kamera zum letzten Mal bei einer Handlung zu und überschreitet im selben Augenblick die finale Grenze des Vorstellbaren.

Blindheit als Transformation

Brodowskys Erzählung arbeitet auf charakteristische Weise mit Mitteln der Auslassung. Die Offenheit und die grundsätzliche Paradoxie des Denkbildes, das hier zum Einsatz kommt, erweisen sich als die entscheidenden Parameter, um jenseits traditioneller Motive und Deutungsmuster nach neuen Ansatzmöglichkeiten zu suchen. *Aufnahme* löst sich von traditionellen Deutungsmustern wie Blindheit als Strafe oder verschiebt sie wie in der Verknüpfung von Blindheit und Tod. Ein zentraler Ansatzpunkt liegt genau dort, wo die Gründe für die Erblindung der Fotografin ausgespart bleiben, obgleich deren Auswirkungen doch als umfassend und existenziell geschildert werden. Während die Ursache der Erblindung in Brodowskys Text unbenannt bleibt – und damit

123 Vgl. exemplarisch Horst S. Daemmrich / Ingrid G. Daemmrich: Blindheit. In: Dies.: *Themen und Motive in der Literatur. Ein Handbuch* [1987]. Tübingen / Basel: utb 1995, S. 77–78.

124 Ähnlich wie im Film *La belle noiseuse* (*Die schöne Querulantin*, F 1991) von Jacques Rivette. In einem filmischen Schlusstableau des vier Stunden langen Werks sehen die Zuschauer_innen die starren und erschrockenen Gesichter der Protagonist_innen, die das den Blicken der Zuschauer_innen vorenthaltene Bild betrachten. Siehe auch Honoré Balzac: *Le chef-d'oeuvre inconnu*. Paris: Charles-Béchet 1831.

kulturgeschichtlichen und psychoanalytischen Spekulationen über Verbindungen zu Fotografie, Voyeurismus, Blindheit und Tod Raum gibt –, wird die Aufmerksamkeit auf den imaginären Punkt gelenkt, an dem die abnehmende Sehfähigkeit der Protagonistin in Blindheit umschlägt. Die Geschichte kreist um die Frage nach der Messbarkeit eines Befundes, der innerhalb der Erzählung niemals Realität wird. Wie der Titel des Erzählbandes auf einen konkreten Text verweist, ohne ihn zu bezeichnen, bezieht sich die Blindheit als ein künftiges Ereignis zwar auf die Fotografin, ohne jedoch jemals die Deutungshoheit über sie zu gewinnen: Es gibt gewissermaßen keine blinde Fotografin in der Erzählung, lediglich eine Figur, die ihre (erwartete) Blindheit im Modus der Probe, des Spiels vorwegnimmt, die sich ihr als einer künstlerisch-wissenschaftlichen Aufgabe widmet und sie so zu einem Bestandteil ihrer neuen Arbeitsweise macht: Bilder aufnehmen, die andere (nach ihr) entwickeln und ansehen werden. Der melancholische Status der Figur, die sich dem Vergangenen zuwendet, ergibt sich aus der verhandelten Wechselseitigkeit zwischen Sehen und Nicht-Sehen: Sofern Ersteres, wie Georges Didi-Huberman pointiert exemplifiziert, ein ‚Verlieren' bedeutet,[125] fallen die gesteigerte Lust zu sehen und die gesteigerte Sorge das Gesehene und den Blick selbst zu verlieren in der Vorstellung der zukünftig bleibenden blinden Fotografin in eins.

Brodowskys Erzählung setzt ebenso wie meine Untersuchung an ebenjenem Punkt an, wo es um das Aushandeln von Zuschreibungen und Interpretationen geht: Wer entscheidet in den untersuchten Blindheitsdarstellungen, wann und in welchem Sinne jemand blind (wofür) ist oder wird? Wie lässt sich glaubhaft vermitteln, was Blindsein (heute) bedeutet, was es bedeutet, als Blinde_r wahrgenommen zu werden – in den Künsten und den darin reflektierten sozialen Ordnungen? Wie verhalten sich diese Interpretationsangebote zu tradierten Deutungsmustern einerseits und zu zentralen Auslassungen wie der Unterrepräsentation blinder Frauen in der Kulturgeschichte der Blindheit andererseits?

Bezeichnend an den in der vorliegenden Studie untersuchten Arbeiten – und dieser Gedanke leitet unmittelbar zu Kapitel III über – ist die Wirkmacht, die einer blind imaginierten Figur ausgerechnet für verschiedene Zweige der als visuell bzw. bildnerisch rezipierten Künste verliehen wird: Hier bewahrheitet sich die im Schreiben über Blindheit verbreitete Redensart, dass im Medium der Blindheit die bildenden Künste über sich selbst nachdenken. Denn die Vorstellung einer blinden Fotografin steigert einerseits die Wirkung des dargestellten

125 Vgl. Georges Didi-Huberman: *Was wir sehen blickt uns an. Zur Metapsychologie des Bildes*, aus d. Franz. v. Markus Sedlaczek. München: Fink 1999, v. a. S. 17.

Sehverlusts und negiert sie andererseits, da die Hauptfigur ihren Sehverlust zum zentralen Teil ihrer dezidiert auf der visuellen Wahrnehmung und ihren Grenzen basierenden Arbeit macht.

Nachdem die Transposition des Fotografischen in das Medium der Literatur und damit die Transformation einer sehenden in eine sprechende (und hörende) Figur im Zentrum stand, richtet sich die Aufmerksamkeit nun auf einen Theatertext, der auf ähnliche Weise um ein bildendes Medium kreist: die Bildhauerei. Erneut geht es dabei um die spezifische Wahrnehmungsdisposition einer blinden Figur und die von ihr ausgehend verhandelte Frage, ob und wie Wahrnehmungen, die doch immer nur *in actu* zu erleben sind, eine bildnerische (und dauerhafte) Form verliehen werden kann. Der nüchterne, nichtbeschönigende und wissenschaftliche Blick der Fotografin (als einer Produzentin von Kunst) wird mit Dea Lohers Protagonistin Alte Hure um eine entgegengesetzte Haltung (als einer Rezipientin von Kunst) ergänzt. Sie erfindet, wo es ‚nichts zu sehen' gibt, und verweist damit auf ein Theater, das sich im Zeichen der lustvollen Illudierung von der Vormachtstellung des Visuellen emanzipiert.

III
Das Ende der Gegensätze – Blindheit und die Befreiung der Sinne in Dea Lohers Theatertext *Hund* (2002)

Existenzielle Fragen: Lohers Stücke

Dea Loher hat sich seit Mitte der 1990er Jahre vor allem als Autorin von Theatertexten einen Namen gemacht.[1] Nach einem Literatur- und Philosophiestudium belegte sie Anfang der 1990er Jahre an der Hochschule der Künste Berlin den Studiengang Szenisches Schreiben; zu ihren Lehrern gehörten neben Heiner Müller auch Tankred Dorst und Yaak Karsunke.[2] Kurz vor Beginn des Studiums war während eines längeren Aufenthalts in Brasilien ihr erster Dramentext *Olgas Raum*[3] über die politische Aktivistin Olga Benario entstanden, die 1936 in Brasilien verhaftet, an Deutschland ausgeliefert und 1942 im KZ Ravensbrück ermordet wurde.

Lohers Dramen können schon deshalb als Dramen bezeichnet werden, weil sie in ihrer aristotelisch-poetologischen Geschlossenheit von Raum, Zeit und Handlung, der Bedeutung der Figurenrede und konsistenter Rollengestaltung den seit den 1990er Jahren forcierten Paradigmenwechsel hin zum

1 Dea Loher hat zudem Erzählungen und einen Roman veröffentlicht (dies.: *Hundskopf.* Göttingen: Wallstein 2007; dies.: *Bugatti taucht auf.* Göttingen: Wallstein 2012).

2 Die Aussicht, von Heiner Müller unterrichtet zu werden, habe wesentlich zu ihrem Wunsch beigetragen, Szenisches Schreiben zu studieren; als Dozent sei Müller allerdings kaum präsent gewesen, Tankred Dorst und Yaak Karsunke seien für sie daher wichtiger gewesen (vgl. Juliane Kuhn: Nicht Harmonisierung, sondern Dissonanz. Juliane Kuhn im Gespräch mit Dea Loher. In: Jens Groß / Ulrich Khuon (Hrsg.): *Dea Loher und das Schauspiel Hannover.* Hannover: Niedersächsisches Staatstheater 1998, S. 18–22, hier S. 18).

3 Dea Loher: Olgas Raum. In: Dies.: *Olgas Raum, Tätowierung, Leviathan* [1994]. Frankfurt am Main: Verlag der Autoren 2003, S. 7–64; *Olgas Raum* (UA: 07.08.1992, Ernst-Deutsch-Theater Hamburg, R: Ives Janssen).

‚postdramatischen Theater‘ oder ‚nicht mehr dramatischen Theatertext‘ auf demonstrative Weise nicht mit vollzogen haben.[4] In selbstbewusster Abgrenzung vom postmodernen ‚Zeitgeist‘ entstehen ihre Stücke seit gut 20 Jahren in enger Kooperation mit Institutionen wie öffentlich getragenen Stadttheatern, etwa dem Schauspiel Hannover oder dem Deutschen Theater Berlin oft als Auftragswerke und lassen sich dementsprechend dem sogenannten Autorentheater zurechnen.[5]

Lohers Dramen kennzeichnet ihr politischer Anspruch; sie nimmt darin Bezug auf Ereignisse der deutschen Geschichte wie den Mord an Olga Benario oder Ulrike Meinhofs politische Radikalisierung bis hin zu ihrem Eintritt in die Rote Armee Fraktion (*Leviathan*).[6] In *War Zone* untersucht Loher aus verschiedenen Perspektiven die Auswirkungen struktureller Gewalt auf den Einzelnen, in *Fremdes Haus* setzt sie sich mit konkreten Ausprägungen von Gewalt gegenüber einem aus Mazedonien in ein Stück deutsches ‚Niemandsland‘, eine trostlose Gegend an einem Kanal, geflohenen Mann auseinander.[7] Auch in *Manhattan Medea*, Lohers in die Gegenwart versetzter Bearbeitung des antiken Mythos, geht es um wirtschaftlich-soziale Probleme von Einwanderer_innen. Allgemeine Arbeits- und Perspektivlosigkeit (z. B. *Das letzte Feuer*, *Am Schwarzen See*), Inzest und Kindesmissbrauch (*Tätowierung*) sind weitere Themen,

4 Vgl. etwa Ulrich Khuon: Das Spiel des Schreibens und seine Anstöße. Dea Loher und das Autorentheater in Hannover. In: Ders. / Groß (Hrsg.): *Dea Loher und das Schauspiel Hannover*, S. 9–17, hier S. 9: „Dea Loher fabriziert keine Quotenknaller. Den Mainstream elegant-ironischer Intellektualität meidet sie, fürs diskursanregende Problemtheater schreibt sie zu hart, zu unparteiisch, zu kühl. [...] Klassische Tragödienmuster werden erkennbar." An anderer Stelle spricht Khuon von „Zeitgeistverweigerung". Zur Theorie des Postdramatischen vgl. Gerda Poschmann: *Der nicht mehr dramatische Theatertext. Aktuelle Bühnenstücke und ihre dramaturgische Analyse*. Tübingen: Niemeyer 1997; Hans-Thies Lehmann: *Postdramatisches Theater* [1999]. Frankfurt am Main: Verlag der Autoren 2005.

5 Ulrich Khuon sah einen wesentlichen Teil seiner Arbeit als Intendant eines Stadttheaters (von 1993 bis 2000 leitete er das Schauspiel Hannover) darin, Autor_innen und Regisseur_innen an die Spielstätte zu binden. In diesem Zusammenhang ergingen konkrete Aufträge an Dea Loher und Andreas Kriegenburg, was als ein weiteres Kriterium des Autorentheaters gelten kann, da die Arbeit der Autor_innen sich gemäß dieser Vorstellung nicht auf das Schreiben von Textvorlagen beschränkt, sondern in der weiterführenden Kooperation mit Regisseur_innen, Dramaturg_innen und Schauspieler_innen besteht. Vgl. ebd., S. 12–13.

6 Dea Loher: Leviathan. In: Dies.: *Olgas Raum, Tätowierung, Leviathan*, S. 145–229; *Leviathan* (UA: 02.10.1993, Staatstheater Hannover, R: Antje Lenkeit).

7 *War Zone* entstand ursprünglich als Hörspiel für BBC Radio 3; die Ursendung fand am 24.11.2002 statt; die Uraufführung als Theaterproduktion folgte am 12.10.2006 im Maxim-Gorki-Theater Berlin, R: Matthias Huhn; Textfassung in: Loher: *Magazin des Glücks*, S. 167–186. Dea Loher: *Fremdes Haus*. Frankfurt am Main: Verlag der Autoren 1996; *Fremdes Haus* (UA: 14.09.1995, Staatstheater Hannover, R: Andreas Kriegenburg).

mit denen sich Loher auseinandersetzt.[8] Mehrfach hat sie bekräftigt, dass es ihr dabei nicht um Tagesaktualität ginge, sondern um die ihren Stoffen innewohnenden, existenziellen Kernbegriffe: „Nicht Arbeitslosigkeit, Umweltverschmutzung, Strahlenverseuchung, sondern Gewalt, Schuld, Verrat, nicht Sozialreportage, sondern Tragödie."[9]

Feminisierung von Blindheit

Der poetische Umgang mit dem Thema Blindheit zieht sich wie ein roter Faden durch Lohers Schaffen. Vor dem Hintergrund, dass die Autorin vorrangig auf existenzielle Grundbegriffe setzt, wundert dies kaum, stellt Blindheit als eine zentrale philosophische Metapher und kulturelle Interpretation wie in der paradigmatischen Gestalt des sich selbst blendenden Ödipus doch einen geeigneten Katalysator so existenzieller Begriffe wie Schuld, Verrat und Strafe dar.[10] Im Prolog zu *Fremdes Haus* stellt die Autorin die Gewalt der Blendung als einen archaischen Strafvollzug heraus; in knappen Worten und ohne direkten Bezug zur Handlung ruft sie eine historische Massenblendung in Erinnerung, die im frühen 11. Jahrhundert im Auftrag des Kaisers von Byzanz Basileios II. an bulgarischen Gefangenen vollzogen wurde.

Im Gegensatz zu dieser einmaligen Konstellation in Lohers Dramen fällt auf, dass alle Figuren, denen die Autorin eine Blindheit zuschreibt, weiblichen Geschlechts sind. Diese Zuschreibung steht im Zusammenhang mit der Repräsentation (struktureller) Unterschiede zwischen den Geschlechtern. Sowohl in *Blaubart – Hoffnung der Frauen* als auch *Unschuld* und *Hund* übt sie Kritik am herrschenden Ungleichgewicht zwischen den Geschlechtern.[11] Der gesellschaftliche Nachteil hinsichtlich romantischer Liebeserfüllung und

8 Dea Loher: Manhattan Medea. In: Dies.: *Manhattan Medea. Blaubart – Hoffnung der Frauen*. Frankfurt am Main: Verlag der Autoren 1999, S. 7–64; *Manhattan Medea* (UA: 22.10.1999, Mecklenburgisches Staatstheater, Schwerin, steirischer herbst, R: Ernst M. Binder). Dea Loher: Das letzte Feuer. In: Dies.: *Das letzte Feuer. Land ohne Worte*. Frankfurt am Main: Verlag der Autoren 2008, S. 7–113; *Das letzte Feuer* (UA: 26.01.2008, Thalia Theater, Hamburg, R: Andreas Kriegenburg). Dea Loher: *Am Schwarzen See*. Frankfurt am Main: Verlag der Autoren 2012; *Am Schwarzen See*. (UA: 26.10.2012, Deutsches Theater Berlin, R: Andreas Kriegenburg). Dea Loher: *Tätowierung*. In: Dies.: *Olgas Raum, Tätowierung, Leviathan*, S. 65–144; *Tätowierung* (UA: 08.10.1992, Ensemble am Südstern Berlin, R: Thomas Hollander).

9 Kuhn: Nicht Harmonisierung, sondern Dissonanz, S. 22.

10 Vgl. Kap. II.

11 Dea Loher: Blaubart – Hoffnung der Frauen. In: Dies.: *Manhattan Medea. Blaubart – Hoffnung der Frauen*, S. 65–134; *Blaubart – Hoffnung der Frauen* (UA: 26.11.1997, Bayerisches Staatsschauspiel München, R: Andreas Kriegenburg). Dies.: Unschuld. In: Dies.: *Unschuld. Das Leben auf der Praça Roosevelt*. Frankfurt am Main: Verlag der Autoren 2004, S. 7–106; *Unschuld* (UA: 11.10.2003, Thalia Theater, Hamburg, R: Andreas Kriegenburg).

ökonomischer Unabhängigkeit ihrer als blind und weiblich imaginierten Figuren wird in allen drei Texten zum Vorteil.[12]

Dass Lohers blinde Figuren ausnahmslos weiblichen Geschlechts sind, kann als eine durchaus subversive Antwort auf die dargelegte Abwesenheit von Frauen in der Kulturgeschichte der Blindheit begriffen werden.[13] Trotz ihrer selbst erklärten Ablehnung einer Ästhetik weiblichen Schreibens beruhen Lohers Texte fast ausschließlich auf ökonomisch und sozial unabhängigen Protagonistinnen. Emotionale Beziehungen gründen immer auf Zeit, am Ende stehen die blinden Figuren – Alte Hure aus *Hund*, Julia aus *Blaubart*, Absolut aus *Unschuld* – ausnahmslos allein da, was dem programmatischen Gehalt dieser Setzungen einen ambivalenten Beigeschmack verleiht. Birte Giesler sieht in der deutlichen Präsenz weiblicher Protagonistinnen bei Loher eine angewandte Praxis „theatraler Genderkritik" verwirklicht,

> die Schwarz-Weiß-Schuldzuweisungen auch bezüglich der Geschlechterfrage ‚postfeministisch' zurückweist und Geschlecht als gesellschaftlich oktroyierte und individualpsychisch internalisierte kulturelle Identitätskonstruktion vorführt.[14]

In diesem Sinn eint die drei blinden Figuren aus drei unterschiedlichen Textformaten, dass sie alle vergeblich auf der Suche nach der romantischen Liebe sind, aber statt zu resignieren, auf unterschiedliche Weise intervenieren: Julia aus dem rasanten Stationendrama *Blaubart* personifiziert die romantische, das heißt die selbstlose Liebe und tötet Heinrich aus Enttäuschung über seine konsequente Ignoranz, damit aber auch unabänderlich ihr Liebesideal selbst; die junge Tänzerin Absolut emanzipiert sich am Ende des komplexen Episodendramas *Unschuld* selbstbewusst vom unerfüllten Traum, durch eine Operation sehen zu können, sowie von dem Mann, der mehr als in sie in diesen Wunsch verliebt scheint; und die Protagonistin aus dem geschlossenen Zweiakter *Hund*

12 Auch in *Bugatti taucht auf* und der Kurzgeschichte *Das Auge* erscheint dieses Motiv. Siehe Loher: *Bugatti taucht auf*; dies.: Das Auge. In: Dies.: *Hundskopf*, S. 76–89.

13 Vgl. Kap. II.

14 Birte Giesler: *Überall Täter. Geschlechterkritik in Dea Lohers „Blaubart – Hoffnung der Frauen"*. In: *Forum Modernes Theater* 20,1 (2005), S. 77–93, hier S. 77. Nirgends würden, führt wiederum Birgit Haas aus, „radikale Thesen verfochten, wie etwa die Überlegenheit der Frau über den Mann. Die weiblichen Charaktere in Lohers Stücken sind nicht einfach ‚besser' per se. Vielmehr vertritt Loher die Position des weiblichen Materialismus, d. h. die Performanz von Weiblichkeit ist mehr oder weniger offen an die soziale Situation der Frau geknüpft." (Birgit Haas: Gender-Performanz und Macht. (Post)feministische Mythen bei Sarah Kane und Dea Loher. In: Dies. (Hrsg.): *Macht: Performativität, Performanz und Polittheater seit 1990*. Würzburg: Königshausen & Neumann 2005, S. 197–226, hier S. 213. Siehe außerdem dies.: *Das Theater von Dea Loher. Brecht und (k)ein Ende*. Bielefeld: Aisthesis 2006. Auf diese Studie werde ich im Folgenden wiederholt Bezug nehmen.)

erkennt und nutzt das Illusionspotenzial ihrer Blindheit für ein romantisches Spiel im Spiel, das auch ein Abschied von ihrem verstorbenen Geliebten Giacometti ist. Lohers Theatertext *Hund*, der als Teil der Serie *Magazin des Glücks* 2002 veröffentlicht wurde,[15] entwirft im Zeichen einer vorrangig auf Einsicht und Erweiterung rekurrierenden, jedoch bei genauerem Hinsehen weit komplexeren Idee von Blindheit ein interdisziplinäres Szenarium zwischen Theaterspiel und bildender Kunst, das die Sprengung konventioneller Genregrenzen erprobt. In Kapitel II habe ich dargelegt, dass über die Selbstimagination im Modus des Blindseins die Kunst über sich selbst nachdenkt; auf diese Überlegung baut die folgende Analyse auf und verschiebt den Fokus auf sinnlich-perzeptive und kunsttheoretische Fragen. Erneut rückt hier also ein künstlerisches Bildmedium in den Fokus eines literarischen Textes. Ungefähr zur gleichen Zeit haben zwei zu unterschiedlichen Generationen und ‚Schulen' zu zählenden Autor_innen (Brodowsky und Loher) mit der Verwendung symbolischer Blindheit eine Art intermediale Brechung in ihre Texte eingefügt. *Aufnahme* und *Hund* fokussieren von ihren Protagonistinnen aus die diskursiven und ästhetischen Effekte zwischen zwei vermeintlich gegensätzlichen, das heißt auf das Medium der Sprache und auf das Medium der Bilder setzende Kunstformen.

In *Hund* geht es anders als in *Aufnahme* nicht um eine zwei-, sondern um eine dreidimensionale Kunstform, das heißt um Bronzeplastiken des Bildhauers und Malers Alberto Giacometti (1901–1966), die ursprünglich aus Gips oder Ton gefertigt wurden. Mit der sich in diesen Bronzen exemplarisch ausdrückenden, geradezu subjektivistischen und betont unfertigen Wirkung hat Giacometti die Auffassung der bildenden Kunst im 20. Jahrhundert wesentlich mitgeprägt. Zunächst vom Surrealismus beeinflusst, widmete sich der hauptsächlich in Paris, aber auch in der Schweiz lebende Giacometti seit Mitte der 1930er Jahre verstärkt den heute in erster Linie mit ihm assoziierten figürlichen Kompositionen. Bei den in *Hund* konkret aufgerufenen Plastiken handelt es sich um die Ende der 1950er und Anfang der 1960er Jahre in mehreren Variationen geschaffenen, extrem überstreckten, also sehr hohen, dünnen und kaum proportionierten Figuren *Stehende Frau*, *Schreitender Mann* und *Der Hund*, deren massive Sockel im Gegensatz zu den fragilen Körpern so markant hervorragen. Letzterer, eine Gestalt mit auffallend durchhängendem Rücken und einem Kopf, dessen Nase fast den Boden berührt, taucht allerdings erst am Ende der drei relativ kurzen Szenen auf und bildet dementsprechend eine noch zu hinterfragende Leerstelle in Lohers Textminiatur. (Abb. 5–7)

15 Loher: Hund. Seitenzahlen im Folgenden im Text.

Abb. 5: Alberto Giacometti:
Femme debout, 1957.

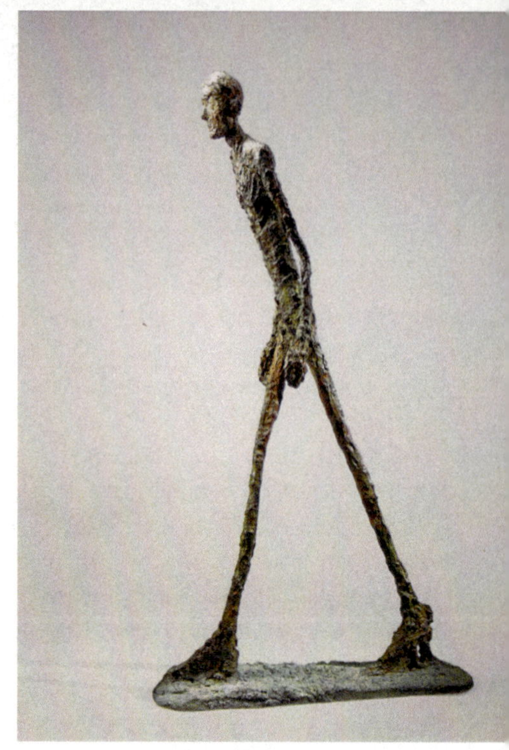

Abb. 6: Alberto Giacometti:
Homme, qui marche I, 1960.

Abb. 7: Alberto Giacometti: *Le chien*, 1951.

Hund ist ein kurzes Zwei-Personen-Stück, ein drei Szenen umfassender Dialog zwischen zwei typisierten Figuren, einem Mann namens Hinkender Dieb und einer Frau namens Alte Hure. Hinkender Dieb möchte Alte Hures Bronzen stehlen, die sie von ihrem Geliebten Giacometti geschenkt bekommen hat, wie sie ihm versichert. Sie wartet seit Langem auf die Rückkehr Giacomettis und verwechselt Hinkender Dieb zunächst mit ihm, weil sie nicht sehen kann. Wie Giacometti zieht auch Hinkender Dieb beim Gehen auf charakteristische Weise ein Bein nach. In der zweiten Szene überbringt er Alte Hure die unerwartete Botschaft von Giacomettis Tod. Nach einem Moment der geistigen Sammlung schlägt Alte Hure Hinkender Dieb eine Art Tausch vor: Sie ist bereit, ihm die Figuren zu überlassen, wenn er einen Abend lang Giacometti für sie spielt. Im Morgengrauen, als Alte Hure noch schläft, macht er sich unbemerkt auf den Weg und nimmt *Den Hund* mit.[16]

Die Revue *Magazin des Glücks*

Die szenische Miniatur *Hund* entstand in der Spielzeit 2001/2002 im Auftrag des Hamburger Thalia Theaters und in bewährter Zusammenarbeit mit dem Regisseur Andreas Kriegenburg, Lohers „Wunschregisseur".[17] Der Titel zitiert ein Fragment gebliebenes Revueprojekt, das Ödön von Horváth, ein literarisches Vorbild der Dramatikerin, zu Beginn der 1930er Jahre erarbeitet hatte.[18] Zu Recht hat Ingeborg Gleichauf darauf hingewiesen, dass Lohers Bezug zum Titel ähnlich ironisch-dialektisch zu verstehen sei wie von Horváths,

16 Dass Alte Hure, die weibliche Protagonistin aus *Hund* und eine mittellose Clocharde, mit Stehende Frau, Schreitender Mann und Der Hund drei dieser Bronzeplastiken besitzt, kann als ein erstes wichtiges Indiz hinsichtlich der politischen Dimension, das heißt der Relativität von materiellen Werten innerhalb der Textwirklichkeit gelten. Die teuren Figuren ‚zu Geld zu machen', um ein vermeintlich würdevolleres Leben führen zu können, kommt für Alte Hure nicht in Betracht. Schon dieses Detail weist auf die typische Dialektik von Lohers Dramen hin, denn einerseits deuten „[…] die Inhalte […] auf ein engagiertes, sozialkritisches Theater, das sich vorwiegend auf die Lage der Unterprivilegierten konzentriert" (Haas: *Das Theater von Dea Loher*, S. 14), andererseits fällt auf, dass die in ihren Texten vermeintlich Unterprivilegierten diese gesellschaftliche Sicht gar nicht unbedingt teilen. Lohers Figuren Alte Hure und Hinkender Dieb etwa haben ein geradezu diametral gelagertes Selbstbild, denn sie sind „froh, dass es ist, wie es ist". (93) Diese vorgeblich friedliche Wende soll jedoch nicht suggerieren, dass die Personen in Lohers Texten sich in ihrer sozialen Misere eingerichtet hätten – vielmehr fällt auf, wie sehr sie damit hadern, unter einer bestenfalls halbtransparenten Oberfläche aus Würde und Stolz; Alte Hure und Hinkender Dieb haben sich auf eine tapfere und leise, versöhnliche Weise mit ihrem ‚Schicksal' arrangiert; weder bedauern sie sich selbst, noch kämpfen sie für ein nach ökonomisch-kapitalistischen Gesichtspunkten besseres Leben.

17 Kuhn: Nicht Harmonisierung, sondern Dissonanz, S. 21.

18 Ödön von Horváth: Magazin des Glücks. Typoskript. Literaturarchiv der Österreichischen Nationalbibliothek, Berliner Sign. 49a, 9 Bl.

der das tragische Potenzial seiner Stücke dezidiert aus dem Komischen ableitete; sie wären „nur komisch, weil sie unheimlich sind. Das Unheimliche muß da sein."[19]

Als Theaterrevue umfasst Lohers *Magazin des Glücks* sieben szenische, oft monologische Miniaturen, die in keinem gemeinsamen Handlungszusammenhang stehen. Die leitenden Themen sind die Unmöglichkeit, ein glückliches Leben zu führen und der fast tragische Automatismus des unabwendbaren Glücksverlusts, dem ein Personal an unverbesserlichen Glückssuchern anachronistisch gegenübersteht. So erzeugt die aus Sicht eines Müllfahrers erzählte Episode *Deponie* etwa die komische Vorstellung einer verwirrten Frau, die vor seinen Augen auf einer Müllhalde, zwischen vielen ausrangierten Dingen nach ihrem Glück sucht, bis klar wird, wie ernst es ihr damit ist, weil unter dem Schuttberg ihr Haus und ihre Familie begraben liegen.[20] Die komische Figur bekommt durch diese unerwartete Wendung ihrer Geschichte eine Würde, die ihre Suche plötzlich in grundsätzlich anderem Licht erscheinen lässt. In ihrem Monolog stolpert die Frau zwischen all dem Ausrangierten regelrecht über die Erkenntnis, dass das kleinbürgerliche Leben, das ihr nicht besonders teuer war, durch den Verlust desgleichen zum Inbegriff ihres Glücks geworden ist – ein stets uneinholbares Glück, das sie dennoch ‚hatte'. Auch diese Konstellation erinnert an das stark mit Ödipus assoziierte ‚Drama der späten Erkenntnis'.

Lohers künstlerisches Verfahren besteht darin, das Unheimliche, oft Bizarr-Groteske aus dem Alltäglich-Banalen abzuleiten, wobei die typisierten Figuren mithin recht holzschnittartig und gemäß ihrem sensationsheischenden Potenzial nahe am ‚Kitsch' ausgestaltet sind, wie von der Kritik bemängelt wurde.[21] Gerade diese stilisierte Charakterisierung aber rückt Lohers Dramen

19 Zit. n. Ingeborg Gleichauf: „Nicht Harmonisierung, sondern Dissonanz": Dea Loher. In: Dies.: *Was für ein Schauspiel! Deutschsprachige Dramatikerinnen des 20. Jahrhunderts und der Gegenwart.* Berlin: Aviva 2003, S. 165–180, hier S. 176.

20 Dea Loher: Deponie. In: Dies.: *Magazin des Glücks*, S. 63–70.

21 Vgl. Anke Dürrs im Ganzen durchaus positive Besprechung von Michael Thalheimers *Unschuld*-Inszenierung 2011 am Deutschen Theater Berlin, worin die Kritikerin den Schauspieler_innen zu Gute hält, dass „[s]ie alle [...] gegen die Kitschgefahr an[raunzen], die Loher-Texte immer beinhalten" (Anke Dürr: Raunzen gegen die Kitschgefahr. In: *Spiegel Online*, 30.09.2011. http://www.spiegel.de/kultur/gesellschaft/unschuld-premiere-in-berlin-raunzen-gegen-die-kitschgefahr-a-789269.html (Zugriff am 04.02.2014).) Katrin Ullmann spricht mit Bezug auf die Urinszenierung von Andreas Kriegenburg im *Tagesspiegel* von „schlimme[n] Kalauer[n]" und „lauter buntem Klamauk" (Katrin Ullmann: Frau Zuckers Gespür für Benzin. Dea Lohers böse „Unschuld" – Uraufführung am Thalia Theater Hamburg. In: *Der Tagesspiegel*, 13.10.2003. http://www.tagesspiegel.de/kultur/archiv/13.10.2003/786829.asp# (Zugriff am 03.07.2008).) Auch Peter Michalziks Rezension zu Kriegenburgs *Blaubart*-Inszenierung stellt die latente Überzeichnung der Figuren heraus, etwa wenn er auf die Leistung der Schauspielerin Natali Seelig in der Rolle der Blinden eingeht, die „ihren Körper in einem Maß [schindet],

in die Nähe von Horváths und seiner Vorliebe für das ‚groteske Volksstück'. So berichtet Birgit Haas über den übergreifenden Plot der zweiten Revue-Fassung Ödön von Horváths:

> Im Mittelpunkt des 2. Entwurfs zu dem geplanten Stück sollte der Direktor Sam Klabaut stehen, dessen „Illusionsfabrik" kurz vor dem finanziellen Ruin steht und nur durch das Geld einer reichen Prinzessin gerettet werden kann: Bezeichnenderweise kann sich die Prinzessin nicht entscheiden, ob sie den Freizeitpark oder einen Krieg finanzieren soll.[22]

Auffällig an Lohers Texten ist die, ebenfalls an von Horváth erinnernde, vollkommene Abwesenheit von Personen und Instanzen, die zur Verantwortung gezogen werden könnten. Schuld lässt sich nie eindeutig zuweisen, sondern verteilt sich auf mehrere Beteiligte, von denen jeder auf tragische Weise schuldlos schuldig geworden ist.[23] Dies kann als ein zentraler Grund für das Dilemma betrachtet werden, dass sich die Theater- und Literaturforschung in zwei entgegengesetzte Richtungen bewegt. Während manche Wissenschaftler_innen und Kritiker_innen in Loher eine prädestinierte Vertreterin des ‚neuen' politisch-sozialkritischen Theaters sehen, ist sie für andere eine Produzentin trivialer und ins Unglaubwürdige gesteigerter Geschichten, deren politisch-sozialkritischer Anspruch so deutlich markiert ist, dass ein entsprechendes Wirkpotenzial dahinter zurücktrete.[24] Der ambivalente Umgang

das jeder Comicfigur würdig wäre. Dieser Schauspielerin macht es anscheinend kein Problem, augenblicklich Tonlage und Pose zu wechseln. Ist man gänzlich fragmentiert, spielt sich's völlig ungeniert." (Peter Michalzik: Erlösung im Tod. Dea Lohers „Blaubart – Hoffnung der Frauen" am Residenztheater. In: *Frankfurter Rundschau*, 02.12.1997, S. 19.)

22 Haas: *Das Theater von Dea Loher*, S. 178.

23 In *Unschuld* zum Beispiel sehen zwei Männer zu, wie eine Frau im Meer ertrinkt: Sie sind in einem Dilemma: Einerseits möchten sie die Frau retten, andererseits fürchten sie, bei dieser Aktion entdeckt und abgeschoben zu werden, denn sie leben illegal in dem Land, in dem sich der Unfall ereignet. Vgl. Dea Loher: *Unschuld / Das Leben auf der Praça Roosevelt.* Frankfurt am Main: Verlag der Autoren 2004, S. 7–106, hier S. 12–15.

24 Repräsentativ für die erste Lesart ist vor allem die schon mehrfach erwähnte monografische Studie über Dea Lohers Schaffen von Haas: *Das Theater von Dea Loher.* Einen einflussreichen Ansatz in der jüngeren Theaterwissenschaft, der sich von einem exemplarisch mit Haas angeführten Verständnis von Politik und Theater radikal unterscheidet, vertreten etwa Hans-Thies Lehmann oder Jan Deck. Ersterer vertritt in seinem 2002 erschienenen Aufsatz „Unterbrechung. Wie politisch ist postdramatisches Theater?" die These, dass das Politische im Theater nur in der Unterbrechung des Politischen hervortreten kann (Hans-Thies Lehmann: Unterbrechung. Wie politisch ist postdramatisches Theater? In: Ders.: *Das politische Schreiben. Essays zu Theatertexten.* Berlin: Theater der Zeit 2002, S. 11–21). Jan Deck meldet seinerseits berechtigte Zweifel daran an, dass eine theatrale Umsetzung von Gesellschaftskritik „mit den Mitteln des klassischen Theaters", wie sie auch für Lohers Dramen und ihre Zusammenarbeit mit den großen Stadttheatern typisch ist, überhaupt möglich sei (vgl. Jan Deck: Politisch Theater machen. Eine Einleitung. In: Ders. / Angelika Sieburg (Hrsg.): *Theater machen. Neue Artikulationsformen des Politischen in den darstellenden Künsten*. Bielefeld: Transcript 2011, S.11–28, hier S. 11).

mit Geschichte kommt auch in Uwe Wittstocks Einschätzung zum Ausdruck. Für ihn setzt Loher „die große Tradition der deutschen Geschichts-Dramatik fort", obgleich „auf den ersten Blick [...] in ihren Stücken Geschichte gar nicht vorzukommen" scheint.[25]

Symptomatisch ist der Verzicht auf ausdrucksverstärkende Satzzeichen. Fehlende Fragezeichen unterstreichen die Ausweglosigkeit der Figuren. Es werden meist rhetorische Fragen gestellt, auf die der oder die Fragende keine Antwort erwartet, sondern die den eigenen Belangen Nachdruck verleihen. Etwa wenn Lohers Medea noch mit Worten versucht, ihren Jason zu halten, obwohl sie weiß, dass er sich längst für eine neue Frau entschieden hat: „Wie lange kennst du sie. / Und wie lange sind wir uns vertraut. [...] Kannst du den Kampf vergessen, / um ein Leben miteinander."[26] Zeitlich und sozial sind die dramatischen Personen eindeutig verortet; sie leben oft unter prekären Verhältnissen, als illegalisierte Einwander_innen wie Fadoul und Ellisio etwa in einer westeuropäischen Hafenstadt (*Unschuld*) oder als moderne Wiedergänger Jasons und Medeas, die sich in *Manhattan Medea* nach gesellschaftlicher Anerkennung sehnen, aber in einem New Yorker Elendsquartier gelandet sind. Wie in der klassischen Tragödie haben Lohers Personen wenig Einfluss auf die Gestaltung eines Lebens, dem sie letztendlich ausgeliefert sind.

Sprache und Sprachgewalt

Handlung vollzieht sich in Lohers Texten im Medium der Sprache. Auffällig ist, dass es vor allem weibliche Figuren sind, denen die Autorin in heteronormativen Konstellationen eine regelrechte Sprachgewalt über ihr männliches Gegenüber verleiht. Im Episodendrama *Unschuld* schlägt sie tatsächlich in physische Gewalt um: Eine Philosophin redet immerfort auf ihren ‚abgestumpften' Ehemann ein, der dazu passend eine stumme Rolle spielt. Ohne Ella zuzuhören oder wenigstens durch mimische oder paralinguistische Zeichen auf sie zu reagieren, geht Helmut beflissentlich einem alten Handwerk nach. Er ist laut Regieanweisung unentwegt „mit der Herstellung von etwas sehr Kleinem zwischen seinen Händen beschäftigt".[27] Gerade seine fehlende Resonanz, die

25 Uwe Wittstock: Laudatio der Brecht-Preisträgerin 2006 Dea Loher. Zur Preisverleihung am 16. Juli 2006 im Goldenen Saal des Augsburger Rathauses, S. 1–9, hier S. 1. http://www2.augsburg.de/fileadmin/www/dat/07ku/brechtpreis/pdf/Wittstock_LoherRede.pdf (Zugriff am 07.10.2016).

26 Dea Loher: Manhattan Medea. In: Dies.: *Manhattan Medea/Blaubart – Hoffnung der Frauen. Zwei Stücke.* Frankfurt am Main: Verlag der Autoren 1999, S.7–62, hier S.29.

27 Loher: Unschuld, S.75. Seitenzahlen im Folgenden im Text.

dumpfe Sprachlosigkeit, scheint jene Philosophin dazu zu animieren, immer emphatischer auf ihn einzureden. Ellas zentrales Thema ist die „Unzuverlässigkeit der Welt“ (76), worüber sie ein Buch geschrieben hat. Doch ihr Mann reagiert weder auf ihre Worte noch auf die bald einsetzenden Schläge auf den Hinterkopf. Ohne den leisesten Widerstand lässt sich Helmut nachgerade von der personifizierten ‚Unzuverlässigkeit der Welt‘ erschlagen. (99)

Das Ringen um Autonomie ist ein Hauptanliegen in Lohers Arbeiten, das sich mit dieser ausgeprägten Sprachkraft verbindet und bisweilen in Bildern verhandelt wird, die so deutlich sind, dass kaum Raum für freiere Assoziationen bleibt. Sichtbar werdende Wunden und sprechende Wahrnehmungsstörungen, die nicht selten auf psychische Verletzungen und mangelnde Selbstentäußerung schließen lassen, zeichnen das dramatische Personal aus: Der taubstumme Transvestit Daisy ringt buchstäblich um Ausdruck, die brustamputierte Lehrerin aus *Das letzte Feuer* fühlt sich schuldlos für den Tod eines Kindes verantwortlich, eine im Schatten ihres erfolgreichen Ehemannes lebende Frau (*Licht*)[28] verträgt kein Sonnenlicht, und eine verbitterte, sich nicht mehr gebraucht fühlende Frau leidet in *Unschuld* an Diabetes und heißt zu allem Überfluss auch noch Frau Zucker.

Lohers Umgang mit dem Thema Blindheit und prekärer Sichtbarkeit reiht sich in diese signifikanten Stilisierungen ein. Die von ihrem Ehemann nicht mehr wahrgenommene Rosa leidet unter ihrer buchstäblichen Unsichtbarkeit (*Unschuld*). Auch die erwähnten blinden Figuren bekommen die Konsequenzen der topischen Wechselseitigkeit eines symbolisch überhöhten, maskulin- und machtkodierten Blicks buchstäblich am eigenen Leib zu spüren.[29] In *Unschuld* bietet das Mädchen Absolut ihren unbekleideten Körper als Striptease-Tänzerin regelmäßig den Blicken eines männlichen Publikums dar, das sie achtet, weil es sie anders als auf der Straße nicht heimlich, sondern aufrichtig anschaue. (43–44)

Obwohl trotz des emanzipatorischen Zugs der Eindruck stilisierter, ja überzeichneter Figuren vorherrscht, die sich kaum als Identifikationsfiguren eignen,

28 Dea Loher: Licht. In: Dies.: *Magazin des Glücks*, S. 9–28.

29 Die blinde Julia aus Lohers dramatischer Farce *Blaubart – Hoffnung der Frauen*, einer Art Episoden- oder Stationendrama, wird von Heinrich, den sie aufrichtig zu lieben vorgibt, durchgehend übersehen. Neben einer Reihe egoistisch liebender Frauen wäre sie die einzige, die den modernen Wiedergänger König Blaubarts, einen Schuhverkäufer, lieben könnte, doch sie finden nicht zueinander. Sie, deren Liebe, deren Blick Heinrich nicht erwidert, wird von Loher zu einer Blinden mit seherischen Zügen stilisiert. Es ist auffällig, dass blinde Frauen über *Hund* und *Blaubart* hinaus auch in *Unschuld* sowie in Lohers Roman *Bugatti taucht auf* als ‚säkularisierte‘ Seherinnen agieren.

ist ihre Zeichenhaftigkeit doch ernst zu nehmen. Dass die brustamputierte Lehrerin aus *Das letzte Feuer* eine Sammelleidenschaft für Brustprothesen ausbildet, Frau Zucker aus *Unschuld* Diabetes hat, ihre ignorierte, immer blasser werdende Tochter Rosa unsichtbar oder Julia aus *Blaubart – Hoffnung der Frauen* als Personifikation der Liebe buchstäblich blind ist, verweist auf das ausgeprägte Interesse der Autorin, soziokulturelle Devianzen tautologisch als solche zu kennzeichnen und so Kritik an den Normen zu üben, von denen sie abweichen. Devianz meint in diesem Zusammenhang den Sozialwissenschaften folgend eine relative Abweichung von einer physiologischen oder behavioristischen Norm.[30] Indem Loher derart verstandene Devianzen auf groteske Weise thematisiert, erscheinen die Normen selbst in einem grotesken Licht. Am Beispiel der blinden Tänzerin aus *Unschuld* wird die konventionelle Wertung dessen, was als vollkommen und was als unvollkommen zu gelten hat, schlichtweg umgekehrt. Loher schreibt ihrer blinden Protagonistin den Namen Absolut zu, ein Synonym der Vollkommenheit. Erklärend führt Lohers Figur ihrem Freund Fadoul gegenüber aus, ihre Eltern seien selbst blind gewesen und wünschten sich für ihre Tochter, dass sie genau wie sie in einer vollkommenen Welt leben würde, weshalb sie die Gene der Ungeborenen untersuchen ließen, „um sicher zu sein, dass ich blind zur Welt kommen werde wie sie; sie wollten, dass wir gleich sind, [...], denn sie denken, sie leben in einer vollkommenen Welt". (71) Mit dieser Konstellation hält Loher einer Gesellschaft den Spiegel vor, in der das Image vorherrscht, blinde Menschen seien *per se* hilfsbedürftig und bemitleidenswert, weil sie nicht sehen könnten – eine Problematik, auf die ich im anschließenden Kapitel näher eingehen werde. Die französische Konzeptkünstlerin Sophie Calle spielt in ihrer Ausstellung *Les Aveugles* auf subtile Weise mit der Mehrdeutigkeit des Imagebegriffs und der Wechselseitigkeit zwischen kulturellen Selbst- und Fremdzuschreibungen. Lohers Botschaften sind im Gegensatz zu Calles Vorgehen geradezu eindeutig: „Schönheit – die Lüge im Auge des Betrachters. Feiern wir das Unvollkommene als schön"[31] kann dementsprechend als Motto ihrer Stücke gelten; diese Abwandlung eines bekannten geflügelten Worts schreibt Loher in ihrem Drama *Manhattan Medea* einem

30 Vgl. exemplarisch Beate Althammer: Devianz. In: Herbert Uerlings / Nina Trauth / Lukas Clemens (Hrsg.): *Armut. Perspektiven in Kunst und Gesellschaft.* Begleitband zur Ausstellung des Sonderforschungsbereichs 600 „Fremdheit und Armut", Universität Trier in Kooperation mit dem Stadtmuseum Simeonstift Trier und dem Rheinischen Landesmuseum Trier. Darmstadt: WBG 2011, S. 44–45, hier S. 44: „‚Devianz' ist ein Fachterminus der Sozialwissenschaften. Er steht für abweichendes Verhalten und ist sinnvoll nur in Relation zu bestimmten Normen zu begreifen."

31 Loher: Manhattan Medea, S. 55.

tauben Transvestiten zu. Der Anspruch, das ‚Unvollkommene' als schön zu feiern, kündet weniger von der Absicht, die Pole des vermeintlich Vollkommenen und des vermeintlich Unvollkommenen umzukehren, als vielmehr von der Notwendigkeit, Kritik an herrschenden Bewertungsmaßstäben zu üben. Diese Überlegung korrespondiert mit Koleschs Beschreibung der vielschichtigen Kategorie des Imperfekten in einem Aufsatz über die Ästhetik ‚anderer' Körper auf der Bühne: „[D]as Imperfekte [stellt] kein bloßes Gegenteil des Perfekten dar, sondern es kündet vom Widerspruch, vom Widerstand gegen das Perfekte und unterläuft die Logik des Entweder-oder und des *tertium non datur*."[32] Die Idee, das Unvollkommene als schön zu feiern, widerspricht zunächst einmal der allzu naheliegenden Gleichsetzung von Vorstellungen der Vollkommenheit, Perfektion oder Makellosigkeit mit Vorstellungen des Schönen. Waldenfels stellt fest, dass Menschen zu „Überstabilisierungen"[33] neigten, die durch Formen der Labilität (wie Stottern, Hinken, Schielen) auf produktive Weise unterlaufen werden könnten:

> Solche Formen der Labilität sind nicht als bloße Mängel zu betrachten. Verglichen mit dem Gleichschritt, bei dem alle Glieder überkoordiniert sind wie bei dem kollektiven Körper, den Soldaten bilden, erscheint das Hinken als produktive Abweichung, so der „hinkende Geist" (*esprit boiteux*) in Pascals *Pensées* oder der ungeschickt tappende Albatros, der uns in Baudelaires Gedicht als Sinnbild des Dichters begegnet.[34]

Es geht dabei, wie Waldenfels weiter ausführt, auch darum, Dinge auszuprobieren, sie zu erproben, was wiederum im Gegensatz zur Abgeschlossenheit, zur mangelnden Gesprächsbereitschaft steht, wie sie Vorstellungen vom ‚Perfekten' und (Ab-)Geschlossenen signalisieren. Lohers Thematisierung von Blindheit stellt eine konkrete Ausgestaltung des Imperfekten dar, das sich in dieser Weise als eine Form der Offenheit befragen lässt, eine Bereitschaft, Erfahrungen zu machen, wie sie sich laut Waldenfels bevorzugt an den Schwellen der Sinne, zwischen ihnen und da abspielen, wo es zu Störungen, Kurzschlüssen und Ausfällen kommt.[35] Erneut ist die hier ausgestaltete Blindheit nicht als eine Verneinung des Sehens zu begreifen, sondern als eine Form des Widerstands gegen die Festlegung des Sehens, sei es seine Privilegierung gegenüber den anderen Sinnen, jenem nach wie vor kulturdominierenden Okularzentrismus, oder

32 Doris Kolesch: Imperfekt. Zur Ästhetik anderer Körper auf der Bühne. In: Jörg Huber (Hrsg): *Einbildungen*. Wien / New York: Springer 2005, S. 193–206, hier S. 193.

33 Waldenfels: *Sinnesschwellen*, S. 219.

34 Ebd., mit Bezügen zu Blaise Pascal: *Pensées,* Bd. 1. Paris: Antoine-Augustin Renouard 1863, S. 233–234; Charles Baudelaire: L'Albatros. In: Ders.: *Les fleurs du mal.* Paris: Michel Levy 1868, S. 7.

35 Waldenfels: *Sinnesschwellen*, insb. S. 9–15, 125–131.

gegenüber Vorstellungen des normierten, des ‚perfekten' und (auch im übertragenen Sinn geistig) abgeschlossenen Sehens.

Auf *Hund* zurückkommend, bezieht sich die Idee des konstruktiv Unvollkommenen nicht zuletzt auch auf die Entstehungsweise und Form der szenischen Textminiatur. Die folgende Analyse, die einzig auf dem Theatertext, nicht auf Inszenierungen gründet, versteht sich keineswegs als hermeneutisches Deutungsangebot. Vielmehr geht es im Sinne des elliptischen Denkens erneut darum, die betonte Unfertigkeit der nur drei kurze Szenen umfassenden Handlung ernst zu nehmen, um von dort aus einige der vielfältigen ästhetisch-sinnlichen Bezüge herauszuarbeiten, die sich zwischen Alberto Giacomettis Plastiken auf der einen und Lohers imaginär-szenischen Verlebendigung dieser Kunst auf der anderen Seite ergeben. Als Arbeitshypothese möchte ich vorausschicken, dass Lohers blinde Protagonistin wie der abwesend bleibende Giacometti – Motor und (verdecktes) Zentrum der Handlung – die Relativität eines vermeintlich sehenden Blicks verkörpert; es sind hier dezidiert die geschlossenen Augen von Alte Hure und dem als schaffend imaginierten Giacometti, die das Maß sinnlich-ästhetischer Erfahrungen zu steigern vermögen.

Die in *Hund* einführende Regieanweisung ist relativ ausführlich:

> Eine leere Straße entlang einer ursprünglich weißen Mauer, in gleißendem Licht. Alte Hure wartet. Hinkender Dieb geht langsam, taumelnden Schrittes an ihr vorbei, hält inne am Ende der Straße, dreht um, wartet, beobachtet, geht wieder an ihr vorbei, mehrmals die Luft prüfend. Alte Hure lauscht auf seine Schritte. (73)

Hund spielt kurz nach Giacomettis Tod im Jahr 1966, die erste Szene in der Pariser Rue d'Alesia, die zweite in einem einfachen, möblierten Zimmer in Paris. Hier überbringt ihr Hinkender Dieb, der es, wie sich schnell herausstellt, in erster Linie auf Alte Hures schon ihrem Material nach wertvollen Bronzefiguren abgesehen hat, die Nachricht von Giacomettis Tod, auf dessen Rückkehr sie seit Langem wartet. Es gibt einige wenige, aber pointierte Anspielungen auf das Leben Giacomettis in Paris. In unmittelbarer Nähe der Rue d'Alesia, die auch das Motiv einiger seiner Zeichnungen und Lithografien bildet, befand sich zum Zeitpunkt der Handlung bereits jahrzehntelang Giacomettis Atelier. Ferner soll er sich, wie Jean Genet, dem Giacometti 1957 begegnet war, in seinem sehr persönlichen Text *L'Atelier d'Alberto Giacometti* berichtet,[36] zu einer alten Clocharde hingezogen gefühlt haben, der Lohers Figur Alte Hure deutlich nachempfunden ist. Alte Hure zitiert sogar die diesbezügliche Stelle

36 Jean Genet: *L'Atelier d'Alberto Giacometti* [1957]. Paris: Gallimard 2007.

aus jenem von Giacometti selbst geschätzten biografischen Text und legt sie den Freunden von Hinkender Dieb aus der Rue d'Alesia in den Mund:

> Ist es das, was sie dir erzählt haben [...]. Das ist es doch. *Ironisch, zärtlich.* „Schon viel früher hatte mir Giacometti von seiner Liebschaft mit einer alten, bezaubernden, zerlumpten und vermutlich schmutzigen Clocharde erzählt, bei der er, wenn er sie zerstreute, sehen konnte, wie die Geschwülste ihren beinahe kahlen Schädel buckelig machten". (92)

Hinkender Dieb, dessen beharrliches Auf und Ab die vor der Mauer wartende Alte Hure verunsichert, reagiert zunächst nicht auf ihre als Selbstgespräche getarnten Versuche, eine Konversation anzufangen. Seine charakteristischen Äußerungen ziehen sich in Form kursiver Regieanweisungen durch den Text; sie lauten ‚*Stille*', ‚*Pause*', ‚*Schweigen*' und bestätigen darüber die schon erwähnte geschlechtsspezifisch verteilte Sprachgewalt bei Loher.

Die beiden in ihrer Vereinzelung exponierten Figuren wirken auf ähnliche Weise wie die Fotografin aus Brodowskys Erzählung ihrer Zeit und Umgebung entrückt. Mitten am Tag bleiben Alte Hure und Hinkender Dieb, der aus Marseille kommend einen weiten Weg hinter sich hat, allein auf der Rue d'Alesia, die als eine „der lebhaftesten Straßen überhaupt" beschrieben wird.[37] Von dieser Eingangsszene aus entfaltet sich das spezifisch Unheimliche, das in Lohers Texten ähnlich wie bei von Horváth „da sein [muss]".[38] Mit Sigmund Freud ließe sich sagen, dass es hier „jene Art des Schreckhaften [ist], welche auf das Altbekannte, Längstvertraute zurückgeht"[39] und es plötzlich in einem anderen Licht unvertraut erscheinen lässt. Wie in Samuel Becketts ebenfalls in diesem Sinn unheimlichen Dramen *Warten auf Godot* oder *Endspiel* bleibt die Ursache für den plötzlichen ‚Sinneswandel', die Wendung der lebhaften in eine ausgestorbene Straße, aus der Figurenperspektive unerklärlich,[40] „[k]ein Zeichen, Menschen, die in eine Richtung laufen, Rauch". (76) Nüchtern bestätigt Hinkender Dieb die Unausweichlichkeit ihrer Situation und nährt auf diese Weise die unheilvolle Stimmung: „Nur Sie und ich, allein, an einem stillen Frühlingstag." (76)

Doch nicht nur die ungewöhnliche Stimmung in der Rue d'Alesia verunsichert Alte Hure; sie hat sich auch in der Uhrzeit verschätzt:

37 Loher: Hund, S. 76, Seitenzahlen im Folgenden im Text.

38 Siehe Anm. 19 in diesem Kapitel.

39 Sigmund Freud: Das Unheimliche [1919]. In: Ders.: *Studienausgabe*, Bd. 4, hrsg. v. Alexander Mitscherlich / Angela Richards / James Strachey. Frankfurt am Main: Fischer 1970, S. 241–274, hier S. 244.

40 Samuel Beckett: *Warten auf Godot*, aus d. Engl. v. Elmar Tophoven. Frankfurt am Main: Suhrkamp 1971; ders.: *Endspiel / Fin de partie / Endgame*. aus d. Engl. v. Elmar Tophoven, franz. Originalfassung u. engl. Übertr. v. Samuel Beckett. Frankfurt am Main: Suhrkamp 1974.

ALTE HURE [...] Sag mir, wie spät es ist.
HINKENDER DIEB Zwölf.
ALTE HURE Mittags.
HINKENDER DIEB Mittags.
ALTE HURE Ach herrje. Ach herrje. Das hier ist die Rue d'Alesia. ich stehe mitten auf der Rue d'Alesia, um zwölf Uhr mittags, im hellsten Tageslicht, und alle Männer sind längst fort zur Arbeit, und alle Frauen sind zu Hause und sehen durchs Fenster auf die Straße, und sehen mich mitten auf der Rue d'Alesia stehen, um zwölf Uhr mittags, mitten im hellsten Tageslicht. Ach herrje. (77)

Wie Brodowsky bringt Loher über die Blindheit ihrer Protagonistin eine Orientierungslosigkeit zur Sprache, die eine existenzielle Dimension entfaltet: Wir haben es in Alte Hure offenkundig mit einer Person zu tun, die sich in ihrem eigenen Leben nicht mehr auskennt. Ihre Blindheit verweist nicht nur auf eine Einschränkung ihrer visuellen Wahrnehmung, sondern auch auf ein fehlendes Zeitgefühl und eine Art haptischer Taubheit, denn sie spürt das als warm und gleißend geschilderte Sonnenlicht nicht auf der Haut. (73, 76)

Noch eine weitere literarische Korrespondenz lässt sich zu Becketts *Warten auf Godot* entdecken. Über die räumliche Leere, die Entsozialisierung des Raumes, stellt Loher eine implizite Nähe zu einem Theaterstück her, das möglicherweise, so Thomas Oberender, „innerhalb der dramatischen Literatur erstmals das Drama vom Inhalt des Geschehens in den Bereich der Selbst-Wahrnehmung des Geschehens“[41] transponiert habe. So wie das Drama bei Beckett zeigt, inwiefern „gerade das Nicht-Erscheinen von Godot die Menschen zur Inszenierung verdammt“,[42] lässt sich bei Loher das Nichterscheinen Giacomettis als Auslöser eines ambivalenten, melancholisch-euphorisierenden Spiels im Spiel hinterfragen. Einerseits ließe sich auch hier von einer ‚Verdammnis‘ zur Inszenierung sprechen, schon weil außer Hinkender Dieb und Alte Hure niemand da ist, der mitspielen könnte; andererseits fällt in Lohers Theatertext im Gegensatz zu Becketts Drama auf, dass sich die Figuren aktiv darum bemühen, das Beste aus ihrer Lage zu machen: Scheinbar dazu verdammt, den Tag und die Nacht miteinander zu verbringen, gelingt es ihnen förmlich, aus ihrer Not eine Tugend zu machen. Alte Hure und Hinkender Dieb erscheinen so als melancholisch wartende wie lustbetonte Figuren.

In Bezug auf den weiteren Verlauf der Handlung bleibt noch herauszustellen, dass die Entscheidung, gemeinsam in das einfache, möblierte Zimmer zu gehen,

41 Thomas Oberender: Analyse der Störungen. Theater als das Drama der Wahrnehmung. In: Hajo Kurzenberger / Annemarie Matzke (Hrsg.): *TheorieTheaterPraxis*. Berlin: Theater der Zeit 2004, S. 27–39, hier S. 34.

42 Ebd.

das Alte Hure bewohnt, nicht auf gegenseitiger Sympathie gründet. Sie erinnert vielmehr an Becketts Verdammnis zur Selbstwahrnehmung und auch an die notwendig aufeinander bezogene Partnerschaft, die der Blinde und der Lahme in der in Kapitel II bereits kurz erwähnten Parabel eingehen, die eine implizite Vorlage für *Hund* bildet. Alte Hure und Hinkender Dieb erweisen sich als ‚moderne' Wiedergänger des emblematischen Paars, das für den Versuch steht, zwei relativ deviante Körper zu einem relativ normativen Körper zu ergänzen. Beide, Alte Hure und Hinkender Dieb, haben ihre Gründe: Alte Hure fürchtet die Blicke der besorgten Frauen, Hinkender Dieb hingegen fürchtet, um seine Beute gebracht zu werden. Als Alte Hure gehen möchte, stellt er sich ihr deshalb mit plötzlicher Entschiedenheit in den Weg:

> HINKENDER DIEB Gehen Sie nicht. Betrachten Sie es als meinen Vorteil, dass sie blind sind.
> ALTE HURE *erleichtert* Ach so. *Pause.* Ph, ich kann es mir ohnehin nicht leisten, wählerisch zu sein. (77)

Beide Aussagen sind mehrdeutig. Tatsächlich glaubt Hinkender Dieb, ihre Blindheit sei für ihn von Vorteil, weil sie so seinen Diebstahl im besten Fall gar nicht bemerken würde. Alte Hure fasst seinen Satz jedoch als eine Anspielung auf sein unattraktives Äußeres auf. Ihre erleichterte Antwort wiederum lässt sich sowohl auf ihre ökonomische Situation beziehen als auch auf ihre aus Figurensicht eigene Unansehnlichkeit und eine mehrdeutige Repräsentationslogik, der zufolge sie selbst nicht im Besitz des Blickes ist – aufgrund ihrer Blindheit, ihrer sozialen Position als von Männern angeschaute (und ausgewählte) Frau, vereindeutigt in ihrer Rolle einer Prostituierten.[43]

Reformulierung des V-Effekts

Tatsächlich erweist es sich für Alte Hure als nützlich, von Hinkender Dieb unterschätzt zu werden, denn erst als überraschende physische Disposition verhilft ihr ihre Blindheit in der Auseinandersetzung mit ihm zum entscheidenden

43 Vgl. exemplarisch Wetzel: „Ein Auge zuviel", S. 153. Die von Derrida aufgeworfene Frage, warum die Kulturgeschichte nicht einem Ödipus oder Teiresias vergleichbare blinde Frauencharaktere hervorgebracht habe, greift Michael Wetzel auf, indem er an die von Filmtheoretikerinnen wie Laura Mulvey oder Teresa de Lauretis vorgebrachte Kritik an der symbolischen Blickordnung erinnert, die etwa konventionelle Hollywood-Narrative konstituieren und bestätigen: „Wenn – wie Derrida anmerkt – eine vergleichbare Repräsentanz blinder Frauen [...] zu vermissen ist, erklärt sich dies schon aus der spezifischen Differenz des Geschlechtsbildes (im Sinne von *gender*), das die Frau nur als Objekt kennt, das angesehen wird, das also gar kein Sehen zu verlieren hat. Das heißt aber umgekehrt, dass die Frau *per definitionem* blind oder zumindest [...] kurzsichtig ist." (Ebd. (Herv. i. Orig.).)

Vorteil. Unbeholfen beklagt sich Hinkender Dieb: „Aber ich habe mir einen Plan zurechtgelegt, und in diesem Plan war nicht eingetragen, dass du blind bist und trotzdem dauernd Anstalten machst." (85) Das heißt, Anstalten zu machen, sich zu wehren. Alte Hure ist nicht gewillt, Stehende Frau, Schreitender Mann und Den Hund, die Geschenke Giacomettis – „Wächter [ihrer] Blindheit" (80) – herauszugeben, ebenso wenig ist sie bereit, den Kampf um ihre Figuren mit ihrem Leben zu bezahlen. Erneut ist es hier die verbale Schlagfertigkeit einer weiblichen Figur, die ihren Dialogpartner in Verlegenheit, ja buchstäblich in Bedrängnis und konkret zum Stottern bringt, indem sie ihm auf den Kopf zusagt, was er vorhat:

> *Hinkender Dieb versucht, die Figuren wegzuschleppen. Sie sind ziemlich schwer.*
> ALTE HURE Wo willst du hin.
> HINKENDER DIEB Na, ich tausche jetzt. Ich tausche diese beiden magersüchtigen Gestalten gegen dein fettes –
> ALTE HURE Fettes was – Leben – *Pause.* Du wolltest mich umbringen.
> HINKENDER DIEB N – nicht direkt. (85)

Mit Alte Hure und Hinkender Dieb entwirft Loher zwei Personen, die schon über ihre Namen eine Nähe zu den typisierten Bronzen Stehende Frau und Schreitender Mann erzeugen. Diese Namen reduzieren sie jedoch auch in demonstrativem Gestus auf ihre „soziale[n] Grundmerkmale".[44] In ihrer Stilisierung rufen sie die typisierten Rollenbezeichnungen in traditionell-populären Theaterformen wie der Comedia dell'arte ins Gedächtnis und mehr noch – mit Blick auf das 20. Jahrhundert – Merkmale des epischen Theaters. Konkret bieten Bertolt Brechts Lehrstücke, mit denen Lohers Texte mitunter verglichen werden, „absichtsvoll nur karge Rollen, kaum mehr als ihre sozialen Funktionen, Aufträge und Absichten, sowie zugespitzte Handlungen in extremen Situationen."[45] Alte Hure und Hinkender Dieb sind dem vergleichbar in ihren jeweiligen Ambitionen deutlich gekennzeichnet. Die demonstrative Festlegung auf ihre soziale Stellung äußert sich in ihrer jeweiligen namengebenden Handlungsidentität (Hure, Dieb) und der damit verbundenen Relevanz ihrer spezifischen körperlichen Disposition (Hinken, Alter, Blindheit) für das jeweilige Rollenverständnis. Auf diese Weise wird dem Faktor der gesellschaftlichen Exklusion, die sich mit Prostitution und Diebstahl verbindet, für das Verständnis der Rollen Bedeutung verliehen. Das Hinken des Diebes fungiert also nicht zuerst als Zeichen, das auf

44 Reiner Steinweg: *Lehrstück und episches Theater. Brechts Theorie und die theaterpädagogische Praxis.* Frankfurt am Main: Brandes & Apsel 1995, S. 56. Zum Verhältnis von Lohers Dramatik und dem Modell des epischen Theaters vgl. Haas: *Das Theater von Dea Loher.*

45 Steinweg: *Lehrstück und episches Theater*, S. 56–57.

eine aktuelle Situation (z.B. Unfall oder Arthrose) verweist. Die Typisierung ‚Hinkender Dieb' trägt wie bei ‚Alte Hure' vielmehr zu einem Bewusstsein für die potenzielle Determiniertheit der Figuren bei, deren soziale Stellung unabänderlicher scheint als ihr individueller Name: „Für dich heiße ich Alte Hure." (82) Gleichzeitig fungiert, wie noch genauer gezeigt werden wird, diese körperliche Disposition als eine bewusste Brechung im Rollenverständnis.

Alte Hures primäre Funktion innerhalb des Theatertextes besteht offenkundig darin, „vor einer ursprünglich weißen Mauer" (73) zu stehen und zu warten, Hinkender Diebs darin, sich die wertvollen Bronzefiguren aus ihrem Besitz anzueignen. ‚Zu warten' bedeutet in Bezug auf Lohers Figur aber, vergeblich zu warten, denn Hinkender Dieb ist im Kontext des Dramas nicht der Erwartete, sondern ‚nur' jemand, der diesem, ihrem Geliebten, sehr ähnelt und zugleich auf rätselhaft-unheimliche Weise wie Alte Hure immer schon da gewesen zu sein scheint („[n]ur Sie und ich, allein"). Wie in einer ironischen Übertragung des rhetorisch ‚hinkenden Vergleichs' kann Lohers männlicher Protagonist als ein in mehrfacher Hinsicht ‚hinkender Dieb' betrachtet werden, nicht nur aufgrund der vermeintlich ‚unzulässigen' Ähnlichkeit des kleinen, namenlosen Diebs mit einem großen, berühmten Künstler. Lohers zweiter Protagonist scheint insofern die verfremdete Version eines Diebs vorzustellen, als er buchstäblich hinkt und, sollte der Diebstahl gelingen, mit Alte Hures Bronzen nicht allzu weit kommen dürfte, ehe die alarmierten „Flics" (85) ihn fassen würden. Diese für das Drama bezeichnende Logik, eine personale Irritation oder Brechung im Rollenverständnis zu stiften, lässt sich auf Alte Hure übertragen, da ihr exponiertes Alter andeutet, dass sie ähnlich wie Hinkender Dieb der sie namentlich festlegenden Tätigkeit eher theoretisch als praktisch nachgeht. Alte Hure versucht dementsprechend nicht, den zunächst mutmaßlich für einen Freier gehaltenen Fremden zu überreden, sondern zu vertrösten:

> Warten Sie nur, warten Sie nur ein Weilchen, schon kommen ein paar Schönheiten daherspaziert, Mitternachtsrosen, verglichen mit denen blüht in mir nicht einmal ein wohlwollendes Rinnsteinveilchen. (74)

Alte Hure und Hinkender Dieb wirken beide, als wären sie fehl am Platz oder die letzten Überlebenden einer aus der Zeit gefallenen (Denk-)Art. Lohers Textdramaturgie spielt hier mit der Gleichzeitigkeit von symbolisch-ästhetischer Überhöhung und sozialer Determiniertheit – „[i]ch bin ein Dieb und ich weiß, wie ein Dieb geht, [...] ich brauche einen anständigen Klau, um zu leben". (86) Die Rede vom ‚anständigen Klau' aber enthält in ihrer bewussten Doppeldeutigkeit einen den Text färbenden Anspruch, die (klein-)bürgerlichen Werte und Konventionen, denen sich etwa Giacometti oder Genet ausgesetzt

sahen, einer programmatischen Umwertung zu unterziehen: Beide sympathisierten – und identifizierten sich teils – mit einem Milieu der sozial und politisch Unterprivilegierten, etwa mit den von der bürgerlichen Ordnung als (Klein-)Kriminelle wahrgenommenen Prostituierten und Diebe. Mit Alte Hure und Hinkender Dieb bezieht sich Loher also auf zwei prototypische Figuren im ‚Kampf' gegen die bürgerliche Ordnung und Moral. Durch Hinkender Diebs Worte wird der „Klau" zu einer ‚anständigen' Praxis, nicht die ‚diebische Enthaltsamkeit'. Man könnte gar soweit gehen, in der Störung ihrer sozialen Rollen einen Hinweis auf den politischen Anspruch zu erkennen, als hätten sich Lohers Figuren ihre Rollen in dialektisch verspielter Weise *wegen* der erschwerten Realisierbarkeit ausgesucht und weil sie ‚hinken', das heißt hier, weil sie über sich selbst hinausweisend eine semantische Mehrdeutigkeit entfalten. Letztlich – dies nur am Rande – schützt Hinkender Diebs Determiniertheit ihn auch vor der Anmaßung, die ihm zuerkannte Rolle zu überschreiten, denn er weiß zu Alte Hures Vorteil nicht, wie ‚Schlimmeres geht', das heißt in seinen Worten: „wie ein Mörder geht". (86)
Lohers Text spielt sowohl mit der moralischen als auch mit der ästhetischen Bedeutungsdimension des ‚Diebstahls', der auf diese Weise in seiner materialistischen Dialektik pointiert wird. Indem sie Hinkender Dieb von einem ‚anständigen Klau' reden lässt, impliziert der Text eine latente, Giacomettis oder Genets Haltung widerspiegelnde Umwertung der gesellschaftlich-moralischen Diskreditierung dieser Praxis. Zugleich spielt der Text, wie Birgit Haas darlegt, mit der kunstökonomischen Mehrdeutigkeit des Begriffs, wie er sich in Hinkender Diebs Aussage ausdrückt: „Der Diebstahl ist eine Kunst".[46] Haas stellt die Ambivalenz dieser Äußerung heraus,

> weil sie auf die Kunstfertigkeit des Stehlens wie auch auf den Charakter der Kunst hinweist: Jedes Abbild raubt der Vorlage etwas von seiner Echtheit, von seiner Aura – wie Walter Benjamin sagen würde. In diesem Sinne wird die Vervielfältigung zum spirituellen Diebstahl. Die Kopie ist lediglich etwas Gestohlenes, die durch die Signatur zum Kunstwerk wird.[47]

Ergänzen ließe sich, dass nicht nur die (mit der Absicht zur Täuschung versehene) Kopie dem Original etwas von seiner „Echtheit" oder „Aura" raubt, was in der Tat, wie Stefan Römer anmerkt, ein widersprüchlicher und vorläufiger Befund jedes Fälschungsdiskurses in Kunst und Wissenschaft ist, sondern dass jedes Abbild im Sinne der Mimesis dem (‚natürlichen') Vorbild etwas raubt.[48]

46 Haas: *Das Theater von Dea Loher*, S. 191.

47 Ebd., mit Bezug auf Benjamins Kunstwerk-Aufsatz (siehe Kap. II, Anm. 71).

48 Auf diesen Aspekt geht Haas in ihren allgemeinen Überlegungen zu Dea Lohers literarischem Bezug auf die bildende Kunst ein (vgl. ebd., S. 181–182). Siehe weiterführend den

Abb. 8: Henri Cartier-Bresson: *Rue d'Alésia*, Paris 1961.

Mit ihrer markanten ‚Entzeitlichung' wirken Lohers Figuren nicht nur wie Personifikationen einer ‚hinkenden' sozialen und kunstökonomischen Ordnung, sondern bezeugen zugleich ihre geistige Nähe zu jenem verlorenen wie erhabenen Eindruck, den Giacometti auf einer bekannten Fotografie von Henri Cartier-Bresson auf John Berger gemacht haben muss. (Abb. 8) Diese wie zufällig wirkende Aufnahme kann als eine implizite Inspirationsquelle für *Hund* begriffen werden. John Berger veranlasste das in der Rue d'Alesia entstandene Foto zu folgender Interpretation:

> Sie zeigt ihn alleine, im Regen, wie er in der Nähe seines Studios in Montparnasse die Straße überquert. Obwohl die Arme in den Ärmeln stecken, ist der Mantel hochgerissen, um den Kopf zu schützen. Seine Schultern – unsichtbar unter dem Regenmantel – sind hochgezogen. Die unmittelbare Wirkung der Photographie beruht darauf, daß sie das Bild eines Mannes zeigte, der seltsam unbekümmert um sein eigenes Wohlbefinden ist. Ein Mann mit zerknitterten Hosen und alten Schuhen, schlecht ausgerüstet für den Regen.[49]

Jene seltsame Unbekümmertheit, von der Berger spricht, zeichnet auch Lohers Figuren aus und steht hier im Kontrast zur ebenso deutlichen Markierung ihrer körperlichen Auffälligkeiten, die sie nicht als Einschränkungen empfinden, und ihrer existenziellen Armut. Ihre Selbstsicht ist von Stolz, Humor und Selbstironie geprägt. Diese artikuliert Alte Hure beispielsweise wie folgt: „Ich habe noch ein Schlösschen an der Loire, und ein kleines Apartment in Rom, aber da fliege ich nur am Wochenende hin, und auch nur dann, wenn ich frisch verliebt bin." (79) Hinkender Dieb seinerseits gibt sich wie erwähnt „froh, dass es ist, wie es ist", dass sein Bein nach einem Unfall nie wieder richtig zusammen gewachsen sei, weil er das „Unvollkommene [als s]eine Geschichte" (93) betrachtet. Unabhängig davon, dass die Betonung des Unfalls und seiner bleibenden Wirkung einen weiteren Bezug zu Giacometti erlaubt,[50] ist es gerade der Kontrast zwischen der äußeren Stilisierung der Figuren und ihrer ‚Art zu reden', der ihrer Armut etwas Anmutiges verleiht. Der Text vermittelt über die zentralen Figuren und deren Affirmation des Unvollkommenen ein Ideal der Einfachheit. Die Spannung, in der sich das Dreieck aus Armut, Diebstahl und

Sammelband von Anne-Kathrin Reulecke (Hrsg.): *Fälschungen. Zu Autorschaft und Beweis in den Wissenschaften und Künsten*. Frankfurt am Main: Suhrkamp 2006. Darin u. a. Stefan Römer: Zwischen Kunstwissenschaft und Populismus. Die Rede vom Original und seiner Fälschung, S. 347–363, hier S. 349. Vgl. bei Römer auch mit Verweis auf Umberto Eco zur Bedeutung der ‚fälschlichen Intention' (ebd., S. 352–353).

49 John Berger: Giacometti. In: Ders.: *Das Leben der Bilder oder die Kunst des Sehens*, aus d. Engl. v. Stephen Tree. Berlin: Wagenbach 2003, S. 109–114, hier S. 109.

50 Alberto Giacometti erlitt 1938 bei einem Verkehrsunfall eine Verletzung am rechten Mittelfuß und hatte seitdem einen Gehfehler.

Prostitution als eine bewusste Entscheidung für ein von gesellschaftlichen Konventionen und Zwängen befreites Leben befragen lässt, verweist über Lohers Figurenwirklichkeit hinaus auf die entsprechenden Legenden, die sich schon zu Lebzeiten um den in seiner Einsamkeit, Bescheidenheit und Vorliebe für ‚die Nachtseiten des Lebens' beschriebenen Giacometti gebildet haben. So veranlasst jene das posthume Bild Giacomettis prägende Fotografie Berger, ihm ferner eine symbolische Armut zuzuschreiben, die wiederum ein Pendant in den signifikanten Störungen findet, welche Loher ihrem Personal zuerkennt. Berger hält fest:

> Er hat sich an seine Stellung gewöhnt. Ich bin versucht zu sagen ‚wie ein Mönch' […]. Doch der Vergleich ist nicht genau genug. Er trug seine symbolische Armut weitaus natürlicher als die meisten Mönche.[51]

Mit diesem asketischen Bild korrespondiert Giacomettis spät gebrochene Ablehnung der bürgerlichen Institution Ehe. Die plötzliche Heirat 1949 mit der gut 20 Jahre jüngeren Annette Arm sei demzufolge „für seinen Bekanntenkreis wie ein unvorhersehbarer Schlag"[52] gewesen, hält James Lord, einer von Giacomettis Biografen fest. Im Hinblick auf Alte Hures innige Verbundenheit mit jenem in *Hund* fiktionalisierten Giacometti ist Lords ausführende Erklärung interessant:

> Für alle, die miterlebt hatten, wie er seine Tiraden gegen die Ehe losließ, wie er eheliche Gefühle als lauen Kompromiß abtat und die Prostitution pries, war die Neuigkeit ein arger Schock.[53]

Hund: Warten auf Giacometti

Die in sich geschlossene Handlung in *Hund* dauert vom Mittag des einen bis zum Morgen des folgenden Tages. In dieser Zeit entwickelt sich nach anfänglichem Zögern, Argwohn und Streit aus der Begegnung zwischen Alte Hure und Hinkender Dieb eine kurze, zärtliche *amour fou*. Die treibende Kraft für die Affektänderung ist das für den Text so charakteristische Verwandlungspotenzial. Es steht in einem Spannungsverhältnis zur sozial kodierten Rollendetermination einerseits und zur eine spürbare Distanz in die Handlung bringenden Ironie andererseits. Der Text lotet auf diese Weise über die konkrete Figurenkonstellation hinaus den Raum zwischen einem philosophisch-deterministischen Denken

51 Ebd.

52 James Lord: *Alberto Giacometti. Die Biographie* [1983], aus d. Amerik. v. Dieter Mulch. Frankfurt am Main: Fischer 2009, S. 267.

53 Ebd.

und einem Denken aus, das stärker von der Kontingenz der Ereignisse und der Unverfügbarkeit des Seins ausgeht. In seiner Tendenz, etwas Irreales als real zu behaupten, erweist sich *Hund* nicht nur als eine Huldigung an Giacomettis antinaturalistische Formensprache und seine legendär antibürgerliche Lebenshaltung, sondern implizit auch als Hommage an die Institution des Theaters. Eine Spielart der theaterkonstituierenden Illusionskraft findet in Alte Hures Darstellung als Blinde einen deutlichen Ausdruck. Ihre Blindheit lässt sich als eine Art imaginärer Filter verstehen, der es ihr ermöglicht, sich etwas als wirklich vorzustellen, das gar nicht existiert. Das ersehnte Wiedersehen mit Giacometti scheint die Nachricht seines Todes einerseits für immer zu vereiteln, andererseits scheint aber die Erkenntnis, dass Giacometti nie wieder kommen wird, gerade einen Wendepunkt in Alte Hures Denken zu markieren, da es aus ‚ihrer Sicht' nun ein für allemal keine Alternative mehr dafür gibt, sich Giacomettis Wiederkehr auf einer imaginären Ebene auszumalen.[54] Doch zuerst glaubt Alte Hure, weil sie auf physiologische Weise blind ist und sich verhört, es handele sich bei jenem beständig Vorbeiziehenden um ihren Geliebten.

> ALTE HURE *lauscht* Tak tetok, tak tetok.
> *Fragend, murmelnd* Alberto, Alberto. (73)

Bemerkenswert ist, dass Alte Hure in der zweiten Szene wider ihr neu erworbenes Wissen an diese erste Illusion, die sich als falsch erwies, anknüpft. Es bedarf allerdings wie angedeutet eines Anlasses, um bewusst in das Spiel einzusteigen: Nach einer Welle der Entrüstung und vielen Beleidigungen angesichts des geplanten Diebstahls – „Sie stinkende Ratte" (80), „Sie widerlicher Krüppel" (81) – ändert sich die Stimmung schlagartig, als Hinkender Dieb auf die letztgenannte Beleidigung und ein akzentuiertes „Schweigen" hin erwidert: „Monsieur Giacometti ist tot, Madame." (81) Eine gewisse Würde und Diskretion scheint in Hinkender Diebs Verhalten auf; er redet Alte Hure als Madame an, als betrachte er sie als Giacomettis ‚wahre' Frau. Später wird Hinkender Diebs Erwähnung von Giacomettis ‚rechtmäßiger' Frau Alte Hure erzürnen. Als Alte Hure wissen möchte, ob Hinkender Dieb bei Giacomettis Beerdigung dabei war, antwortet er: „Ich nicht. Aber seine Frau", woraufhin Alte Hure einen Verdacht zu wittern glaubt: „Schon ist Ihr Rabatt wieder aufgebraucht. *Pause*. Hat sie Sie geschickt? Woher wissen Sie von mir?" (83)

54 Als Mittel der bewussten Illudierung nimmt diese Konstellation hier bereits die Wunschmaschine vorweg, auf deren Modalität hin die Blindheit befragt werden wird, die der Künstler Jan Lauwers seiner titelgebenden Protagonistin Isabella zuerkennt (vgl. Kap. V).

Jemand muss doch, wie sich Alte Hures Misstrauen entnehmen lässt, Hinkender Dieb mit der leidvollen Nachricht zu ihr geschickt haben – diesen Boten, der plötzlich wie „mit fremder Stimme"[55] zu ihr spricht, sodass sie die Nachricht noch einmal hören möchte: „Ich bitte dich, es noch einmal zu sagen", so sehr, dass sie dafür sogar bereit ist, ihm die Bronzen zu überlassen, die sie kurz zuvor noch vehement verteidigt hat:

> Du gehst mit den Figuren, wenn du gehen willst, und ich werde nichts dagegen unternehmen, jetzt nicht und später nicht und nie. [...] Aber jetzt bleib, bleib und tu mir einen Gefallen. Bitte. (87)

Nach einer anfänglichen Enttäuschung – „Sie sind nicht Alberto" (74) – entscheidet sich Lohers Protagonistin im weiteren Verlauf der Handlung bewusst für das Prinzip der lustvollen Selbsttäuschung. Indem sie Hinkender Dieb problemlos davon überzeugen kann, in ihr Spiel mit einzusteigen, artikuliert Lohers Text, dass seine Figuren ein Stück ästhetische Erfahrung leben und nicht nur an anderen, ihrem Alltag enthobenen Orten wie dem Kino oder Theater suchen. Alte Hure und Hinkender Dieb improvisieren in einem denkbar einfachen Rahmen ihr kleines, armes, zärtliches und einsames, der ohnehin ausgeblendeten Gesellschaft entrücktes Privattheater. Haas deutet die Lohers *Magazin des Glücks* kennzeichnende Technik der verfremdenden Ausstellung der Illusionswirkung als eine klare Kritik „an der Institution, die nur aus ‚Pappe, Technik und Schein' besteht".[56] Weiter führt sie aus:

> Ihr *Magazin des Glücks* geht mit der Illusionswirkung des Theaterspiels ins Gericht: Dem Zuschauer wird jedes Glücksgefühl, das sich aus einer dramatischen Illusionswirkung ergeben könnte, durch den Rückgriff auf das epische Theater verweigert. Loher macht dezidiert von Brechts dramatischen Kunstgriffen Gebrauch, stellt die einzelnen Teile unverbunden nebeneinander und in den selbstreflexiven Wendungen das Theater als Theater aus.[57]

Es stimmt zwar, dass Lohers Ausstellung der Theatermittel ebenso wie die lose Abfolge der dramatischen Nummern in der Gesamtdramaturgie an Brechts Verfremdungsmittel erinnern – was jedoch den Gehalt der selbstreflexiven Wendung in *Hund* betrifft, sehe ich darin weniger einen „Angriff auf das Spiel",[58] sondern vielmehr, im Gegenteil, ein Plädoyer für die aktive Illusionserzeugung, das heißt für eine lustbetonte und durchaus ein transformatives Potenzial enthaltende, bewusste Illudierung. Zudem suggeriert Haas' Überlegung eine

55 Sybille Krämer: *Medium, Bote, Übertragung. Kleine Metaphysik der Medialität*. Frankfurt am Main: Suhrkamp 2008, S. 39.

56 Haas: *Das Theater von Dea Loher*, S. 179.

57 Ebd.

58 Ebd.

Gesamtdramaturgie, die zunächst gar nicht gegeben war, wie sie an anderer Stelle selbst schreibt:

> In Absprache mit dem Regisseur Andreas Kriegenburg schrieb Loher alle sechs Wochen ein neues Stück, das sofort und ohne eine ausgedehnte Probenphase auf der Bühne gezeigt wurde.[59]

Auffällig ist, dass Loher bei der Ausgestaltung des Spiels im Spiel auf das illusionssteigernde Prinzip der Ähnlichkeit setzt. Sie stellt Alte Hure mit Hinkender Dieb eine Figur zur Seite, die deutliche Züge des Geliebten trägt und die Rolle des Anderen so gut ausfüllt, dass beim Lesen des Textes der Verdacht aufkommt, es sei vielleicht gar nicht Hinkender Dieb, der Giacometti spielt, sondern umgekehrt Giacometti, der einen hinkenden Dieb spielt, um seiner Geliebten zu gefallen – und ihr damit vielleicht auch das Gefühl zu geben, ihr sozial ebenbürtig zu sein.[60]

Hinkender Dieb beherrscht nicht nur das Vokabular der Straße, sondern auch die vollendeten Umgangsformen eines Gentlemans. Mitten in der zweiten Szene verlässt er wie mit Alte Hure verabredet kurz das Zimmer. Er geht also quasi von der Bühne ab, um in der Rolle Giacomettis wiederzukommen. Auch Alte Hure bereitet sich in seiner Abwesenheit auf ihre Rolle als dessen Geliebte vor und „schminkt sich. Es klopft." (92) Zu ihrem Spiel gehört, dass sie sich gegenseitig ihres Respekts versichern, indem sie sich konsequent siezen.

> ALTE HURE Einen Moment, Monsieur. *Sie öffnet die Tür.*
> HINKENDER DIEB Guten Abend, Madame. *Er hat eine Flasche Wein und zwei Gläser in den Taschen seiner Jacke.*
> ALTE HURE Guten Abend, Monsieur. Hinkender Dieb küsst ihr die Hand.
> HINKENDER DIEB Ich sehe, wir sind heute Abend nicht allein.
> ALTE HURE Darf ich vorstellen: Stehende Frau und Schreitender Mann. (92)

Die illusionsstiftenden Mittel, der Umstand etwa, dass Alte Hure sich auf der imaginären Bühne und nicht dahinter schminkt, werden wie beim epischen Theater bewusst als solche ausgestellt – allerdings in ein Spiel im Spiel integriert, wodurch Aspekte des epischen Theaters (Textebene) mit Aspekten des

59 Haas: *Das Theater von Dea Loher*, S. 179.

60 Aus der rollenspielartigen Verunklärung von Spiel und Realität ergibt sich ein Bezug zu Jean Genets absurdem Einakter *Die Zofen,* worin zwei Dienstmädchen die Ermordung ihrer Herrin als ein Spiel im Spiel erproben, wobei im zweiten Durchgang die Grenze zur Realität auf die Weise überschritten wird, indem diejenige, die die Herrin spielt, wirklich den für sie bestimmten und vergifteten Tee trinkt; auf groteske Weise wird die verinnerlichte Unterdrückungsstruktur reproduziert; das Spiel im Spiel entwickelt sich zu einem ‚ernsten Ritual', das seinen Tribut fordert. Vgl. Jean Genet: *Die Zofen* [1947], aus d. Franz. v. Gerhard Hock. Gifkendorf: Merlin 2006.

illusionistischen Theaters (Figurenebene) verknüpft werden.[61] Wenn in Lohers Theatertext die Aufmerksamkeit auf die Erzeugung einer Illusion als eines bewussten Verfahrens gelenkt wird, dann nicht, um eine eindeutige Lesart des Textes zu forcieren (Hinkender Dieb ist Giacometti oder ist nicht Giacometti), sondern um der Unentscheidbarkeit selbst, die zwischen den Identitäten, aber auch zwischen dem epischen und dem illusionistischen Theater herrscht, Geltung zu verschaffen. Auch diese von den Rezipierenden zu füllende semantische Auslassung kann als eine Spielart der Ellipse, als Stilfigur verstanden werden.

Illudierung und Selbsttäuschung

Folgt man einer theatertheoretischen Bestimmung, welche die „Paradoxie" der Illusion hervorhebt als einer „von dem Illudierten als lustvoll empfundenen, kunstvollen Täuschung (der Sinne)",[62] einer (halb-)bewussten Selbsttäuschung also, so ist Alte Hure eine Figur, die das (Schau-)Spiel als lustvolle Praxis in ihren Lebensalltag integriert. Sie lässt Hinkender Dieb in die Rolle ihres Geliebten schlüpfen, um sich so einen Abend und eine Nacht lang mit ihm zu ‚zerstreuen'. (95) Dieser mehrdeutige Begriff, der eng mit dem lustbetonten Moment der Illudierung verschaltet ist, durchzieht die Textwirklichkeit leitmotivisch und lässt sich so als Alte Hures bevorzugter Wahrnehmungs- und Seinsmodus begreifen. Der Begriff der Zerstreuung ruft eine komplexe philosophisch-wahrnehmungstheoretische Rezeptionshaltung auf den Plan, die sich bis ins 18. Jahrhundert zurückverfolgen lässt.[63] Entgegen einer verbreiteten kulturkritischen Lesart vertritt Petra Löffler in ihrer historisch-interdisziplinären Studie *Verteilte Aufmerksamkeit* die These, „dass Zerstreuung bereits um 1800 als verteilte Aufmerksamkeit verstanden wurde und im Laufe des 19. Jahrhunderts zu einer wichtigen Wahrnehmungstechnik aufgestiegen ist".[64] Im Anschluss an Benjamins bereits im zweiten Kapitel erwähntes Diktum, dass jede Zeit eine spezifische Ausrichtung der menschlichen Sinne erfordere,[65] weist Löffler nach, inwiefern

61 Ähnlich ist auch Birgit Haas' Auffassung zu verstehen, wenn sie Lohers Theatertexten ein regelrechtes „Spiel mit den V-Effekten" zuschreibt (vgl. Haas: *Das Theater von Dea Loher*, S. 14).

62 Jan Lazardzig: Illusion. In: *Metzler Lexikon Theatertheorie*, S. 140–142, hier S. 140.

63 Vgl. Petra Löffler: *Verteilte Aufmerksamkeit. Eine Mediengeschichte der Zerstreuung*. Zürich: Diaphanes 2014.

64 Ebd., S. 8.

65 Benjamin: *Kleine Geschichte der Photographie*, S. 14.

> [e]ine Verteilung der Aufmerksamkeit [...] nicht nur den gewachsenen Anforderungen an die menschlichen Sinne in der Moderne besser gewachsen [scheint], sondern [...] auch eine Selbsttechnik vorausschauenden Handelns dar[stellt], die eingeübt werden kann.[66]

Die erotische Zerstreuung, der sich Alte Hure und Hinkender Dieb auch nach Beendigung ihrer Konversation, ihres Diner und ihren noch zu thematisierenden rituellen Handlungen eine Nacht lang hingeben, verstärkt die auf diese Weise zu einem zentralen Handlungsprinzip erhobene, lustvolle und selbstbestimmte Illudierung. Ähnlich wie Löffler die Zerstreuung als eine erlernbare Selbsttechnik begreift, die sich im vorausschauenden Handeln zeigt, grenzt Jean Starobinski die Illusion bewusst von einem „dem Menschen vom Geist mitgegebenes Vermögen zum Irrtum“[67] ab. Nicht Lüge, Schein oder Trug heißen die impliziten Begriffspaten dieses Prinzips. Starobinski umschreibt es mit Blick auf Pierre Corneilles Literatur als einen „Effekt des absichtlichen Handelns, eine erfolgreiche Fiktion, ein mehr oder weniger uneigennütziges Spiel, das mit der Wirklichkeit in Konkurrenz tritt“.[68]

Das ist eine starke Behauptung, die Lohers evozierte Handlungswirklichkeit indes zu bestätigen scheint: Zerstreuung und Illudierung erweisen sich mit Blick auf das Wirklichkeitsverständnis in *Hund* als ineinandergreifende, sich gegenseitig verstärkende Konzepte der selbstbewussten Rezeption und Perzeption, die in ihrer Handlungs- und Veränderungspotenzialität artikuliert werden. Auf diese Weise werden übergeordnete, vermeintlich feststehende Logiken wie die von der Klassifizierung eines Gegenstands als unbelebt (Bronzefiguren) oder lebendig (menschliches Personal), real (Wirklichkeit) oder irreal (Spiel) bewusst unterlaufen. Das uneigennützige Spiel bewirkt in diesem Sinn eine lustbetonte Verunklärung personaler Identität und Intentionalität; auf das Oszillieren zwischen Hinkender Dieb und Giacometti wurde bereits exemplarisch verwiesen, was die Intentionalität betrifft ist bezeichnend, dass Hinkender Diebs Absichten im Verlauf der Handlung mehr und mehr hinter dem Wunsch zurücktreten, Alte Hure ‚einzufangen‘: „Eines Tages werde ich dich heiraten. [...] Ich werde eine Figur nach dir gestalten.“ (93) Es stellt sich die Frage, inwiefern die Blindheit der Protagonistin als spezifisches Instrument dieser Verunklärung dient. Nach einem Exkurs zum Stellenwert der bildenden Kunst in Lohers Arbeiten wird darauf noch näher einzugehen sein.

66 Löffler: *Verteilte Aufmerksamkeit*, S. 8.

67 Jean Starobinski: Über Corneille. In: Ders.: *Das Leben der Augen*, aus d. Franz. v. Henriette Beese. Frankfurt am Main / Berlin / Wien: Ullstein 1984, S. 20–51, hier S. 29.

68 Ebd.

Bildende Kunst als extrapoetische Distanz

Hund lässt sich als ein vergleichender Dialog zweier Künste über ihre jeweiligen Verfahren zur Modellierung literarisch-szenischer bzw. bildnerischer Figuren begreifen. Deutlich erkennbar ist, dass diese theorieorientierte Lesart nicht erst in einem späten Stadium der Textproduktion oktroyiert wird, sondern die intermediale Verschränkung von Anfang an Teil von Lohers poetischem Verfahren ist:

> Wenn ich anfange, ein neues Stück zu schreiben, suche ich meistens ein Werk innerhalb der Malerei, das ein Pendant zu meinem Thema [...] sein könnte, um [...] meinen Stoff aus der Distanz eines anderen Mediums betrachten zu können.[69]

Für Loher fungiert die bildende Kunst also als eine Art extrapoetisches Korrektiv. Mit Birgit Haas ließe sich ergänzen, dass „[d]ie Verknüpfung von Bildraum und Theaterhandlung [...] zu Dramen [führt], in denen die visuellen Vorlagen [...] zu begehbaren Bildern werden".[70] Im Modus der gleichzeitigen Identifikation mit und Abgrenzung von der bildenden Kunst verleiht die Autorin der Vorstellung eines kritisch-kooperativen Verhältnisses zweier ‚Geschwisterkünste' auf diese Weise Ausdruck.

Deutlich ausgeprägt ist dieses dialektische Verhältnis, das sich „[i]m Verarbeiten von bereits künstlerische[m] Material"[71] äußert, in einigen der seit Ende der 1990er Jahre entstandenen Dramen, etwa in *Manhattan Medea*, *Hund, Das letzte Feuer* oder im Monolog *Land ohne Worte*.[72] Jener dramatische Monolog ist der Versuch, eine persönliche Schreibblockade in eine literarisch-reflexive Form zu übersetzen und mit ihrem Auslöser, Lohers Arbeitsaufenthalt in Afghanistan 2005, zu konfrontieren. Bezeichnend für das innere Streitgespräch einer Schriftstellerin, die nach ihren Kriegserlebnissen nicht mehr schreiben kann, ist ihre an die Stelle des Schreibens rückende redundante Selbstimagination als Malerin: „wäre ich malerin / nur zum beispiel / wäre es einfacher";[73] anstatt nach der Rückkehr aus einem Krisengebiet immerzu mit Fragen bedrängt zu werden, würde sie einfach „weitermalen".[74] Jenseits der mitschwingenden werkästhetischen Differenzen bezüglich der Unmittelbarkeit

69 Dea Loher: Rede zur Verleihung des Gerrit-Engelke-Preises. In: Khuon / Groß: *Dea Loher und das Schauspiel Hannover*, S. 224–230, hier S. 226.

70 Haas: *Das Theater von Dea Loher*, S. 181.

71 Ebd.

72 Dea Loher: Land ohne Worte. In: Dies.: *Das letzte Feuer. Land ohne Worte*, S. 114–135; *Land ohne Worte* (UA: 30.09.2007, Münchner Kammerspiele, R: Andreas Kriegenburg).

73 Dea Loher: Land ohne Worte, S. 115.

74 Ebd., S. 117.

Abb. 9: Henri Cartier-Bresson: *Alberto Giacometti*, Paris 1961.

mimetischer Darstellung ist es hier die vergleichende Selbstreflexion als Malerin, die zum immanenten (immersiven) Korrektiv wird, um den Stoff „aus der Distanz eines anderen Mediums“[75] zu reflektieren. Irene Bazinger umschreibt die Praxis der Selbstdistanzierung mit Blick auf Loher als „eine Art drittes Auge der poetischen Wahrheit“, das dazu dient „eine Dimension der eigenen Texte erschauen zu können, die sich ins Räumliche erstreckt.“[76]
Anders als *Land ohne Worte* wirkt *Hund* schon aufgrund des kurzen Zeitraums und der Umstände seiner Entstehung wie die von einer Improvisation, ja einem Spiel ausgegangene szenische Verselbständigung einer latenten, plastischen Konstellation. Anfang der 1960er Jahre entwarf Giacometti im Gespräch mit Pierre Schneider um Stehende Frau und Schreitender Mann eine Art Miniszenarium, das die beiden Prototypen wie selbstverständlich aufeinander bezog. Im Rückblick auf sein Werk äußerte er die Beobachtung, „daß ich eine Frau immer nur stillstehend und einen Mann immer nur gehend gemacht habe. Alle meine Frauen stehen da, und alle meine Männer gehen vorbei …“.[77] Diese Kontinuität sei ihm erst relativ spät aufgefallen, was sie zu einem unbewussten, rätselhaften Effekt seiner Kunst werden lässt. Die Form der ‚narrativen Enthüllung‘ fügt sich in den Topos des Werks, das seinen eigenen Schöpfer übertrifft oder in traditionell psychoanalytischer Lesart die ihm unbewussten Wünsche oder Ängste enthüllt und gewissermaßen ‚klüger‘ ist als der Urheber. Giacomettis Selbstenthüllung verweist aber auch auf eine weitere Fotografie, die den Künstler selbst im Modus der ‚visuellen Enthüllung‘ zu überführen scheint. Henri Cartier-Bressons bekannte Fotografie, die Giacometti in seinem Atelier in Bewegung zeigt, fängt eine frappierende Ähnlichkeit zwischen dem schräg nach vorn gebeugten, weit ausschreitenden Giacometti (im Bildhintergrund) und der Figur Schreitender Mann (im Vordergrund) ein, die so zum Alter Ego wird. (Abb. 9) Eine Porträtplastik, die in ihrer Formgebung, ihren Proportionen und Volumina keine Menschenähnlichkeit aufweist, aber wie das Foto bezeugt, eine unverwechselbare Haltung mimetisch abzubilden, ja abzuformen in der Lage ist. Giacomettis Bronzefiguren zeichnen sich durch die

75 Wie Anm. 69 in diesem Kapitel.

76 Irene Bazinger: Drei Augen sind besser als zwei. Das Sein, das Nichts und der Schatten von beidem: Dea Lohers Erzählungen. In: *Frankfurter Allgemeine Zeitung*, 16.03.2005. http://www.faz.net/aktuell/feuilleton/buecher/rezensionen/belletristik/drei-augen-sind-besser-als-zwei-1214815.html (Zugriff am 04.02.2014).

77 Zit. n. Pierre Schneider: Mein langer Weg. In: Alberto Giacometti: *Gestern, Flugsand. Schriften*, aus d. Franz. v. Maria Hoffmann-Dartevelle u. aus d. Ital. v. Aylie Lonmon, hrsg. v. Mary Lisa Palmer / François Chaussende, S. 256–262, S. 260; besonders manifestiert sich dieser Eindruck in Giacomettis aus 10 Frauenfiguren bestehendem Beitrag *Les Femmes de Venise* (*Die Frauen von Venedig*) zur Biennale 1956.

explizite Verweigerung jeder äußeren Menschenähnlichkeit aus. Sie lassen sich in ihrer eigentümlichen Formgebung, der Übertreibung der Aussagen jedoch als Modellierungen hinterfragen, die sich von individuellen Merkmalen, der Bedeutung des Antlitzes im kunstästhetischen Diskurs, denkbar weit entfernt haben und in jenem ‚Stehen an sich' und dem übertriebenen ‚Ausschreiten an sich' menschliche Haltungen ohne jeden Anspruch auf physische Ähnlichkeit wiedergeben; sie wirken lebensecht, aber nicht naturähnlich. Die als programmatisch zu erachtende Suspendierung der Menschenähnlichkeit ermöglicht es erst, die Lohers Theaterstück den Namen gebende Plastik *Der Hund* als ein Sinnbild zu begreifen, das beide sprechenden Figuren, Alte Hure und Hinkender Dieb, in sich vereint. Darüber hinaus bringt es ein Lebensgefühl und eine sinnliche Modalität zum Ausdruck, demnach das Gespür und die (damit verbundene) Freiheit dem ‚aufrechten Gang' und dem (damit verbundenen) aufrechten Blick gegenüber vorzuziehen sind.[78]

Vom Berührungsverbot zum Berührungsgebot

Zentrale Bedeutung kommt innerhalb des szenischen Textes der künstlerischen Betrachtung der Plastiken zu, wobei das Charakteristische darin besteht, dass sich aus dem sinnlich-reflexiven Zugang, der sich über Hinkender Dieb und Alte Hure artikuliert, auf fiktive und zugleich sehr reale Verfahren der bildnerischen Modellierung schließen lässt: Produktion und Rezeption überlagern sich in der Literarisierung und Illudierung dieser Vorgänge, wobei, wie für Lohers intermediales Textverfahren gilt, über die Herausstellung von Korrespondenzen hinaus das Bewusstsein für die Verschiedenheit von Produktion und Rezeption der (plastischen) Kunst gewahrt bleibt.

Von einem allgemeineren kunsttheoretischen Standpunkt aus ließe sich behaupten, dass eine Plastik die_den Betrachter_in auf grundsätzlich andere Weise anspricht als eine Zeichnung, ein Gemälde oder eine Fotografie. Die Plastik positioniert sich bereits als dreidimensionaler Körper in jenem Raum, den auch der_die Betrachter_in betritt. Gerade die figürliche Plastik mag dementsprechend potenziell berührbarer und auch ‚verletzlicher' wirken als eine Figur auf einem Gemälde, die bereits in einen künstlich gestalteten Bildraum integriert ist. Lohers Theatertext, dem Untertitel nach eine *petit hommage à Giacometti*, nimmt das mit der räumlichen Positionierung der Plastiken verbundene implizite Angebot ernst, sich körperlich und emotional berühren zu lassen. Die

78 Zum Gespür vgl. in Kap. VI die Verweise auf Sabine Schouten: *Sinnliches Spüren. Wahrnehmung und Erzeugung von Atmosphären im Theater*. Berlin: Theater der Zeit 2007.

Hommage überträgt dieses künstlerische Verlangen auf die exemplarisch in den Text eingearbeiteten Bronzeplastiken Giacomettis. *Hund* führt die literarisierten Bronzen Giacomettis zwar als stumme Zeugen in den Text ein. Indem diese jedoch von den sprechenden Personen Alte Hure und Hinkender Dieb unmittelbar adressiert und in die Handlung integriert werden, als wären sie lebendig, erzeugt der Text den Eindruck, die literarisierten Giacometti-Figuren wären den literarischen Figuren ebenbürtig.

Nachdem Hinkender Dieb bemerkt hat, dass noch zwei weitere Personen bei Alte Hure zu Gast sind, bittet er darum, ihnen „richtig" (93) vorgestellt zu werden. Ihre Namen zu erfahren, stellt sein Bedürfnis, die Bekanntschaft von Stehende Frau und Schreitender Mann zu machen, offenkundig nicht zufrieden; Hinkender Dieb möchte sie anfassen:

> HINKENDER DIEB Stellen Sie mich noch einmal vor. Stellen Sie mich richtig vor. *Alte Hure nimmt seine Hände und lässt ihn mit der einen Stehende Frau und Schreitenden Mann ertasten, mit der anderen sich und ihn.* (93)

Sich einander vorzustellen, bedeutet in diesem Kontext nicht nur seinen Namen zu nennen und sich entsprechend eines kulturellen Codes gegenseitig die Hände zu schütteln, sondern es schließt ein regelrechtes Ertasten des unvertrauten Gegenübers ein, das jene ritualisierte Form des distanzierten Händedrucks merklich übersteigt. Obwohl Hinkender Dieb nicht blind ist (sein Pendant Schreitender Mann gewissermaßen schon), fordert er die in der Literatur vor allem blinden Figuren vorbehaltene ‚Kontiguität' also geradezu ein. Er entscheidet sich bewusst für eine Weise des Kennenlernens, die Claude Lévi-Strauss in Bezug auf die Blindheit als einen Zwang bezeichnet hat: „Nun ist aber die Blindheit ein Zustand, der jenen, die unter ihm leiden, die Kontiguität aufzwingt: wenn man einander nicht sieht, muß man einander berühren."[79] Diese Aussage impliziert eine Wertung, die sich in der sprachlichen Konstruktion eines quasinatürlichen Effekts („muss") und eines ebenso naturalisierten Leidens an der visuellen Enthaltsamkeit ausdrückt. Die in *Hund* geschilderte Annäherung modelliert eine solche, von Lévi-Strauss völlig zu Recht erkannte Kontiguität nicht als kausallogischen, bedauernswerten Effekt einer bestehenden Blindheit, sondern markiert sie als eine selbstbewusste Entscheidung. Wenn Alte Hures Blindheit, wie behauptet wurde, als eine besondere Befähigung zur Illudierung betrachtet werden kann, bestätigt sich hier, dass zumindest diese Art von Blindheit unter Bezugnahme auf Starobinski in der Lage ist,

79 Claude Lévi-Strauss: Die beiden Blinden [1966]. In: Ders.: *Mythologica IV. Der nackte Mensch*, aus d. Franz. v. Eva Moldenhauer. Frankfurt am Main: Suhrkamp 1983, S. 445–488, hier S. 458.

Effekte absichtlichen Handelns auszulösen und eine Fiktion herzustellen, die „mit der Wirklichkeit in Konkurrenz tritt".[80]

Hinkender Diebs sinnlich-taktile Erfahrung rekurriert auf Alte Hures vorhandene Blindheit; er stellt sich gewissermaßen auf ihren Wahrnehmungsmodus ein, aber seine spezifisch sensorische Haltung folgt keiner zwanghaften Operation, sondern gestaltet sich in Form einer bewussten Offenheit. Die Aufforderung: „Stellen Sie mich richtig vor", drückt aus, dass es Hinkender Dieb damit ernst ist: Er möchte Stehende Frau und Schreitender Mann, aber auch Alte Hure, die als Türöffnerin dieser ihm neuen Welt fungiert, ernsthaft kennenlernen; er ist, wie die Szene verdeutlicht, bereit, sich selbst als vierten im Bunde einzubringen.

> ALTE HURE Sehen Sie, die Frau ist alt, sie ist nicht sehr groß, sie hat einen kleinen Kopf und kleine Brüste mit geschwollenen Augen, und ihre Haut ist am ganzen Körper uneben. Sehen Sie, der Mann, wie alt ist er, er ist nicht sehr groß, er läuft gern im Regen ohne Hut, sein Kopf ist davon geschrumpft, und sein Bein, es ist krumm, und er zieht es etwas nach.
> HINKENDER DIEB Dieses Bein, Madame, ich habe es bei einem Unfall gebrochen, und es ist nie mehr richtig zusammengewachsen, wie es sich gehört. Aber was gehört sich für ein Bein. Ich bin froh, dass es ist, wie es ist. (93)

Zu sehen bedeutet aus Alte Hures Position, dezidiert zu begreifen; ihre Aufforderung bindet einen epistemischen Vorgang an eine haptische Erfahrung. Von dieser durch vier personale Fixpunkte räumlich markierten Erfahrung aus konnotiert die Aufforderung oder vielmehr die Einladung *zu sehen* ein bestimmtes Verständnis von visueller Wahrnehmung. Die anschließende Beschreibung signalisiert, dass es um mehr als ein ‚Sehen mit den Augen' geht. Dass es vielmehr um ein offenes, denkendes, interpretierendes sowie imaginierendes Verständnis davon, ja um ein gestisches Sehen geht, denn es sind gewissermaßen die Hände, die hier ‚sehen' – eine Setzung, die als ein Statement gegenüber einer Kultur aufgefasst werden kann, „in der die Distanz zu Objekten und zum eigenen Leib die konstituierende Grundgeste ist".[81]

Diese vielleicht auch als ein schaffendes, ein tätiges Sehen zu benennende Technik zielt auf den Kern einer ‚transzendentalen Blindheit' der Kunst, wie Derrida sie in den *Aufzeichnungen eines Blinden* umreißt. Treffend fasst

80 Vgl. Starobinski: Über Corneille, S. 29.

81 Hartmut Böhme: *Natur und Subjekt.* Frankfurt am Main: Suhrkamp 1988, S. 227. Böhme erörtert hier ausgehend von der vorsokratischen Philosophie die mythopoetische Konstitution des Subjekts im Hinblick auf das Wechselverhältnis zwischen Macht und Verdrängung der menschlichen Sinne.

Michael Wetzel, der einen ausführlichen Kommentar zu Derridas Essay verfasst hat, zusammen:

> Als Komplementärformel zur metaphysischen These von der ideellen Immaterialität des Schönen ergibt sich die Schlußfolgerung, daß nämlich das Kunstwerk auch nichts zu tun hat mit der ‚realistischen' Wirklichkeit des Dargestellten, daß es kein Abbild im naiven Sinn von Reproduktion ist, sondern Produktion bis hin zu Erfindung, zur Ein-Bildung. Malerei und Zeichnung verdanken sich gewissermaßen einem *Absehen* von den Gegenständen, einem Ab- oder Ausblenden, das im Herzen des künstlerischen Sehens gerade ein Nicht-Sehen, eine gewissermaßen *transzendentale Blindheit* entdeckt.[82]

Als eine Spielart der so zu verstehenden transzendentalen Blindheit verkörpert Alte Hures literarisierte Blindheit das Potenzial, Dinge zu sehen, die sich mit den Augen nicht (er-)fassen lassen. Alte Hures mit den Figuren interagierenden Hände ertasten, begreifen, verstehen oder imaginieren, dass Schreitender Mann gern im Regen läuft, ein Ergebnis, das nicht offen zutage tritt auf der harten, kalten Oberfläche, sondern ein Gespür und ein Wissen voraussetzt, das hier an die emotionale Nähe zu einem Wiedergänger des Schreitenden Manns gebunden ist.[83] Denn der Name Schreitender Mann kann von der Textwirklichkeit aus als eine bewusst falsche Fährte verstanden werden, die vom Fakt der Selbstdarstellung ablenken soll, scheint doch der so fragil und wenig stolze Mann eher sein steifes Bein nachzuziehen, als majestätisch auszuschreiten. Alte Hures Worte lassen keinen Zweifel daran, dass sie ihren Schreitenden Mann kennt und wertschätzt. Sein fehlender Hut lässt sich nicht ertasten, aber erschließen, weil sie ihn so gut kennt. Die Wahrnehmung der Protagonistin referiert auf ein besonderes, geheimes – aber durchaus auch überpersonales kulturelles Wissen, das einer vom poetischen Material wegführenden sehr kunsttheoretischen Lesart entsprechen würde, wie exemplarisch mit Bergers intuitivem Zugang zu einer Fotografie dargelegt. Alte Hure zumindest diskursiviert ihr Wissen im Modus einer forciert taktilen Intuition. Lohers Hauptfigur sieht, was sich der Logik des Rationalen in den Weg stellt, sie fokussiert nicht das Abbild, sondern den subjektiven Eindruck, den jenes ‚Abbild' einer Haltung, der Spuren eines Menschen, auf sie macht: Der im Verhältnis zum Körper auffallend kleine Kopf des Mannes sei also vom Laufen im Regen geschrumpft. Alte Hure sieht den Effekt ebenso deutlich wie den fehlenden Hut, worin eine Art Phantombild oder -schmerz mitschwingt. Wenn Alte Hure offen ist für die Erfahrung des Malers oder bildenden Künstlers, ist diese Aussage innerhalb der

82 Wetzel: „Ein Auge zuviel", S. 132. (Herv. i. Orig.)

83 Dea Loher spielt hier auf eine frühe Plastik Giacomettis an, die einen schreitenden Mann zeigt: *L'homme qui marche sous la pluie* von 1948.

Textwirklichkeit mehrdeutig: Alte Hure ist verhältnismäßig nah an den subjektiven Erfahrungen ihres geliebten Künstlers, aber sie ist zugleich Teil seiner Erfahrungen mit ihr.

Blind sein bedeutet im Modus des Theatertextes tatsächlich blind für die Logik des Rationalen und offen für eine Immaterialität oder vom Mainstream abweichende Irrealität zu sein: empfänglich für etwas, das über die semiotische Sinnkonstruktion des Realen hinausgeht – „für jenes zufällige Zusammentreffen [von Nähmaschine und Regenschirm], das ein großer surrealistischer Dichter als das Wesen der Schönheit gepriesen hat."[84] Auch Wolfgang Welsch führt in seinem Aufsatz „Wiederkehr des Schönen?" diese literarische Formel an, um zu zeigen, dass zum Terminus der Schönheit gehört, immer wieder umdefiniert zu werden – dass Schönheit also keinen universellen, ahistorischen Begriff, sondern vielmehr ein ‚Gefäß' für ein stetes menschliches Verlangen zur Entäußerung und Reflexion bereitstellt, dessen Inhalt und Form sich beständig verändern können: „Die Ablehnung des Schönen", so eine der zentralen Thesen Welschs, „dient oft dem Aufruf zu einem anderen Typ von Schönheit".[85] Von hier aus ließe sich erneut unmittelbar an den Leitspruch für Lohers dramatisches Schaffen anschließen, das Unvollkommene als schön zu feiern.

Aus den sich in Lohers Theatertext artikulierenden Kunst- und Wahrnehmungsauffassungen lassen sich zwei exemplarisch-antagonistische Idealvorstellungen von Schönheit extrahieren und miteinander konfrontieren: 1) die Vorstellung von der idealen Statue im Anschluss an den Mythos um Pygmalion, wie sie ein Ästhetikverständnis seit dem 18. Jahrhundert prägt, und 2) als subvertierende Antwort auf dieses klassische Modell eine Programmatik des Unfertigen, wie sie sich mit Giacomettis bildnerischem Tun verbindet und im weitesten Sinn mit Vorstellungen der historisch-künstlerischen Avantgarden in der ersten Hälfte des 20. Jahrhunderts korrespondiert. Signifikant für die philosophisch-sinnliche Diskursivierung von Blindheit ist, dass sie als offene oder verdeckte Projektion des Künstlers in beide Programmatiken Eingang findet – trotz der offenkundigen Divergenzen. Diese Beobachtung impliziert, dass die allegorische Blindheit zumindest seit dem 18. Jahrhundert ähnlich wie der Begriff der Schönheit als Gefäß für zwar nicht durchweg eloquent geführte, so doch wechselnde Debatten der Ein-Bildung und der Aus-Bildung eines eigenen Stils dient.

84 Sontag: Objekte der Melancholie, S. 55, in Anspielung auf Isidore Ducasse' unter dem Pseudonym Lautréamont publizierten *Gesänge des Maldoror* (*Les Chants de Maldoror*), die einen großen Einfluss auf die Literatur der Moderne, vor allem den Surrealismus hatten.

85 Vgl. Wolfgang Welsch: Wiederkehr des Schönen? In: Lydia Haustein / Petra Stegmann (Hrsg.): *Schönheit. Vorstellungen in Kunst, Medien und Alltagskultur.* Göttingen: Wallstein 2006, S. 39–50, hier S. 40–41.

Das Ende der Mimesis

Im dritten Kapitel ihres knappen, pointierten Essays über die Entstehung und die psychologisch-soziale Funktion von Künstlerlegenden nennen Ernst Kris und Otto Kurz als Beispiel künstlerbiografisch-stereotyper Deutung „eine von der Antike bis in die Neuzeit reichende Überlieferung, die im Kunstwerk das ‚Kind' des Künstlers zu sehen und die Schöpfung des Kunstwerks nach dem Vorbild des Sexuallebens zu begreifen sucht."[86] Ein Movens dieses wirkungsvollen Narrativs, das Eingang in diverse Künstlerbiografien (u. a. Michelangelo, Hugo van der Goes und Agnolo Bronzino) gefunden hat, gründet im antiken Mythos um den Künstler Pygmalion.[87] Die ausführlichste und meistrezipierte antike Darstellung dieser Geschichte, derzufolge die „Liebe der Antrieb zum künstlerischen Schaffen"[88] sei, genauer die heteronormative „Liebe zur Geliebten",[89] findet sich in Ovids *Metamorphosen*:

> Da Pygmalion sah, wie die Mädchen verbrecherisch lebten,
> War er empört ob der Menge der Laster des Weibergeschlechtes,
> Die von Natur es besitzt: so blieb er denn einsam und ledig,
> Ohne Gemahlin; und lange entbehrt' er der Lagergenossin.
> Aber er bildet indessen geschickt ein erstaunliches Kunstwerk,
> Weiß wie Schnee, ein elfenbeinernes Weiß, wie Natur es
> Nie zu erzeugen vermag, und … verliebte sich ins eigne Gebilde.[90]

Der Grund für Pygmalions künstlerische Auszeichnung liegt demnach in einer präexistenten Befremdung und Sensibilität des Künstlers angesichts des ‚verbrecherischen' und ‚lasterhaften' Lebens, das seine (weiblichen) Mitmenschen

86 Ernst Kris / Otto Kurz: *Die Legende vom Künstler. Ein geschichtlicher Versuch*. Frankfurt am Main: Suhrkamp 1995, S. 147. Die beiden Kunsthistoriker haben auf diesem Gebiet Pionierarbeit geleistet. Ihre komprimierte Studie, die 1934 erstmals verlegt wurde, versteht sich als ein historischer Versuch, die Entstehung der Künstlerlegende aus dem Fundus der Mythologie heraus als Motor und Legitimationsstrategie der Kunstgeschichtsschreibung herauszuarbeiten und sozialkritisch zu perspektivieren. Bei seinen Studien zum Barockbildhauer Franz Xaver Messerschmidt war Kris aufgefallen, beschreibt Ernst H. Gombrich in seinem Vorwort, wie häufig sich in den von Giorgio Vasari überlieferten Künstlerviten stereotype Anekdoten und Legenden zu wiederholen schienen. Das von Kris erkannte Problem korrespondierte mit Kurz' Forschungsinteresse, der nachweisen konnte, dass Vasari eine Geschichte über Filippo Lippi aus einer italienischen Novelle entnommen hatte. Kris' und Kurz' Verdienst ist mit Gombrichs Worten „die Bestimmung von Zusammenhängen zwischen Künstlerlegende und bestimmten invarianten Zügen der menschlichen Psyche, welche die Psychoanalyse eben zu unterscheiden begonnen hatte." (Ernst H. Gombrich: Vorwort. In: Kris / Kurz: *Die Legende vom Künstler*, S. 9–15, hier S. 13.)

87 Vgl. Kris / Kurz: *Die Legende vom Künstler*, S. 149.

88 Ebd.

89 Ebd.

90 Ovid: *Metamorphosen*, aus d. Lat. u. hrsg. v. Hermann Breitenbach. Stuttgart: Reclam 1971, Buch X, Z. 243–248.

führen. Dieser Pygmalion ist auf ähnliche Weise einsam wie der legendäre Alberto Giacometti oder die literarischen Figuren aus Lohers Theatertext. Darüber hinaus wird ersichtlich, wie sehr sich Alte Hure und Hinkender Dieb als intertextuelle Personifikationen von Pygmalions verbitterter Weltsicht eignen. Im Affekt, („empört") wendet sich Pygmalion von den Menschen im Allgemeinen und den Frauen im Besonderen ab. Er stellt sein Leben fortan in den Dienst der Kunst und entsagt sogar dem als essentiell konnotierten Sexualtrieb („entbehrt' er der Lagergenossin"). Damit aber lässt sich die Spannung zwischen Misogynie und Sexualtrieb als eigentlicher Beweggrund der bevorstehenden Verwandlung begreifen. Nach Ovid ist Pygmalion ein gekränkter ‚Frauenversteher':

> Häufig betasten die Hände das Werk, zu erproben. Ist's wirklich
> Elfenbein oder lebt es? Er gibt nicht zu, daß es Kunst ist.
> Und er küßt sie und glaubt sich geküßt, er plaudert, umarmt sie,
> meint mit den Fingern die Weiche des Leibes zu spüren und fürchtet,
> Daß, wenn die Glieder er drückt, sie bläuliche Flecke entstellen.
> Bald liebkost er das Bild, bald bringt er Geschenke, die junge
> Mädchen erfreuen, wie Muscheln, geschliffene Steinchen und kleine
> Vögel und tausendfarbige Blumen und Lilien, bemalte
> Bälle und Bernstein, die Tränen der Heliostöchter, vom Baume
> Niedergeträufelt.[91]

Nicht mehr zu wissen, ob das Berührte schon ein menschlicher Körper ist oder noch kaltes Material: Diese mental-sinnliche Verwirrung motiviert auch den aus *Hund* zitierten Berührungsdialog. (93) Vorerst nur am Rande bemerkt sei hier, dass der zitierte Vorgang die Tränen, hier in Form des Bernsteins, als ein dezidiertes Geschenk Pygmalions an seine Statue, in Form der bevorstehenden ‚Menschwerdung' andeutet. Weder tote Menschen noch Tiere gelten bekanntlich als fähig, Tränen zu vergießen; Tränen fungieren in einer langen kulturgeschichtlichen Deutungstradition nicht nur als Ausweis des Lebendigseins, sondern diesen Lebensmodus schon deutend als Ausweis von Liebe und Empathie, über die Fähigkeit zu trauern als Ausweis von Menschlichkeit, wie in Rekurs auf Derrida im folgenden Unterkapitel „Tränen, Wahrheit, Blindheit" aufgegriffen wird. Wie Giorgio Agamben aus der Hinwendung zur Kunst im Zeichen Pygmalions schlussfolgert, „verlagert sich der Schwerpunkt der Reflexion über die Kunst fort vom interesselosen Betrachter hin zum – interessierten – Künstler."[92]

91 Ovid: *Metamorphosen*, Z. 254–263.

92 Giorgio Agamben: *Der Mensch ohne Inhalt*, aus d. Ital. v. Anton Schütz. Frankfurt am Main: Suhrkamp 2012, S. 8.

Beide Geschichten, so unterschiedlich sie auch sein mögen, heben auf die Involvierung des Künstlers in sein Werk ab. Lohers Text kehrt die sinnlich-haptische Begegnung mit der künstlerischen Figur als eine außergewöhnliche Erfahrung hervor, verstärkt durch die Wirksamkeit des (post-)moderner Kunstbetrachtung eingeschriebenen Berührungsverbots, der in den meisten Museen vorherrschenden Regel des *Do Not Touch*. Außergewöhnlich ist diese Erfahrung hier zunächst, weil sie das subjektive Gespür des szenischen Personals für die Grenzen des eigenen Körpers vorübergehend außer Kraft setzt und demnach auch die für die menschliche Autonomie als zentral erachtete Kompetenz, zwischen Ich und Welt, Selbst- und Fremdwahrnehmung zu unterscheiden. Loher dreht die Schraube noch weiter, indem sie die Verunklärung von Perspektive und Identität im Anschluss an die bewusste Herbeiführung der Illusion auch auf die Rolle von Hinkender Dieb/Giacometti überträgt. So bleibt in der Schwebe, mit welcher Stimme Hinkender Dieb spricht, wenn er sagt: „Ich werde eine Figur nach dir gestalten und sie Großer Schritt nennen." (93)[93] Ebenso unklar bleibt, ob Alte Hure Hinkender Dieb, Giacometti oder letzteren durch den ersten (als Sprachrohr) hindurch adressiert, wenn sie sich vorstellt, sie würde an der Mauer stehen und hören, wie ‚jemand' ihr Bild darauf zeichnet. Es hat hier den Anschein, als würde sie absichtlich nicht sehen (wollen), wer dieses Bild von ihr malt: „[I]n einer warmen Nacht bei schlechtem Licht, so dass ich gut aussehe" (90), und ihre längere Rede suggeriert am Ende in der Tat, dass sie sich Hinkender Dieb und Giacometti gewissermaßen in Personalunion erträumt: „[W]enn du ein Dieb und ein Zeichner wärst, dann könntest du *mein* Bild von mir stehlen, und das würde mir gefallen". (90, Herv. i. Orig.)
Was sich im Pygmalion-Mythos sukzessive ereignet, jene Verwandlung von einer unbelebten Materie in belebtes ‚Fleisch', vollzieht sich in Lohers *Hund* als ein gleichmäßig reduzierter und transformierender Prozess der kognitiven wie sinnlich-affektiven Einfühlung. Indem Hinkender Dieb von Alte Hures begonnener Vorstellung der weiteren ‚Gäste' aus ganz selbstverständlich das Wort übernimmt und ihre Rede fortsetzt, als wäre sie ihm längst vertraut, überlagern sich das Prinzip der berührenden Beschreibung und das der beschreibenden Berührung auf eine Weise, welche die Unterscheidbarkeit zwischen belebter und unbelebter Materie aufhebt; denn ob Hinkender Dieb hier über sich oder über Schreitender Mann spricht, lässt sich nicht entscheiden: „Dieses Bein, Madame, ich habe es bei einem Unfall gebrochen." (93) Die szenischen und die plastischen Figuren erscheinen in einem grundlegenden

93 Es könnte sich dabei zum Beispiel um ein überliefertes Zitat Alberto Giacomettis handeln, das Dea Loher ihrer Figur in den Mund legt.

Einverständnis zwischen Leben und Kunst, Selbst- und Fremdwahrnehmung. Das Unvollkommene ist ihre Geschichte. (90) Indem Alte Hure und Hinkender Dieb ihre Gäste als ihnen ebenbürtige Personen ansprechen und in doppelter Hinsicht begreifen, werden sie als Ansprechpartner und zugleich als duplizierte Verkörperungen oder dreidimensionale Spiegelbilder imaginierbar. Dieser Vorgang beschreibt also über die augenfällige Einfühlung hinaus auch ein Moment der Distanzierung; die Fähigkeit, sich fühlend und erspürend in Schreitender Mann hineinzuversetzen, verleiht Hinkender Dieb die im Rahmen des Theatertextes einmalige Gelegenheit, offen über sich selbst zu sprechen:

> Dieses Bein [...] ist nie mehr richtig verheilt. Es wollte nicht zusammenwachsen, wie es sich gehört. Aber was gehört sich für ein Bein. [...] Das Unvollkommene ist meine Geschichte, das Vollkommene kommt schon tot auf die Welt. (93)

Es ist also, als nehme Hinkender Dieb diesen anderen Körper, die fremde Rolle dankbar an, um seine eigene Identität dort hinein zu betten, vielmehr bewusst zu verunklären, ob seine Worte sich auf ihn selbst oder das betrachtete ‚Objekt' beziehen. Zwischen diesen beiden Möglichkeiten öffnet sich eine Lücke (oder Ellipse), die zum Motor von Selbstreflexion und -transformation wird. Zudem bezieht sich die in der gegenseitigen Vorstellung wirksame Verunklärung nicht nur auf die Identität und Hierarchie vermeintlich lebendiger und unbelebter Figuren, sondern auch auf ein prinzipiell zwischen der belebten und der unbelebten Natur unterscheidendes normatives Denken.

Unter Bezugnahme auf Welsch wurde der Gedanke geäußert, dass die Ausrufung eines neuen Schönheitsideals oft mit der Verunglimpfung des alten einhergehe. Was aus Jean-Paul Sartres Sicht ‚tot' ist – er beschreibt die antiken Marmorskulpturen, jenes klassisch-ästhetische Ideal Johann Joachim Winckelmanns als „Leichname"[94] – ist im Anschluss an den Pygmalion-Mythos das Leben selbst. ‚Naturähnlichkeit' galt lange Zeit als das höchste Lob, das einem Künstler zuteil werden konnte, der römische Gelehrte Plinius d. Ä. (23–79 u. Z.) lässt es in seiner *Naturalis Historiae*, einer Hauptquelle zur antiken Kunstgeschichte, unter anderem dem Maler Zeuxis zuteil werden, der im ausgehenden 5. und 4. Jahrhundert v. u. Z. in Griechenland aktiv war. Dabei lobt Plinius vor allem Zeuxis' illusionistische Fähigkeit, also jene täuschend echte malerische Herstellung von Naturähnlichkeit, die ihn zu einem legendären Vorbild für nachkommende Malergenerationen avancieren ließ.[95]

94 Jean-Paul Sartre: Auf der Suche nach dem Absoluten. In: Ders.: *Situationen. Essays*, aus d. Franz. v. Hans Georg Brenner / Günther Scheel. Reinbek: Rowohlt 1956, S. 187–198, hier S. 189.

95 Plinius: *Naturkunde*, Buch XXXV: Farben – Malerei – Plastik, aus d. Lat. u. hrsg. v. Roderich König in Zusammenarbeit mit Gerhard Winkler. 2., überarb. Aufl. Düsseldorf / Zürich: Artemis & Winkler 1997, S. 35, 65.

Aber die Kriterien für diese Naturähnlichkeit sind ästhetisch-politischen Konjunkturen ebenso unterworfen wie die relativen Vorstellungen über Schönheit, Kunst oder Blindheit. Ovids Version des Pygmalion-Mythos führt exemplarisch vor, auf welche Weise ein normatives Verweissystem konstruiert und reproduziert wird, das Begriffen wie Kunst und Schönheit in Bezug auf Natur und Wirklichkeit eine klare Funktion zuweist. Die Ehrfurcht vor den Göttern als Schöpfern dieser ‚Natur' spielt hier noch eine gewichtige Rolle:

> Pygmalion, als er gespendet,
> Trat zum Altar und betete scheu: „Ihr Götter, vermögt ihr
> Alles zu geben, so sei meine Frau" – er getraute sich nicht,
> „die
> Elfenbeinerne Jungfrau" zu sagen, „nur eine ihr gleiche!"[96]

Jenseits dieser historischen Perspektive auf eine Mimesis, die im Idealfall die Unterscheidung zwischen ‚Natur' und ‚Kunst' auf augentäuschende Weise aufhebt,[97] wird der Begriff in der neueren Ästhetik- und Kunstforschung in offenerer Weise

> als umfassende Kategorie behandelt, die im Prinzip jede künstlerische und außerkünstlerische Ins-Verhältnis-Setzung zur Welt umfasst, und damit gerade auch die eigenständig schöpferischen und eben nicht nur die nachahmenden Aspekte einschließt.[98]

Dahinter stehen die Verabschiedung des kunstdominierenden Repräsentationsgedankens, der mit der Heterogenität und Fragmentarität der Wirklichkeit, wie sie sich etwa bei den historischen Avantgarden zeigt, inkompatibel und vor allem hochgradig ideologieverdächtig ist, und eine Aufwertung der Sinne, eine Öffnung für alltagsweltliche Phänomene jenseits der ‚großen Fragen der Kunst', eine Hinwendung zur Medienphilosophie, zur Technik und Technologie im Zuge politischer und gesellschaftlicher Veränderungen, die Formen der zwischenmenschlichen Kommunikation und Interaktion, aber auch Perspektiven auf die Kunst nachträglich verändert haben.[99]

Obwohl Sartres Ausführungen aufgrund der vermeintlich existenzialistischen Vereinnahmung des bildenden Künstlers nicht unumschränkt rezipiert wurden,

96 Ovid: *Metamorphosen*, Buch X, Z. 273–276.

97 Die Hand des Betrachters ist es, die nach dem Vorhang oder den Trauben greift, die sich als Augen-Täuschung erweisen, weil sie ‚nur' gemalt sind (Plinius: *Naturkunde*, Buch XXXV S. 35, 65).

98 Valeska von Rosen: Nachahmung. In: *Metzler Lexikon Kunstwissenschaft*, hrsg. v. Ulrich Pfingster. Stuttgart / Weimar: Metzler 2011, S. 295–299, hier S. 295.

99 Vgl. exemplarisch die Textsammlung von Karlheinz Barck / Peter Gente / Heidi Paris / Stefan Richter (Hrsg.): *Aisthesis. Wahrnehmung heute oder Perspektiven einer anderen Ästhetik*. Leipzig: Reclam 1991.

überzeugt seine Kontextualisierung der zum Movens werdenden (inneren) ‚Not' Giacomettis. In seinem situativen Essay „Auf der Suche nach dem Absoluten" gibt sich der Autor Ende der 1940er Jahre beeindruckt von der Persönlichkeit eines Künstlers, der wie ein von Grund auf fremdes Wesen voller Staunen auf seine Mitmenschen blicke und sich verhalte, als hätte es vor ihm keine Bildhauerei gegeben.[100] Was Giacometti aus Sartres Sicht vor allem beschäftige, sei die Frage, wie man einen Menschen schaffen könne, ohne ihn zu versteinern.[101] Solange er dieses Problem nicht gelöst habe, gäbe es von ihm keine Plastiken, nur

> diese lockeren Entwürfe – immer halbwegs zwischen dem Nichts und dem Sein, stets wieder abgeändert, verbessert, zerstört und begonnen – [die] angefangen haben, selbständig und auf gut Glück zu existieren und unabhängig von ihm ihren Weg in der Öffentlichkeit zu machen.[102]

Abgesehen davon, dass sich dieser emphatische Duktus hervorragend für eine an Kris und Kurz anschließende Mythendekonstruktion eignet, ist hervorzuheben, dass sofern man Sartre folgt, Giacomettis Plastiken gar nicht erst den Anspruch erheben, (Kunst-)Werke zu sein. Vielmehr hätten sie einer verrätselten Verselbständigung oder Emanzipation gleich ihren Weg ‚von ganz allein' in die Öffentlichkeit gefunden, obwohl sie noch gar nicht fertig gewesen seien. Sartre spricht von Giacomettis bis zum Zeitpunkt seiner philosophischen Betrachtungen entstandenen Arbeiten als lockeren Entwürfen. Nach seiner Lesart seien diese von Giacometti nicht selbst als ‚Werke' autorisiert, sondern förmlich erst von der Öffentlichkeit (fälschlicherweise) als solche tituliert worden. Der Vorgang aber wirft ein erhellendes Licht auf Friedrich Nietzsches kryptische Forderung nach einer neuen Kunst: „eine[r] Kunst für Künstler, nur für Künstler!",[103] das heißt losgelöst von allen faktischen wie potenziellen Deutungs- und Vereinnahmungsimpulsen. Jene Verkettung von Missverständnissen, die den Künstler zum Künstler wider Willen werden lässt, was den Topos seiner symptomatischen Verkennung einschließt, verstärkt das vorherrschende Bild von Giacometti als einsamem Genie oder Mönch, der sich auf seine eigene, unteilbare Wahrnehmung (zurück-)geworfen sieht und deshalb von Grund auf einsam und unverstanden fühlen muss.

100 Sartre: Auf der Suche nach dem Absoluten, S. 189.

101 Ebd.

102 Ebd., S. 190.

103 Friedrich Nietzsche: *Die fröhliche Wissenschaft. Kritische Gesamtausgabe*, Bd. 5,2, hrsg. v. Giorgio Colli / Mazzino Montinari. Berlin: de Gruyter 1967, S. 19.

Doch diese Form der Einsamkeit wird in der exemplarisch mit Berger, Sartre oder Lord zitierten Rezeption gerade nicht mit psychischen Zuständen wie Verzweiflung oder Depression gleichgesetzt, sondern eher als eine innere Freiheit gegenüber der Gesellschaft und ihren kleinbürgerlichen Normen und Zwängen interpretiert. Wie Berger bemerkt, wäre

> Giacomettis Sicht [...] in allen vorangehenden historischen Perioden nicht möglich gewesen; so könnte man sagen, daß sie die soziale Fragmentierung und den manischen Individualismus des spätbürgerlichen Intellektuellen widerspiegelt. Giacometti war nicht einmal mehr der Künstler in der Klause. Er war der Künstler, der die Gesellschaft für irrelevant hält. Wenn sie seine Werke erbte, dann nur, weil es sich nicht anders ergab.[104]

In diesem Sinne ist es nur folgerichtig, wenn die auch ihrem Material nach hochwertigen Bronzen im Kontext des Dramas einer alten Clocharde gehören, die als weibliches Pendant des literarisierten Vorbilds selbst außerhalb kommerzieller Verwertungszusammenhänge steht; für sie zählt allein der ideelle, ja buchstäblich der immaterielle Wert der Bronzen. Ohne sie aus ihrer Sicht damit aufzugeben, ist Alte Hure bereit, ihre Bronzen – Hüllen vielmehr – Hinkender Dieb zu überlassen, wenn er ihr nur jene Gefälligkeit erweise – die Nachricht vom Tode Giacomettis zu wiederholen, aber „so, als wäre es das erste mal [*sic*]. Und du musst ‚Madame' dazu sagen". (87)

Tränen, Wahrheit, Blindheit

Alte Hure muss einen Sinneswandel durchlebt haben, denn nach der ersten Verlautbarung jener Nachricht hatte sie insistiert: „Sagen Sie doch nicht Madame zu mir, sagen Sie nicht Madame zu mir." (81) Dann aber nahm sie „die Brille ab. Sie hat große geschwollene Augen", was durch Hinkender Diebs Wiederholung verstärkt wird: „Sie sollten einen kalten Lappen nehmen, *leise* Madame, Ihre Augen sind groß und geschwollen, das muss wehtun." (81)

Im Verhältnis zu jenen stecknadelgroßen oder kleingeweinten Köpfen, die Giacomettis Bronzefiguren auszeichnen, sind Alte Hures Augen analog derjenigen der Stehenden Frau auffallend groß, wie geschwollen. Lohers Figur verbirgt ihre Augen, ihre Blindheit, ihren Schmerz hinter einer Sonnenbrille, die sie abnimmt, wo andere sie aufsetzen, wenn die Rede nämlich auf den unerwarteten Tod ihres Geliebten oder die bereits in ihr wirksam gewordene Trauer um sein Ausbleiben kommt. Aus dieser Perspektive bekommt die persönliche Trauer durch die Todesbotschaft erst ein konkretes Gesicht: „Ich kann tags nicht mehr schlafen und nachts nicht mehr arbeiten, ich warte." (82) Wie Stehende

104 Berger: Giacometti, S. 112.

Frau scheint Alte Hure dazu ‚verdammt', auf ‚ewig' zu warten. In welcher Weise überlagern sich in dieser Szene Alte Hures exponierte Augen, ihre Blindheit und ihr Schmerz? Sind die großen, geschwollenen Augen ein Indikator für ihre Schlaflosigkeit und ein andauerndes Weinen, Anzeichen einer daraus resultierten, gravierenden Entzündung? Teil eines alltagskulturellen Wissens ist die Vorstellung, untröstliche Kinder mit der furchterregenden Idee zu konfrontieren, sie könnten sich ‚blind weinen', wenn sie nicht endlich damit aufhörten. Ähnlich Freuds in Kapitel II erwähnten Überlegungen zur Entstehung psychogener Sehstörungen besteht das Problem demnach weniger im Weinen an sich als in der Unüberwindbarkeit des entsprechenden Affekts. Ein eindrückliches Beispiel für diese Lesart findet sich in Susan Sontags Roman *Todesstation*. Der von Visionen, Ängsten und Erinnerungen heimgesuchte Protagonist Diddy glaubt sich daran zu erinnern, wie er als Kind in einen Streich auf Kosten seiner Cousine Ann verwickelt war. Der Streich bestand in der Vernichtung ihrer Lieblingspuppe Andy, einem ‚typischen Mädchenspielzeug'. Diddy ahnt, dass Andy in Wahrheit seine eigene Puppe, schlimmer noch sein ‚kleiner Doppelgänger' war und die Verbrennung eine Form der frühen Selbsttötung. Wie um seiner kindlichen Wut, der Scham über sein inniges Verhältnis zur Puppe zu begegnen, legt die Multiperspektivität des Romans eine defensive Übertragung der traumatischen Erfahrung auf seine Cousine nahe:

> Dann stimmte es also, daß der armen Ann eine elende Zeit bevorstand. Daß sie erbärmlich schluchzen würde bei der Entdeckung, daß Diddy, der Verruchte, ihren geliebten, hilflosen Andy ermordet hatte. Kein Niagarafall und kein Rotes Meer, die die Welt überfluteten. Aber doch salzige Tränen in Hülle und Fülle; zu stark, als daß ihre Augen es ertrügen. Wenn sie Diddys Diebstahl entdeckte und erführe, daß Andy eingeäschert worden war, dann würde sie sich blind weinen.[105]

Sontags Roman bedient sich hier eines starken Bildes: der Vorstellung, dass die Tränen, die als Körperflüssigkeit doch aus dem Körper, den Augen, hervorgehen, von ihren organischen Bedürfnissen und Funktionen reguliert werden müssten, in einer Weise außer Kontrolle geraten könnten, dass sie für den Erhalt der zentralen Sehfunktion eine Gefahr darstellten. Was Lohers Protagonistin betrifft, ist denkbar, dass die symbolisch überhöhte Ausprägung ihrer Erblindung eine irreversible Folge des ständigen Weinens und Wachens ist, zumal das Phänomen selbst, die Trauer, unmittelbar mit der Abwesenheit des Geliebten zusammenhängt. In diesem Sinn würden die Bronzeplastiken über eine temporäre Blindheit wachen, die mit der Rückkehr des Geliebten wieder aufgehoben

105 Susan Sontag: *Todesstation*, aus d. Amerik. v. Jörg Trobitius. Frankfurt am Main: Fischer 2003, S. 73.

sei, so wie das in Sontags Roman aufgerufene Bild an eine vorübergehende Blindheit gemahnt.
Jacques Derrida hat in seinen *Aufzeichnungen eines Blinden* die grundsätzlich blendende Wirkung der symbolisch begriffenen Tränen herausgearbeitet, ebenso wie ihr dialektisches Potenzial, durch das Verhüllen des Blicks erst das Wesen, die ‚Wahrheit' der Augen zu enthüllen:

> Wenn die Tränen *in die Augen treten*, wenn sie dabei auch den Blick zu trüben vermögen, vielleicht enthüllen sie im Verlauf selbst dieser Erfahrung, in diesem Laufen von Wasser, ein Wesen des Auges, auf jeden Fall des menschlichen Auges, des im anthropo-theologischen Raum der heiligen Allegorie begriffenen Auges. Im Grunde [fond] genommen, seinem innersten Wesen [fond] nach wäre das Auge nicht dazu bestimmt zu schauen, sondern zu weinen. Im Augenblick selbst, wo sie die Sicht trüben, entschleierten die Tränen das Eigentliche [propre] des Auges.[106]

Derrida spielt hier und im weiteren Verlauf auf die ‚Eigensinnigkeit', die Unhintergehbarkeit des weinenden Auges an:

> Das, was sie aus dem Vergessen hervorquellen lassen, indem es der Blick zurückbehält, wäre nichts geringeres als die *alethia*, die *Wahrheit* der Augen, deren höchste Bestimmung sie so offenbarten: das heißt eher das Anflehende als die Vision im Auge zu haben, eher das Gebet, die Liebe, die Freude, die Traurigkeit als den Blick zu adressieren.[107]

Während der Blick zum Beispiel manipulativ sein kann, ist das Auge demnach nicht in der Lage zu lügen. Das Auge offenbart sich paradoxerweise nur, wenn der Blick selbst gestört ist. Das Auge als Ausdruck und der Blick als Appell sind in ihrer Wirkung keineswegs identisch.[108] Wenn die Wahrheit Derrida zufolge im Auge selbst und nicht im Blick zu suchen ist, wundert es nicht, wenn er das Wesen der Augen in den Tränen verortet und nicht im Schauen.[109] Und doch scheint der Einwand berechtigt, dass selbst wenn das weinende Auge prädestiniert sein mag, die innere oder emotionale Gestimmtheit des vor Freude oder aus Verzweiflung Weinenden zu offenbaren, der Blick selbst das Wesen der Augen ebenso wenig ganz zu verstellen vermag, wie sich umgekehrt Tränen bewusst und in potenziell manipulativer Absicht herbeiführen lassen. Folgt man Waldenfels, dann transportiert der menschliche Blick immer auch eine Stimmung, eine Art emotionale Färbung: „Sehe ich dem Anderen ‚in die Augen', so sehe ich nicht nur einen Sehenden, sondern ich sehe auch, wohin der Blick des Anderen geht. Ich sehe, *was der Andere sieht* und in gewissem Umfang auch,

106 Derrida: *Aufzeichnungen eines Blinden*, S. 122. (Herv. i. Orig.)
107 Ebd. (Herv. i. Orig.)
108 Ebd.
109 Ebd., S. 123.

wie er es sieht.“[110] Dieses *wie* jedoch verweist über die gemeinsame Anwesenheit zweier Menschen hinaus auch auf die Verfasstheit des Blickenden, seine Befindlichkeit, über die mir sein Blick etwas verraten kann.
Wenn Derrida festhält, dass „[d]ie Blindheit, die das Auge öffnet, [...] nicht diejenige [ist], die die Sehkraft verdunkelt“,[111] hilft diese Unterscheidung dennoch im Hinblick auf die Alte Hure zuerkannte Blindheit, die nicht im Modus der Verdunklung, sondern im Gegenteil als eine sinnlich-philosophische Offenbarung erscheint. Von dem Moment an, da Alte Hure die Brille abnimmt, zeigt sie sich Hinkender Dieb in ihrer Art zu denken und zu lieben; ohne eine Spur der Verstellung oder Scham trägt sie ihm ihren Wunsch an, er möge die Nachricht vom Tode Giacomettis noch einmal wiederholen – und eine Nacht lang ‚ihr‘ Giacometti sein. Dieser Verlauf, infolge dessen konkrete, einst bindende Rituale zwischen den Liebenden reaktiviert werden, erinnert an den in Brodowskys Erzählung verhandelten Versuch, sich den Blick eines anderen Menschen anzueignen.

Staub als Materialisierung von Zeit

Was, um auf die bildnerische Figuration zurückzukommen, Stehende Frau oder Schreitender Mann gegenüber einer ‚Urform‘ der Statue nach Pygmalion auszeichnet, ist ihre mit Sartre thematisierte deutlich sichtbare ‚Gemachtheit‘. Anstatt das Herstellungsverfahren, den Prozess der Erarbeitung, den Umgang mit dem Material, die physischen Mühen unter einer glatten Oberfläche zu kaschieren, bestehen diese Plastiken zu einem wesentlichen Teil in der Sichtbarmachung eines mühsamen, langwierigen und grundsätzlich unabschließbaren Arbeitsprozesses. Seine Arbeitsweise beschreibt Lord wie folgt:

> Was ihn [Giacometti, A. Ha.] vom Ausruhen abhielt, war fast immer Arbeit an Plastiken, die noch im Entstehen begriffen waren. Er modellierte an ihnen weiter, formte sie um oder begann sie von neuem. Es waren dies alles Werke, bei denen er aus der Erinnerung oder aus der Vorstellung heraus schuf. Kein Modell saß oder stand vor ihm während dieser einsamen Arbeitsphasen um fünf oder sechs Uhr in der Frühe. Er war allein mit seinem Werk, völlig im Abtasten versunken, nicht nur mit den Augen, sondern vor allem mit den Fingern. Auf und ab wanderten seine Hände, vor und zurück über die Oberflächen dieser Skulpturen, als hätten sie einen eigenen, unabhängigen Willen. Jede Berührung an einem dieser Werke führte augenblicklich eine Veränderung herbei, machte die Plastik nicht unbedingt besser, aber neu, machte sie zu etwas, das vorher nicht existiert hatte.[112]

110 Bernhard Waldenfels: *Antwortregister*. Frankfurt am Main: Suhrkamp 2007, S. 497. (Herv. i. Orig.)

111 Derrida: *Aufzeichnungen eines Blinden*, S. 123.

112 Lord: *Alberto Giacometti*, S. 284.

Während Ovids Pygmalion fürchtet, seine Finger könnten Spuren auf der gleichmäßig glatten Oberfläche seiner perfekt proportionierten Statue hinterlassen, besteht ausgerechnet in der Sichtbarmachung solcher Spuren ein Anspruch der Bildhauerei Giacomettis. Figuren wie Stehende Frau und Schreitender Mann künden von unzähligen Abdrücken und Malen, die ihnen durch ein komplexes Register haptisch-taktiler Handlungen zuteil wurden.
Lohers Parallelisierung von literarischem und bildnerischem Personal legt nahe, dass nicht nur Giacomettis sich darin widerspiegelnde Kunstauffassung konträr zu einer am Pygmalionmythos orientierten mimetischen Programmatik steht. Ebenso konträr zur moralischen Programmatik des Pygmalion-Textes Giacomettis stehen dessen soziale Kontakte aus jener Zeit, ab den späten 1950er Jahren, in einem Wechselverhältnis mit dem Sujet und der (Aus-)Gestaltung seiner Arbeiten: „Einst hatte Alberto die Gesellschaft berühmter, schöpferischer Menschen gesucht und genossen. Jetzt schien er sich eher im Umgang mit obskuren und gewöhnlichen Leuten wohlzufühlen, mit Prostituierten, Herumtreibern, anonymen Gestalten in Nachtbars."[113] Zugespitzt ließe sich formulieren, dass Giacometti, wie ihn Lohers Text skizziert, ausgerechnet jene Lebenswirklichkeit zur Inspiration seiner Kunst wird, vor der es Pygmalion graut. Anstatt jedoch von der Kunst auf das Leben zu schließen, nutzt *Hund* die stilisierten Bronzen als ein Medium, um durch sie hindurch und in enger Korrespondenz mit Giacomettis Ästhetik des Unvollendeten literarisch offene Situationen, Skizzen, Impressionen zu entwerfen – statt eines fertigen Werks, was erneut an Ecos Konzeption des ‚offenen Kunstwerks' denken lässt.[114] Giacomettis Beerdigung wird aus Hinkender Diebs Perspektive zu einer fiktiven Ansammlung seiner so fragil wirkenden Figuren, wie sie etwa in *Waldlichtung* (1950) oder *Frauen von Venedig* (1956) in einer größeren Zahl zusammenkommen:

> Hinkender Dieb An einem Wintermorgen reichte der Begräbniszug von Stampa bis nach Borgonovo, in einer schwarzweißen Landschaft aus dunklen Bergzügen und Schnee, und die Menschen, die mit dem Sarg gingen, sahen aus wie Waldameisen, die einen toten Genossen nach Hause bringen. Die Köpfe waren kleingeweint auf ihren Körpern, die sich vor Kälte in die Länge zogen, und später warfen sie dünne, kummervolle Silhouetten über das offene Grab. (83)

In der literarischen Umkehrung eines Natur imitierenden Verfahrens wird die Kunst zu einer Art visuellem Apparat, um ein subjektives Bild der Wirklichkeit zu zeigen. Wie relativ Leben und Tod innerhalb der dramatischen

113 Ebd., S. 413.

114 Eco: Die Poetik des offenen Kunstwerks. Vgl. Kap. I und II.

Textwirklichkeit wirken, zeigt die Alte Hure zuerkannte Sehnsucht nach vollständiger Immobilität. Während die Kunst im Anschluss an Pygmalion nach dem Leben trachtet, verlangt es Alte Hure in einer symptomatischen Kehrtwende dieses ästhetischen Prinzips danach, Materie zu werden, wie um sich so in ihre Umgebung einzuschreiben.

> ALTE HURE Wenn ich mich nicht mehr bewege, gehöre ich irgendwann, früher oder später, zu diesem Tisch. Und auch zum Stuhl. Wir drei sind unzertrennlich. Wenn du dich nicht bewegst, gehörst du auch dazu. Mein Unterleib gehört dem Stuhl, mit der oberen Leibeshälfte bin ich einem Tischwesen schon sehr nah. (88)

Alte Hure umschreibt den Vorgang der Einfühlung in einen unbelebten Gegenstand außerhalb ihres Selbst als einen oft wiederholten, ritualisierten Vorgang:

> So saßen wir oft, so saßen wir oft an diesem Tisch, Alberto und ich, und bewegten uns nicht im geringsten, und es war schwierig, sich nicht im geringsten zu bewegen, aber wenn es uns gelang, war es – ganz – richtig – und – schön. (88)

Die in die performative Aussage eingelagerte Praxis, eine Art Reenactment einer bedeutenden, ritualisierten Lebenssituation,[115] korrespondiert mit dem Wunsch der erblindenden Fotografin aus Brodowskys Erzählung. Sie trägt ihrem/r Partner_in auf, ein zentrales Narrativ aus ihrer gemeinsamen Geschichte mit einer anderen Frau nachzustellen, die in die Rolle der Fotografin schlüpft und so in einer Vorwegnahme des Todes schon für sie einspringt, um möglicherweise über den tatsächlichen Tod der Fotografin hinaus deren Rolle (im Leben

115 Der Begriff wird hier im doppelten Sinne der Nachstellung und/als Wieder*aufführung* verwendet, da es sich zuerst um eine im Text als persönliche Rekonstruktion erfahrbare Situation handelt, die alsdann durch den Kontext (den künstlich-künstlerischen Akt der Wiederholung an sich, das Spiel im Spiel) einen inszenatorischen Charakter bekommt. Die Verwendung hier grenzt sich von den im Übrigen uneinheitlichen Verwendungsweisen in den Kultur- und Theaterwissenschaften ab, wo der Begriff jüngst zu einem populären Topos avancierte. Ursprünglich bezieht er sich auf die Nachstellung eines historischen Ereignisses an Originalschauplätzen durch (zumeist) Laiendarsteller, jedoch fand im Zuge der Diskussionen um die (Nicht-)Wiederholbarkeit von Performances eine Begriffsverschiebung statt. Insbesondere seit der Jahrtausendwende wird der Begriff zunehmend auf die Wiederaufführung von (einem strengen Begriffsverständnis nach) eigentlich unwiederholbaren Performances bezogen. Während Peggy Phelan in diesem strengen Sinn auf der Singularität, Unwiederholbarkeit und Flüchtigkeit der Aufführung bestand, widersprach ihre Schülerin Rebecca Schneider dieser Konzeption, indem sie auf das bleibende Potenzial ästhetischer (Aufführungs-)Erfahrung insistierte. Vgl. Phelan: *Unmarked*; Rebecca Schneider: *Performing Remains. Art and War in Times of Theatrical Reenactment*. London / New York: Routledge 2011. Vgl. außerdem als Einblick in neuere Forschungsperspektiven zum Thema: Jens Roselt / Ulf Otto (Hrsg.): *Theater als Zeitmaschine. Zur performativen Praxis des Reenactments. Theater- und kulturwissenschaftliche Perspektiven*. Bielefeld: Transcript 2012; Freddie Rokem: *Geschichte aufführen. Darstellungen der Vergangenheit im Gegenwartstheater*, aus d. Engl. v. Matthias Naumann. Berlin: Neofelis 2012.

der zurückbleibenden Figur) spielen zu können. Dort ist es die Abwesenheit der (beinahe oder noch nicht) Blinden, die das Erlebte nicht mehr visuell nacherleben kann, hier die Abwesenheit des Geliebten, der für die Zurückgebliebene nicht länger sichtbar, das heißt existent ist.

Ähnlich wie in *Aufnahme* stellt Alte Hure also das mit Giacometti verbundene Ritual nach. Sie fordert Hinkender Dieb auf: „Setz dich. Setz dich zu mir. [...] Ich möchte nicht, dass du dich bewegst." (88) Die Erfahrung des subjektiven Perspektivverlusts, die ebenfalls im Hinblick auf Brodowskys Erzählung diagnostiziert wurde, ist Alte Hures Worten zufolge nicht exklusiv, an ihr kann prinzipiell auch Hinkender Dieb partizipieren. Allerdings rührt sein Versuch, sich auf ihre wahrnehmungsgesteuerte Transformation einzulassen, auch an den Grenzen dieser ‚Kunst' oder Kontemplation, die allem Anschein nach einer gewissen Übung oder Prägung bedarf. Alte Hure korrigiert Hinkender Dieb, der insistiert: „Ich beweg mich doch gar nicht", mit der Einschränkung: „Ich meine auch innerlich." (88) Die Vorstellung eines inneren Stillstands impliziert hier in Anbetracht der um ihren Geliebten trauernden Figur das Feld der Emotionen, Gefühle, die aus dem Inneren zu kommen und nach außen zu drängen scheinen, sowie Bereiche, an denen der Umschlag äußerer, meist audiovisueller Reize in mentale oder physische Reaktionen zu verorten ist, den Fluss der Gedanken. Auf die innere Bewegung zu verzichten, korrespondiert laut Alte Hures Umschreibung mit einer (imaginär) subjektiven Verdinglichung, der Vorstellung, ein Tischwesen zu werden – oder, wenngleich nicht literarisch expliziert, eine Plastik Giacomettis: „Die Stauboberfläche ist unser gemeinsamer Lack." (89) Sie ruft darüber hinaus den prominenten Versuch des sensualistischen Aufklärers Étienne Bonnot de Condillac auf, die Organisation und Funktion der menschlichen Sinne – Gesichtssinn, Gehör, Tastsinn, Geruchs- und Geschmackssinn – am Modell einer imaginären Statue zu erklären, die er theoretisch mit einem sukzessive aufeinander aufbauenden Wahrnehmungsapparat ausstattet.

Einen Hintergrund seiner Überlegungen zu den sinnlich-epistemischen Voraussetzungen der Wirklichkeitswahrnehmung bildet der sogenannte Molyneux-Streit. William Molyneux hatte Ende des 17. Jahrhunderts die Frage aufgeworfen, ob ein blind geborener Mensch, der plötzlich sehen könne, in der Lage sei, mit Hilfe seiner Augen einen Würfel von einer Kugel zu unterscheiden. Wenn er zuvor die beiden Körper mit Hilfe seiner Hände ertastet habe – könne er dann die beiden voneinander isolierten Erfahrungsergebnisse in Einklang miteinander bringen? Der Kugel-Würfel-Streit wird zur Gretchenfrage der sinnlichen Erkenntnistheorie des ausgehenden 17. und des 18. Jahrhunderts, die sich mit Aufbau, Funktion und Kooperation der menschlichen Sinne beschäftigt; John Locke und Leibniz greifen sie ebenso auf wie Diderot (vgl. Kapitel IV).

Mitte des 18. Jahrhunderts vertritt de Condillac in seiner *Abhandlung über die Empfindungen* also die Ansicht, dass eine fühlende Statue ohne Augen und Ohren sich in einem potenziell unendlichen Raum wähnen müsse. Weder über den Gesichtssinn noch über die Ortung von Geräuschen sei sie mit dieser sinnlichen Disposition in der Lage, Dinge voneinander oder gar ihre Umgebung von sich zu unterscheiden: Ohne zu sehen und zu hören, müsse sie sogar annehmen, alles, was sie berührt, selbst zu sein, weil es in ihrer Wahrnehmung außer ihr nichts anderes gäbe. In alles, was sie berührt, fühlt sie sich demnach schon hinein,[116] was wiederum jene schon mehrmals genannte zentrale Vorstellung einer wechselseitigen Affizierung und Infizierung zwischen tastendem Subjekt und betastetem Objekt verstärkt, die kulturgeschichtlich besonders über Personen kolportiert wird, die nicht (nur) mit ihren Augen sehen.[117]

Lohers Gestaltung einer blinden Figur bildet eine Art Gegenstück zu der in de Condillacs Essay wirksamen Überzeugung einer produktiv-sukzessiven Vervollkommnung des menschlichen Sinnesapparats. *Hund* verhandelt in förmlich gegenläufiger Richtung eine imaginäre Reduktion der sinnlichen Zuständigkeiten. Die zunehmende Konzentration des eigenen sinnlich-emotionalen Empfindens dient gerade der Überwindung jenes fortschrittskonnotierten Bewusstseins einer subjektiven Autonomievorstellung.[118] Blind zu sein wie de Condillacs Statue, hieße im Gestus von Alte Hures Meditation endlich wieder eins zu sein mit ihrer Umwelt, dem Geliebten, sich selbst. Denn das Bewusstsein des eigenen Selbst ist im Falle Alte Hures auch die Quelle ihrer kontinuierlichen Verzweiflung über die Abwesenheit des Geliebten. Ein Mittel, um dessen An- und Abwesenheit begreifbar zu machen, ist die mit Alte Hures Worten aufgerufene, geradezu magisch aufgeladene Vorstellung vom Staub, der – weit entfernt von Assoziationen des Schmutzes und der Nachlässigkeit – eine besondere Rolle in *Hund* und darüber hinaus bei den sinnlichen Artikulationen der An- und Abwesenheit des Geliebten spielt. Der Staub wird zum Indikator dafür, wie lange Alte Hure bereits auf die Rückkehr ihres Geliebten wartet,

116 Étienne Bonnot de Condillac: *Abhandlung über die Empfindungen*, aus d. Franz. v. Eduard Johnson, hrsg. v. Lothar Kreimendahl. Hamburg: Meiner 1983, S. 84–88.

117 Vgl. exemplarisch Denis Diderot: Brief über die Blinden; ders.: Nachtrag zum Brief über die Blinden. In: Ebd., S. 100–110, hier z. B. S. 101–103.; Lévi-Strauss: Die beiden Blinden; Derrida: *Aufzeichnungen eines Blinden*, u. a. S. 15–17.

118 Natalie Binczek stellt fest, dass allein der Tastsinn nach de Condillacs Überlegungen in der Lage sei, einen Bezug zur Außenwelt herzustellen. Alte Hure steht im Gegensatz dazu für den ebenfalls haptisch konnotierten Versuch, wieder eine Beziehung zur ‚Innenwelt' herzustellen. (Vgl. Natalie Binczek: *Der Tastsinn in Texten der Aufklärung. Studien zur deutschen Literatur*. Tübingen: Niemeyer 2007, S. 318.) Die Autorin widmet ein Kapitel ihrer Studie den „Systemgrenzen des Tastsinns" am Beispiel von de Condillac (ebd., S. 317–344).

denn „[w]as sich zuallererst im und am Staub zeigt, ist nichts anderes als die Zeit selbst, ihr unaufhörliches Voranschreiten".[119] So beginnt die 2. Szene mit der Regieanweisung: „Ein einfach möbliertes Zimmer (Tisch mit Gläsern, zwei Stühle, Bett, Schrank, verhüllter Spiegel) von einer Farbe wie grauer Lehm, insgesamt eine Staublandschaft." (78) An anderer Stelle imaginiert Alte Hure, wie es wohl wäre, solange unbewegt zu bleiben, bis der Staub sich auf sie niedersetzte, „in zarten kleinen Flocken, der Schnee der Zeit". (88) Aus der ersehnten poetischen Vereinigung mit dem „Schnee der Zeit" spricht nachgerade der Wunsch, selbst so zeitlos zu werden wie der Staub, jene „Anhäufung von Resten"[120] gemeinsam erlebter Dauer. Auch drückt sich in der literarischen Evokation dieses auf rätselhafte Weise Vergangenheit materialisierenden Stoffes, der so viele Philosoph_innen beschäftigt hat, das unkonventionelle Denken der Protagonistin aus, die hier zur unbestreitbaren Anwältin des Staubes avanciert. Damit grenzt sich Lohers Figur nicht nur von einem bestimmten Typus des alltagsbezogenen und philosophischen Ordnungsliebhabers ab, sondern auch von einer indirekt der Bourgeoisie zuarbeitenden Denkfigur, jenem dienstbeflissenen Zimmermädchen, das George Bataille in seinem *Kritischen Wörterbuch* zu einer Feindin des Staubs erklärt hat:

> Wenn die dicken Zimmermädchen, die für alles gut geeignet sind, sich allmorgendlich mit einem großen Staubwedel oder gar mit einem elektrischen Staubsauger bewaffnen, sind sie sich vielleicht nicht ganz darüber im unklaren, daß sie genauso wie die positivistischsten Gelehrten dazu beitragen, schädliche Gespenster zu entfernen, die von Sauberkeit und Logik angewidert sind.[121]

Roland Meyer führt in seinem Essay über die Wechselwirksamkeit der Vergänglichkeit und der Akkumulation von Staub zu Batailles Zugriff aus:

> In seinem *Dictionnaire*, das nur Begriffe verzeichnet, die von ihm als *inclassables* bezeichnet werden, erscheint der Staub als das Andere der Ordnung des Archivs, das namenlose Grauen aller ordnungsliebenden Buchhalter und Archivare. Der Staub ist Schmutz, und damit, wie es bei Christian Enzensberger heißt, Materie am falschen Ort. Ungeordnete, unsaubere, formlose Materie. Wer vom Formlosen spricht, so Bataille, verlangt von den Dingen, dass sie Form annehmen – was ohne Form ist, scheint wertlos, niedrig und verachtenswert. An ihm mag sich berauschen, wer selbst ohne Form ist – Kinder, Gespenster, Surrealisten.[122]

119 Roland Meyer: Kleinerer Versuch über den Staub. Eine Spurensuche. In: Die Junge Akademie (Hrsg.): *Preisfrage 2005. Wo bleibt die Zeit?*, S. 3. http://www.wo-bleibt-die-zeit.de/preis/Meyer.pdf (Zugriff am 15.06.2017).

120 Ebd., S. 1.

121 Zit. n. ebd., S. 2.

122 Ebd., S. 2–3. (Herv. i. Orig.)

Gefallen daran finden mag mit anderen Worten, wer unkonventionell oder unangepasst ist und sich nicht vom ‚Zeitgeist' vereinnahmen lässt: Wer wie Giacometti – Sartre paraphrasierend – so frei ist, als hätte es vor ihm keine Bildhauerei gegeben[123] oder wer sich wie Lohers Protagonistin weigert, zwischen vermeintlicher Realität und Spiel, Logik und radikaler Subjektivität zu unterscheiden.

Die in *Hund* thematisierte Sehnsucht nach Form- oder Zwanglosigkeit, nach einer sich in Alte Hures Blindheit versinnbildlichenden Aufhebung der subjektiven (Körper-)Grenze ist an sich weder positiv noch negativ konnotiert; sie ist ein Ausgangspunkt, ein Ergebnis, von dem aus sich weiter nach den Implikationen und Korrelationen, den Voraussetzungen und Wirkungen einer derart ausgebreiteten Denk- und Lebensart fragen lässt.

Das Fenster als Chiffre: Tausch

> „Kannst du mir wohl sagen, was Nachahmung überhaupt ist? Ich selbst nämlich begreife noch nicht, was sie sein will."
> „Und da soll ich es wohl begreifen?" sagte er.
> „Das wäre ja", antwortete ich, „gar nichts Sonderbares, denn schon oft haben Leute mit schwachen Augen etwas eher gesehen als solche, die einen schärferen Blick haben."
> (Platon, *Der Staat*)

Das Prinzip der produktiven Veruneindeutigung, das in der taktilen Kontaktaufnahme zwischen Hinkender Dieb, Alte Hure, Stehende Frau und Schreitender Mann seinen unverwechselbaren Ausdruck findet, wirkt unter anderem auf die konventionelle Dichotomie von Produktion und Rezeption. Im Modus des Begreifens und der Einfühlung nehmen Alte Hure und Hinkender Dieb nicht nur wahr, sondern versichern sich auch ihrer eigenen Identität. Als einen weiteren Aspekt dieser mehrdeutigen Durchdringung von Produktion und Rezeption gilt es, sich dem literarischen Motiv der Blindheit noch einmal genauer zuzuwenden – und zwar in Rekurs auf ein kunsttheoretisches Narrativ, das die (Selbst-)Stilisierung zum blinden Künstler beinhaltet.

Über die explizit als blind konzipierte Figur hinaus lässt Lohers Text auf eine weitere, implizite Projektion schließen. Der in alle vier Figuren eingegangene Künstler färbt nämlich die poetische und tragische Atmosphäre des Dramas, obwohl er körperlich abwesend bleibt: Seine geistige Omnipräsenz findet eine besondere Entsprechung in der literarisch nachgezeichneten Koexistenz vom

123 Sartre: Auf der Suche nach dem Absoluten, S. 189.

künstlerischen Genie und seiner Muse. Lohers Entwurf der alten Hure wendet den Topos der göttlichen Muse, der als jung und schön konzipierten Geliebten des Künstlers, die ihm zugleich inspirierendes Modell ist. Diese gewendete Koexistenz korrespondiert gerade mit der von Jean Genet geschilderten persönlichen Vorliebe des Künstlers für eine alte Clocharde und seine Figurengestaltung.[124] Bezeichnend an Lohers impliziter Figurenkonstellation ist, dass über das Scharnier der Blindheit nicht mehr zwischen (weiblicher) Muse und (männlichem) Genie, Aktivität und Passivität, Produktivität und Rezeption zu unterscheiden ist. Als ‚blinder' Künstler steht Giacometti in *Hund* förmlich die ganze Zeit ‚hinter' Alter Hure, er ist da, aber nicht sichtbar. Anwesend etwa in den Plastiken, die er Alte Hure „als Wächter [ihrer] Blindheit" (80), als Stellvertreter seiner selbst überlassen hat. Die genauen Gründe, weshalb es aus Sicht des fiktiven Giacometti nicht Alte Hure selbst, sondern dezidiert ihre Blindheit zu bewachen gilt, bleiben unerwähnt. In Anbetracht des philosophischen und sinnlich-ästhetischen Gehalts des Theatertexts liegt jedoch nahe, der programmatischen Funktionsbestimmung der Figuren auch einen Hinweis auf die Bedeutung von Alte Hures Blindheit zu entnehmen: Im Anschluss an den Stellenwert des Illusorischen, der Zerstreuung, welche dem kulturellen Fetisch der geistigen und sinnlichen Fokussierung oder Sammlung diametral entgegensteht, und des die Vergangenheit auf paradoxe Weise manifestierenden Staubs lassen sie sich als Wächter einer besonderen Sicht- und Denkweise begreifen. Wenn Blindheit für eine gesteigerte subjektive Wahrnehmung steht, weil die ‚blinde Sicht' weniger vermittelbar ist als die vorherrschende Teilhabe an visueller Partizipation, gilt es von dieser Vorannahme aus, das metaphorische Potenzial des Staubs zu akzentuieren und in Zusammenhang mit einer künstlerischen Position zu setzen, die John Berger wie folgt paraphrasiert:

> Die radikale Grundannahme, auf die Giacometti sein ganzes reifes Werk gründete, war, daß keine Wirklichkeit – und ihm lag an nichts anderem als an der Betrachtung der Wirklichkeit – je mit einem anderen geteilt werden kann. Darum glaubte er, daß es nicht möglich sei, ein Werk zu vollenden. Darum besteht der Inhalt jeden Werks nicht in der Natur einer Figur oder eines porträtierten Kopfes, sondern in der unvollständigen Geschichte *seines* Blicks darauf.[125]

In der Bildsprache des Textes *Hund* bleibend hieße das, dass Giacometti (sinnbildlich) auf die Blindheit jedes Einzelnen rekurriert, da jede individuelle Sicht

124 Gleichzeitig soll Giacometti in seinen letzten Lebensjahren ein Liebesverhältnis mit einer jungen Prostituierten gehabt haben; in diesem Sinne ließe sich Lohers Protagonistin auch als eine aus jener Clocharde *und* dieser Prostituierten zusammengesetzte Kunstfigur begreifen.

125 Berger: Giacometti, S. 110. (Herv. i. Orig.)

prinzipiell unteilbar sei – *in*dividuell. Und diese Sicht, welcher Berger Ausdruck verleiht, kann wiederum als die exklusive Sicht des Künstlers gedeutet werden, die mit dem Topos vom unverstandenen Künstler harmoniert. Alte Hure stellt eine Figur im grundvernehmlichen Einverständnis mit Giacometti vor, die den „Akt des Sehens“[126] in einer „Art Gebet“[127] mit ihm zelebriert, sich versenkt in den immobilen Zustand der Plastiken: Anders als im Pygmalion-Mythos soll die Kunst hier nicht wie das Leben werden, sondern das Leben sich in die Unvollendbarkeit des künstlerischen Werks hineindenken – ein Akt der Meditation, der gedanklichen Exerzitien zweifellos.

Über diese ungewöhnliche Sicht, die Lohers Alte Hure mit ‚ihrem‘ Giacometti teilt, wachen jene signifikanten Verkörperungen „seiner [Giacomettis, A. Ha.] künftigen Abwesenheit, seines Todes, seiner zunehmenden Unkenntlichkeit“.[128] Einen Einblick, in ihre unkonventionelle Art zu denken, gewährt Alte Hure Hinkender Dieb am Beispiel ihres Zimmerfensters:

> ALTE HURE Sehen Sie das Fenster dort, ich weiß, es ist blind und beschlagen und schmutzig und einen Sprung hat es auch, na ja nun, es ist das einzige Fenster, das Licht in dieses Zimmer lässt. Und ganz egal, wie man es anstellt, niemand kann das Fenster aus der Wand herausnehmen. Sobald einer das Fenster aus der Wand herausnehmen würde, wäre da nicht kein Fenster, sondern im Gegenteil ein noch viel größeres. (84)

Die kryptische Äußerung ist alles andere als eindeutig denotierbar; ein möglicher Zugang verläuft über die Deutung des Fensters als Chiffre für die menschliche Wahrnehmung im Allgemeinen und den Gesichtssinn im Besonderen. So vergleicht Théophile Gautier in Rekurs auf de Condillacs Modell der Statue die Sinne des Menschen mit Fenstern, die den menschlichen Geist mit der Welt verbinden; Leon Battista Alberti führte in De Pictura (1435/36) die Fenster-Metapher in den Kunstdiskurs ein.[129]

126 Berger: Giacometti, S. 110. (Herv. i. Orig.)

127 Ebd.

128 Ebd., S. 114.

129 Théophile Gautier: Du beau dans l’art: Réflexions et menus propos d’un peintre genevois, ouvrage posthume de M. Töpffer. In: *Revue des deux mondes: véritable manifeste esthétique*, 01.09.1847, S. 887–908. (Wiederveröffentlicht in: Ders.: *L’Art moderne*. Paris: Michel Lévy Frères 1856.) Darin hält Gautier fest: „En fermant une des fenêtres qui mettent l’âme en communication avec le monde extérieur, vous rendez obscures celles de ses facultés qui y répondent, et vous annihilez les notions qu’on aurait pu croire innées.“ (Ebd., S. 903.) Eine weitere Referenz bildet Leon Battista Albertis in *De Pictura* generierte Fenster-Metapher: Bilder umschrieb der einflussreiche Architektur- und Kunsttheoretiker als Fenster zur Welt. Vgl. Leon Battista Alberti: Die Malkunst. In: Ders.: *Das Standbild. Die Malkunst. Grundlagen der Malerei,* aus d. Ital. u. hrsg. v. Oskar Bätschmann / Christoph Schäublin, unter Mitarbeit von Kristine Patz. Darmstadt: WBG 2000, S. 194–315.

In der offenkundig symbolischen Funktion, die das Fenster im Kontext der Figurenrede bekommt, schwingt darüber hinaus die Vorstellung mit, dass es verschiedene Wahrnehmungsebenen der Wirklichkeit gibt. Bewusst distanziert sich Alte Hure von jener kausallogischen Schlussfolgerung, auf die Hinkender Dieb sofort anspringen wird, und behauptet ein scheinbares Paradox: Selbst wenn das Fenster aus der Wand herausgenommen würde, wäre es noch da. Die scheinbar paradoxe Wirklichkeitsbeschreibung aber, die Hinkender Diebs Widerrede provoziert, scheint in einem anderen Zusammenhang gar nicht mehr abwegig, dann etwa, wenn sie in Verbindung mit einem wahrnehmungsphysiologischen Phänomen, dem sogenannten Nachbild, gebracht wird. Nachbilder sind

> kurze, momenthafte Erinnerungsbilder, die von Lichtstrahlen als Eindrücke auf der [...] Retina hinterlassen worden sind. Schließt man die Augen, bleibt das Nachbild für einen kurzen Augenblick haften, um dann zu verblassen.[130]

Ein derartiges Netzhautbild wirkt also nach, wenn das auslösende Reizmuster zwar nicht mehr da, in der Vergangenheit jedoch fixiert oder verinnerlicht worden ist. Alte Hure mag blind sein, das Fenster hat sie (als Bild) dennoch internalisiert; Giacometti mag zwar körperlich nicht mehr da sein, er scheint aber auf ähnliche Weise in ihrem Leben präsent und in allem von ihm in ihrem Zimmer Geschaffenen:

> ALTE HURE Und jetzt versuch, mir diese Figuren wegzunehmen, die Figuren, die Alberto hier geschaffen hat, in meinem Staub und mit seinem Schweiß, versuch, sie hier rauszutragen, und sein Hinken und sein Husten und den Dunst seiner Filterlosen, die alle hier in diesem Zimmer wohnen, und dann hörst du mich lachen. (84)

Vor dem Hintergrund des bereits herausgestellten Einfühlungspotenzials verdeutlicht diese Stelle noch einmal, inwiefern Alte Hure nicht nur das Bild des Geliebten verinnerlicht hat. Vielmehr nimmt die Darstellung in Anspruch, dass sich sein Geruch, seine Haltung, sein Habitus fest in ihr Denken und Fühlen eingeprägt haben. Alte Hures Insistieren, „hier in diesem Zimmer“, legt gar nahe, dass sich Lohers Personen in Giacomettis Atelier befinden, dass seine Werkstatt als Ort innerhalb der Textwirklichkeit nicht von der ‚Persönlichkeit‘

130 Inge Stephan / Alexandra Tacke: Einleitung. In: Dies. (Hrsg.): *Nachbilder des Holocaust. Literatur-Kultur-Geschlecht.* Wien / Köln / Weimar: Böhlau 2007, S. 7–17, hier S. 7. Das Phänomen des Nachbildes ist wahrscheinlich seit dem Altertum bekannt, allerdings galt es hier nicht als Gegenstand wissenschaftlicher Betrachtung, sondern eher als Trugbild und wurde als geisterhafte Erscheinung wahrgenommen (vgl. hierzu etwa Jonathan Crary: Die Modernisierung des Sehens. In: Herta Wolf (Hrsg.): *Fotokritik am Ende des fotografischen Zeitalters*, Bd. 1: Paradigma Fotografie. Frankfurt am Main: Suhrkamp 2002, S. 67–81).

seiner darin geschaffenen Figuren und der (fiktiven) Figur Alte Hure, die Loher als deutliches Alter Ego von Geliebter und Stehende Frau erfindet, zu trennen ist.

Nicht die physische Materialität der ihn stellvertretenden Plastiken gibt den Ausschlag für ihre subjektive Präsenz in Alte Hures Leben, sondern ihr innerer Abdruck. Dieser Abdruck ist, wie das Wort schon sagt, nicht einfach visuell zu verstehen, sondern als eine multidimensionale, lebendige Erinnerung; die aufgerufenen Phänomene, der unverwechselbare Husten oder Rauch/Geruch des Geliebten, mögen zwar irreversibel in Alte Hures Körpergedächtnis eingegangen sein, sie bleiben aber gleichzeitig ephemere, flüchtige und deshalb immer schon im Akt ihrer Äußerung selbst vergängliche Spuren des Geliebten: Ähnlich wie der Staub lassen sie sich hinsichtlich ihrer ‚unmöglichen Möglichkeit' begreifen, die Vergänglichkeit selbst – die Vergänglichkeit jeder Erfahrung – festzuhalten, an einem Ort, in einer Topografie aus erinnerten, niemals sich materialisierenden Spuren (Gesehenes, Gehörtes, Gerochenes etc.). Wie wollte man einer aus diesen Spuren (Schweiß, Staub, Husten etc.), dem Schmerz, der Trauer, der Sehnsucht nach ephemeren Äußerungen bestehenden subjektiven Plastik – einer Art plastischer Autobiografie oder plastischem Selbstbildnis – ihr ‚Sein' absprechen? Wie, wo und durch welche Materialien wollte man sie darüber hinaus sichtbar lokalisieren?

Wenn Hinkender Dieb also pragmatisch kontert: „Jedes Kind kann dieses Fenster wegnehmen, indem es das Loch einfach zumauert" (84), hält Alte Hure dagegen:

> Natürlich kann jedes Kind an die Stelle des Fensters ein paar Steine setzen, aber das heißt nicht, dass du das Fenster zumauerst, [...], das heißt, dass du der Wand ihre Steine zurückgibst. [...] Es gibt keine Zerstörung, es gibt nur Tausch. (84)

Ihre subjektive Blindheit bedeutet aus der Perspektive der Figur nicht die Zerstörung des Gesichtssinns, sondern dass an die Stelle der diesseitig visuellen Wahrnehmung eine transzendental ausgerichtete sinnliche Präferenz tritt.

Blinde Künstler, blinde Kunst

Nachdem ich mich ausführlich mit der blinden Protagonistin aus Lohers Dramolett *Hund* auseinandergesetzt habe, möchte ich nun noch den im Text abwesend bleibenden und doch so präsenten Giacometti als einen im metaphorischen Sinn blinden Künstler befragen. Erneut wird es dabei auch um die Bedeutung der Hände gehen, jedoch mit stärkerem Bezug auf die Verfertigung der Plastik und den Topos des als blind stilisierten Künstlers, der in der Rezeption und geistigen Rekonstruktion plastischer ‚Meisterwerke' eine enorme Aufwertung erfahren hat.[131] Auffällig ist, wie sehr die gleichsam vom Blick emanzipierte Arbeit der Hände in diesen Interpretationen mit Intuition und Genie gleichgesetzt wird, als wäre die Abwesenheit des epistemisch bedeutsamen Blicks im Anschluss an die Gegenüberstellung von diesseitigem und transzendentalem Blick erst die Voraussetzung zur Entfaltung freiheitlich schöpferischer Kräfte.

Selbstverständlich macht es einen gewichtigen Unterschied, ob ein bildender Künstler im physiologischen Sinn blind ist oder metaphorisch als blind bezeichnet wird. Und doch beschreibt die physiologische Blindheit eine Nähe zur metaphysischen Vorstellung, blind, das heißt hier, in außergewöhnlicher Weise begabt zu sein. In Daniel Kehlmanns Roman *Ich und Kaminski* zum Beispiel erscheint Blindheit im Modus der Maskerade, um die öffentliche Wahrnehmung eines Künstlers zu steigern.[132] Sie ist also das Kalkül jenes zu den Großen seiner Zeit gehörenden Kaminskis, um sich und sein bislang unbeachtetes Schaffen aufzuwerten: An die Stelle der zuvor ausgebliebenen Resonanz tritt grenzenlose Bewunderung, insofern der vermeintlich erblindete Kaminski plötzlich einhellig als jemand wahrgenommen wird, der Sichtbares schafft, ohne selbst zu sehen. Dieses ‚Paradox' grenzt aus Sicht der Kritik – einem förmlichen Automatismus folgend – an ein Wunder.

Als „eines der größten Wunder"[133] wurde der im 17. Jahrhundert in Italien aktive Bildhauer Giovanni Gonnelli von einem seiner Zeitgenossen gepriesen – aufgrund ebenjener Koinzidenz von künstlerischem Können und einer diagnostizierten Blindheit. Wie die Quellenaufbereitung durch Hans Körner verdeutlicht, ist die Qualität seiner Arbeiten für diese emphatische Wertschätzung zweitrangig. Gonnellis Terrakotta-Büste von Papst Urban VIII. mit deren Vorbild, einer Marmorbüste von Gianlorenzo Bernini, vergleichend, kommt Körner zu folgender Einschätzung:

> Giovanni Gonnellis Kopie zieht das Gesicht des Papstes in die Breite, ist flächiger als Berninis Marmorbüste. Wie in Berninis Porträt sind in der Terrakotta-Büste die Iriden mit Einritzungen konturiert und die Pupillen mit einer runden Vertiefung markiert. Gerade in diesen

131 Vgl. Lords Ausführungen zu Giacomettis Schaffensweise auf S. 132 in diesem Kapitel. Vgl. außerdem exemplarisch Johannes Bilstein / Guido Reuter (Hrsg.): *Auge und Hand. Kunstakademie Düsseldorf.* Oberhausen: Athena 2011; Wolf-Dietrich Löhr: Die Rede der Hand. Giottos O und die Autorschaft des Künstlers bei Polizian und Vasari. In: Christel Meier / Martina Wagner-Egelhaaf (Hrsg.): *Autorschaft. Ikonen – Stile – Institutionen.* Berlin: Akademie 2011, S.163–194.

132 Siehe Kap. II, Anm. 75.

133 Bernardo Oldoini: *Ristretto dell' historie del mondo* (1679) zit. n. Hans Körner: Giovanni Gonnelli. Quellen und Fragen zum Werk eines blinden Bildhauers. In: Bilstein / Reuter (Hrsg.): *Auge und Hand*, S. 135–154, hier S. 137.

> Details der Augenbildung aber manifestiert sich am nachdrücklichsten der Qualitätsunterschied: In der Terrakotta-Büste ist der Blick unkoordiniert, starr, leer. Das war nicht anders zu erwarten, wenn die Angabe zuverlässig sein sollte [...]. Diese ‚Büste war von einem Blinden gemacht worden'.[134]

Körner demontiert das zeitgenössische Narrativ vom blinden Wunderkünstler und hebt dabei ausgerechnet auf die Ausdruckslosigkeit der von Gonnelli gestalteten Augenpartie ab; es sei nahezu erwartbar gewesen, schreibt er, dass der Bildhauer an diesem Detail scheitern musste.[135]

Die Einschätzung von Gonnellis künstlerischem Können variiert also zwischen dem höchsten Lob („eines der größten Wunder") und jener sachlich vorgetragenen Kritik aus Richtung der neueren Forschung. Die Gegenüberstellung fördert eine signifikante Diskrepanz zutage: Beide exemplarisch angeführten Meinungen, so konträr sie sein mögen, nehmen ihren Ausgang in Gonnellis Blindheit. In Korrespondenz mit dem geblendeten Teiresias wird sie einmal zum Ausweis seiner besonderen Begabung stilisiert und einmal zur Ursache seines Scheiterns. Offen bleibt in Körners Argumentation, warum sich die Blindheit des Künstlers ausgerechnet in der Gestaltung der Augenpartie bemerkbar machen sollte, nicht etwa an den ebenfalls nur taktil wahrnehmbaren übrigen Teilen des darzustellenden Körpers. Ist es wirklich speziell der Ausdruck der Augen, der sich eventuell nicht ertasten lässt? Von Körner nicht in Betracht gezogen wird zudem die Möglichkeit, dass sich Gonnelli auf subtile Weise selbst in die Plastik eingebracht hat, als er die Büste modellierte – dass er Urban VIII. bewusst als einen Blinden gestaltet hat, was sich als ein interessanter Kommentar zu Derridas nun vorgestellten Aspekt des blinden *autoritratto* verstehen ließe.

Ausgehend von Zeichnungen zum Thema Blindheit, die aus dem Bestand des Pariser Louvre für eine Ausstellung ausgewählt wurden, widmet sich Derrida in seinen bereits erwähnten *Aufzeichnungen eines Blinden* Anfang der 1990er Jahre der metaphorischen Blindheit (zeichnender) Künstler und der

134 Oldoini: *Ristretto dell' historie del mondo*, S. 136.

135 Die vermeintliche Ausdruckslosigkeit des Blicks ist ein integraler Bestandteil des vermeintlichen ‚Wissens' über Blindheit. Derrida setzt sich mit diesem Gemeinplatz auseinander, wenn er etwa am Beispiel John Miltons die ‚innere Erleuchtung' dem ‚äußeren Erlöschen' des Blicks gegenüberstellt (vgl. Derrida: *Aufzeichnungen eines Blinden*, S. 106–114). Auch Sontag dekonstruiert den Gemeinplatz in ihrem philosophischen Roman *Todesstation* (vgl. Sontag: *Todesstation*, S. 108–109). Sontags Protagonist lässt sich, angeregt durch seine Begegnung mit der blinden Hester, eine Reihe vorgefertigter Denkschablonen durch den Kopf gehen, die zum Teil unmittelbar auf Diderots *Brief über die Blinden*, insbesondere die dort konstruierte eigene Moral- und Schamvorstellung Blinder Bezug nehmen (vgl. hierzu auch Kap. IV): „War Hesters Gesicht gestern ebenso ausdruckslos gewesen? [...] Für Blinde ist das Gesicht einfach nur ein Körperteil unter anderen. [...] Wenn das Augenlicht erlischt, stirbt eigentlich das Gesicht." (Ebd., S. 108.)

ebenso metaphorisch zu verstehenden Blindheit des (über sie) schreibenden Philosophen. Wie Jane Blocker bemerkt, handelt es sich bei Derridas Gegenstand also um eine duale Figur: „[...] Derrida identifies himself with the draftsman, repeatedly discussing the ways in which the philosopher delineates, draws contours and limits."[136] Was Derrida über den Vorgang des Zeichnens schreibt, wird er an späterer Stelle mit dem dezidiert als tastend bezeichneten Vorgang des Schreibens vergleichen:

> Die Zeichnung, wenn nicht gar der Zeichner oder die Zeichnerin ist blind. Der Vorgang des Zeichnens hätte demnach als solcher und im Moment seines Stattfindens [dans son moment propre] etwas mit der Blindheit zu tun. Bei dieser *abokularen* Hypothese (*aveugle* [blind] kommt von *ab oculis*: nicht von den Augen her oder durch sie, sondern ohne Augen) ist allerdings folgendes zu bedenken: Der Blinde kann ein Seher sein, mitunter ist er zum Visionär bestimmt.[137]

Darüber hinaus verleiht Derrida der Annahme Ausdruck, dass jede zeichnerische Darstellung von Blindheit in besonderer Weise mit dem oder der Zeichnenden selbst zu tun hätte, dass sie immer auch als ein Selbstporträt (Derrida bevorzugt hier den italienischen Begriff des *autoritratto*) zu begreifen sei, ein Werk, in das sich der oder die Künstler_in/Philosoph_in persönlich einschreibt. Visualisiert wird etwas, das im Moment der Entstehung selbst erfunden wird, weil in jeder Zeichnung (wie in der Philosophie) die Darstellung und der Akt ihrer Ausführung zusammenfielen: „Er [der Zeichner, A.Ha.] beginnt, ein Zeichenvermögen *darzustellen*, das soeben ausgeübt wird, d.h.[,] er *repräsentiert* den Akt des Zeichnens selbst, er erfindet die Zeichnung."[138]

Während Alte Hure die Ambivalenz von fehlender Sicht (Fluch) und gesteigerter Einsicht (Gabe) verkörpert, konzentrieren sich entsprechende, explizite oder implizite Künstlerpersonifikationen eher auf den positiven Teil des Narrativs: Im Anschluss an die mythologische Darstellung des blinden Teiresias oder Homers rührt die sinnstiftende Blindheit im kunsttheoretischen Zugriff am Ideal der gesteigerten Innerlichkeit: Innerhalb einer so konzipierten Künstlerlegende steht die Gabe als Garantin für Phantasie und Inspiration, Originalität und Kontemplation. Sie ist eine göttliche Gabe, die der weltlichen Anschauung nicht (mehr) bedarf. Auf ähnliche Weise muss die komplexe Figur, über die Derrida schreibt, bereits eine Ahnung dessen haben, was sie festhalten oder darstellen möchte, sich andererseits aber auf das Abenteuer einlassen, das sie zur

136 Jane Blocker: Blink. The Viewer as Blind Man in Installation Art. In: *Art Journal* 66,4 (2007), S. 6–21, hier S. 7.

137 Derrida: *Aufzeichnungen eines Blinden*, S. 10. (Herv. i. Orig.)

138 Ebd. (Herv. i. Orig.)

Darstellung führt, ohne wissen zu können, wie das Ergebnis einmal ausfallen wird. Für Derrida ist jene Blindheit, über die er nachdenkt, eine Art der konzentrierten oder schöpferischen Selbstvergessenheit, ein besonderer Zustand der Kreativität, deren Ergebnis erst dem prüfenden Blick der Augen standhalten muss. Häufig, so berichtet er, kritzele er Worte auf Papier, ohne hinzusehen, etwa nachts mit desorientierten Augen oder beim Autofahren, während der Blick sich auf die Straße richtet und die rechte Hand sich wie losgelöst auf einem Stück bereitliegenden Papier zu schaffen macht:

> Was passiert, wenn man schreibt, ohne etwas zu sehen? Die Hand des Blinden bewegt sich einsam oder losgelöst durch einen unbestimmten Raum, sie tastet, fühlt oder streichelt, während sie schreibt, sie vertraut auf das Gedächtnis der Zeichen und supplementiert das Sehen, so als öffne sich ein lidloses Auge an der Spitze der Finger [...]. Doch wenn ich überdies schreibe, ohne zu sehen, im Zug der außergewöhnlichen Erfahrung, die ich soeben erwähnte, des Nachts oder mit abgewandten Augen, wird in meiner Erinnerung auch schon ein Schemen oder Schema lebendig. Dieses Schema, dieser virtuelle, potentielle, dynamische Graph, überschreitet alle Grenzen zwischen den Sinnen, sein In-Potenz-Sein ist zugleich visuell und auditiv, motorisch und taktil. Später wird seine Form wie eine entwickelte Photographie im Licht vor mir liegen. Doch im Moment, in diesem Augenblick, wo ich schreibe, sehe ich von diesen Buchstaben buchstäblich nichts.[139]

Derrida schreibt also über einen genuin menschlichen oder schöpferischen Zustand der Blindheit, um den es auch in Lohers Theatertext geht. Die außergewöhnliche Erfahrung, auf die er rekurriert, ist dem besagten Zustand der Kontemplation vergleichbar, in den sich Lohers Protagonistin versetzt; sie sieht bewusst ab von der Welt, ihrem zeitlichen Rhythmus, ihren rationalen Logiken. Alte Hure nimmt diese Haltung allerdings nicht nur für sich selbst in Anspruch, sondern schreibt sie aus der Erinnerung heraus auch ihrem abwesenden Geliebten Giacometti zu („[s]o saßen wir oft", 88). Dass er ihr die Bronzen als Wächter ihrer Blindheit hinterlassen hat, lässt auf den hohen Stellenwert schließen, den Lohers Giacometti dem geteilten, metaphysisch-metaphorischen Zustand beimisst: Mit Alte Hure – und dies suggeriert der Text, wie bereits mit Akzent auf die geteilte Denkungsart gesagt – konnte der abwesende Geliebte dereinst im metaphorischen Sinn gemeinsam blind werden. Das meint, Derridas Umschreibung des kreativ-aufmerksamen Zustands aufgreifend, die Grenzen zwischen den Sinnen bewusst zu überschreiten, sich in eine hohe Potenzialität zu versetzen, um aus dieser Position heraus außergewöhnliche Erfahrungen zu machen, seien sie nun sinnlich-kreativer Art wie die Tätigkeit des Bildhauers oder sinnlich-perzeptiv wie Alte Hures Einfühlung in die von ihrem Geliebten geschaffenen Figuren.

139 Derrida: *Aufzeichnungen eines Blinden*, S. 11.

Wie ungebrochen das Lob ist, das sich mit einer impliziten Stilisierung als blinder Künstler verbindet, lässt sich – diesen Gedanken noch einmal auf die Hände des Künstlers lenkend – exemplarisch am Beispiel Giacomettis zeigen. James Lord nimmt förmlich die positiven Aspekte einer ‚blinden Schaffensweise' für die Darstellung des Künstlers in Anspruch. Die Hände erfahren in seiner Schilderung von Giacomettis Arbeitsweise eine ungeheure Aufwertung:

> […] völlig im Abtasten versunken, nicht nur mit den Augen, sondern vor allem mit den Fingern. Auf und ab wanderten seine Hände, vor und zurück über die Oberflächen dieser Skulpturen, als hätten sie einen eigenen, unabhängigen Willen.[140]

Die auf der ‚Einsicht' aufbauende Blindheit schließt, das haben nach Derrida unter anderem Mathias Mayer und Kai Nonnenmacher herausgestellt,[141] an jene höhere Form der Einsicht an. Sie ist hochgradig eklektisch. Der auf diese Weise blinde Künstler genießt das Privileg, seine Augen jederzeit wieder öffnen zu können – den Zustand der Entrückung hinter sich lassen zu können. Er ist frei, zwischen den beiden Verfahren zu wechseln.

Giacometti wird von James Lord als blind agierender Künstler beschrieben; dass er beim Erschaffen seiner Figuren nicht mit den Augen präsent sei, wird eigens betont. An die Stelle des kognitiv-visuellen Sehens rücken die intuitiven Hände des Künstlers. In ihrer Körperlichkeit scheint es sie zu künstlichen Körpern regelrecht hinzuziehen – in diesem Sinn wird ihnen ein potenzieller Wille zugestanden. Weil geistige Erkenntnis im westlichen Denken so sehr mit der Fähigkeit zur visuellen Wahrnehmung verknüpft ist, wundert es nicht, dass sich Derrida wie schon Diderot in seinem ähnlich einschlägigen *Brief über die Blinden* Mitte des 18. Jahrhunderts eines Bilds bedient, in dem der Finger zu einem sehenden Organ wird.[142]

Bemerkenswert an dieser Darstellung ist, dass Giacometti nicht automatisch zum Blinden wird, ‚nur' weil sein zeitlich begrenztes Vorgehen, die Art der Modellierung einer Wahrnehmungspräferenz folgt, die die visuelle Anteilnahme am Objekt/Material radikal reduziert und die taktile im selben Maß

140 Lord: *Alberto Giacometti*, S. 284. Diese Beschreibung ließe sich wiederum mit Gonnellis überlieferter Modellierung vergleichen: „Nachdem Gonnelli im Groben die Grundform einer Büste in Ton oder in Wachs modelliert hatte, stellte er vor sich Büste und den zu Porträtierenden oder ein Bildnis, das zu kopieren war, um bequem abwechselnd Vorbild und Abbild betasten zu können. Rasch legte er die Hauptabmessungen des Gesichtes und das Relief in seinen allgemeinen Abmessungen fest. Baldinucci zufolge krümmte der Blinde dabei seine das Gesicht befühlende Hand zu einer Art ‚Maske', die er in die Modelliermasse übertrug. Anschließend formulierte er die Details aus. Dabei arbeitete Gonnelli grundsätzlich mit beiden Händen gleichzeitig, um die Symmetrie des Gesichtes nicht zu stören." (Körner: Giovanni Gonnelli, S. 141.)

141 Mayer: *Dialektik der Blindheit*; Nonnenmacher: *Das schwarze Licht der Moderne*.

142 Diderot: Brief über die Blinden, S. 62–63.

erhöht – vielmehr erscheint seine Arbeitsweise, nicht das ‚Sein' im Modus der Blindheit. Geschildert wird unter Zuhilfenahme einer einflussreichen Metapher die notwendigerweise blinde, auch gern als tastend beschriebene Suche nach dem noch nicht Gesehenen, noch nicht (in der Kunst) Gezeigten, der neuen Form, einem nicht versteinert wirkenden Abbild des Menschen etwa.
Derrida äußert wie gesagt einen ähnlichen Gedanken, wenn er – vom Akt des Zeichnens aus – Blindheit im Modus des Performativen umschreibt – als eine Form der Autoaffektion.[143] Die (übertragene) Blindheit richtet sich auf die Ausführung selbst, die im Entstehen und deshalb noch im Modus des Entzugs begriffen ist. Das bedeutet, dass sich die Blindheit „dans son moment propre"[144] auf eklatante Weise dem dichotomischen Denken entzieht. Unter Bezugnahme auf Austins Sprechakt-Theorie sieht Sybille Krämer ein Potenzial des Performativen gerade darin, eine Bewegung zu initiieren, „die dazu führt, das dichotomische begriffliche Schema als ganzes zu destabilisieren".[145] Die Unentscheidbarkeit, ob (nur) die Zeichnung oder (auch) der Zeichner blind ist, verweist nicht auf die Unentschiedenheit des Autors oder der beschriebenen Situation – sondern auf eine grundsätzliche, das heißt unabänderliche Unentscheidbarkeit. Zöge man noch einmal Freuds psychoanalytische Fundierung psychogener Sehstörungen heran, ließe sich als Hypothese äußern, dass die Routine und Einverleibung einer derart intensiven Haltung gewisse Effekte zeitigt – nicht unbedingt im physiologischen Sinn wie bei Freud, wohl aber, was das Denken und Fühlen, die Wechselseitigkeit von Selbst- und Fremdwahrnehmung betrifft. Das Vermögen des Zeichners, fährt Derrida fort,

> entwickelt sich stets am Rande der Blindheit. Die Blindheit scheint in ihm auf, bricht in ihm durch, sie gewinnt darin *an Vermögen*: Winkel eines bedrohten *oder* versprochenen Augenlichts, eines verlorenen *oder* zurückgegebenen, eines gegebenen Augenlichts. Es gibt in dieser Gabe eine Art *Ent-zug* [*re-trait*], zugleich das Dazwischenstellen eines Spiegels, die unmögliche Wiederaneignung oder Trauer, das Dazwischentreten eines paradoxen Narziß, mitunter verloren *en abyme*, kurz, es gibt darin einen spekulären *Rückzug in sich selbst* [*repli*] – und einen supplementären Zug.[146]

„Am besten", so schließt Derrida mit Blick auf das Korpus der Zeichnungen, „man gibt dieser Hypothese eines *retrait*, der nichts anderes ist als ein endloses

143 Derrida: *Aufzeichnungen eines Blinden*; vgl. auch Wetzel: „Ein Auge zuviel", S. 141.

144 Derrida: *Aufzeichnungen eines Blinden*, S. 10.

145 Sybille Krämer / Marco Stahlhut: Das „Performative" als Thema der Sprach- und Kulturphilosophie. In: Erika Fischer-Lichte / Christoph Wulf (Hrsg.): *Theorien des Performativen*. Berlin: Akademie 2001, S. 35–64, hier S. 45.

146 Derrida: *Aufzeichnungen eines Blinden*, S. 10. (Herv. i. Orig.)

und unabsehbares Selbstgedenken, einen italienischen Namen und spricht vom *autoritratto* der Zeichnung."[147]

Die Akzentuierung von schaffensbedingten Momenten der Trauer und der inneren Zerrissenheit, der Selbstüberhöhung und -degradierung, ließe sich mit Blick auf Alte Hures Trauer und Schlaflosigkeit sowie auf die auch Giacometti nachgesagte chronische Müdigkeit als ein weiterer potenzieller „Zugang visionärer Wahrnehmung"[148] ergänzen. Vor dem Hintergrund einer in sich gebrochenen Figuration sinnstiftender und Sinn infrage stellender Blindheit rückt abschließend so noch einmal mit Blick auf gendertheoretische Implikationen die Relation zwischen der literarisch blinden Figur Alte Hure und dem verdeckten ‚blinden' Künstler in Lohers Text in den Blick.

Geschlechterdichotomie und Künstlerbild

Gegen Ende seiner Überlegungen zu den Interferenzen von Blindheit, Tränen und Geschlecht äußert Derrida die Vermutung, dass das fragliche Pendant zu den vielen männlichen Blinden, die ihm in religiösen und mythologischen Kontexten, in den Zeichnungen des Louvre und in den Bedingungen des Zeichnens begegnet waren, das Pendant dieser verzeichneten Männer in der Vielzahl weinender Frauen zu suchen sei: „Indem man Weinende und vor allem weinende Frauen (denn wenn es viele große Blinde gibt, warum so viele weinende Frauen?) zeichnet, sucht man vielleicht die Augen zu entschleiern, [...] ohne sie beim Sehen zu zeigen."[149] In *Hund* steht einer offenkundig blinden und weiblich kodierten Figur eine männlich kodierte Figur zur Seite, die sich als ein verdeckter Blinder begreifen ließe. Vielmehr aber scheint Lohers Text von der Vereindeutigung derart erprobter Dichotomien zu erzählen: von zärtlichen und unvermeidlichen Einverleibungen, von den Durchdringungen und Abgrenzungen vermeintlich an- und abwesender, lebendiger und lebloser, szenischer und plastischer Figuren. Infolgedessen wird Alte Hure zu einer potenziell androgynen Person, welche die Binarität von (männlichem) Genie und (weiblicher) Muse, schaffendem und passivem Prinzip, und die symbolische, geschlechtskodierte Steigerung von Bindung, Er*blindung* und (tröstender) Ein*bildung* gerade dadurch unterbricht, dass sie Anteile beider Pole in sich vereint. In ihrer uneingeschränkten Verbundenheit mit Giacometti reklamiert Alte Hure für sich, einen lebensechten Abdruck des Künstlers in sich zu tragen, etwas Männliches

147 Ebd. (Herv. i. Orig.)

148 Lord: *Alberto Giacometti*, S. 413–114.

149 Derrida: *Aufzeichnungen eines Blinden*, S. 123.

als etwas Geliebtes inkorporiert zu haben.[150] Der verkörperte Abdruck wird innerhalb der Textwirklichkeit nicht nur als Geliebter imaginiert, sondern zugleich als Zwillingsbruder und ungeborenes Kind. Dieser Vorgang weist zurück auf Kris' und Kurz' Exkurs zur Sinnstiftung im Künstlermythos als die Analogisierung eines Werks und des Geliebten oder Kindes,[151] aber auch auf die programmatische Zukünftigkeit einer ausstehenden idealen Plastik. Die dritte Bronze, Der Hund, taucht dementsprechend erst am Ende der zweiten Szene auf: Es handelt sich dabei um ein Wesen, ein Tier, das, woran Derrida erinnert, anders als der Mensch nicht in der Lage ist zu weinen.[152] Auf ein unbeachtetes Lumpenbündel deutend, erzählt Lohers Protagonistin:

> ALTE HURE Ich war im Mutterleib mit einem Zwilling aufgewachsen, und meine Liebe zu ihm war so groß, dass ich ihn, im Leib meiner Mutter noch immer, umarmte und nicht mehr freigeben wollte. Vielleicht hatte ich Angst, alleine auf die Welt zu kommen. Der Zwilling, mein Bruder, ist in meine Brust hineingewachsen, und dort ist er achtzehn Jahre geblieben, ohne dass es einer gemerkt hätte. Sie haben ihn aus mir herausgeschnitten, weil er mein Herz erdrücken wollte. Aber wie kann ich leben ohne ihn. *Pause.* Es ist mir egal, wohin du ihn bringst, du kannst ihn verscherbeln oder einschmelzen oder irgendwo in einem Loch vergraben. Sie haben ihn aus mir herausgeschnitten, aber sein Abdruck ist in mir geblieben, und selbst wenn seine Knochen in der Erde zerfallen, wird er doch noch hier sein, denn einmal hat er existiert und deshalb wird es ihn immer geben. (95)

Am nächsten Morgen, als Alte Hure noch schläft, „lockt" Hinkender Dieb Den Hund „und geht mit ihm fort". (96) Der in seiner Verwandlung in den Blick geratene Gegenstand aus dem in seiner Symbolik gleichsam deutlich markierten Lumpenbündel scheint am Ende auf eine bis dahin einzigartige Weise lebendig geworden zu sein.[153] Während die Ansprache von Stehende Frau und Schreitender Mann an die ‚Sicht' der sprechenden Personen geknüpft ist, überträgt sich diese personenbezogene Illusion hier auf eine auktoriale Ebene: Die

150 Dieser Gedanke ließe sich im Übrigen auch mit Denis Diderots *Brief über die Blinden* vorgebrachten Beobachtungen weiterdenken, worin er die schwach ausgeprägte plastische Erinnerungskraft sehender Menschen der vergleichsweise stark ausgeprägten Fähigkeit blinder Menschen gegenüberstellt: „Ich kenne nichts, was die Realität des inneren Sinns besser beweist als diese bei uns so schwach und bei den Blindgeborenen so stark entwickelte Fähigkeit, irgendwelche Körper auch noch dann zu empfinden oder sich an eine solche Empfindung auch noch dann zu erinnern, wenn die Körper nicht mehr vorhanden und für uns unwirksam geworden sind." (Diderot: Brief über die Blinden, S. 62.)

151 Siehe S. 123.

152 Vgl. Derrida: *Aufzeichnungen eines Blinden*, S. 122–123.

153 Dea Loher hat sich selbst einmal als eine Lumpensammlerin bezeichnet (siehe Wittstock: Laudatio, S. 5), womit sie sich in eine Tradition der sich in den 1960er Jahren in Italien formierenden *arte povera* stellt. Deren namhafter Vertreter Michelangelo Pistoletto hatte 1967 erstmals Kleider als Lumpen interpretiert und ausgestellt.

Regieanweisung legt fest, dass Der Hund Hinkender Dieb tatsächlich folgt. Für Birgit Haas hat Loher damit „in einer humoristischen Verkürzung [...] die Entwicklung von Theater, vom Tableau zum dialogischen Sprechen, nachvollzogen".[154]

Vor allem aber wird mit dieser wundersamen Wendung am Ende von *Hund* nicht nur die herkömmliche Grenzziehung zwischen Ding und Mensch sowie die duale Geschlechterordnung suspendiert,[155] sondern auch die seit dem 18. Jahrhundert strikt sanktionierte Grenzlinie zwischen Mensch und Tier, ein Ergebnis, das sich mit Donna Haraways Konzept der *companion species* weiterdenken ließe.[156] Anders als der Mensch darf der Hund alltagssprachlich oft einfach nur Hund sein, ohne sich in einem kulturellen Reflex sogleich auf seine Männlichkeit oder Weiblichkeit festlegen zu müssen. Der Hund, diese signifikante Leerstelle in Lohers Drama, lässt sich gerade deshalb als ein ausgelassenes Sinnbild für die (utopische) Personalunion von Alte Hure und Hinkender Dieb deuten und nicht – einer vom Text gelegten, falschen Fährte folgend – als ein Bild für zwei ‚auf den Hund gekommene' Gestalten. Wie der Lahme und der Blinde können sie in ihrem vorübergehenden Versuch, eine Beziehung einzugehen und einen, bewusst zwischen herkömmlichen Festlegungen auf personelle oder dingliche Subjektidentitäten changierenden Körper zu bilden, mit Alte Hures ritueller Übung in Zusammenhang gebracht werden, um ein Tischwesen zu bilden. Der Hund, die am Ende als Person angesprochene Plastik, korrespondiert also mit der letztlich uneingelösten Verbindung von Hinkender Dieb und Alte Hure.

Auch wenn sich diese Untersuchung bis zuletzt dagegen sträubt, Hinkender Dieb auf die Rolle vom sich gerade nur soweit tarnenden Wiedergänger Giacomettis festzulegen, dass Alte Hure sich auf ihn als ihren Giacometti einlassen kann, so fällt doch auf, dass *Hund* mit dieser Verlebendigung endet. Ausgerechnet Der Hund, das schwer zu erschütternde, alte Sinnbild der Treue, lässt sich von Hinkender Dieb fortlocken, ganz so, als (er)kenne dieser Hund den ‚hinkenden' Dieb, der hier ein Schauspiel gibt und sich darin in programmatischer Weise davon distanziert, einen Besitzanspruch auf eine geliebte Person wie Alte Hure oder ein Kunstobjekt wie Den Hund zu erheben. Dies gilt selbst

154 Haas: *Das Theater von Dea Loher*, S. 192.

155 Birgit Haas assoziiert mit dem Hund u. a. „die Selbsteinschätzung der Frau als ein instinktgeleiteter ‚Hund', als eine Unterprivilegierte" (ebd., S. 192).

156 Donna Haraway: *The Companion Species Manifesto. Dogs, People, and Significant Otherness*, Chicago: Prickly Paradigm 2003. Zur Suspendierung der sanktionierten Grenze vgl. Franziska Schößler: *Augen-Blicke. Erinnerung, Zeit und Geschichte in Dramen der neunziger Jahre*. Tübingen: Narr 2004, S. 283.

für den Fall, dass er ihn (als Giacometti) selbst geschaffen habe, „mit seinem Schweiß". (84) Die Wendung, der zufolge Der Hund lebendig wird und sich fortlocken lässt, deutet an, dass dieser Hund seinen Ort, also seine im Off der Bühne und des Textes zu verortende Bestimmung kennt. Die Nase dicht am Boden, folgt er einer nicht sichtbaren, einer ‚ruchbaren' Fährte, für die er sich nichtsdestoweniger selbst entscheidet – er muss sich nicht fortlocken lassen, er lässt es zu. Demnach verkörpert dieser Hund das Prinzip einer auf Freiheit basierenden Treue. Birgit Haas merkt in ihrer Analyse von *Hund* an, dass Giacometti seine Existenz „häufig [...] mit der eines streunenden Hundes"[157] verglichen habe. Der streunende Hund ist ein freies Wesen, ein herrenloses Tier, das jederzeit gehen kann, wie es Giacomettis antibürgerlichem, obrigkeitsfeindlichem Denken entspricht.

Vor diesem Hintergrund sei noch einmal betont, wie sehr Lohers *Magazin des Glücks* und insbesondere *Hund* von der Grundidee des epischen Theaters getragen ist, dass der_die Schauspieler_in aus seiner/ihrer Rolle heraustritt und sich förmlich bei seinem/ihrem eigenen Spiel beobachten kann. Mit Bezug auf Bergers Hypothese, dass Giacomettis Figuren als „Beobachter seiner künftigen Abwesenheit"[158] fungierten, ließe sich abschließend sagen, dass hier in einem „‚Bildraum'",[159] in dem „Theorie und Praxis, Individuum und Gesellschaft dialektisch verschränkt"[160] werden, zwei sich konstruktiv aneinander reibende, sich folglich auch inspirierende und gegenseitig erweiternde (Ab-)Bilder Giacomettis aufeinandertreffen: Gemäß des durch *Hund* entstehenden ‚Bildraums' scheint sich dieser Künstler auf besondere Weise in seinen Plastiken gespiegelt und ‚verewigt' zu haben. In einer Art Traum scheinen am Ende des Theatertextes also zwei ineinander geschachtelte Figurationen Giacomettis einander zu begegnen: Sein (naheliegender) Selbstentwurf als Dieb und sein (überlieferter) Selbstentwurf als streunender Hund. Auch mit dieser Idee legt es die Autorin auf die Identifikation mit einer historischen, ja nicht einmal mit einer fiktionalisierten historischen Person an, sondern einzig darauf, „jenes eigentümliche Flimmern"[161] gelten zu lassen, das wie erwähnt nicht nur „das Theoriegebäude des epischen Theaters bis in unsere Gegenwart in ein Odium des

157 Haas: *Das Theater von Dea Loher*, S. 189.

158 Berger: Giacometti, S. 114.

159 Haas: *Das Theater von Dea Loher*, S. 181.

160 Ebd.

161 Frank-M. Raddatz: Vorbemerkung. In: Ders.: *Brecht frißt Brecht. Neues Episches Theater im 21. Jahrhundert.* Berlin: Henschel 2007, S. 7–8, hier S. 7.

Unfaßlichen taucht".[162] Das Image eines Künstlers, der zwar über seinen Tod hinaus in seinen Arbeiten, Notizen und in Gesprächen mit Weggefährten wie Jean Genet präsent ist und etliche Fährten hinsichtlich seiner künftigen Rezeption gelegt hat, wird immer etwas Rätselhaftes behalten. Und dies geschieht trotz oder gerade aufgrund der unfassbaren und widersprüchlichen Spuren, die sich in *Hund* in seinem Geruch, Schweiß oder Staub konkretisieren. Die Leser_innen von Lohers Miniaturdrama bleiben mit der glücklich erschöpften, endlich schlafenden Liebenden eines Menschen und seiner Kunst zurück.

Blindheit als Destabilisierung

Blindheit ist ein zentrales und komplexes Thema in Lohers Dramen, was sich zunächst mit ihrem ausgeprägten Interesse für existenzielle Grundbegriffe wie Schuld und Verrat erklären lässt, als deren Verstärker sie als eine kulturelle Interpretation im Spannungsfeld von Gabe und Fluch fungiert. Vor allem jedoch steht Blindheit im Zusammenhang von Lohers Auseinandersetzung mit Vorstellungen des Unvollkommenen, die sie in *Hund*, aber auch in *Blaubart – Hoffnung der Frauen* und *Unschuld* demontiert. Als vermeintlich physiologisch-soziale Devianz wird die Blindheit der Protagonistinnen in diesen drei Texten zu einer Quelle und einem Ausweis von Autonomie und Selbstbewusstsein, was explizit auch auf ihre jeweilige Stellung als Frau innerhalb der Dramenwirklichkeit verweist. Einerseits tritt Alte Hure wie Julia und Absolut als eine unabhängige Figur in Erscheinung, andererseits zeichnet sie eine Einsamkeit aus, die als der Preis dieses Unabhängigkeitsbestrebens interpretierbar ist.

In erster Linie aber fokussiert Loher auf das Unvollkommene als eine ästhetische Kategorie. Das Unvollkommene, für das Alte Hures Blindheit steht, bezieht sich also maßgeblich auf die Form der improvisierten Textminiatur und die Ästhetik der Bronzen Giacomettis, die einen zentralen Stellenwert innerhalb des Textes haben. Der Theatertext und der durch ihn vermittelte Blick auf die Bronzen Stehende Frau, Schreitender Mann und Der Hund zielen in Übereinstimmung mit dem Performativitätsgedanken weniger auf die Präsentation eines Werks als vielmehr darauf, die dem vorausgehenden Verfahren des Entwurfs und der Modellierung, der Herstellung von szenischen oder plastischen Figuren sowie eines Handlungszusammenhangs offenzulegen, um sie an die Stelle des Werks selbst zu rücken. Was im Sinne der Werkästhetik tendenziell kaschiert wird, gelangt in *Hund* zur Darstellung. Indem Loher die Wahrnehmung der zwangsläufig unfertig bleibenden Bronzen an den blinden

162 Ebd.

Blick einer um Giacometti trauernden (Ex-)Geliebten bindet, forciert der Text bewusst keinen ‚objektiven' Blick, als einen vorherrschenden Anspruch der Kunstkritik etwa, sondern einen dezidiert subjektiven und transzendentalen Blick, der von Erinnerungen, Trauer und Sehnsucht gekennzeichnet ist. Dieser Blick wurde im Anschluss an Derridas in die Analyse mit eingeflossenen Überlegungen zu Blindheit, Trauer und Geschlecht als ein blind geweinter Blick hinterfragt.[163] In der doppeldeutigen, das heißt sowohl physischen als auch emotionalen Verletztheit ist er in *Hund* auf ähnliche Weise wie in Brodowsky Text einer Frau in der Krise zugedacht. Während in Brodowskys Erzählung die erblindende Protagonistin zugleich die (einstige) Produzentin künstlerischer Fotografien ist, rückt Alte Hure in ihrer exponierten Rolle als Modell und Rezipientin in den Blick, deren sinnlich-intellektueller Zugang zu jenen Plastiken sowohl durch ihre körperliche als auch metaphorische Blindheit und nicht zuletzt ihr betrauertes Liebesverhältnis zu Giacometti geprägt ist.

Über die konkrete literarische Situierung hinaus stand also zum zweiten Mal eine existenzielle Verzweiflung im Wechselverhältnis mit einer Erblindung, die sich unter anderem als Sensibilisierung für die eigene Wahrnehmungsweise oder Empfindsamkeit und als Ausdruck erhöhter (Selbst-)Reflexivität erweist. Das handlungsmotivierende Moment der existenziellen (Ausnahme-)Situation steigert bei Loher die Vorstellung eines subjektiven Blicks in jenen transzendentalen (oder metaphysischen) ‚Ausnahme-Blick' – und lässt die Welt, auf die er gerichtet ist, als räumlich und zeitlich aus den Fugen geraten erscheinen. Da die Erblindungen der bis hierhin besprochenen Texte eine ambivalente Desorientierung auslösen, die das Weltbild der jeweiligen Figuren zu erschüttern vermag, steht Alte Hures Blindheit im konstruktiven Sinn nicht für eine Reduktion sinnlicher Wahrnehmung, sondern für einen Tausch der vorherrschenden sinnlichen und daraus ableitbaren logischen Präferenzen. Das äußert sich in der herausgestellten Suspendierung der dualen Geschlechterordnung am Beispiel von Alte Hure und Giacometti, der Suspendierung der Hierarchie einer über der Illusion stehenden Realität und der Suspendierung einer allzu klaren Unterscheidung zwischen Lebendigem und Leblosem, wie etwa anhand des Dialogs zwischen szenischem und Bronzepersonal nachgewiesen.

Diese und weitere angesprochene Implikationen – wie die Aufhebung des Gegensatzes von Aktivität und Passivität – durchdringen einander innerhalb der Dramenwirklichkeit, sodass Blindheit über die konkrete Zuschreibung an Alte Hure hinaus zu einem Instrument wird, derlei produktive Verunklärungen vermeintlicher Oppositionen durchzuführen. Alte Hures Erblindung

163 Vgl. Derrida: *Aufzeichnungen eines Blinden.*

erscheint als Anlass und Katalysator einer von der sinnlichen Wahrnehmung ausgehenden, umfassenden Neuorientierung. Wie betont wurde, fällt dabei vor allem der Wechsel von einer logisch diesseitigen Blickausrichtung hin zu einem transzendental metaphysischen Denken auf, die literarische Gestaltung eines bewussten Absehens von den allzu offensichtlichen Dingen zugunsten einer Wahrnehmung, die konkret über die Parameter der Einfühlung, Berührung und Imagination erfolgt. Diese Präferenz wurde auch in Zusammenhang mit der plastischen Gestaltung der Figuren, wie sie für Giacometti überliefert ist, und dem Topos des blinden Künstlers gestellt.

Aus alldem folgt, dass sich Lohers Theatertext im Zeichen des zentralen Blindheitsbegriffs nicht nur als ein Dialog zwischen zwei modellartigen Theaterfiguren und drei konkreten Bronzefiguren eines Künstlers begreifen lässt, der die Wahrnehmung von der Bildhauerei im 20. Jahrhundert auf entscheidende Weise mitgeprägt hat, sondern auch als Initiator einer über den Text hinausweisenden, imaginären *amour fou* zwischen einer eher antibürgerlich-episch ausgerichteten Vorstellung von Theater und einer damit sympathisierenden Auffassung von Giacomettis Kunstverständnis und seines überlieferten, darüber hinaus ins Philosophische weisenden Denkens.

Lohers Versuch, die der Plastik zugrunde liegenden Verfahren der Formgebung und der Materialisierung für einen auf seine Realisierung ausgerichteten Theatertext fruchtbar zu machen, bleibt nicht ohne Konsequenzen für daran anschließende vorstellbare Neuzugänge zu Giacomettis Werk. Angenommen, sein Tod, der die Zeit der Handlung vorgibt, markiert eine Zäsur in der Rezeption dieses Künstlers, von der aus er immer abwesender, immer unkenntlicher wird, wie John Berger kurz nach Giacomettis Tod im Jahr 1966 notiert,[164] so kann Lohers Text, selbst eine bewusst unfertige Miniatur hinsichtlich des Inhalts und seiner einerseits illusionistischen, andererseits epischen Ausrichtung als bewusst ‚unzeitgemäß' gelten – nicht im tragischen Sinn, sondern gemäß seiner selbstbewussten Positionierung in einer zeitgenössischen, äußerst heterogenen Theaterlandschaft. *Hund* ist demnach nicht zuletzt als eine Hommage zu verstehen, die sich mit der impliziten Aufforderung verbindet, sich erneut mit Giacomettis Denken und Werk auseinanderzusetzen – und mit dem episch-illusionistischen Theater.

164 Berger: Giacometti.

IV
Images of the Blind – Zur Wahrnehmung von Blindheit in Sophie Calles Ausstellung *Les Aveugles* (1986)

From the bottom of your heart,
pray to be released from image.
(Derek Jarman: *Blue*)

About people who had never seen

Die sinnlich-taktile Erfahrung, die im vorangegangenen Kapitel als Folge einer stimulierenden Blindheit fokussiert wurde, scheint bei der folgenden Arbeit hinter ihrer Thematisierung als Auslöserin dezidiert visueller Reize zurückzutreten: Nach Dea Lohers Verknüpfung einer auffallend metaphorischen Blindheit und der haptischen Erfahrbarkeit dreidimensionaler Kunst stehen nun explizit bildliche Vorstellungen, die sich blindgeborene Personen von der Welt machen, im Mittelpunkt der Untersuchung. Darüber hinaus wird es um die traditionelle Marginalisierung Blinder als Sujet der Porträtfotografie gehen. Sophie Calles Arbeit *Les Aveugles* aus dem Jahr 1986 fragt, wie blinde Menschen sehen und wie sie gesehen werden. Sie nähert sich dieser Problematik sowohl von fotografischer als auch literarischer Seite, woraus sich über die vergleichende Kunstrezeption in Lohers *Hund* hinaus Analogien zum zweiten Kapitel ergeben.[1] Wenn Calle ihr in Buchform vorliegendes, bildgewaltiges Kompendium *Blind* (2011) einem Menschen widmet, der sie zu sehen gelehrt habe,[2] impliziert diese

1 1986 fanden drei Einzelausstellungen von *Les Aveugles* statt: in der Galerie Crousel-Hussenot, Paris, der École des Beaux-Arts de Tasmanie, Hobart (Australien) und in De Appel, Amsterdam. Es sind keine näheren zeitlichen Angaben verfügbar.

2 Calle: *Blind*.

Widmung ein Verständnis vom Sehen als einer differenzierten Fähigkeit, die sich verschiedentlich interpretieren und – hier durch Übung – verändern lässt. Auch die blindgeborenen Frauen, Männer und Kinder, die Calle in ihrer Serie *Les Aveugles* in Wort und Bild porträtiert, geben Auskunft über Bedeutung und Funktion ihres Sehens als einer erlernten Wahrnehmungspraxis. Während sich Brodowskys Erzählung *Aufnahme* auf das sukzessive Verlernen einer bestimmten und bevorzugten Sehweise konzentriert, lässt sich die visuelle Wahrnehmung bei Calle als ein konstruktiver Vorgang begreifen, der nicht nur die Augen, sondern das Denken und Fühlen eines Menschen affiziert, seine sinnlich-kognitive Organisation, ja im doppelten Sinn seine Verortung in der Welt und seine Sichtweise auf sie mit konstituiert.

Die Sammlung *Über Leben und Lehren berühmter Philosophen* des spätantiken Historikers Diogenes Laertius enthält eine Anekdote, der zufolge Aristoteles einmal gefragt worden sei, warum man sich mit schönen Menschen gern lange unterhielte. Daraufhin soll der schlagfertige Philosoph entgegnet haben, dass so nur ein Blinder fragen könne.[3] Die auf die Torheit des Fragenden anspielende Metapher eines für das Schöne blinden Menschen wird in Calles 1986 in Paris und Amsterdam gezeigter Ausstellung *Les Aveugles* zum Ausgangspunkt einer Erhebung, die sich dezidiert für ‚blinde Sichtweisen' auf das Schöne interessiert. Die französische Künstlerin Calle hatte sich an eine Reihe blindgeborener Männer, Frauen und Kinder gewandt und sie nach ihrer Vorstellung des Schönen gefragt: „I met people who were born blind. Who had never seen. I asked them what their image of beauty was."[4] Im Anschluss wählte sie 23 Zitate aus und kombinierte sie mit jeweils ein bis vier Fotografien, die jene sehr unterschiedlichen Beschreibungen ins Bild setzen und die Befragten porträtieren. An einer weißen Wand hängt links je eine schwarz-weiße Großaufnahme eines Interviewten, im benachbarten Bilderrahmen seine Antwort in schriftlicher Form. Ein in jeder Einheit angebrachtes schmales Board stützt bis auf eine Ausnahme ein bis drei ebenfalls gerahmte Farbfotografien, die mit den Zitaten korrespondieren, ihre Inhalte offenkundig ‚illustrieren'. Die Fotografien scheinen demnach vor allem die Aufgabe zu haben, den narrativen Gehalt der Texte bildlich, ikonisch zu verifizieren, zu beglaubigen.

Die Farbfotografien zeigen entsprechend den literarischen Referenzen den Ausschnitt einer grenzenlos wirkenden Meeresoberfläche, eine Wiese, eine Zimmereinrichtung, ein Hochzeitspaar, langes Haar, eine Porträtaufnahme

3 Diogenes Laertius: *Diogenes Laertii vitae philosophorum*, Bd. 1, aus d. Lat. u. hrsg. v. Miroslav Marcovich / Hans Gärtner. Stuttgart / Leipzig: Teubner 1999, S. 21.

4 Calle: *Blind*, S. 9. Seitenangaben im Folgenden im Text.

des Schauspielers Alain Delon, ein Aquarium, ein Bergpanorama, einen weißen, in malerische Falten gelegten Stoff etc. Neben der Frontalaufnahme eines ungefähr 50-jährigen Mannes steht: „I saw my son in a dream [...] I thought he was very beautiful" (47); das dazugehörige Foto zeigt einen Jungen, der sich mit den Ellenbogen auf einen schmalen Schrank stützt. (Abb. 10) Eine junge Frau mit lockigem Haar erwähnt das Rodin Museum: „[T]here is a naked woman with very erotic breasts and a terrific ass. She is sweet, she is beautiful." (33) Darunter sind zwei Aufnahmen mit einer Frontal- und einer Rückenansicht der Bronzeplastik zu sehen. (Abb. 11) Auffällig ist Calles Verzicht auf die haptisch-sinnliche Erfahrbarkeit der thematisierten Objekte: die Präsentation einer Plastik oder eines Tierfells. Wie in feinsinnig-ironischem Rekurs auf Diderots Traktat *Brief über die Blinden. Zum Gebrauch für die Sehenden* scheint *Les Aveugles* weniger eine Ausstellung für, denn über Blinde zu sein. Bezeichnend ist, dass der Ausschluss ausgerechnet in diesem spezifischen Zusammenhang als solcher hervortritt, obgleich er im anerzogenen und geradezu verinnerlichten Museumsimperativ *Do not touch* seine kulturelle und institutionelle Ausprägung findet. Calles *Les Aveugles* dekodiert diese Rezeptionsgewohnheit und kehrt sie um: Eine genauere Untersuchung der Ausstellung zeigt, auf welche Weise sie gerade nicht zur konventionellen Betrachtung und Identifikation mit herrschenden Schönheitsvorstellungen einlädt, sondern vielmehr dazu, die Augen im übertragenen Sinn vor solchen, auch unbewusst verinnerlichten Konventionen zu verschließen. Die Ausstellung appelliert somit auf besondere Weise an die poetische Einbildungskraft der Rezipierenden.

Das Auge des Betrachters

Angenommen, es gäbe, wie Giorgio Agamben in den 1970er Jahren formuliert, „nichts Dringlicheres als eine *Destruktion* der Ästhetik, die das gewohnheitsmäßig als Evidenz Erlebte entthronen und sich bereit finden würde, die Zuständigkeit der Ästhetik als Wissenschaft vom Kunstwerk anzufechten",[5] dann würde diese exemplarische Destruktion bei Calle über die Entthronung des Gesichtssinns als Primat sinnlicher Wahrnehmung erfolgen: Wir sind es gewohnt, uns als Betrachter_innen visueller Kunst vor allem als ‚Augenmenschen' ansprechen zu lassen: Die Schönheit liegt, so ein verbreiteter Topos, im Auge des Betrachters, *in the eye of the beholder*, als medial vermitteltes Phänomen förmlich auf der Netzhaut, wie sich mit Welsch formulieren ließe. Welsch spricht mit Bezug auf die alle Lebensbereiche umfassende Ästhetisierung im

5 Agamben: *Der Mensch ohne Inhalt*, S. 14. (Herv. i. Orig.)

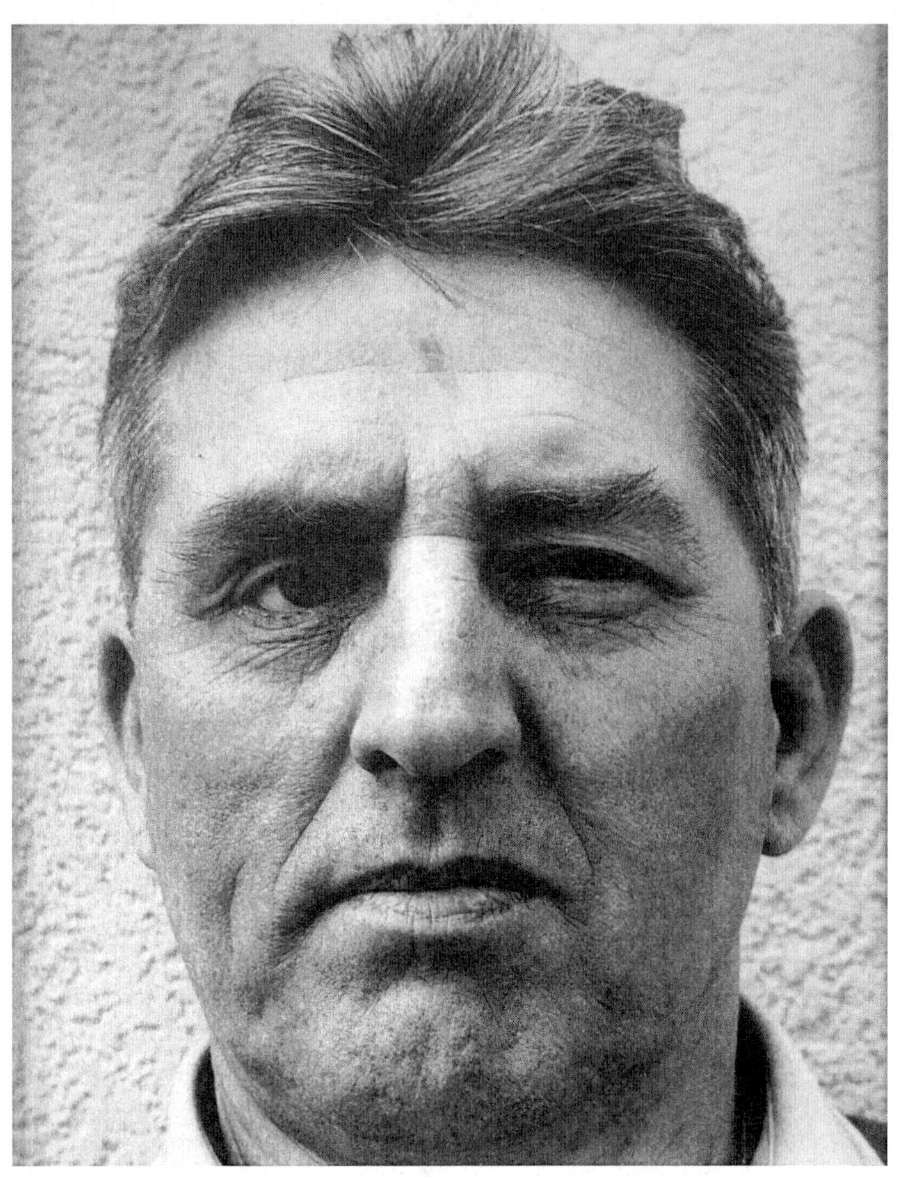

Abb. 10: Sophie Calle: *Les aveugles / mon fils*, 1986.

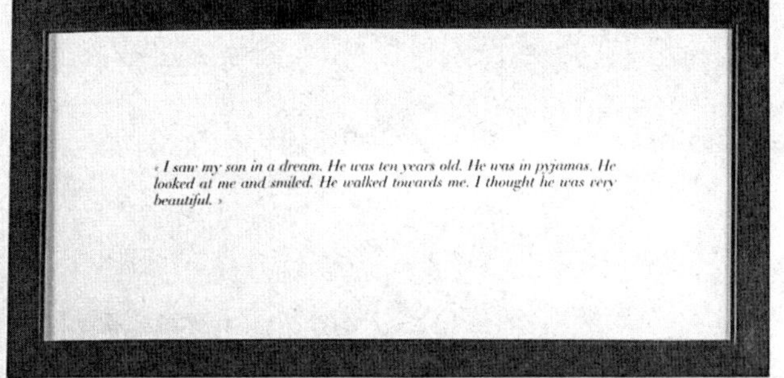

Im Traum habe ich meinen Sohn gesehen. Er war zehn Jahre alt. Er trug einen Schlafanzug. Er schaute mich an und lächelte. Er kam auf mich zu. Ich fand ihn sehr schön.

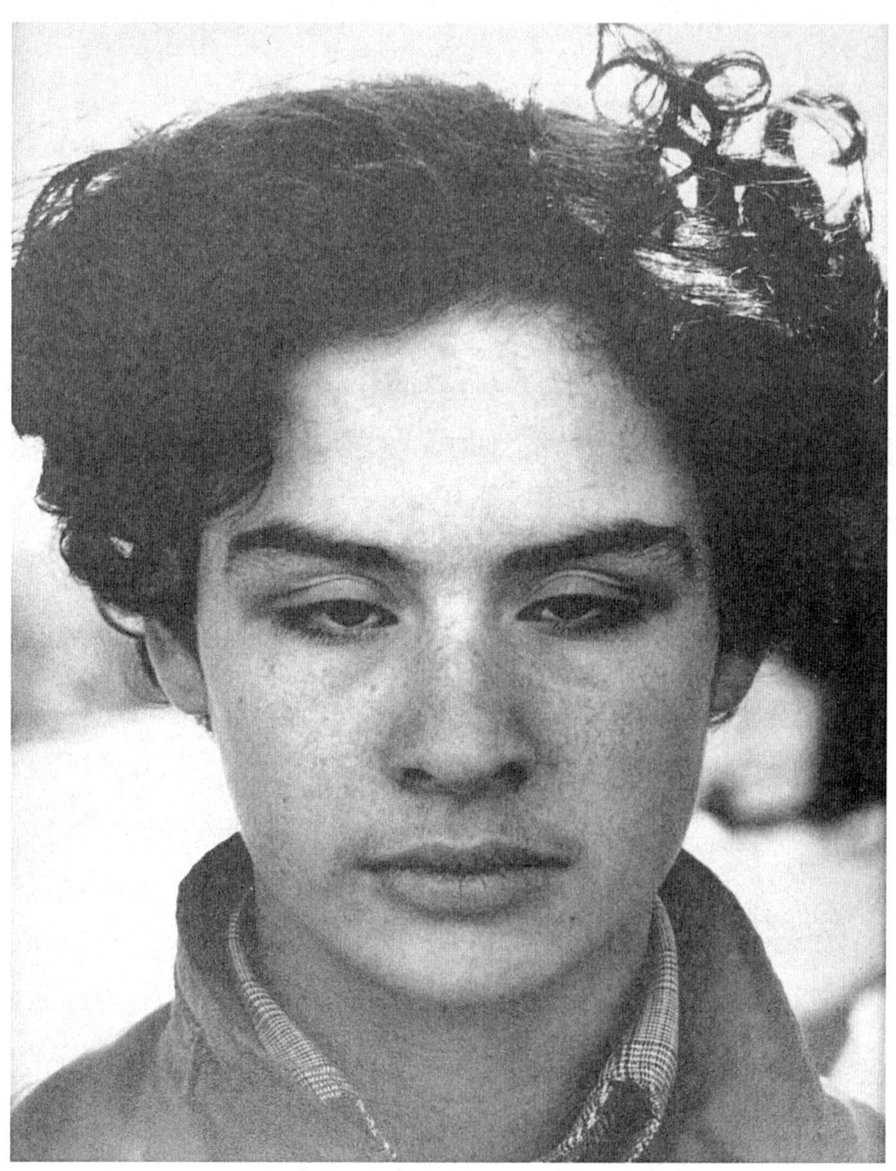

Abb. 11: Sophie Calle: *Les aveugles / Rodin*, 1986.

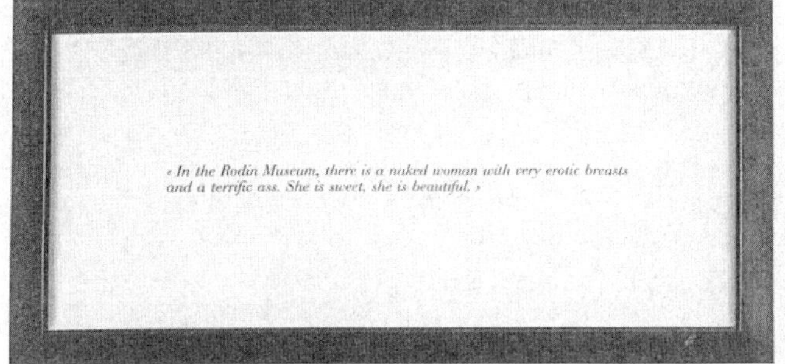

Im Rodin-Museum steht die Skulptur einer nackten Frau mit sehr erotischen Brüsten und einem umwerfenden Arsch. Sie ist süß, und sie ist schön.

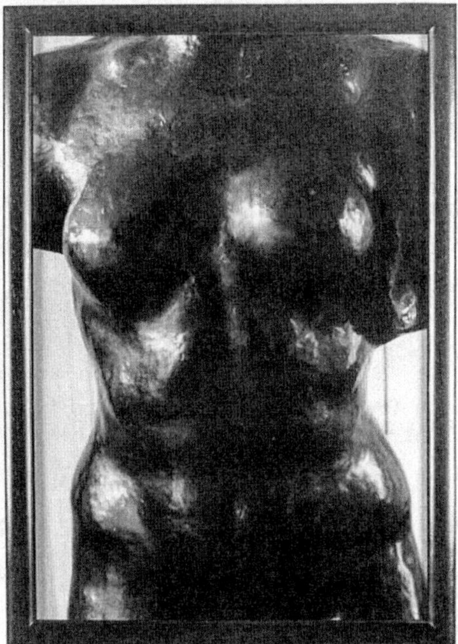

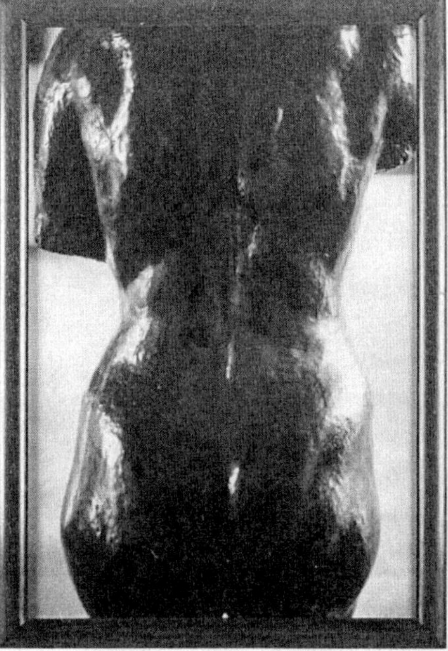

20. Jahrhundert von der expliziten Oberflächlichkeit des Schönen, die sich dadurch auszeichne, nicht in die Realität überführt werden zu können:

> Alles wird schön. Das Schöne aber ist flach. In all der Ästhetisierung ist der Begriff, ist der Sinn für die Kraft des Schönen uns abhanden gekommen. Es gab immer zwei Typen des Schönen: der eine zielte auf Annehmlichkeit, der andere verstörte. Nur der zweite lohnt heute noch.[6]

Dieser Gedanke deckt sich mit Barthes' Beobachtungen zur Fotografie, die „platt" sei, „in jeder Bedeutung des Worts".[7] Und mit Verweis auf den Blick und das Bild führt er aus, indem er Maurice Blanchot zitiert:

> [D]as Wesen des Bildes [besteht] darin, ganz außen zu sein, ohne Intimität, und dennoch unzugänglicher und rätselhafter als die innere Vorstellung; ohne Bedeutung, doch zugleich eine Herausforderung der Unergründlichkeit jeden möglichen Sinns; verborgen und doch offenbar, von jener Anwesenheit-Abwesenheit, die die Verlockung der Sirenen ausmacht.[8]

Calles Arbeit befragt mit einem ähnlichen, das heißt zwischen An- und Abwesenheit, imaginärem und ‚realem' Bild verorteten Forschungsinteresse die vermeintliche Evidenz des Gesichtssinns und seine epistemologische Überhöhung; diese Verbindung indes, der mitunter allzu legere Konnex zwischen Sicht und Einsicht, stellt eine kulturgeschichtliche Konstante dar, die sich mit der Überzeugung deckt, dass „die Menschen leichter durch Sichtbares als durch Gehörtes zu beeindrucken [seien]".[9]

In Anlehnung an Agambens Manifestation wird in *Les Aveugles* noch etwas anderes destruiert als die Evidenz des Sichtbaren, das aber eng damit einhergeht: die konventionelle Gleichsetzung von Kunst und Schönheit.[10] Jede Zeit konstruiert und reproduziert ihre eigenen Schönheitsdiskurse und Idealvorstellungen. Doch die Festlegung der Kunst auf das Paradigma der Schönheit zieht sich wie ein roter Faden durch die moderne Ästhetik; sie ist in dieser Funktion gar, merkt Welsch an, erst eine Erfindung des 18. Jahrhunderts.[11]

6 Zit. n. Lydia Haustein: Schönheit als Metapher. In: Dies. / Stegmann (Hrsg.): *Schönheit*, S. 9–17, hier S. 9.

7 Barthes: *Die helle Kammer*, S. 117.

8 Maurice Blanchot zit n. ebd.

9 So paraphrasiert bei Rudolf Preimesberger: Einleitung. In: Ders. / Hannah Baader / Nicola Suthor (Hrsg.): *Porträt. Geschichte der klassischen Bildgattungen in Quellentexten und Kommentaren*. Berlin: Reimer 1999, S. 13–64, hier S. 13.

10 Vgl. Welsch: Wiederkehr des Schönen?, S. 42. Schon Ingarden opponiert in seiner in Kap. II angeführten Studie *Das literarische Kunstwerk* gegen diese Engführung (ebd., S. 21–23).

11 Ebd.

Das leitende Thema der Ausstellung *Les Aveugles* und ihr institutioneller Rahmen könnten bei den Besucher_innen einen ähnlichen Effekt auslösen, wie die in Kapitel II angesprochene, vermeintlich widersprüchliche Verknüpfung von fehlender Sehfähigkeit und der Gabe, Sichtbares in Bezug auf den Typus des blinden Künstlers zu schaffen. In einer Art Umkehrung dieser inneren Dynamik beansprucht Calles Ausstellung offenbar die Fähigkeit, Unsichtbares sichtbar zu machen und seltene Einblicke in einen exklusiven Bereich des ‚Unsichtbaren' zu bieten. Genau diese Vorstellung aber und die damit einhergehende Erwartungshaltung, durch die Betrachtung der Panels etwas über die Interferenzen zwischen einem ‚klassischen' Verständnis von Ästhetik als Lehre des Schönen, der schönen Künste und ‚den Vorstellungen' blinder Menschen zu erfahren, unterläuft *Les Aveugles*.
Die gerahmten Antworten deuten aufgrund des umfassenden Spektrums an Themen und Zugängen auf ein im Folgenden zu konkretisierendes alternatives Verständnis von Schönheit hin. Diese von der Ausstellung evozierte Sicht scheint sich vorrangig aus der Unverwechselbarkeit, aber auch expliziten Unverfügbarkeit der einzelnen Stellungnahmen, der Heterogenität sinnlicher und intellektueller Zugänge zu ergeben, die hier nebeneinander stehen.
Die Grundlage der vorliegenden Analysen bilden über Ausstellungsbesuche hinaus die zahlreichen Ausstellungskataloge, die *Les Aveugles* dokumentieren, indem sie sie etwa mit Calles späteren Arbeiten zum Thema Blindheit oder vergleichbaren Projekten wie *Ghosts* konfrontieren.[12]

Blindheit und Schönheit

Schon lange habe sie die Idee beschäftigt, blindgeborene Menschen nach ihren Schönheitsvorstellungen zu fragen, erklärt Calle in einem Interview. Vor der Umsetzung habe sie sich allerdings gescheut, aus Scham und der Sorge, ihre Gesprächspartner könnten ihr Verhalten missdeuten oder ihr diese Frage übel nehmen: „Ich befürchtete, es könnte für die Betroffenen zu grausam sein."[13] In Calles knappem Bekenntnis schwingt das Bewusstsein eines gewissen Risikopotenzials mit; schließlich hätten sich die Befragten auf ihre Blindheit reduziert gefühlt und an einem neuralgischen Punkt getroffen fühlen können. Wer ohne

12 Vgl. neben Calle: *Blind*, auch Christine Macel (Hrsg.): *Sophie Calle. M'as-tu vue.* Ausstellungskatalog Centre Pompidou. München / Berlin / London / New York: Prestel 2003–2004; Inka Schube: (Hrsg.): *Sophie Calle.* Katalog anlässlich der gleichnamigen Ausstellung im Sprengel Museum Hannover. Köln: König 2003.

13 Zit. n. Unsichtbare Schönheit. In: *Spiegel Special*, 3/1999. http://www.spiegel.de/spiegel/spiegelspecial/d-9583355.html (Zugriff am 16.01.2013).

entsprechende physiologische Voraussetzung geboren wurde, hat die mit Pathos und Bedeutung aufgeladene ‚Schönheit der Welt' schließlich niemals mit eigenen Augen gesehen. Diejenigen, die Calle begegneten, hätten das Anliegen der Künstlerin also unsensibel oder sensationslüstern finden können, ein Scheininteresse im Stil Théophile Gautiers, der in seinen ästhetischen Schriften um 1850 fragt: „[M]ais si l'idée du beau préexiste en nous, préexiste-t-elle chez un aveugle-né, par exemple?"[14] Der Mitbegründer der Idee einer interesselosen *l'art pour l'art* bezieht sich hier auf ein absolutes Schönheitsideal ohne real erfahrbare Entsprechungen. Und diese Ausrichtung scheint bis heute für die Legitimität einer Frage zu bürgen, die im alltagskulturellen Kontext an ein hartnäckiges Tabu rührt. Es lässt sich vereinfachend so ausdrücken: Weil blindgeborene Menschen nicht ermessen können, was Schönheit und noch allgemeiner Bilder bedeuten, ist es verantwortungslos, sie darauf anzusprechen. Denn das hieße, sie bloßzustellen.[15]

Les Aveugles fügt sich in eine Gesellschaft ein, die jene unter anderem aus Unwissenheit, Verlegenheit und Angst resultierende Haltung verinnerlicht zu haben scheint. Calles Befürchtung, es könne „für die Betroffenen zu grausam sein", ist vor diesem Hintergrund weniger als ein persönliches Bekenntnis, denn als Aneignung eines verbreiteten Vorurteils aufzufassen. Im Folgenden soll es als Teil einer intermedialen Inszenierung begriffen werden, die über die Präsentation von Fotografien und Texten hinaus solche Vorurteile, das heißt Vorstellungen sichtbar macht, die sich sehende Menschen von der Lebenswirklichkeit blinder Personen machen, mit der sie nichts oder nur marginal zu tun haben. Dabei ist es kein Zufall, dass die Künstlerin mit der Fotografie auf ein Medium zurückgreift, dessen „Evidenz [...] mächtig ist",[16] weil sie wie im zweiten Kapitel mit Sontag dargelegt, „die realistischste – und deshalb zugänglichste – unter den mimetischen Künsten zu sein"[17] beansprucht. Zugleich werden jedoch die Grenzen zwischen Kunst und Realität, ästhetischer Theorie und politischer Intervention in *Les Aveugles* bewusst verunklärt, um ein Nachdenken darüber in Gang zu setzen, woher eigentlich die Auffassung rührt, blinde Menschen wären außerstande nachzuvollziehen, was Schönheit *in nuce* bedeutet. Dieser

14 Gautier: Du beau dans l'art, S. 903. („Aber wenn die Idee des Schönen in uns von vornherein angelegt ist, herrscht sie dann beispielsweise auch in einem Blindgeborenen vor?", Übers. A. Ha.)

15 Vgl. Erving Goffman: *Stigma. Über Techniken der Bewältigung beschädigter Identität*, aus d. Amerik. v. Frigga Haug. Frankfurt am Main: Suhrkamp 1975; Kolesch: Imperfekt; dies.: Verkörperung als Paradigma. In: Clemens Risi / Jens Roselt / Christel Weiler(Hrsg.): *Strahlkräfte. Festschrift für Erika Fischer-Lichte*. Berlin: Theater der Zeit 2008, S. 66–78.

16 Barthes: *Die helle Kammer*, S. 117.

17 Sontag: Objekte der Melancholie, S. 53.

Gedanke soll an späterer Stelle des Kapitels mit Diderots *Brief über die Blinden* aus dem Jahr 1749 kulturhistorisch präzisiert werden. Denn die Schlussfolgerungen des Autors legen auf exemplarische Weise offen, wie Klischees über das Denken und Fühlen blindgeborener Menschen konstituiert und perpetuiert werden.

Insgesamt konzentrieren sich die folgenden Überlegungen also sowohl auf die ästhetische und literarische als auch die ethisch-moralische Dimension von Calles Arbeit *Les Aveugles*. Dabei begreife ich ästhetische Wahrnehmung mit Doris Kolesch als eine „Passion für das Andere, [...] Berührt-, Tangiertsein vom Fremden, Involviertsein ins Unbekannte. Sie ist ein Ineinander und Zugleich von Tun und Geschehenlassen."[18] Entscheidend für eine Analyse von *Les Aveugles* ist Koleschs Akzent darauf, dass die Ästhetik gemäß dieser Perspektive „eine Ethik [impliziert], nicht umgekehrt".[19] Ein bestimmter Zweig der Rezeption fällt nämlich durch eine streng moralische Sicht auf *Les Aveugles* auf, welcher die ästhetische Erfahrbarkeit der Ausstellung nahezu außer Acht lässt. In Anspielung auf Laertius' überlieferte Anekdote wird im Folgenden stärker von der ästhetischen Wirkkraft aus der Frage nachgegangen, wieso wir es eigentlich vermeiden, mit blinden Menschen im Allgemeinen und speziell über Schönheit zu sprechen. Darüber hinaus soll gezeigt werden, dass diese defensive Haltung einen weiteren potenziellen Ausschluss impliziert: den Ausschluss blinder Modelle aus der Porträtfotografie.

Man könnte meinen, dass sich das Untersuchungsinteresse der vorliegenden Studie an diesem Punkt ausnahmsweise auch auf empirische Blindheitserfahrungen richte. Das trifft allerdings nur bedingt zu, denn die in der Ausstellung *Les Aveugles* versammelten Aussagen lassen die Sprecher_innen durch Calles ästhetisierenden Zugriff, ihre künstlerische Diskursivierung und Rahmung des Themas als fiktionalisiert begreifen. *Les Aveugles* geht zwar von der Lebenswirklichkeit blinder Menschen aus, ist aber keine Dokumentation, sondern eine ästhetische Auseinandersetzung mit vieldeutigen Images, die nicht einfach wiedergegeben, sondern weiterentwickelt, ergänzt, verändert und mit kulturhistorischen Referenzen aufgeladen werden. Als einen Arbeitsgedanken möchte ich formulieren, dass der vieldeutige Bildbegriff hier in einem prekären Verhältnis zur Blindheit steht. Meines Erachtens forciert und dekonstruiert Calles *Les Aveugles* dieses komplex prekäre Verhältnis, indem sie Konfrontationen herbeiführt, verdeckte Interferenzen offenlegt, damit zusammenhängende Konventionen unterläuft und neue Bedeutungen des Präsentierten ins Spiel

18 Kolesch: Imperfekt, S. 195.

19 Ebd.

bringt. Vordergründig thematisiert Calle die Schönheitsvorstellungen der Befragten, „their image of beauty", in Bild und Schrift. Darüber hinaus verlangen jedoch auch die Porträtfotografien als *images of beauty* danach, hinterfragt zu werden. Diese doppelte Sichtbarmachung enthüllt und negiert die bereits erwähnten Konventionen. Die erste besteht in jenem Trugschluss, dass blinde Menschen nicht sehen und folglich keine Bilder haben können. Die zweite besteht darin, dass es sich vermeintlich nicht schickt, blinde Menschen anzuschauen: im Alltag, auf der Straße ebenso wenig wie auf der medialen Ebene der Porträtkunst. Auf unterschiedliche Weise sind beide Begriffsinhalte prekär verfasst: das bildliche Denken blinder Menschen aufgrund des marginalen sozialen Wissens darüber und als Kehrseite dessen jene Vorstellungen, die sich sehende von blinden Menschen machen, ohne ‚wirklich' in Kontakt mit ihnen zu treten. Damit wiederum bringt die Ausstellung eine dritte Bedeutung des Bildbegriffs zum Ausdruck. Sie rekurriert auf das öffentliche Image eines Personenkreises, den nicht mehr verbindet oder trennt als eine angeborene Sehunfähigkeit. Die Interferenzen zwischen der Selbst- und der Fremdwahrnehmung der Porträtierten spiegeln sich in der Präsentation und Rezeption der Ausstellung, die derartige Widersprüche durch das Nebeneinander verschiedener Medien und Genres intendiert und forciert.

Calles Entgrenzung von Literatur und Fotografie

Die Frage der literarischen Qualität von Calles Arbeiten wurde im Fahrwasser der kunstwissenschaftlichen Analyse lange Zeit vernachlässigt. Dabei lassen sich ihre Kombinationen aus Texten und Fotografien weder eindeutig dem Bereich der bildenden Kunst noch dem der Literatur zuordnen. Auch in *Les Aveugles* stehen die eigens gerahmten Zitate in einem diskursiven Verhältnis zu den Porträtfotografien und denjenigen, die ihre Inhalte vorgeblich illustrieren, das heißt umsetzen, was bereits der Text referiert. In zwei Medien und drei Genres wird abgebildet, beschrieben und mental erzeugt, was auf eine Weise zusammengehört und zugleich trennt: Images werden sowohl übersetzt als auch scheinübersetzt, Vorstellungen literarisch generiert und fotografisch unterminiert. Die fotografierten Personen sind zugleich die Autor_innen von Texten, die schon aufgrund dieser Verschränkung im Modus des Literarischen begreifbar sind. Eine junge Frau etwa schwärmt von einem fiktiven Luxushotel, das in einem Roman beschrieben wurde, von Gemälden und Antiquitäten; die dazugehörige Fotografie zeigt jedoch einen Sternenhimmel mit sichelförmigem Mond.

Aus dieser Kombination ergeben sich Irritationen: Auf gewisse Weise unterstreicht der Sternenhimmel das romantische Bild des Hotels; auf der anderen Seite übersteigt die Fotografie die Beschreibung und fügt ihr eine unsichtbare Dimension hinzu. Wie Stefanie Rentsch in ihrer vergleichenden Monografie über Jean Le Gac und Sophie Calle darlegt, kann Calles Kunst als *art narratif*, als eine Kunst mit deutlich literarischem Einschlag, begriffen werden,[20] wobei es besonders um das Erzeugen derartiger Irritationseffekte geht. Sie ergeben sich daraus, zugleich als Leser_in und Betrachter_in angesprochen zu werden – und somit als produzierende_r Rezipient_in mit der Aufgabe konfrontiert zu sein, die unterschiedlichen Narrative in ein Verhältnis zu bringen. Auf den ersten Blick scheinen Fotografien und Texte ihre Bedeutung gegenseitig zu verstärken, tatsächlich aber weisen sie oft minimale Widersprüche auf, die jenes Irritationsgefühl verursachen: Calles Arbeiten täuschen intermediale Analogien vor, die sie alsdann unterlaufen. Angesichts der Relevanz des Literarischen für diese Technik der De-Mimikry beklagt auch Rentsch das fehlende Interesse der Literaturwissenschaft an Calles Arbeiten, die das negativ konnotierte „Primat des Visuellen",[21] das infolge der umfassenden Digitalisierung der Realität enormen Aufwind bekommt, ebenso bestätigt wie die Distinktion einzelner Disziplinen zum Trotz der rituell eingeforderten Interdisziplinarität. Brigitte Weingart stellt in diesem Zusammenhang fest, dass das „Problem der disziplinären Zuständigkeit [...] im Fall von Text-Bild-Hybriden zumeist zugunsten der primären Sozialisation des Autors bzw. Künstlers entschieden wird", und kritisiert an dieser Kategorisierung die „Redomestizierung jener Grenzüberschreitungen [...], welche die entsprechenden Experimente ins Werk setzen".[22] Dies gilt auch für Calle, deren Schaffen vor allem kunstwissenschaftlich rezipiert wird. *Les Aveugles*, die sowohl formal als auch inhaltlich die Grenze zwischen Literatur- und Kunstwissenschaft überschreitet, kann als Kritik an der Formalität solcher kategorialen Abgrenzungen begriffen werden.

In diesem Zusammenhang und mit Blick auf das Korpus der vorliegenden Studie insgesamt möchte ich einen Gedanken aus Caroline A. Jones' im zweiten Kapitel kurz erwähnten Aufsatz „Der blinde Mann. Oder: Wie man eine Ausstellung besucht" aufgreifen, der die Interferenzen von blinder Imagination und ästhetischer Erfahrung thematisiert: Blindheit als Trope und epistemische Figur, so zeigt sich mit Blick auf *Les Aveugles* erneut, tritt nicht nur als treue

20 Stefanie Rentsch: *Hybrides Erzählen. Text-Bild-Kombinationen bei Jean Le Gac und Sophie Calle*. München: Fink 2010, S. 16.

21 Ebd.

22 Zit n. ebd.

Begleiterin machtvoller visueller Präsentationen in Erscheinung.[23] Sie spielt auch in künstlerischen Produktionen eine Rolle, welche die herkömmlichen Grenzziehungen zwischen den verschiedenen Kunstgattungen infrage stellen. Ein bevorzugtes Thema ist Blindheit also nicht nur, wo es um ein Ausloten der Herausforderungen geht, welche die Etablierung neuer Medien und Kommunikationsstrukturen in einem vermeintlich abgesteckten Aktionsfeld mit sich bringt, sondern auch da, wo künstlerische Arbeiten aus einem ordnenden und unterscheidenden System heraustreten. Wie beim phänomenologischen Sprechen über die intermodale Wahrnehmung nivelliert auch diese Entgrenzung keineswegs die Unterschiede zwischen den verschiedenen Gattungen und Disziplinen. Vielmehr sind die konstruktiven, das Denken herausfordernden Effekte einer hybriden Kultur zu betonen, die für Hans-Ulrich Reck darin bestehen,

> Spannungen zu verstärken, Abstände zu vergrößern, Fremdheiten zu intensivieren, Exklusionsvorgänge aufrechtzuerhalten, Sich-Ausschließendes nicht zu eliminieren, das aus einem bestimmten Blickwinkel als monströs Wahrgenommene nicht zu tilgen.[24]

Calles Arbeit *Les Aveugles* betreibt diese Zuspitzungen, indem sie zum Beispiel die Frage evoziert, wo die Übersetzung von einem Medium ins andere aufhört und die Interpretation oder gar Dichtung beginnt. Die Fotografie des Sternenhimmels lässt sich als unvollkommene Bebilderung einer Beschreibung hinterfragen – eine Porträtaufnahme als unvollkommenes Bild, das sich jemand imaginär gemacht hat. In dieser Ausrichtung korrespondiert *Les Aveugles* mit dem enigmatischen Plädoyer aus Lohers Theatertext *Manhattan Medea*: „Feiern wir das Unvollkommene als schön."[25] Es kann als Motto und Leitmotiv auch für die Untersuchung von *Les Aveugles* gelten, weil diese einprägsam kurze und programmatische Forderung als ihr Subtext deutbar ist. Der im vorangegangenen Kapitel herausgestellte Gedanke einer grundsätzlichen Unvollendbarkeit ist auch auf Calles *Les Aveugles* anwendbar: auf die apriorische Unvollkommenheit der Übersetzung oder der Schönheit sowie ihrer immer historisch und soziokulturell bedingten Analysemöglichkeiten. Als Gegenbegriff zu einer in Kunst und Wissenschaft besonders im Zuge der Aufklärung beständig vorangetriebenen Optimierung und Idealisierung physiologischer wie technischer Sehpraktiken bietet sich der mehrdeutige Begriff der Unvollkommenheit also ebenso an wie zur Problematisierung einer idealtypischen,

23 Jones: Der blinde Mann, S. 154.

24 Zit n. ebd., S. 18.

25 Loher: Manhattan Medea, S. 55.

makellosen Schönheit. Hinsichtlich der forcierten Mehrdeutigkeit des Bildbegriffs möchte ich eine längere Passage aus einem Aufsatz von Doris Kolesch zitieren, deren programmatische Lesart des Imperfekten mit Blick auf *Les Aveugles* zu bekräftigen ist:

> Zum einen verweist das Imperfekte auf ein nicht Perfektes, Unvollkommenes, Versehrtes, sich der Norm der Normalität und der Idee der Perfektibilität Entziehendes. Dabei stellt das Imperfekte kein bloßes Gegenteil des Perfekten dar, sondern es kündet vom Widerspruch, vom Widerstand gegen das Perfekte und unterläuft die Logik des Entwederoder und des *tertium non datur.*
> Zum Zweiten bezeichnet das Imperfekte in der Linguistik eine unabgeschlossene, unvollendete Vergangenheit. Dieses linguistische Konzept möchte ich auf die ästhetische Erfahrung anderer, extremer, exponierter Körper auf den Bühnen (des Theaters, aber auch des Alltags) zu übertragen suchen. In dieser Perspektive kommt das Imperfekte als eine Geschichte, ein Gewordensein, eine Kontextbezogenheit in den Blick, die sich nicht einfach ausblenden oder ausradieren lässt, die eine *tabula rasa* verhindert. Imperfekt wäre dann ein Vorher, ein Gestern, das – noch – andauert, ins Jetzt der Gegenwart hineinreicht und insofern auch die Zukunft zu tangieren, zu markieren vermag.[26]

Die im Imperfekten angelegte Chance auf Widerstand und Widersprüchlichkeit ist auch dem Imagebegriff inhärent. Wie schon anklang, ist in ihm die Idee eines archetypischen, nicht verifizierbaren Bildes, die religiös aufgeladene *imago*, ebenso angelegt wie jene Praxis der Projektion und Repräsentation, die sich mit dem Image einer Gruppe oder eines Begriffs verbindet. Wenn die *imago* geistesgeschichtlich also an das Ideal eines Urbilds erinnert, dann andererseits auch an den Abbildcharakter der materiellen Welt, was in platonischer Tradition eher pejorativ besetzt ist.[27] Als erkenntnistheoretische und ästhetische Figur operiert Blindheit in Bereichen, in denen es um die Anerkennung des Unvollkommenen in der Kunst, aber auch der wissenschaftlichen Analyse geht. Calles Arbeiten sind als feierliche Bekenntnisse zum Unvollkommenen zu verstehen, als konstruktive Verstöße gegen die mit Kolesch angesprochene „Norm der Normalität“ und „Idee der Perfektibilität“, Verstöße also, die ein Nachdenken darüber in Gang setzen können. Als *actrice narrative* riskierte Calle also zunächst bewusst, weder als Künstlerin noch Literatin ernst genommen zu werden: Sie stellte ihre Arbeiten in ihrer intermedialen Widersprüchlichkeit, einer programmatischen Unvollkommenheit oder auch Ungenügsamkeit zur Diskussion. Ein kurzer Exkurs über Calles frühe Arbeiten soll nun ihre künstlerische Herangehensweise tiefergehend darlegen.

26 Kolesch: Imperfekt, S. 193. (Herv. i. Orig.)

27 Vgl. Wolfgang Kemp: Bild. In: *Metzler Lexikon Kunstwissenschaft*, S. 57–62.

Fremde ansprechen: Vorgeschichten

Einige Jahre vor Entstehung von *Les Aveugles*, 1980, hatte die damals kaum bekannte, 27-jährige Sophie Calle ihre ersten Arbeiten *Le Bronx* und *Les Dormeurs* im Rahmen zweier Einzelausstellungen in New York und Genf präsentiert.[28] Schon diese beiden Foto-Text-Kombinationen[29] basieren auf der ihre Kunst bezeichnenden investigativen Praxis, mit der sie scheinbar beliebige Personen um einen so simplen wie ungewöhnlichen Gefallen bittet: So trug Calle für *Les Dormeurs* angeblich unbekannten Menschen an, einige Stunden in ihrem Bett zu verbringen, um sich in wechselnden Positionen beim Wachen und Schlafen von ihr beobachten und fotografieren zu lassen; für *Le Bronx* ließ sich die New-York-Reisende Calle spontan zu den Lieblingsplätzen zufällig angesprochener Passant_innen führen; sie wollte wissen, warum der jeweilige Platz so bedeutsam für sie sei, dokumentierte die Antworten und fotografierte die als *special guides* fungierenden Personen am jeweiligen Ort. Die Bronx führte in den 1970er und 1980er Jahren die Kriminalstatistik New Yorks an; sie galt als sozialer Brennpunkt, so gefährlich wie trist, von der Stadtverwaltung vergessen und mit einer maroden Infrastruktur sich selbst überlassen. Ausgerechnet hier, fern der New Yorker Wahrzeichen und Symbole, der ausgetretenen Touristenpfade, soll Calle auf die Idee gekommen sein, Unbekannte in den Stand privater City Guides zu erheben, die ihr das Viertel von einer betont ‚anderen' Seite zeigen.

28 Laut Christine Macel gelangte Sophie Calle als Künstlerin erst in den frühen 1990er Jahren zu nationaler und internationaler Bedeutung (Christine Macel: The Author Issue in the Work of Sophie Calle. *Unfinished*. In: Dies. (Hrsg.): *Sophie Calle*, S. 17–28, hier S. 17). – *Le Bronx*. Fashion Moda Gallery, New York 1980; *Les Dormeurs*. Galerie Canon, Genf 1980. Es sind keine näheren zeitlichen Angaben verfügbar.

29 Dieser Begriff ist sperrig. Alma-Elisa Kittner spricht von Installation in Bezug auf Calles Text-Bild-Kombinationen, was meines Erachtens zu Missverständnissen führen kann, da Installation als Analysekategorie vorrangig für komplexe, raumgreifende, begehbare Arbeiten verwendet wird. Zugleich handelt es sich, wie Juliane Rebentisch argumentiert, um einen zu unspezifischen Oberbegriff, der sich kaum als Gattungsbezeichnung eignet. (Vgl. Alma-Elisa Kittner: *Visuelle Autobiographien. Sammeln als Selbstentwurf bei Hannah Höch, Sophie Calle und Annette Messager*. Bielefeld: Transcript 2009, S. 56; Juliane Rebentisch: *Ästhetik der Installation*. Frankfurt am Main: Suhrkamp 2003, S. 15.) Vgl. zudem über Rebentischs programmatisch-philosophische Erörterung hinaus exemplarisch die folgenden, stärker performance- und kunstwissenschaftlich orientierten Beiträge von Annette Jael Lehmann: *Kunst und Neue Medien. Ästhetische Paradigmen seit den 1960er Jahren*. Tübingen / Basel: Francke 2008; Charlotte Klonk: *Spaces of Experience. Art Gallery Interiors from 1800–2000*. New Haven / London: Yale UP 2009; und bezogen auf die installative Arbeit mit Fotografien: Monica E. McTighe: *Framed Spaces. Photography and Memory in Contemporary Installation Art*. New Hampshire: Dartmouth College Press 2012.

Schon vor *Le Bronx* hatte sie sich in Paris fremden Passant_innen an die Fersen geheftet und war ihnen wie eine Privatdetektivin unauffällig gefolgt – „[f]or the pleasure of following them, not because they particularly interested me".[30] Einem Mann reiste sie sogar bis nach Venedig nach, wo sie sich in einem Hotel als Zimmermädchen verdingte (*Suite Vénitienne*, 1980). In all diesen Arbeiten schwingt etwas Intimes, Irritierendes, Gefährliches mit: Wie die Einladung eines unbekannten Mädchens, eine Nacht in seinem Bett, zwischen benutzten Decken und Kissen zu verbringen, Phantasien wecken kann, scheint das Risiko als Zimmermädchen *in flagranti*, beim Durchwühlen privater Dinge ertappt zu werden, nicht gering. Mit Blick auf *Le Bronx* stellt die Kuratorin Iwona Blazwick überrascht fest: „Calle's youth, gender and white skin make her a potential target; yet no one abuses her trust."[31] Calles Arbeiten erwecken oft den Eindruck, sie habe sich mit einer an Verantwortungslosigkeit grenzenden Arglosigkeit in eine Situation hineinbegeben, die die Betrachter_innen ihrer Kunst durch den skizzierten Kontext als gefährlich wahrnehmen. Ein Teil der Calle-Forschung hält am Mythos der Gefährdung ebenso fest wie an der damit einhergehenden Überzeugung, die Künstlerin gewähre in ihren Arbeiten schonungslose Einblicke in ihr Privatleben.

Tatsächlich entsprechen Calles künstlerische Verfahren dem in der französischen Literaturwissenschaft vieldiskutierten Verfahren der Autofiktion.[32] Die Geschichten sind weder wahr noch falsch – sie sind etwas ‚Drittes' und beziehen ihre Wirkung gerade aus der Differenz zu beiden Seiten – zu allen Versuchen, die Künstlerin auf das Eine oder das Andere festlegen zu wollen. So

30 Macel (Hrsg.): *Sophie Calle*, S. 85.

31 Iwona Blazwick: Introduction. Talking to Strangers. In: Andrea Tarsia / Hannah Vaughan / Candy Stobbs (Hrsg.): *Sophie Calle « »*. London: Whitechapel Gallery 2009, S. 7–16, hier S. 9.

32 Vgl. dazu Macel (Hrsg.): *Sophie Calle*. In subversivem Bezug zum Topos vom ‚Tod des Autors' (Roland Barthes: La mort de l'auteur [1968]. In. Ders.: *Le bruissement de la langue*. Paris: Éditions du Seuil 1984; Michel Foucault: Qu'est-ce qu'un auteur? In: *Bulletin de la société française de philosophie*, 22.02.1969, S. 75–104), so Macel, habe Calle ihre zwischen Fakt und Fiktion siedelnden Narrative entwickelt, wie die Autorin mit Bezug auf Gérard Genettes Überlegungen zu den Interferenzen zwischen ‚Fiktion und Diktion' (Gérard Genette: *Fiktion und Diktion*, aus d. Franz. v. Heinz Jatho. München: Fink 2001) und Philippe Lejeunes *Le Pacte autobiographique* (Paris: Seuil 1975) pointiert darlegt. Für Macel lassen sich Calles Foto-Text-Kombinationen weder als Autofiktionen noch als Fotogeschichten („photo novel") bezeichnen, ebenso wenig aber als „criss-crossings of factual narratives with fictional overtones, accompanied by photographic images" (Macel (Hrsg.): *Sophie Calle*, S. 21). Vgl. außerdem Paul de Man: Autobiographie als Maskenspiel. In: Ders.: *Die Ideologie des Ästhetischen*, aus d. Amerik. v. Jürgen Blasius, hrsg. v. Christoph Menke. Frankfurt am Main: Suhrkamp 1993, S. 131–146; Jacques Derrida / Friedrich Kittler: *Otobiographien. Nietzsche-Politik des Eigennamens*. Berlin: Merve 2000.

gesehen existiert die Privatperson Calle nicht; sie ist (für uns) unauffindbar und zeigt sich doch in den vielfältigen Versuchen, ihr beikommen zu wollen.

> Ihre Biographen schreiben: Sophie Calle reiste sieben Jahre. Sie arbeitete als Barfrau, Dompteuse und Stripperin. Dann kam sie, die nie ein Museum von innen gesehen hatte, zurück und begann, Kunst zu produzieren. Sie schreiben auch: Als Tochter eines Sammlers wuchs sie zwischen Kunst auf und engagierte sich in jungen Jahren als radikale Feministin.[33]

Mit ihren „multiple identities as author, performer and character"[34] agiert die multimedial operierende Künstlerin als eine alle Hürden des Kunstbetriebs mit Bravour meisternde Persönlichkeit. Von der Konzeptkunst der 1960er und 1970er Jahre ist sie ebenso beeinflusst wie von der *art narratif* oder auch *Story Art*, die jenen divergierenden Selbstinszenierungen einen institutionellen Rahmen gibt: „Even through the author had been, so to speak, effaced and erased in the arts and literature a few years previously", spielt Christine Macel auf den Topos vom Tod des Autors an, „Sophie Calle's work kicked off in 1978 at the height of the movement that involved fictionalism and ‚personal mythologies'."[35] Indem sich Künstlerin oder Autorin persönlich in ihre Arbeit einbringen, können sie ihre Fiktionen ebenso wie Sequenzen aus ihrem Leben nach Belieben umstellen, manipulieren, zuspitzen und verändern. Sie bedienen die Bedürfnisse eines Publikums, das seine eigene Lebensrealität wiederzufinden bereit ist in einer Kunst, die ihren Ausgang in trivialen Alltagssituationen nimmt.

Ein Teil der Spannung, die Calles Produktionen hervorrufen, besteht darin, dass eine vermeintlich dokumentierte, durch die Künstlerin vorgeblich verifizierte Situation den Einschlag eines Melodrams, eines Thrillers oder Detektivromans bekommt. Ihre *art narratif* hebt, um noch einmal Stefanie Rentsch zu zitieren, auf „die Steigerung von Komplexität, die Ambivalenz des Begriffs und die Vermischung von Hoch- und Trivialkultur" ab.[36] Die aus der Spannung zwischen Alltag und *suspense* oder *romance* erwachsenden, das Denken herausfordernden Unstimmigkeiten in der Rezeption wirken dabei oft wie Leerstellen, weil sich diese Wechsel mit jener kalkulierten Beiläufigkeit oder Arglosigkeit vollziehen. Um auf die vorgetäuschten Analogien zwischen verschiedenen Medien zurückzukommen, ließe sich folgern, dass Calle bewusste Korrespondenzen zwischen Alltag und Kunst, Bild und Schrift konstituiert, wo wir

33 Inka Schube: Dekonspiration und Mimikry. Die Bemächtigungsstrategien der Sophie Calle. In: Dies. (Hrsg.): *Sophie Calle*, S. 19–29, hier S. 21.

34 Blazwick: Introduction, S. 15.

35 Macel (Hrsg.): *Sophie Calle*, S. 20.

36 Rentsch: *Hybrides Erzählen*, S. 18.

gewohnheitsmäßig keine bemerken. Der Titel des 2009 erschienenen Readers *Sophie Calle « »* setzt dieses künstlerische Verfahren ins Bild.[37] Die vergoldeten Lettern auf dem Cover verdeutlichen Calles Fähigkeit, Formen semantischer Leere, seien sie bildhaft oder syntaktisch verfasst, sichtbar zu machen und trivialen Alltäglichkeiten etwas Glanz zu verleihen. Calles Inszenierung des Alltags als Thriller erweist sich als Spielart ihrer Inszenierung von Worten als Kunst, in Bilderrahmen an den Wänden eines Museums ausgestellt. Dass ihr ihre vorgebliche Arglosigkeit in der Bronx nie zum Verhängnis, wohl aber zum Quell inspirierender Begegnungen wurde, ist kaum als glückliche Fügung, wohl aber als Ergebnis einer bis ins Detail durchdachten Dramaturgie anzuerkennen. Die Wirksamkeit ihrer künstlerisch-kritischen Investigation schmälert dies indes nicht: *Le Bronx* stellt das Image eines Stadtviertels als strikt zu meidende Gefahrenzone infrage, wo auch immer die in der Arbeit vermittelte Authentizität vom Faktischen ins Programmatisch-Visionäre umschlägt. Auf ähnliche Weise hinterfragen ihre Arbeiten das Image der schriftlichen Narration.

Fotografien blinder Menschen

Die zeitnah entstandenen Arbeiten *Le Bronx* und *Les Aveugles* weisen formale Parallelen auf: Hier wie dort wandte sich Calle an Fremde, hier wie dort kombinierte sie tagebuchartige, kurze Texte mit dokumentarisch wirkenden Fotografien. Das Interesse der Künstlerin richtete sich jeweils auf persönliche Vorlieben der Befragten: einen bevorzugten Platz in der Stadt, das persönliche Schönheitsempfinden. Während Calle die New Yorker Passant_innen jedoch unmittelbar an städtischen Schauplätzen fotografiert und so zugleich in ihrem Viertel wie in der Fotografie verankert, trennt sie in *Les Aveugles* die fotografierten Protagonist_innen von dem, was sie als besonders schön beschreiben. Sie sind nicht Teil des Schönen, das die ausgewählten Farbfotografien zeigen. Zudem werden sie stark frontal und ohne erzählenden Bildhintergrund präsentiert. Die Fotografien weisen eine derart geringe Tiefenschärfe auf, dass nicht nur der Hintergrund, sondern teils schon die Außenkonturen der gezeigten Gesichter verschwimmen. Trotz dieser Auffälligkeiten wirken die Fotografien insofern spontan, als sie mal im Studio, mal draußen aufgenommen wurden, mal gut und mal weniger gut ausgeleuchtet sind. Der Eindruck changiert auch auf dieser Ebene zwischen vermittelter Spontaneität und der formalen Strenge der Arrangements.

Wie in *Le Bronx* hätte Calle die Porträtierten vor einem Hintergrund, in einem Umfeld positionieren können. Die ebenfalls in Frankreich tätige Künstlerin

37 Tarsia / Vaughan / Stobbs (Hrsg.): *Sophie Calle « ».*

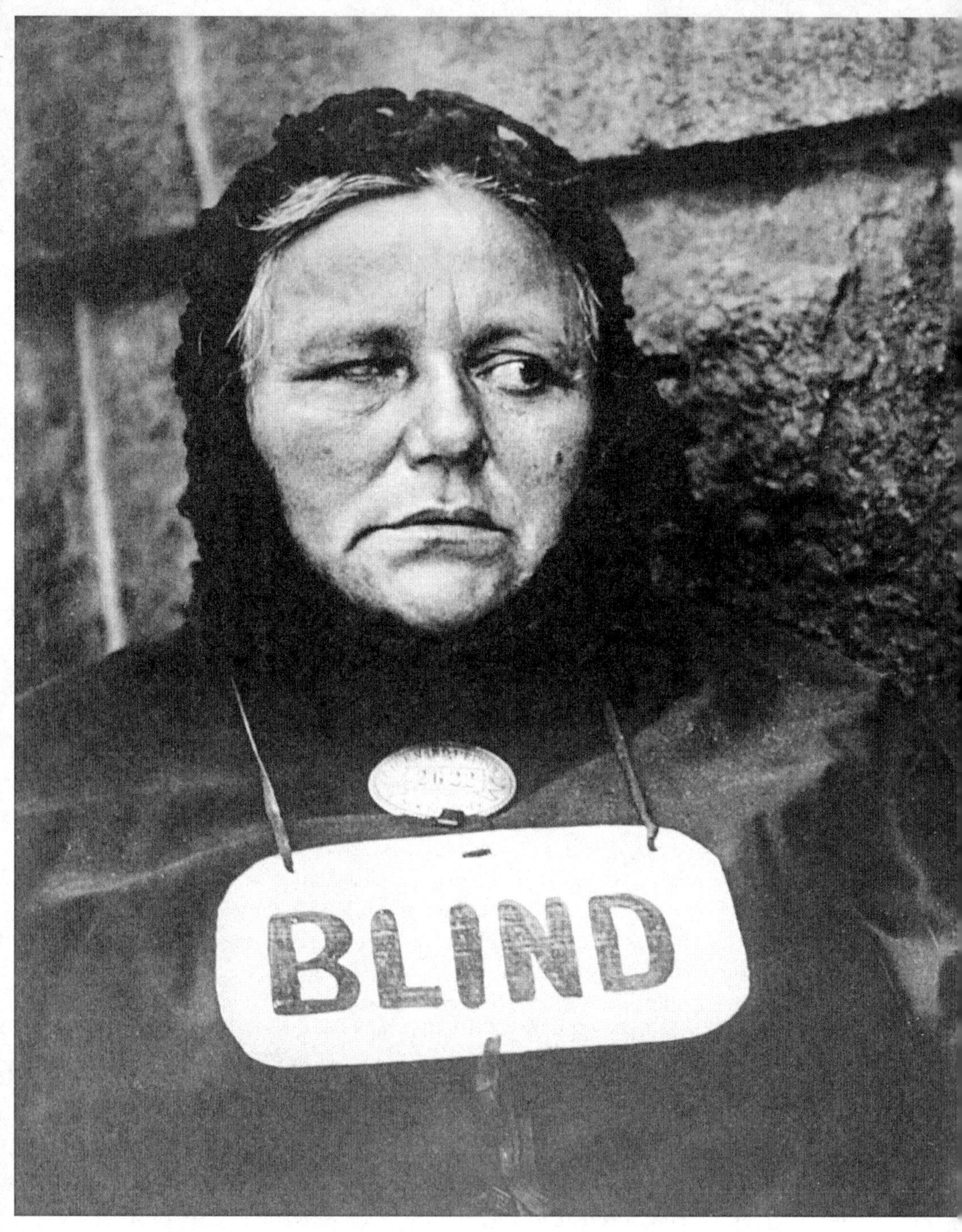

Abb. 12: Paul Strand: *Blind Woman, New York* 1916 (Negativ), 1945 (Druck).

Bettina Rheims etwa hat wenige Jahre nach der Entstehung von *Les Aveugles* einen gleichnamigen fotografischen Zyklus veröffentlicht, worin sie blinde Personen in Handlungszusammenhängen darstellt: als tätige Menschen bei der Arbeit, am Klavier, im Café. Die Aufnahmen erzählen etwas über die Porträtierten, ihre Vorlieben oder Berufe. In ihrer gelblich-braunen Farbgebung wirken Rheims' Aufnahmen überdies wärmer, die Möglichkeiten, sich als Betrachter_in zu den in unterschiedlichen Perspektiven gezeigten Porträtierten zu positionieren, vielfältiger als bei Calle.

Calles Großaufnahmen lassen es kaum zu, auf Distanz zum Dargestellten zu gehen. Ihren Modellen kommen wir mit unserem Blick so nahe wie sonst selten. Nichts kann ihn ablenken, wohingegen es in Rheims' Serie die Inszenierungen selbst sind, die zur Ablenkung einladen, weil sie das Dargestellte damit überziehen, ohne Raum für Unfertiges, Offenes zu lassen. Tendenziell scheinen sie die dargestellten Personen im Stil einer Bildsprache zu sentimentalisieren, die an die bürgerliche Kunst und Literatur des 19. Jahrhunderts erinnert. Eine Fotografie, leicht von oben aufgenommen, zeigt eine etwa Zehnjährige, die ihre Hände wie zum Gebet im Schoß faltet und die romantische Verklärung blinder Mädchen zu unschuldigen, geschlechtslosen Wesen aufruft, wie sie auf Gemälden von John Millais und Bruno Piglhein, in Novellen von Victor Hugo und Paul Heyse hervortritt.[38] Die Blindheit verbindet sich hier mit der demonstrativen, buchstäblich nach außen gekehrten Religiosität des Mädchens, die mit veräußerlichter Demut und Anerkennung des eigenen ‚Schicksals' assoziierbar wird. In der Übertragung eines Gedankens von Susan Sontag lässt sich zu Rheims' Darstellungsstil sagen, dass der jeweilige Hintergrund die Porträtierten einordnet und „für sie zu sprechen hat, als wären sie [...] nicht fähig, eine ausgeprägte Individualität zu erlangen".[39] Im Gegensatz dazu nehmen Calles reduktionistische Porträts keine Einordnung vor, sondern zeigen Menschen bewusst in ihrer ausgeprägten Individualität. Und mit einem weiteren Gedanken von Sontag ließe sich anfügen, dass „ihnen die Gegenüberstellung mit den anderen Fotografierten [Würde verleiht], eben weil sie mit der gleichen kühlen Distanz aufgenommen wurden wie alle anderen Personen".[40] Calles Inszenierung steht zweifellos in der Tradition der ‚klassischen' Porträtfotografie.

In diesem Zusammenhang möchte ich an eine weitere, historische Porträtaufnahme erinnern: Pauls Strands ikonische Aufnahme einer blinden Frau (Abb. 12) wird in der Forschung wiederholt als Referenz für Calles Serie

38 Vgl. Victor Hugo: *L'homme qui rit*. 2 Bde. Paris: Lacroix et Verboeckhoven 1869; Paul Heyse: *Die Blinden*. Berlin: Wilhelm Hertz (Bessersche Buchhandlung) 1852.

39 Sontag: Objekte der Melancholie, S. 63.

40 Ebd., S. 64.

angeführt; sie ist mit der Programmatik und Ästhetik von *Les Aveugles* allerdings kaum vergleichbar. Die Fotografie von 1916 stellt eine blinde Frau mit einem Schild um den Hals vor, das sie als blind ausweist. Max Kozloff schreibt über seine Seherfahrungen:

> Dieses Bild zeigt uns eine schutzlos preisgegebene Beute und macht aus dieser Frau doch zugleich eine monumentale, unheimliche Gestalt. Wenn ich dieses radikale Bild betrachte, so erlebe ich meine eigene Gefühlsverwirrung als auf Dauer unlösbar.[41]

Kozloffs Gefühl der Überzeitlichkeit und Monumentalität einerseits und seine persönliche Verwirrung andererseits sind Aspekte, die am Beispiel von *Les Aveugles* erneut kritisiert wurden – auch ohne Paul Strand zu erwähnen. Bettina Rheims' Porträtaufnahmen konstruieren durch ihre ausgeprägte Narrativität Identitäten; Calles Fotografien knüpfen aus Sicht mancher Kritiker_innen dagegen an die Monumentalisierung von Strands Aufnahme an, weil ihnen weder biografische Daten noch ein erzählender Kontext beigegeben sind. Beides würde von der Blindheit der Dargestellten ablenken, was implizit als positiv gewertet wird. Die Kuratorin Sheena Wagstaff bemängelt die Anonymität der Porträtierten, ja, dass ihnen selbst der ‚Anschein' einer ungewissen Identität versagt bleibe: „a mantle of uncertain identity within a narrative setting, fictional or otherwise".[42] Die der Fotografie indirekt auferlegte Pflicht, das Dargestellte zu identifizieren bzw. zu verifizieren, reproduziert ein bestimmtes Verständnis der Fotografie als einem ‚beglaubigenden' Medium, das sich einer wie auch immer ausgelegten ‚Objektivität' oder ‚Realität' verpflichtet sieht.[43]

Ein Rest dieses Glaubens scheint heute noch besonders da vorherrschend, wo es um Attribute wie Blindheit geht. Was Wagstaff an dieser Arbeit vermissen konnte („a mantle of uncertain identity"), wäre ihr in einem anderen künstlerischen Kontext womöglich gar nicht aufgefallen: So blendet Calle die Biografien ihrer Gesprächspartner_innen nicht nur bei dieser Arbeit, sondern ständig aus.[44] Dass es Wagstaff ausgerechnet bei *Les Aveugles* nach der Verifizierbarkeit des Dargestellten verlangt, unterstreicht meines Erachtens eine zentrale Beobachtung Erving Goffmans, der zufolge „es […] typisch [ist], daß wir uns

41 Max Kozloff: Über den Kamera-Blick, zit n. Schube (Hrsg.): *Sophie Calle*, S. 26.

42 Sheena Wagstaff: Such is My Pleasure/Such Is My Will. In: Tarsia / Vaughan / Stobbs (Hrsg.): *Sophie Calle « »*, S. 33–40, hier S. 38.

43 Vgl. weiterführend William Henry Fox Talbot: Der Zeichenstift der Natur. In: Wilfried Wiegand (Hrsg.): *Die Wahrheit der Photographie. Klassische Bekenntnisse zu einer neuen Kunst*. Frankfurt am Main: Fischer 1981; Lorraine Daston / Peter Galison: Photographie als Wissenschaft und als Kunst. In: Dies.: *Objektivität*, aus d. Amerik. v. Christa Krüger. Frankfurt am Main: Suhrkamp 2007, S. 133–145.

44 Darauf rekurriert auch Macel (Hrsg.): *Sophie Calle*, S. 27.

nicht bewußt werden, diese Forderungen gestellt zu haben, auch nicht bewußt werden, was sie sind, bis eine akute Frage auftaucht, ob sie erfüllt werden oder nicht."[45]

Les Aveugles erfüllt derartige Erwartungen nicht, sondern macht sie als solche sichtbar: Wo die Routine gestört wird, hier die Rezeption von Porträtfotografien sehender Modelle, scheint es ein größeres Bedürfnis nach Benennbarkeit, nach der Identifizierbarkeit dieser ‚anderen' sozialen Identität zu geben. In Korrespondenz mit einem Gedanken von Johanna Schaffer stehen hier „dem Privileg eines Bildes von sich [...] Praktiken des Bildernehmens gegenüber".[46] Diese Praktiken des Bildernehmens werden in ihrer normativen Verfasstheit gerade sichtbar, indem Calles Porträtfotografien auf ein Privileg schließen lassen, das Wagstaffs Bedenken nach nicht für alle gleichermaßen gilt. Calles Porträtfotografien operieren, Schaffers Argumentation folgend, „innerhalb einer dominanten Repräsentationsgrammatik gegen dieses herrschende Wissen [...] mit den Formen, mit dem Vokabular dieses herrschenden Wissens".[47] Dies zeigt sich in der Darstellungsweise, den nachgerade klassisch frontal ausgerichteten Schwarz-Weiß-Aufnahmen, in denen nichts von den Gesichtern der Porträtierten ablenkt – samt der kulturell-symbolischen Zuschreibungen an das menschliche Antlitz.

Das Gesicht „ist machtvoll, zweckmäßig, persönlich – und zugleich ein hochspezialisierter Teil des Körpers und der überzeugendste Nachweis der Identität eines Individuums",[48] fasst Terry Landau seine kulturgeschichtliche Bedeutung zusammen. Vor allem die frühe Porträtfotografie steht im Dienst, diese Bedeutungen sichtbar zu machen und zu würdigen. Als mediale Errungenschaft versinnbildlicht sie die Möglichkeit der Selbstrepräsentation *par excellence* und schließt damit an die repräsentative Funktion des gemalten Porträts an, als eines „symbolische[n] Akte[s], durch den Individuen der aufsteigenden

45 Goffman: *Stigma*, S. 10.

46 Johanna Schaffer: *Ambivalenzen der Sichtbarkeit. Über die visuellen Strukturen der Anerkennung*. Bielefeld: Transcript 2008, S. 123. Die Autorin schafft in ihrer Studie ein Bewusstsein für die komplexen politisch-symbolischen Bedeutungen der Kategorie Sichtbarkeit jenseits eher antirassistischer, feministischer und queerer Rhetoriken, die den Begriff der Anerkennung affirmativ an Sichtbarkeit knüpfen. Am Beispiel verschiedener Repräsentationsformen zeigt Schaffer, dass Praktiken der Sichtbarmachung nicht zwangsläufig Demokratie fördern, dass die Begriffe der Sichtbarkeit und der Unsichtbarkeit vielmehr derselben diskursiven Anordnung angehören und sich gegenseitig beeinflussen; demnach sei es wichtig, stets nach den konkreten Bedingungen und Auswirkungen von Szenarien der Sichtbarkeit zu fragen.

47 Ebd.

48 Terry Landau: *Von Angesicht zu Angesicht. Was Gesichter verraten*, aus d. Engl. v. Brigitte Dittami. Reinbek: Rowohlt 1995, S. 9.

gesellschaftlichen Klassen ihren Aufstieg sich selbst und anderen gegenüber sichtbar machten und sich unter jene einreihten, die sozialen Status genießen".[49] Obwohl die Fotografie das Porträt demokratisiert,[50] ist es ebenso in der Lage, die Existenz eines Menschen „in seinem Wesen, ‚so wie er an sich ist'",[51] zu bestätigen; sie vermag für die Glaubwürdigkeit jener Wirkung zu bürgen, die von der repräsentierten Person ausgeht.

So wie Porträtfotografien einen Menschen würdigen können, können sie ihn je nach Darstellungsweise auch diskreditieren. Was Erving Goffman über Eigenschaften im Allgemeinen schreibt, lässt sich auf die Porträtfotografie als spezifisches Werkzeug der Sichtbarmachung bestimmter Eigenschaften übertragen. Sie „vermag den einen Typus zu stigmatisieren, während sie die Normalität eines anderen bestätigt".[52] Wird der Porträtfotografie einerseits also zugeschrieben, das Wesen eines Menschen, den differenzierten Ausdruck seiner Persönlichkeit einzufangen, scheint sie im Fall blinder Modelle hauptsächlich ihr Stigma hervorzuheben und zu bestätigen. So befindet Sheena Wagstaff über *Les Aveugles*: „they are, what we see: they cannot see"[53]. Ihr ist die Enttäuschung darüber anzumerken, nicht *mehr* zu sehen als das. Damit aber spricht Wagstaff weniger über das Objekt dieser Aufnahmen als über ein grundsätzliches Problem der Fotografie, das Barthes in ihrem tautologischen Wesen verortet. In *Die helle Kammer* führt er dazu aus:

> Man könnte meinen, die Photographie habe ihren Referenten immer im Gefolge und beide seien zu der gleichen Unbeweglichkeit verurteilt, die der Liebe oder dem Tod eignet, inmitten der bewegten Welt.[54]

Vor diesem Hintergrund möchte ich exemplarisch auf das meines Erachtens konventionelle Verhältnis zwischen blinden Modellen und sehenden Fotograf_innen eingehen: Wenn blinde Menschen nämlich gar nicht erst abgelichtet werden, kann es auch nicht zu vergleichbaren Kurzschlüssen in der Rezeption kommen. Irina Liebmanns autobiografisch gefärbter Roman *In Berlin* (1994) bringt den Automatismus und die Beiläufigkeit dieser Konfliktvermeidung zum Ausdruck. Es geht um die Recherchen zu Liebmanns literarischer Dokumentation *Berliner Mietshaus*:[55]

49 Zit n. Schaffer: *Ambivalenzen der Sichtbarkeit*, S. 122.

50 Vgl. ebd., S. 123.

51 Barthes: *Die helle Kammer*, S. 118.

52 Goffman: *Stigma*, S. 11.

53 Wagstaff: Such is My Pleasure, S. 38.

54 Barthes: *Die helle Kammer*, S. 13.

55 Irina Liebmann: *Berliner Mietshaus*. Halle a. d. Saale / Leipzig: Mitteldeutscher Verlag 1982.

> Der erste Besuch in der Straße, wo war der, auf jeden Fall ist der Fotograf mitgegangen, mit ihm hat sie bei fremden Leuten geklingelt, und zuerst wohl da vorn, in dem spitzen Haus, Straßenecke, von hier aus kann mans nicht sehen, steht aber vorne irgendwo rechts, sah wie ein gelbes Schiff damals aus, das Haus, ist jetzt ein weißes. [...] Nicht mehr ausgekohlt innen und mit zerschlagener Eingangstür wie damals, wovon es ein Foto geben muß von diesem verrußten, vollgekritzelten Treppenhaus, in dem sie umsonst auf alle Klingelknöpfe drücken, und nur im dritten Stock sagt eine Stimme: Wer sind Sie, ich bin blind, hinter der Tür, was den Fotografen veranlaßt, den Fotoapparat wegzustecken. Das war der erste Besuch: Die blinde Frau Schulz.[56]

Sophie Calle hat ihren Fotoapparat in einer Situation in Stellung gebracht, in der andere ihn wegstecken. Dem Impuls des Wegschauens, das dieses Wegstecken dechiffriert, scheint die Überzeugung von der topischen Verletzbarkeit von Menschen inhärent, deren mutmaßliche Versehrtheit ihnen geradezu ins Gesicht geschrieben steht: „Ich befürchtete, es könnte für die Betroffenen zu grausam sein."[57] Dem scheint zudem eine implizite Übertragung von der Funktion des Spiegels auf die der Fotografie zu unterliegen; wenn blinde Menschen keinen Spiegel benötigen, so eine hergebrachte Annahme, die in den Künsten interessanterweise immer wieder unterlaufen wird,[58] dann benötigen sie auch keinen ‚Spiegel mit Gedächtnis' – keine ihre spontane Ansicht in deren Störung verewigende und potenziell für alle sichtbar machende Ansicht des vermeintlich nicht Spiegelbaren und demnach visuell abwesend – oder besser in der Schwebe zwischen Präsenz und Absenz – Bleibenden.
Wagstaffs Bedenken könnten, auf Calles bekundete Sorge zurückkommend, entgegen der bisherigen Lesart auch als wohlwollende Pietätsbekundungen verstanden werden: Sie verleihen dem Wunsch Ausdruck, die Blindheit ihres Gegenübers verhüllt zu sehen, unangetastet zu lassen. Dies würde Derridas Beobachtung bestätigen, dass blinde Figuren auf Zeichnungen *„plus nu"*,[59] also besonders schutzlos erscheinen. Derridas Bemerkung gründet jedoch im Wesentlichen auf seiner symbolischen Zuschreibung an gezeichnete Skizzen von Blinden, in denen sich für ihn Bedeutung (Sinn) und Ästhetik (Sinnlichkeit)

56 Irina Liebmann: *In Berlin*. Köln: Kiepenheuer & Witsch 1994, S. 50.

57 Zit. n. Unsichtbare Schönheit.

58 Vgl. z. B. die entsprechende Szene in Dea Lohers *Hund* (Kap. III) oder den Spielfilm *Tui Na – Blind Massage* (CHN/F 2014, R: Lou Ye), worin der blinde Leiter eines Massagesalons sich vor einen Spiegel stellt, um seine Krawatte zu binden.

59 Jacques Derrida: *Mémoires d'Aveugle. L'autoportrait et autres ruines*. Paris: Réunion des Musées Nationaux 1991, S. 109. Derrida formuliert – im Kontext des hier noch exemplarisch mit Diderot darzulegenden – Schamdiskurses: „Exposé nu sans le savoir? Indifférent à sa nudité, à la fois *moins nu* et *plus nu* qu'un autre de ce fait?" (Herv. i. Orig., dt.: „Nackt ausgeliefert, ohne es zu wissen? Seiner Nacktheit gegenüber indifferent [...] und aufgrund dessen zugleich *weniger* und *mehr nackt* als ein anderer?" (Derrida: *Aufzeichnungen eines Blinden*, S. 106)).

bereits untrennbar verbinden; Calles Arbeit porträtiert hingegen (reale) Personen, die mit ihrem Image, besonders schutzlos und verletzlich zu sein, gar nicht unbedingt einverstanden sein müssen; dafür spricht schon der selbstbewusste Ton, der jeden Zweifel an der eigenen Ansicht entbehrt, in dem ihre schriftlichen Äußerungen verfasst sind: „Fish fascinate me". (21) „For me, the most beautiful thing is this painting". (27) „Hair is magnificent. Especially African hair". (37) „Morocco is beautiful." (41)

Die Konvention des Wegschauens

In ihrem Aufsatz „Verkörperung als Paradigma" stellt Doris Kolesch fest, dass das, „[w]as im alltäglichen gesellschaftlichen Kontext schon den kleinen Kindern verboten wird, nämlich bei Abweichung, Gebrechen oder Behinderung ganz genau hinzuschauen",[60] im Theater mitunter bewusst heraufbeschworen wird. Dies gilt nicht nur für die Aufführungskunst, sondern auch für *Les Aveugles* und deren besagte Kritik an jener Praxis der Konfliktvermeidung. Calle fordert die Besucher_innen – wie im Vergleich mit Bettina Rheims' Zyklus schon erwähnt – dazu auf, die Konvention des Wegschauens zu unterlaufen und blinden Menschen ohne jede Scheu ins Gesicht zu blicken. Jedoch geschieht dies zuerst auf einer symbolischen Ebene und nicht in einem alltäglichen gesellschaftlichen Zusammenhang. In den Arbeiten *Les Dormeurs* oder *Suite Vénitienne* schlüpfte Calle in die Rolle einer Voyeurin. Sie beobachtete Schlafende oder verschaffte sich ohne deren Wissen Einblicke in ihre privaten Angelegenheiten. Die Rolle der Voyeurin wurde ihr auch bezüglich *Les Aveugles* zugeschrieben. Inka Schube kommt sogar zu der Einschätzung, dass an dieser Arbeit, „heftiger noch als an anderen, die voyeuristische Überschreitung der Grenze zum Intimen und die Indienstnahme von Menschen kritisiert [wurde], die nicht sehen können".[61] Im Gegensatz zur hier paraphrasierten Kritik möchte ich behaupten, dass Calle sich gerade in dieser Arbeit nicht als Voyeurin positioniert, sondern im Gegenteil einen unfreiwilligen Voyeurismus aufdeckt, der der Konvention des Wegschauens, über die auch Kolesch spricht, geschuldet ist. Wenn es nämlich Usus ist wegzuschauen, stehen ‚gewagte' Blicke von vornherein unter Voyeurismusverdacht. Das Problem einer schon angesprochenen vorauseilenden Exklusion blinder Modelle aus der Porträtfotografie legt Calle durch *Les Aveugles* offen, indem sie sich bewusst nicht daran hält. Die

60 Kolesch: Verkörperung als Paradigma, S. 70–71.
61 Schube (Hrsg.): *Sophie Calle*, S. 26.

Gefahr „einer bloß voyeuristischen Befriedigung von Neugier“[62] bleibt darüber hinaus freilich bestehen: Sie ist Kolesch zufolge sogar virulent in einer Kunst, die sich nicht als moralische Institution versteht. Jede Sanktionierung dieser Kunst bezeuge, so Kolesch weiter,

> dass man sich eben nicht auf ästhetische Wahrnehmung einzulassen gewillt ist, sondern von vornherein ein vermeintlich tolerantes und liberales Moralsystem ins Feld führt, das gerade auf die Vermeidung von Erfahrung abzielt und – in einer Art vorauseilender *political correctness* – die Prädominanz vermeintlich immaterieller, abstrakter Werte (wie Gleichheit, Gleichberechtigung, Akzeptanz des Anderen etc.) betont. Denn eine solche Aussage (wie ‚Das geht doch nicht‘, ‚Das ist eine billige Instrumentalisierung für die eigenen Zwecke‘ […]) reduziert Behinderte immer und überall auf ihr Behindertsein – so als dürfe ein junger, kinderloser Mann keinen Vater, eine alte Frau keine jüngere spielen oder eine Frau keinen Mann.[63]

Bezeichnend an der Rezeption von *Les Aveugles*, „between morally acceptable imagery and that what is ideologically disquieting“[64] ist, dass sie über die Köpfe der Betroffenen hinweg geführt wurde. Kein Argument stützt sich auf die Meinung der Beteiligten, deren Instrumentalisierung unabhängig von ihrem eigenen Empfinden behauptet wird. Wahrscheinlich aufgrund der vermeintlichen Überzeugung, sie könnten ihre Porträtaufnahmen nicht sehen, deren Wirkung auf andere nicht abschätzen. Dass es jenseits eines physiologischen Sehens und Verifizierens weitere Formen der Aneignung geben könnte, bleibt bei dieser Argumentationsrichtung nahezu unberücksichtigt. Nicht autorisierte Fürsprecher_innen sprechen den Beteiligten durch dieses Verhalten die Fähigkeit ab, für sich selbst zu sprechen und eigenmächtig zu entscheiden, in welchen Bereichen sie sich engagieren, mit wem sie in welcher Form zusammenarbeiten möchten. Den zentralen Aspekt der Partizipation stellt auch Calle selbst heraus, wenn sie sich an die Zusammenarbeit mit den Porträtierten erinnert: „[T]hey were participating, and they were not victims“.[65]

Diderots imaginärer Elefant: Der *Brief über die Blinden* und sein filmisches Pendant

Als ein früher, selbsternannter Anwalt blinder Menschen kann Diderot gelten, wie bereits der Titel seines *Briefs über die Blinden. Zum Gebrauch für die Sehenden* zum Ausdruck bringt. Sein didaktischer und zugleich unterhaltsamer Ton

62 Kolesch: Imperfekt, S. 71. (Herv. i. Orig.)

63 Ebd.

64 Wagstaff: Such is My Pleasure, S. 37.

65 Louise Neri: Sophie’s Choice. Interview (April 2009). In: Tarsia / Vaughan / Stobbs (Hrsg.): *Sophie Calle « »*, S. 149–156, hier S. 156.

kennzeichnet bereits dieses erste seiner philosophischen Hauptwerke: „An Stelle des monologischen Traktats tritt der Dialog, das vielstimmige Gespräch, der Brief."[66]

Trotz der unbezweifelbar rühmlichen Absicht, Vorurteile auszuräumen, konstituiert und perpetuiert der *Brief über die Blinden* selbst eine Reihe von Klischees über Selbst- und Fremdwahrnehmung blinder Menschen. Dies liegt vor allem am aufklärerischen Impetus des Autors, der eine Verbindung zwischen der Organisation der menschlichen Sinne und metaphysischen wie moralischen Ideen herstellt.

Der Einfluss der im Folgenden näher zu erläuternden Klischees ist noch knapp 250 Jahre später in Thematik und Rezeption von *Les Aveugles* spürbar. Konkret möchte ich auf Diderots Konstruktion des bemitleidenswerten Blinden eingehen, die Zuschreibung seiner Unempfänglichkeit für das Wesen der Schönheit und einer Sehnsucht, mit eigenen Augen zu sehen. Thematisieren werde ich unter Bezugnahme auf Diderot auch einen Film von Javier Téllez, der wie *Les Aveugles* als Relais fungiert.

Während Descartes, Locke, Leibniz, Voltaire oder de Condillac in ihren Abhandlungen über die physiologischen und psychologischen Voraussetzungen visueller Wahrnehmung auf die epistemische Figur des Blinden rekurrieren und demnach stark dem Bereich des Theoretisch-Spekulativen verhaftet bleiben, stellt Diderot gleich zu Beginn seines *Briefes* klar, er thematisiere mit seiner Hauptfigur keine „Phantasiegestalt".[67] Bemüht, jeden Anschein einer Idealisierung zu vermeiden, gibt er einen differenzierten und zugleich, wie er selbstironisch bekennt, „unphilosophisch[en]" (52) Einblick in die Wesens- und Lebensart eines Mannes, den er seiner Herkunft nach nur den ‚Blinden aus Puisaux' nennt. Es handele sich um jemanden,

> dem es nicht an gesundem Verstand fehlt, den viele Leute kennen, der etwas von Chemie versteht und der mit einigem Erfolg die Vorträge über Botanik im Jardin du Roi gehört hat. Er stammt von einem Vater, der an der Pariser Universität unter Beifall Philosophie gelehrt hat. Er besaß ein ansehnliches Vermögen, mit dem er die Sinne, die er noch hatte, leicht hätte befriedigen können; doch überwältigte ihn in der Jugend die Vergnügungssucht. Man mißbrauchte seine Neigungen; seine häuslichen Angelegenheiten gerieten in Unordnung, und so zog er sich in eine kleine Provinzstadt zurück, von der er nun jedes Jahr eine Reise nach Paris macht. Er vertreibt dort Liköre, die er selber destilliert und mit denen man sehr

66 Brunhild Weihinger: Lettre sur les aveugles à l'usage de ceux qui voient. In: *Kindlers Neues Literaturlexikon*, Bd. 4, hrsg. v. Walter Jens. München: Kindler 1998. S. 672–673, hier S. 672.

67 Diderot: Brief über die Blinden, S. 52. Seitenangaben im Folgenden im Text. Siehe außerdem ders.: Nachtrag zum Brief über die Blinden; und weiterführend Binczek: *Der Tastsinn in Texten der Aufklärung*; Nonnenmacher: *Das schwarze Licht der Moderne*.

zufrieden ist. Diese Umstände, Madame, sind zwar ziemlich unphilosophisch, aber eben deshalb recht geeignet, Ihnen klarzumachen, daß die Person, von der ich Ihnen erzähle, keine Phantasiegestalt ist. (51–52)

Durch diese Charakterisierung grenzt Diderot seinen *Brief* von jenen epistemisch-sensualistischen Tendenzen ab, Denkfiguren zu konstruieren, die mit der Lebensrealität blinder Menschen wenig gemein haben. Diderots Umgang mit empirischem Datenmaterial lässt allerdings ein gebotenes Maß an Selbstreflexivität vermissen, wenn es darum geht, von einer speziellen Erhebung aus verallgemeinernde Schlüsse zu ziehen. Von der Ordnungsliebe seines Gesprächspartners etwa schließt er auf eine universelle Ordnungsliebe als logische Konsequenz eines nicht vorhandenen Sehvermögens:

Er pflegt seine häuslichen Angelegenheiten zu erledigen und zu arbeiten, während die anderen ruhen. Um Mitternacht stört ihn nichts und er fällt niemandem zur Last. Seine erste Sorge ist, alles aufzuräumen, was man im Lauf des Tages von seinem Platz entfernt hat [...]. Die Schwierigkeit, die die Blinden bei der Suche nach abhanden gekommenen Dingen haben macht sie ordnungsliebend[.] (52)

Jenseits der pauschalen Ordnungsliebe, von der sich Diderot überzeugt gibt, irritiert die implizierte Last, die jener Mann für seine Mitmenschen darstelle. Gleich darauf macht der Autor ein „menschliche[s] Mitgefühl" geltend, „das man mit ihnen hat" und das jene Last vermutlich erträglicher macht. (52) Dieses menschliche Gefühl erkennt Diderot als eine moralische Verpflichtung gegenüber Personen an, die für ihn generell bemitleidenswert sind: „Sind die Blinden nicht sehr zu bedauern, weil sie nur das Brauchbare für schön halten? Wie viele bewundernswerte Dinge gehen ihnen verloren!" (53) Diderot zeigt sich jedoch beeindruckt von der Fähigkeit des Mannes aus Puisaux, Symmetrien zu beurteilen, die er auf seine ausgeprägte Taktilität zurückführt;[68] „er lerne, den Begriff des Schönen dadurch richtig anwenden, daß er mit dem Tastsinn die Anordnung untersucht, die wir von den Teilen, die ein Ganzes bilden, verlangen, wenn wir das Ganze schön nennen sollen." (52)

Diderot markiert einen qualitativen Unterschied zwischen der ‚bloßen' Anwendung ästhetischer Konventionen und der Fähigkeit, selbständig zu beurteilen, was schön und was hässlich sei; der Blinde könne demnach immer nur stellvertretend für jemand anderen, nicht aber für sich selbst sprechen: „Aber wenn er sagt: ‚Das ist schön', urteilt er nicht selbst; er gibt nur das Urteil der

68 Binczek legt dar, dass im Unterschied zum Gesichtssinn die haptische Wahrnehmung bis ins 18. Jahrhundert hinein systematisch wissenschaftlich erforscht gewesen sei (vgl. Binczek: *Der Tastsinn in Texten der Aufklärung*, S. 134–135). Die Autorin versteht Diderots *Brief* in erster Linie als eine Medientheorie des Tastsinns (ebd., S. 134–157).

Sehenden wieder.“ (52) Zwar entschädige den Blinden aus Puisaux dieser Verlust durch das Privileg, in platonischer Tradition „Ideen über das Schöne“ (53) zu haben, wo andere sich mit den materiellen Abbildern dieser Ideen zufriedengeben müssen, doch erweist sich auch dieses autoritäre Zugeständnis als eine Idealisierung, die den heterogenen Lebenswirklichkeiten blinder Menschen nicht gerecht wird. Wenn etwa Bataille in Bezug auf Platons Höhlengleichnis schreibt, dass die Dunkelheit nicht lüge, er blind also ‚avancierter‘, das heißt weiter, näher am Ideal sei als sehend,[69] dann ist auch das eine Idealisierung vonseiten eines Sehenden, die sich nicht auf ‚echte‘ Blindheit stützt, sondern auf eine allegorische Figur. Pate steht hier mit Homer ein ähnliches Exempel der Kulturgeschichte der Blindheit wie Ödipus: der ‚ewige‘ Inbegriff des „prophetisch überhöhten Dichter[s]“,[70] dessen Introspektion und Inspiration sich dem (als edel und demütig konnotierten) Verzicht auf die ‚profane‘ Sicht nach außen hin verdankt.

Sophie Calles Arbeit *Les Aveugles* entmythisiert solche künstlerisch-philosophischen und enthistorisierenden Projektionen, die auf der subjektiven, ihre eigenen Voraussetzungen zu wenig hinterfragenden Verknüpfung von Empirie und Kunst basieren. Für diejenigen, die die Blindheit wie Diderot oder Bataille künstlich und künstlerisch in realen oder Gedankenexperimenten erzeugen, lügt die Blindheit nicht und verzerrt nichts. Sie ist immer nur vorübergehend und schließt das Privileg, eine außergewöhnliche Erfahrung zu machen, ein – eine Erfahrung jedoch, aus der man zu seiner gewohnten Wahrnehmungsweise zurückkehren kann. Die Dunkelheit mag für denjenigen nicht lügen, der sie als (ästhetisch motivierte) Möglichkeit begreift, sich vorübergehend außerhalb seiner persönlichen (Wahrnehmungs-)Szene zu positionieren, und der bewusst darüber entscheidet, auf welche Weise er wann sieht.

Weil der Blinde von Puisaux sich nicht dafür entscheiden kann, die Augenlider zu schließen und sich seiner eigenen Blindheit bewusst auszusetzen, kann Diderot, der dieses Privileg für sich in Anspruch nimmt, in seiner Grundannahme festhalten, blinde Menschen seien *per se* bemitleidenswert. Er lässt sich selbst dann nicht darin beirren, als die Erfahrung ihn eines Besseren lehrt:

> Die Hilfe, die unsere Sinne sich gegenseitig leisten, verhindert übrigens ihre Vervollkommnung. […] In diesem Zusammenhang sagte unser Blinder, er würde sich für sehr beklagenswert halten, wenn er jener Vorteile beraubt wäre wie wir, und er wäre in die Versuchung gekommen, uns für höhere Intelligenzen zu halten, wenn er nicht hundertmal gespürt hätte, wieweit wir ihm in anderer Hinsicht nachstünden. (55)

69 Vgl. Ebeling: Too much (light), S. 153.

70 Nonnenmacher: *Das schwarze Licht der Moderne*, S. 6.

Indirekt weist Diderots Gesprächspartner nicht nur das ihm entgegengebrachte Mitleid zurück: Im Gegenteil hält er manchmal seine sehenden Mitmenschen für „beklagenswert", weil der Gebrauch ihres Gesichtssinns sich ungünstig auf ihren Tastsinn auswirke. Diderots Zweifel sprechen bei der Wiedergabe dieser Meinung schon aus der Häufung der Konjunktive. Er fährt fort, indem er die überraschende Ansicht des Blinden aus Puisaux relativiert und seiner Art des Denkens anpasst:

> Seine Überlegung veranlaßte uns zu einer anderen. Dieser Blinde, sagten wir uns, hat eine sehr hohe Meinung von sich selbst, vielleicht sogar eine höhere als von uns, den Sehenden. Warum sollte also das Tier, wenn es schlußfolgert – woran kaum zu zweifeln ist – und seine Vorteile gegenüber dem Menschen erwägt, die ihm doch besser bekannt sind als die Vorteile des Menschen ihm gegenüber, nicht ein ähnliches Urteil fällen? Er hat Arme, sagt vielleicht die Mücke, aber ich habe Flügel. Er hat zwar Waffen, sagt der Löwe, aber haben wir dafür nicht Krallen? Der Elefant wird uns für Insekten ansehen. (55)

Die Vorstellung ist schon merkwürdig, dass Elefanten Menschen als Insekten ansehen sollten, während sie für jene Menschen Elefanten bleiben. Diderots gewagter Vergleich mag der Anlass für den Künstler Javier Téllez gewesen sein, blinde Menschen mit einem echten Elefanten zu konfrontieren, wenngleich weitere Bezüge durch das spätere Gedicht *The Blind Men and the Elefant* von John Godfrey Saxe (1872) hinzukommen.[71] Der 27-minütige Schwarz-Weiß-Film *Letter on the Blind For the Use of Those Who See* aus dem Jahr 2007 zeigt sechs blinde Männer, die am Rand eines leeren Spielfelds in einem öffentlichen Park in Brooklyn, New York sitzen. Einige von ihnen tragen einen Taststock bei sich. Ein Elefant betritt das Spielfeld und bleibt in der Mitte stehen. Nacheinander steht je einer der Männer auf, läuft auf den Elefanten zu und betastet das Tier in aller Ruhe. Eine Off-Stimme kommentiert seine Erfahrungen, unterlegt sie mit biografischen Hinweisen und mit Kommentaren dazu, wie es ist, einen Elefanten zu streicheln. Im Brustton der Überzeugung heißt es an einer Stelle etwa: „Elefanten spielen eine wichtige Rolle in meinem Leben." Und wenig später selbstironisch bis suggestiv: „Wo ist der Rüssel, wo ist der Schwanz." Unterbrochen werden diese lakonischen Anspielungen auf Diderots *Brief* von programmatischen Negierungen seiner zentralen Thesen:

71 *Letter on the Blind for the Use of Those Who See* (US 2007, R: Javier Téllez). John Godfrey Saxe literarisiert damit eine indische Legende: Sechs blinde Männer befühlen einen Elefanten; aufgrund seiner enormen Größe befühlt jeder einen anderen Teil. Als sie ihre Erfahrungen zusammentragen, können sie sich auf keine gemeinsame Erfahrung einigen – jeder hat eine andere (Wahrnehmungs-)Perspektive (vgl. John Godfrey Saxe: The Blind Men and the Elephant. In: Ders.: *The Poems of John Godfrey Saxe.* Boston: Houghton, Mifflin 1881, S. 111–112).

> Das visuelle Konzept existiert nicht, es ist tot. Ich habe nur wenige Menschen getroffen, die sich wünschen, ihr Sehvermögen zurückzuerlangen. Ich möchte es nicht, weil ich nicht meine ganze Art zu leben neu lernen möchte. [...] Wenn es einen Weg geben würde, es für eine Stunde, vielleicht einen Tag auszuprobieren, das wäre okay, aber dann müsste man es wieder wegnehmen.

Alle sechs Personen treten nicht als sie selbst in Erscheinung, sondern spielen Rollen; die Assoziation der Stellungnahmen aus dem Off mit den agierenden Personen wird filmisch nahegelegt; sie lassen sich als kompensierte Gegenpositionen zu Diderots *Brief* begreifen. Denn darin wird an der objektiven Existenz eines visuellen Konzepts nicht gezweifelt: „Wir gehen aus dem Leben wie aus einem bezaubernden Schauspiel" (56); indirekt kommt Diderots Überzeugung darin zum Tragen, dass er nicht anerkennen kann, was er hört:

> „Wenn mich nicht die Neugierde beherrschte", sagte er, „so hätte ich ebensogern lange Arme [wie sehende Augen]. Mir scheint, daß meine Hände mich dann über das, was auf dem Mond geschieht, besser unterrichten würden als eure Augen oder eure Fernrohre. [...]" (56, Einschub A. Ha.)

Das obige Zitat: „Ich habe nur wenige Menschen getroffen, die sich wünschen, ihr Sehvermögen zurückzuerlangen", klingt wie die Vereindeutigung dieser Position. Ohne zu bezweifeln, dass es blindgeborene Menschen gibt, die sich wünschen zu sehen, ist doch erstaunlich, wie verbreitet ein persönlichen Begegnungen vorausgehendes, grundsätzliches Mitleid ist, das Diderot als moralische Verpflichtung erkannt hat. Hugues de Montalembert beispielsweise, ein im Alter von 35 Jahren erblindeter Künstler und Filmemacher, schätzt sich glücklich, im Gegensatz zu blindgeborenen Menschen über bildhafte Erinnerungen zu verfügen.[72] Mit seiner Einschätzung: „Das ist ein unschätzbarer Vorteil von Blinden, die vorher sehen konnten",[73] bringt er das Image auf den Punkt, das Téllez in seinem Film ins Gegenteil wendet. Diderot hatte mit seinem Exkurs ins Tierreich seine Überzeugung von der ‚natürlichen' Unterlegenheit derjenigen dargelegt, denen nun einmal ein Wahrnehmungsorgan fehlt:

> Alle Tiere werden uns bereitwillig zugestehen, daß wir eine Vernunft haben, deren Besitz aber ein sehr starkes Bedürfnis nach ihrem Instinkt nicht auszuschließen vermag; doch werden sie sich selbst einen Instinkt zusprechen, in dessen Besitz sie recht gut ohne unsere Vernunft auskommen. (56)

72 Vgl. Hugues de Montalembert: *Der Sinn des Lebens ist das Leben*, aus d. Franz. v. Eberhard Kreutzer / Anke Kreutzer. Köln: DuMont 2011; sowie den Dokumentarfilm über Montalembert *Black Sun* (US 2005, R: Gary Tarn). Für diesen Hinweis danke ich Naoko Tanaka.
73 Ebd., S. 88.

Aus Mangel einer dritten Erfahrungsweise bietet Diderots subjektive Sinnesorganisation hier den alleinigen Kontext für seine Auslegung der ihm fremden Wahrnehmungsweise des Blinden. Sie ist ihm so fremd wie die Intelligibilität von Tieren, über die er nur Mutmaßungen anstellen kann. Diderots Vergleich ist insofern sonderbar, als er sich mit dem Blinden aus Puisaux im Gegensatz zu den erwähnten Tieren unterhalten kann. Schon die Tatsache, dass jener Blinde, der Diderots Argumentation nach nicht in der gleichen Weise an den Erscheinungen der Welt partizipieren kann, in der Lage ist, jene wesentlich auf Bildern, auf Symbolen basierende Sprache zu erlernen, hätte dem Autor des *Briefes* mehr zu denken geben können, als er selbst zugesteht:

> Erstaunlich ist in der Tat die Leichtigkeit, mit der man sprechen lernt. Mit einer Menge von Wörtern, die nicht durch sinnlich wahrnehmbare Gegenstände vorgestellt werden können und sozusagen körperlos sind, können wir Ideen doch nur durch eine Reihe von feinen und tiefen Kombinationen zwischen den Ähnlichkeiten verbinden, die wir zwischen diesen nicht sinnlich wahrnehmbaren Gegenständen und den durch sie erweckten Ideen bemerken. Folglich muß man zugeben, daß ein Blindgeborener wahrscheinlich viel schwerer sprechen lernt als ein anderer, da für ihn die Zahl der nicht wahrnehmbaren Gegenstände doch viel größer ist und er viel weniger Möglichkeit als wir hat, zu vergleichen und zu kombinieren. (58)

Dass für einen blindgeborenen Menschen „die Zahl der nicht wahrnehmbaren Gegenstände doch viel größer ist und er viel weniger Möglichkeit als wir hat, zu vergleichen und zu kombinieren", ist weder mit den Aussagen des Blinden aus Puisaux noch mit denen der in Calles Ausstellung Porträtierten in Einklang zu bringen. Vielmehr hat es den Anschein, als wäre der Autor des *Briefes* so sehr seiner eigenen Sinnesorganisation verhaftet, dass er trotz des erkennbaren Bemühens enorme Schwierigkeiten hat, von seiner Weltsicht zu abstrahieren. Sein diplomatischer Vorteil besteht vor allem darin, dass er für eine Mehrheit spricht und seine Ideen im Laufe der Zeit von vielen Leser_innen rezipiert werden.
Existierte kein visuelles Konzept wie in jenem Gedankenexperiment in Téllez' Film, wären die Positionen aus dem *Brief über die Blinden* allerdings vertauscht. Ansatzweise vollzieht sich dies sogar in Diderots Text; die Frage der Deutungshoheit bleibt indes unangefochten: So stellt sich sein Gesprächspartner einen Spiegel als eine Maschine vor, „die uns außerhalb von uns im Relief darstellt". (53) Unbegreiflich ist ihm, wieso das Spiegelbild im Gegensatz zum Körper nicht ertastbar ist: „Das sind also zwei Sinne, die eine kleine Maschine in Widerspruch bringt." (54) Diesen Widerspruch gelten zu lassen, ist in Diderots Text das Problem des Blinden, dem die sinnliche Voraussetzung fehlt, ihn aufzulösen. Téllez' Film dekodiert Diderots Überlegenheitsgefühl, indem er es wendet; er stellt seine Grundannahme vom Kopf auf die Füße, indem er behauptet, dass das visuelle Konzept nicht existiert: Er versetzt sich

Abb. 13: Sophie Calle: *Les aveugles/rien*, 1986.

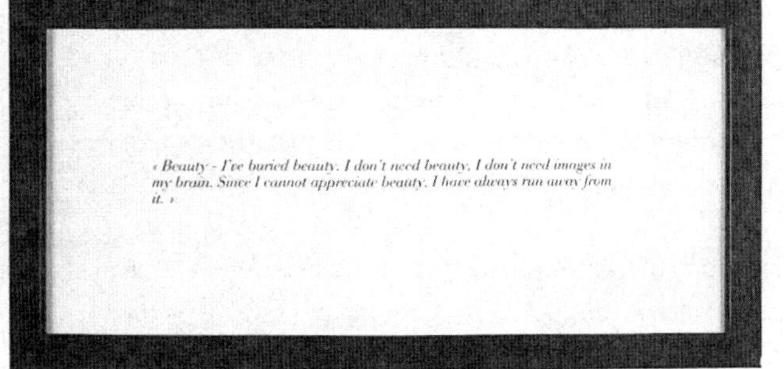

Schönheit – ich habe die Schönheit begraben. Ich brauche keine Schönheit. Ich brauche keine Bilder in meinem Kopf. Da ich Schönheit nicht erfassen kann, bin ich immer davor weg gelaufen.

auf exemplarische Weise in eine Wahrnehmungswelt, die ihm denkbar fremd und fern ist: Er tut so – in einem politischen Gestus – als wäre ihm die Grundlage seines Denkens – die beinahe automatische Verknüpfung von Sehen und Erkennen, das epistemistische Sehverständnis – denkbar fremd, indem er eine unmögliche Position einnimmt, von der aus er verkündet, dass das visuelle Konzept nicht existiert, dass es eine Konstruktion ist. Dies wiederum erinnert an Bataille, der „sein Schreiben in methodischer Dunkelheit"[74] entwickelt. Seiner Auffassung nach ist der Blinde „weniger verblendet, weil er nicht der Illusion der automatischen Verkopplung aus Sehen und Erkennen unterliegt", die Diderots Argumentation auszeichnet.[75]

Auch Lohers Text *Hund* stellt im Übrigen einen intertextuellen Bezug zu Diderots paradigmatischem Spiegelproblem her. Lohers Protagonistin führt auf selbstverständliche Weise aus, was Diderot erstaunt: Sie ertastet ihr Spiegelbild, als handele es sich dabei nicht um ein zwei-, sondern ein dreidimensionales Medium: „Alte Hure stellt sich vor den Spiegel, betastet den Spiegel und ihr Gesicht, so, als ob sie die Übereinstimmung prüfen wollte." (91)

Wie Lohers Replik und Téllez' Film kann Calles Arbeit als künstlerischer Kommentar zu Diderots *Brief* gelesen werden. Während Téllez eine Schwachstelle in Diderots Brief aufdeckt, indem er dem zum Prototyp erklärten Mann eine Gruppe blinder Personen gegenüberstellt, markiert *Les Aveugles* dessen Stellung im Brief *ex negativo*. Das letzte Panel zeigt die Porträtfotografie eines etwa 30-jährigen Mannes, der frontal in die Kamera blickt. Seine Blindheit ist ihm nicht anzusehen; sie erschließt sich nur aus dem Kontext der Arbeit und aus seiner gerahmten Antwort: „Beauty – I've buried beauty. I don't need beauty, I don't need images in my brain. Since I cannot appreciate beauty, I have always run away from it." (55, Abb. 13) Diese Ansicht hebt sich grundsätzlich von den übrigen 22 Zitaten ab. Nur hier wird die eigene Empfänglichkeit für Schönheit negiert, das Bedürfnis nach Bildern. In Duktus und Aussage nimmt die Stellungnahme die Negation des visuellen Konzepts aus Téllez' Film vorweg: Für diesen einen Menschen existiert es nicht, es ist tot – begraben.

Meines Erachtens dekodiert Calles letztes Panel Diderots Sicht auf den Blinden aus Puisaux: das Image, das er sich von seinem Gesprächspartner gemacht hat. Es widerspricht der Selbstwahrnehmung des Mannes aus Puisaux deutlich. Während er selbst etwas als schön begreift, spricht Diderot ihm sein ästhetisches Urteilsvermögen ab: „[W]enn er sagt: ‚Das ist schön'", schreibt Diderot, „urteilt er nicht selbst." (52) Obwohl jener Mann mit seinem Leben zufrieden scheint, ein Familienleben führt, Liköre destilliert und selbst vertreibt, bedauert ihn

74 Ebeling: Too much (light), S. 153.

75 Ebd.

Diderot. Er überhört, dass der Blinde den Wunsch zu sehen gar nicht unbedingt verspürt, „so hätte ich ebensogern lange Arme." Stattdessen ist Diderot überzeugt: „Wir gehen aus dem Leben wie aus einem bezaubernden Schauspiel; der Blinde geht aus dem Leben wie aus einem Kerker." (56)[76] In Calles letztem Panel wird dieses Image reformuliert, jedoch im Gegensatz zu Diderots Text in seinem erkennbaren Konstruktionscharakter. Die erstaunliche Nähe zwischen der impliziten Erwartung des Autors und seinen Untersuchungsergebnissen vermag Calles Abschlusspanel offenzulegen. In einem Interview äußert Calle: „I wanted a certain answer that never came."[77] Und weil sie niemals kam, habe sie die erhoffte Antwort selbst hinzugefügt, als „the gift I gave to myself".[78] Die fast überflüssige Ergänzung „als Geschenk an mich selbst" bringt die Ironie der ausgestellten Praxis des *self-fulfilling* eines *wishful thinking* auf den Punkt. Im übertragenen Sinn scheint Diderot etwas auf jenen Mann projiziert zu haben. Der *Brief* reflektiert also weniger das Selbstbild eines blinden Mannes, als dass er es auf eine Weise fingiert, in der die geistesgeschichtliche Tendenz zur Analogisierung von Sehen und Erkennen unangetastet bleibt. Auf ähnliche Weise erschafft Calle (sich) ein Image vom Blinden als Image – und markiert diesen Schaffensprozess als Wunschprojektion. Diderot hätte einen vergleichbaren Überschuss in seinem Text sicherlich nicht als Geschenk an sich selbst begriffen, als Zugeständnis, dass die ersehnte epistemologische Antwort ausgeblieben war. Jene epistemologisch einwandfreie Antwort spitzt *Les Aveugles* zu, wählt eine eindeutige Metapher („buried") und begründet das Problem („[s]ince I cannot appreciate beauty I have always run away from it"). Eine dermaßen radikale Antwort hat es weder in den Gesprächen gegeben, die Calle im Vorfeld ihrer Ausstellung geführt hat noch als Diderot den Blinden aus Puisaux nach seinen Vorstellungen des Schönen befragte („a certain answer, that never came"). An keiner Stelle im Text vermittelt der Mann aus Puisaux den Eindruck, er fühle sich wie in Gefangenschaft oder leide unter einer Immunität gegenüber ästhetischen Idealen. Indirekt aber enthält Diderots *Brief* Aussagen, die niemals getätigt wurden: Mutmaßungen, Interpretationen und Fehldeutungen – die weiterhin in der öffentlichen Wahrnehmung kursieren und das Image Blinder prägen.

76 Eine unmittelbare Anspielung auf John Lockes *Versuch über den menschlichen Verstand,* der darin – in einer anti-cartesianischen Bewegung – „eine Art ‚Reich des Zwielichts' der Philosophie" geschaffen hatte, an dem sich andere sensualistische Philosophen in der Folge abarbeiteten, indem sie „den Blinden zum Instrument ‚philosophischer Experimente' machten" (Zupančič: Blindekuh der Philosophen, S. 428).

77 Bice Curiger: Sophie Calle in Conversation. In: Tarsia / Vaughan / Stobbs (Hrsg.): *Sophie Calle « »*, S. 49–58, hier S. 55.

78 Ebd.

Monochromatisches Sehen: Sophie Calle und Derek Jarman

Noch einmal tritt an dieser Stelle die Vieldeutigkeit des Imagebegriffs hervor. Während den anderen Stellungnahmen vermeintlich illustrative Fotografien beigeordnet sind, bleibt das stützende Board neben der Porträtfotografie jenes Mannes leer: Er behauptet, keine Bilder zu brauchen. Weil er Schönheit nicht erfahren könne, sei er immer vor ihr davongelaufen.

In *Les Aveugles* wird er förmlich eins mit der vorgeblichen Abwesenheit von Bildern – aber auch mit ihrem Gegenbeispiel: Die Abwesenheit wird als Abwesenheit kenntlich gemacht. Die leere Wand deutet darauf hin, dass hier im Gegensatz zu den anderen Panels etwas fehlt; es wirkt im Vergleich unvollständig, doch die Unvollständigkeit wird an zwei Seiten gerahmt: Links durch das seinerseits gerahmte Porträtfoto, unten durch das Board. Nach den anderen beiden Seiten hin wirkt es offen. Darüber hinaus wird der Eindruck der Unvollständigkeit durch die Programmatik der Aussage gebrochen: „I've buried beauty. I don't need beauty, I don't need images." Es handelt sich demnach um eine intendierte, bedeutsame Leere, die hier sichtbar gemacht wird: die nicht existierende Leere, die Antwort, die niemals kam, dieses hartnäckige Image ohne reale Entsprechung: Weil blinde Menschen nicht sehen können, verfügen sie über keine Bilder – dieses Image wird als gefaked, unzutreffend, falsch vorgeführt. Calle deckt den Anachronismus dieser Logik auf, indem sie die Abwesenheit zeigt, inhaltlich dramatisiert („buried") und mit einer Fülle an Gegenbeispielen kontrastiert.

Die Auskunft „I've always run away from it" deutet auf die Schwierigkeit hin, ohne Bilder zu leben. Es klingt, als fühle sich jemand von Bildern verfolgt, als habe er ein Gespenst begraben, das ihm keine Ruhe lässt, weil es immer wieder aufersteht. Das Dilemma erinnert an einen anderen starken Satz, der im Zusammenhang mit dem Paradox blinder Bilderlosigkeit formuliert wurde. Ich möchte an dieser Stelle noch kurz über jenen Film sprechen, der das Scheitern an seinem eigenen Gebet auf gekonnte Weise sichtbar macht: „Pray to be released from image", heißt es in Derek Jarmans radikalem Film *Blue* (US 1993). Es handelt sich um den filmischen Versuch des Künstlers, der infolge seiner AIDS-Erkrankung erblindete, seine Sicht subjektiv und konsequent in ein einziges monochromatisches Blau zu übersetzen. Dieses leuchtend kräftige Ultramarinblau ist untrennbar mit dem Künstler Yves Klein verbunden und füllt die gesamte Leinwand von Anfang bis Ende in seiner unveränderlichen Intensität. In diesem Film werden keine Bilder gezeigt. Und obwohl er uns tatsächlich von einer ganz bestimmten Bildqualität befreit, gelingt es ihm nicht, seine Rezipient_innen von bildlichen Vorstellungen zu entledigen. Je länger man hinschaut, desto wahrscheinlicher zeichnen sich plötzliche Bewegungen,

Schemen, Gesichter, Personen auf der Leinwand ab, Blau auf Blau. Aus der Monotonie, der Monochromie selbst heraus erwachsen Bilder, die nicht mit den Augen, sondern ‚im Kopf', auf kognitive Weise gesehen werden. *Blue* zeigt keine gegenständlichen Abbildungen und suggeriert, ja generiert doch Bildhaftes, Bewegtes, der Trägheit der Augen geschuldete Visionen. Der Wunsch, vom Bild befreit zu werden, bleibt ‚visionär', unerfüllt durch diesen Film, dem beides zugleich gelingt: den Zuschauer_innen Bilder vorzuenthalten und sie gleichzeitig zu animieren, selbst Imaginäres zu erschaffen. Er verknüpft die Abwesenheit der Bilder mit der Präsenz menschlicher Stimmen, mit einer poetischen Bildgewalt, durch die das Erzählte vorstellbar wird, wie zum Beispiel eine Cafészene zeigt:

> I am sitting with some friends in this cafe drinking coffee served by young refugees from Bosnia. The war rages across the newspapers and through the ruined streets of Sarajevo.[79]

Wie der Krieg in den Zeitungen tobt, lässt sich in kein konkretes Bild bringen, weil es sich um eine Metapher, ein treffendes Bild für einen gesellschaftlichen Ausnahmezustand handelt. Es ist ein offenes, ein gedankliches Bild und doch scheint es nahezu unmöglich, frei von jeder denkbaren Imagination zu sein, sobald man diese Zeilen wahrnimmt, sie begreift. Wie Jarmans Film scheint Calles Ausstellung *Les Aveugles* von der Überzeugung getragen, dass es kein bildloses Denken und Sprechen gibt. Worte sind an Bilder gebunden; George Lakoff und Mark Johnson halten dazu fest: „Unser alltägliches Konzeptsystem, nach dem wir sowohl denken als auch handeln, ist im Kern und grundsätzlich metaphorisch."[80] Daraus folgt auch die symbolische Aufladung der Sprache, an der blindgeborene Menschen selbstredend partizipieren. „White must be the colour of purity", wird ein Mann in der Ausstellung zitiert, „I'm told white is beautiful. But even if it weren't beautiful, it would be the same thing." (43) Ein Junge findet die Farbe Grün schön: „[b]ecause every time I like something, I'm told it's green. Grass is green, trees, leaves, nature too… I like to dress in green." (17) Eine Frau begeistert sich für blonde, blauäugige Männer: „When someone tells me that a man is blond and has blue eyes, I tell myself that he is handsome. I think blonds are beautiful. Perhaps because they're unusual. And the word ‚blue', just saying it, is beautiful." (25) Die hieraus sprechende kulturelle Standardisierung einer allzu einfachen und allzu sichtbaren Schönheitsnorm (blond und blauäugig) außer Acht lassend, ist dennoch bemerkenswert, dass jene Frau den Klang – die akustische Färbung – des Wortes blau liebt;

79 Derek Jarman: *Blue.* Kassel: Schmitz 1994, o. P.

80 George Lakoff/Mark Johnson: *Leben in Metaphern. Konstruktion und Gebrauch von Sprachbildern,* aus d. Amerik. v. Astrid Hildenbrand. Heidelberg: Auer 1998, S. 7.

blau ist für sie mit der Schönheit eines Wortes verbunden, mit der konkreten Lust womöglich, es ‚in den Mund zu nehmen', auszusprechen, es zu schmecken, mit erotischen Gedanken zu verbinden und seinen Klang zu hören. Für den Jungen verbindet sich Grün mit der Natur in ihrer konkreten, sinnlichen Erfahrbarkeit.

Alle drei Zitate verweisen auf differenzierte, multisensorische Imaginationen und Assoziationen, die in ihrer synästhetischen Komplexität als Alternativen zum konventionell-visuellen, auf Lichtwahrnehmung basierendem Farbverständnis zu denken sind – einem physikalischen Farbverständnis, wie Diderot es in seinem *Brief* zugrunde legt: „Es steht doch fest, daß man sich in der Einbildung Figuren nicht ohne Farben vorstellt." (61) In ihrer Pluralität übersteigen die Farbvorstellungen aus *Les Aveugles* die Abstraktheit vorherrschender Farbkonzeptionen und ‚entfesseln' den visuellen Begriff der Farbe, was wiederum mit Jarmans *Blue* korrespondiert. Darüber hinaus verdeutlichen sie die Relevanz symbolischer und kultureller Zuschreibungen (Weiß steht zum Beispiel für Unschuld, Grün für Natur) für das Verständnis von Farben, das somit jenseits eines geteilten Sehens als eine geteilte Erfahrung zu bewerten ist. Die häufige Erwähnung von Farben mag ein Grund für Calle gewesen sein, wenige Jahre nach *Les Aveugles* visuelle Beschreibungen blinder Menschen mit paradigmatischen Texten über das Monochromatische, von Jorge Luis Borges, Yves Klein, Kazimir Malevich, Piero Manzoni, Robert Rauschenberg, Ad Reinhardt und Gerhard Richter zu vergleichen. *Blind Color* kombiniert großformatige, graue Leinwände mit Zitaten wie: „Nothing, absolutely nothing left, no figures, no colour, nothing."[81] Die Arbeit lässt offen, ob es sich dabei um eine kunsttheoretische Setzung oder um die Seherfahrung eines blinden Menschen handelt; beides ist vorstellbar. Die bewusste Offenheit signalisiert eine enge Verwandtschaft zwischen der Idee eines künstlerischen Sehens und dem imaginierenden Sehen blinder Menschen. Wenn, wie Alenka Zupančič feststellt, die nahezu von der Idee der Blindheit ‚besessenen' Denker der Aufklärung sich dabei besonders für die Übergänge vom ‚Dunkel' zum Licht interessierten (den Hintergrund bilden die ‚spektakulären' Blindenheilungen der Zeit), so interessiert sich Calle offenbar umgekehrt für die Übergänge vom ‚Licht zum Dunkel', das heißt für die Unschärfen und Differenzen, die nicht den Blinden ‚gehören', die sie befragt, sondern eine zentrale Lebenserfahrung kennzeichnen. Aus dieser investigativen Perspektive betrachtet – und nicht auf Grundlage eines unterstellten ‚Voyeurismus-Verdachts' –, können ihre Bildbeschreibungen blinder Menschen auf eine gewisse Affinität der Künstlerin zurückgeführt werden.

81 Calle: *Blind*, S. 63.

Les Aveugles markiert wie erwähnt den Beginn einer Reihe künstlerischer Untersuchungen zu diesem Thema: 1991 folgt *Blind Color*, 2010 *The Last Image*. Calles aufwendig gestaltetes, in Druckschrift und Braille vorliegendes Kompendium *Blind*, das diese drei aus Texten und Bildern kombinierten Zyklen enthält, widmet sie einem Menschen, der ihr beim Sehen(-Lernen) geholfen habe: „To Bob Calle, who helped me to see." Aus diesen Worten folgt, dass es verschiedene Arten, Praktiken und Funktionen des Sehens gibt, dass das Sehen weder eindeutig noch ‚den Sehenden' automatisch gegeben sei, sondern dass es um eine auszuhandelnde Praxis – eine komplexe, mit Dimensionen der Einbildung und Erkenntnis verknüpfte, erlern- und veränderbare Tätigkeit geht und im Hinblick auf Calle zweifellos auch um eine zu praktizierende Kunst. Waldenfels etwa unterscheidet – und dies lässt sich für die hier vorgenommene Differenzierung produktiv machen – zwischen einem wiedererkennenden und einem sehenden Sehen.[82] Während das wiedererkennende Sehen im Zeichen der Versicherung, der Beruhigung und der Wahrung des Status quo steht, verweist das sehende Sehen nach Waldenfels auf ein unvorhersehbares „Blickereignis",[83] ein Ding, dessen Anblick beunruhigt und verstört, weil dadurch etwas sichtbar wird, das vorher nicht sichtbar, nicht bekannt, nicht da war: „Der Blick, der sich nicht im Gesehenen festmachen läßt, stünde dann für ein Ereignis des Zum-Vorschein-Kommens, ohne das es für uns nichts zu sehen und zu beschreiben gäbe."[84]
Die Auskunft eines Porträtierten aus *Les Aveugles* appliziert die traumartigen Einbildungen des Sprechers, „I saw my son in a dream" (47), ein weiteres Zitat thematisiert den Prozess einer aktiven Bilderzeugung. Über die Schönheit der Versailler Gärten befindet ein Mann: „It is described to me and I transpose." (15) Anstatt sie in ihrer materiellen Erscheinung auf der Netzhaut abzubilden, erschafft er seinen Worten nach Bilder, die auf Beschreibungen anderer basieren – auch das ist ein Vorgang des sehenden Sehens, eines nicht (nur) rezipierenden, sondern aktiv schöpferischen Sehens. Das Gehirn ist dabei in besonderem Maß an der visuellen Wahrnehmung beteiligt: Wo andere ‚nur' mit den Augen sehen, imaginiert und erschafft dieser Mann bildliche Vorstellungen. Seine Übersetzungstätigkeit erfordert ein hohes Maß an Aufmerksamkeit für alle denkbaren Sinneseindrücke und Informationen; sie bedeutet psychische und physische Arbeit.

82 Waldenfels: *Sinnesschwellen*, S. 124.
83 Ebd.
84 Ebd.

Ein neuer Begriff von Schönheit

Dass *Blue* noch im monochromatischen Bildverzicht bildliche Vorstellungen erzeugt, hängt neben der visuellen Trägheit auch mit der Intonation und der Suggestivkraft der unterlegten Erzählstimmen zusammen. Die Abwesenheit bewegter Bilder erhöht gar, möchte ich behaupten, die Wirkung der poetischen Erzählkraft und das imaginäre Potenzial des Films. Mit diesem Gedanken komme ich abschließend zurück auf die poetischen Schönheitseffekte der Ausstellung *Les Aveugles*.

Im Nachwort zu William Hogarths *Analyse der Schönheit* nimmt Peter Bexte die Entwicklung der Kunst im 20. Jahrhundert zum Anlass für die gedankliche Umkehrung dessen ästhetischer Lehre: Von der künstlerischen Bedeutung analytischer Zerlegungstechniken aus wertet Bexte die Analyse selbst als künstlerische Methode auf und spricht, Hogarths Programmatik aus dem 18. Jahrhundert weiterdenkend, von einer expliziten Schönheit der Analyse.[85] Seine Formulierung ist insofern auf *Les Aveugles* anwendbar, als die Schönheitseffekte dieser Arbeit nicht so sehr vom Dargestellten ausgehen, wie es sich in den illustrierenden Fotografien konkretisiert, als vielmehr vom Vorstellbaren, das sprachlich evoziert wird. „Wenn die Photographie sich nicht ergründen lässt", konstatiert Barthes, „dann deshalb, weil ihre Evidenz so mächtig ist."[86] Die Bilder, auf die jene Analysen verweisen, bleiben in dem Sinne abwesend, emergent, und sind deshalb unantastbare Zeugnisse, individuelle Spuren des Schönen. Nicht die sich in den Blick der Rezipient_innen drängenden Schnappschüsse, standardisierte Wohnungseinrichtungen, austauschbare Meer- und Landschaftspanoramen, die den Blick in ihrer machtvollen Evidenz ‚bannen', eignen sich dazu, an das ästhetische Empfinden oder besser das Begehren der Betrachter_innen zu appellieren – der Eindruck des Schönen erwächst vielmehr aus den individuellen Worten, welche die Abwesenheit, die Unverfügbarkeit des Schönen thematisieren. Nicht dasjenige, wovon diese Zitate jeweils sprechen, mag hierbei wiederum überraschen, sondern die Kontexte, die individuellen Herleitungen dieser Gedanken ebenso wie die Uneindeutigkeit oder Virtualität der damit assoziierbaren Bilder:

> Lynx fur. There is something definitive about this fur. It combines the boundless energy of a wild animal – you can still feel its life – and the infinite sleekness of its fur. It can only be beautiful. It has to be. That's obvious. (23)

85 Peter Bexte: Die Schönheit der Analyse. In: William Hogarth: *Analyse der Schönheit*. Dresden / Basel: Verlag der Kunst: 1995, S. 212–228.

86 Barthes: *Die helle Kammer*, S. 117.

Diese Stellungnahme zeichnet sich durch eine literarische Komplexität aus; sie ist selbstreflexiv („[i]t can only be"), begründet („combines the boundless energy of a wild animal [...] and the infinite sleekness of its fur") und sich ihrer bedingungslosen Subjektivität bewusst. Diese bedingungslose Subjektivität spricht aus der nachdrücklichen Steigerung, auf die sie hinausläuft: „It can only be beautiful. It has to be. That's obvious", und macht sie potenziell unangreifbar. Das bereits erwähnte Zitat zur Farbe Weiß formuliert die logische Konsequenz dieser Bedingungslosigkeit: „[E]ven if it weren't beautiful, it would be the same thing". (43) Daraus spricht das Selbstbewusstsein eines Sprechers, der ein gänzlich ungeeigneter Adressat für Diderots vorauseilendes Mitleid wäre. Was hier so wunderschön erscheint, bleibt ungetrübt und rein von jeder (visuellen) Festlegung, wie bei jener Sprecherin, die von einer Szene aus besagtem Roman schwärmt:

> In *Romance in Granada*, the Author, Claude Jauniers, tells the story of a journalist of modest background sent to Granada to do an article. There she stays in a luxury hotel, an experience she had never previously had. The curtains in her room, paintings, antiques, and a magnificent bed. It seemed so beautiful in the book [...]. (19)

Schönheitseffekte stellen sich in der Auseinandersetzung mit *Les Aveugles* gerade nicht durch eine auf Evidenz gründende Wahrnehmung ein. Sie basieren gerade nicht auf der ‚platten' Sichtbarmachung des Bezeichneten.[87] Calles beigeordnete Fotografie eines Luchsfells wirkt im Gegenteil eher enttäuschend, weil sie weder die Textur noch die Gründe für diese Wahl sichtbar machen kann und hinter der Komplexität der persönlichen Aussage zurückbleiben muss.
Die illustrativen Fotografien, die gewissermaßen eine eindeutige Wirklichkeit konstituieren, erweisen sich als Fallen beim Versuch, als Rezipient_in die schriftlich evozierten Empfindungen nachzuvollziehen. Sie sollen gar enttäuschen, weil die Diskrepanz zwischen der Idee und dem Abbild eines Fells, zwischen dem liebenden Blick eines Jungen auf seine Mutter und dem Schnappschuss einer unscheinbaren Frau allzu groß ist: Das nicht gezeigte Bild des in der Ausstellung zu Wort kommenden Jungen von seiner Mutter zeugt von der unteilbaren Schönheit, die er mit seinem Gefühl für sie verbindet; der beigeordnete Schnappschuss hingegen lenkt von ihr weg: „My mother is beautiful [...], because she's tall and her hair goes down to her bottom." (29) Es geht in *Les Aveugles* nicht um Schönheit im Sinne einer ästhetischen Lehre oder zeitlosen Vorstellung, sondern um subjektive Empfindungen, um persönliche Weisen des Affiziert-, Infiziert- bzw. Fasziniert-Seins. Auf diese Diskrepanz legt es

87 Vgl. ebd.: „Photographie ist *platt*, in jeder Bedeutung des Worts." (Herv. i. Orig.)

die Ausstellung an. Es fällt schwer, in den allzu sichtbaren, allzu bekannten Motiven, jenen „Reproduktionen vorgefundener Bilder",[88] Schönheit zu entdecken. Das visuelle Konzept, auf das Téllez' Film anspielt, ist insofern tot zu nennen, als es in der Lage ist, die imaginäre Kraft der Schönheit zu zerstören oder zumindest zu dämpfen. Mit Lessing könnte man in Bezug auf diese Idee formulieren: „Je mehr wir sehen, desto mehr müssen wir hinzu denken können. Je mehr wir dazu denken, desto mehr müssen wir sehen glauben."[89] Während der Anteil der evidenten Fotografien aus *Les Aveugles* das nach Lessing essentielle Hinzudenken tendenziell verhindert, sind die ausgestellten literarischen Miniaturen geradezu prädestiniert für eine kooperative Tätigkeit der lesenden Betrachter_innen oder betrachtenden Leser_innen:

> Im Bild gibt sich der Gegenstand als ganzer zu erkennen, und sein Anblick ist *gewiß* – im Gegensatz zum Text oder zu anderen Wahrnehmungsformen, die mir das Objekt in undeutlicher, anfechtbarer Weise darbieten und mich dadurch auffordern, dem zu mißtrauen, was ich zu sehen glaube.[90]

In diesem Zusammenhang sind noch einmal die Porträtaufnahmen hervorzuheben, denn auch sie zeichnen sich durch ein seltenes Potenzial an Schönheit aus: Sie ermöglichen einen direkten, unverstellten und betont unsentimentalen Blick auf die an *Les Aveugles* beteiligten Personen. Calles Porträtfotografien machen keinen Unterschied zwischen sehenden und nicht-sehenden Modellen. Sie signalisieren: Schaut uns an, wie ihr Porträtfotografien immer anseht. Sie signalisieren, dass das Genre allen zur Verfügung steht, die sich auf diese Weise fotografieren lassen möchten. Wie jene Frau durch ihren Sohn schön wird, so ist es auch umgekehrt. Die Schönheit der Porträtierten ist ebenso wenig objektiv gegeben wie die jedes anderen Sujets auch. Die in *Les Aveugles* ausgestellten *images of beauty* sind also keine „materielle[n] Gegenstände, die von Menschen erschaffen und von verschiedenen Menschen betrachtet werden können", sondern eher, „geistige Entitäten, die im Bewusstsein oder Geist existieren",[91] wie Katia Saporiti zur Differenzierung des Imagebegriffs anmerkt. Sie sind Bilder, die das Potenzial haben, uns anzusprechen und zu beschäftigen, uns zu gefallen, zu berühren oder zu verführen, Bilder, die mitunter auch vom Sichtbaren ausgehen, aber es übersteigen, indem sie es mit persönlicher Bedeutung aufladen.

88 Schube (Hrsg.): *Sophie Calle*, S. 19.

89 Zit n. Wetzel: „Ein Auge zuviel", S. 132.

90 Barthes: *Die helle Kammer*, S. 117. (Herv. i. Orig.)

91 Katia Saporiti: Vom Gebrauch der Vorstellung. Ideen und Bilder bei George Berkeley. In: Ludger Schwarte (Hrsg.): *Bild-Performanz*. München: Fink 2011, S. 163–184, hier S. 165.

Ebenfalls zu betonen ist vor diesem Hintergrund noch einmal, mit welcher Selbstverständlichkeit *Les Aveugles* nicht nur die Fotografien, sondern auch die schriftlichen Beschreibungen der Porträtierten im Bilderrahmen präsentiert; ihnen wird dadurch ein Bildcharakter zuerkannt. Zugleich bleibt ihre literarische Eigenständigkeit erhalten. Aus dieser Art der Präsentation lässt sich folgern, dass in *Les Aveugles* wie in anderen Text-Bild-Kombinationen Calles Texte nicht nur inhaltlich, sondern auch formal zu Kunst erklärt werden. Sie rahmen und konstituieren *images of beauty*. In dieser Funktion weisen sie ein imaginäres Potenzial auf, hinter dem die ausgestellten evidenten Fotografien zurückbleiben, weil sie als letztere den Blick der Rezipient_innen festlegen und einschüchtern. Mit diesem Gedanken komme ich zurück auf die Eingangsvermutung, *Les Aveugles* wäre in Anlehnung an Diderots *Brief* als Ausstellung *über die Blinden für den Gebrauch der Sehenden* zu verstehen. Diese Annahme erweist sich als klug kalkulierte Täuschung: *Les Aveugles* ist eine Ausstellung über visuelle, ästhetische und philosophische Festlegungen, die sie als solche offenlegt. Sie richtet sich in besonderem Maß an die zu Wort Kommenden und all diejenigen, die bereit sind, sich jenseits des allzu Sichtbaren, allzu Bekannten auf die weniger offen liegenden Dimensionen des Schönen, ja des Denkens einzulassen, im Sinne eines analytischen wie poetischen Blicks auf die verschiedenen Qualitäten, Bedeutungen und Dimensionen des Schönen, die in der dreigliedrigen Zerlegung der Arbeit zur Geltung kommen. Wie in Rekurs auf Welsch betont, setzt sich die Ausstellung damit von einer im 18. Jahrhundert hervortretenden Festlegung von Kunst auf Schönheit ab. Die Komplexität der Stellungnahmen evoziert vielmehr eine Nähe zum Verständnis des griechischen *kalon*, eines Begriffs, den Welsch in seinem von einer grundsätzlichen Skepsis getragenen Aufsatz „Wiederkehr des Schönen?" als Kontrast zu dieser Festlegung in die zeitgenössische Diskussion bringt: Dieser „konnte sich noch auf alles Mögliche beziehen – etwa auf Handlungen, auf die Wissenschaft, auf eine Lebensweise. Er zielte keineswegs speziell auf die Kunst"[92] und, so ließe sich ergänzen, ebenso wenig auf die Idealisierung und Ideologisierung bestimmter Körperbilder im Namen der Schönheit, denen die wenigsten Menschen entsprechen.

Anders als Brodowsky und Loher setzt Calle auf einen dokumentarischen Stil und verunklärt so bewusst die hegemoniale Grenzziehung zwischen einer alltäglich-gesellschaftlichen und einer künstlerisch-ästhetischen Erfahr- und Verhandelbarkeit von Blindheit. Gleichzeitig geht es wie in den beiden zuvor untersuchten Arbeiten in *Les Aveugles* um das exemplarische Generieren und Vermitteln eines Wissens über Blindheit – und die Sichtbarmachung dieser

92 Welsch: Wiederkehr des Schönen?, S. 42.

Vorgänge und ihrer Grenzen. Blindheit erweist sich bei Calle als eine Konstruktion, die sich nicht mit den Wahrnehmungen der Porträtierten, ihren Vorstellungen und Äußerungen deckt – und verdeutlicht zugleich (mit vergleichendem Blick auf Diderot), wie sehr diese Vorstellungen und Äußerungen bereits das Ergebnis von Auseinandersetzungen mit Fremdzuschreibungen und an sie herangetragene Erwartungen sind. Der Begriff Blindheit bildet in *Les Aveugles* die zentrale Leerstelle – etwas, das die Künstlerin schließlich selbst hinzufügen musste, weil die Antworten der Porträtierten nicht ihren (antizipierten) Erwartungen entsprachen. Das Geschenk bildet den „unformulierten Horizont",[93] auf den sich alle anderen Antworten beziehen, der sie verdichtet und prägt. Auf diese Weise aktualisiert die Arbeit das Grundproblem, das in Diderots *Brief über die Blinden* angelegt ist – die Auslassung eines (adäquaten) Verständnisses dessen, was Blindheit individuell bedeutet. Dieser Schluss erinnert an das paradoxe wie verführerische Denkbild, das *Aufnahme* erzeugt, an Brodowskys Protagonistin, die sich auf ein Bild zubewegt, ohne jemals eins mit diesem Bild, das heißt: mit ‚sich' zu werden. Sie kann das im Titel gegebene Versprechen nur jenseits des Erzählhorizonts einlösen. Beide Arbeiten handeln von der Nichteinlösbarkeit eines mit Blindheit – und deren (vermeintlich realistischen) Abbildbarkeit – verbundenen Versprechens. Sie vermitteln im Gegenteil den Eindruck, dass die Nichteinlösbarkeit selbst Teil jedes künstlerischen Umgangs mit Blindheit ist, dass ein grundsätzlicher Widerstand gegen die Antizipierbarkeit dem Thema *per se* eignet.

93 Ein zentraler Begriff in Isers Literaturtheorie, der in diesen Kontext passt (vgl. Iser: *Der Akt des Lesens*, S. 348; Kap. II).

V
Blindheit als Wunschmaschine – Subjektive Sichtbarkeiten in der Theaterinszenierung *Isabella's Room* von Jan Lauwers und Needcompany (2004)

Polarisierung durch Pluralisierung

Die Theaterinszenierung *Isabella's Room* ist eine Hommage des belgischen Künstlers Jan Lauwers an seinen Vater.[1] Als Felix Lauwers 2002 im Alter von fast 80 Jahren starb, hinterließ der einstige Chirurg, Hobbyarchäologe und Sammler seinem Sohn Jan, einem bildenden Künstler, der seit den 1980er Jahren auch als Theatermacher erfolgreich ist, den Großteil seiner mehr als 5.800 Artefakte umfassenden Privatsammlung. Die sehr heterogenen Exponate aus Felix Lauwers' Sammlung stammen fast ausschließlich aus dem Alten Ägypten und südlich der Sahara gelegenen Teilen Afrikas. Manche der Objekte, darunter zahlreiche Skulpturen, Amulette, Ketten, präparierte Gürteltiere, silberne Metall-Schleier, Yaka-Masken, bronzene Fußgelenkreifen, schmiedeeiserne Sklavenfesseln, geschnitzte Spazierstöcke, kunstvolle Messer und Kruzifixe, sind mehr als 4.000 Jahre alt.

Seit der Uraufführung in Südfrankreich gastierte *Isabella's Room* unter anderem in den USA, Kanada, Brasilien, Rumänien, Japan, Kroatien, Russland, Südkorea, Taiwan, Großbritannien, Deutschland, Portugal, Ungarn, Kolumbien,

1 Teile des vorliegenden Kapitels wurden bereits in folgenden Aufsätzen publiziert: Astrid Hackel: Lost in Translocation. Zur Inszenierung einer archäologisch-ethnologischen Sammlung in der Performance *Isabella's Room* (Jan Lauwers & Needcompany). In: Kerstin P. Hofmann / Thomas Meier / Doreen Mölders / Stefan Schreiber (Hrsg.): *Massendinghaltung in der Archäologie. Der Material Turn und die Ur- und Frühgeschichte.* Leiden: Sidestone 2016, S. 171–186; dies.: Laboratorien der Verflüchtigung. Zur Funktion von Objekten in Theater und Performance. In: David Keller / Maria Dillschnitter (Hrsg.): *Zweckentfremdung. ‚Unsachgemäßer' Gebrauch als kulturelle Praxis.* Paderborn: Fink 2016, S. 219–232.

La Réunion und China. Die beeindruckende Vielfalt dieser Stationen spiegelt die weit über Europa hinausreichende Popularität von Lauwers wider, der längst „ein Klassiker des internationalen, neuen Theaters“[2] ist. Keine der vorherigen, ebenfalls für internationale Touren konzipierten Produktionen war weltweit an so vielen verschiedenen Spielstätten zu erleben. Dass mit *Isabella's Room* im Nationalen Zentrum der Performancekünste in Peking erstmals überhaupt eine belgische Produktion gastieren konnte, zeigt, wie sehr gerade diese Inszenierung geeignet ist, künstlerische wie politische Grenzen zu überschreiten. Für heftige Kritik sorgte jedoch, dass im Zuge der regen Gastspieltätigkeit auch Teile jener archäologisch-ethnografischen Sammlung auf die Reise geschickt wurden, die im Folgenden als Repräsentation der ererbten Sammlung an sich aufgefasst werden: „With the exhibition of his father's collection, Lauwers performs a stunning poetic gesture with particular consequences for the stage. We *must* take note of it.“[3]

Lauwers gehört neben Anne Teresa de Keersmaeker, Jan Fabre, Wim Vandekeybus, Alain Platel und Les Ballets C. de la B zu den führenden Vertreter_innen des neuen belgischen Theaters, das seit den 1980er und 1990er Jahren in Einrichtungen wie dem Kaaitheater in Brüssel, dem Mousonturm und dem TAT in Frankfurt am Main, dem Kampnagel in Hamburg und dem Berliner Hebbeltheater präsent ist.[4]

2 Hans-Thies Lehmann: Détachement. Zum Spiel bei Jan Lauwers. In: Jan Lauwers: *Sad Face/Happy Face. Drei Geschichten über das Wesen des Menschen*, aus d. Engl. v. Brigitte Auer. Frankfurt am Main: Fischer 2008, S. 151–163, hier S. 153.

3 Georges Banu: Portrait of the Father as a Collector. The Attraction of the Real. In: Christel Stalpaert / Frederik Le Roy / Sigrid Bousset (Hrsg.): *No Beauty for Me there where Human Life Is Rare. On Jan Lauwers' Theatre Work with Needcompany.* Gent: Academia / International Theatre & Film 2007, S. 334–339, hier S. 334. (Herv. A. Ha.)

4 Vgl. dazu Hans-Thies Lehmanns grundlegende Ausführungen zu Jan Lauwers Produktionsästhetik (Lehmann: *Postdramatisches Theater*, insb. S. 194–201; ders.: Zeitstrukturen / Zeitskulpturen. Zu einigen Theaterformen am Ende des 20. Jahrhunderts. In: *Theaterschrift*, 12/1997, S. 28–46). Die Untersuchung stützt sich wiederholt auf Hans-Thies Lehmanns Überlegungen zum postdramatischen Theater, zu dessen Theoriebildung die Erfahrungen von Jan Lauwers und Needcompanys Theater wesentlich beigetragen haben (vgl. Lehmann: Détachement, S. 153). Da der Begriff des postdramatischen Theaters fälschlicherweise oft als Negation des Dramatischen verstanden wird, möchte ich hier betonen, dass Lehmanns Studie weniger eine Theorie als ein Hilfsmittel zur konstruktiven Kontrastierung und Vertiefung der verschiedenen Mittel ist, derer sich eine Inszenierung bedient (Raummontage, Musik, Licht, Sprache und Zitat, Verfremdung und Disparität etc.). Postdramatisch bedeutet nicht die Überwindung des Theatertextes im Sinne des Nach-Dramatischen, sondern eine Aufmerksamkeitslenkung weg vom Gebot der Hermeneutik hin zur stärkeren Berücksichtigung anderer inszenatorischer Mittel und vor allem kontingenter und emergenter Effekte.

Im Folgenden möchte ich untersuchen, inwiefern die Aufführungen von *Isabella's Room* – und ich verwende hier absichtlich den Plural für eine programmatische, bis zur Entstehung dieses Textes hin andauernde Zirkulation – ein Problembewusstsein für den keineswegs einfachen Umgang mit einem vielschichtigen und dezidiert kontroversen Erbe konstituieren, indem sie sich in einem internationalen, interdisziplinären und interaktiven Kontext positionieren.
Drei Aspekte gilt es für die Annahme einer dadurch bewusst herbeigeführten Provokation hervorzuheben: 1) die mehrdeutige Mobilisierung des ‚Realen', das in Gestalt des Familienerbes in die Sphäre des ‚Imaginären', also die Inszenierung übersetzt und durch das ständige Touren auch räumlich *in transit* gehalten wird, 2) die öffentliche Zur-Schau-Stellung dieser unkonventionellen Praxis infolge der Aufführungen, und 3) deren Fortsetzung in der ambivalenten Blindheit der Hauptfigur, die auf ihre ästhetische, sinnliche und epistemische Funktion befragt wird.
Die Untersuchung geht davon aus, dass die präsentierten Objekte ein spezifisches Wissen in sich tragen und vermitteln – zugleich aber ein Wissen enthalten, das sich einem epistemischen Zugriff auf signifikante Weise entzieht, das heißt der Möglichkeit, es zu dekodieren, zu interpretieren und zu klassifizieren. In ihrer doppeldeutigen Blindheit, in der sich das Moment der (Selbst-)Erkenntnis und jenes einer (bewussten) Ausblendungspraxis treffen, verweist Lauwers' Protagonistin Isabella Morandi auf die komplexen Schwierigkeiten im Umgang mit dem kulturellen und insbesondere dem moralisch fragwürdigen kolonialen Erbe. Bezeichnend ist die Positionierung zwischen einer affirmativen und einer negativen Auslegung von Blindheit, die aus dem grundsätzlichen Dilemma der Unentscheidbarkeit resultiert. Diese Situation korrespondiert mit der in *Isabella's Room* zur Aufführung gebrachten diskursiven Spannung zwischen zwei dominanten Kultur-Institutionen: dem Museum auf der einen und dem Theater auf der anderen Seite. Die über die väterliche Sammlung mit der Institution des Museums verknüpfte Erwartung, ein in den Objekten gespeichertes Wissen zu bewahren, steht einem Theaterverständnis gegenüber, das nicht nur von der Flüchtigkeit und Unverfügbarkeit dieses Wissens überzeugt ist (wie mittlerweile auch Ansätze der Museumstheorie)[5], sondern es regelrecht darauf anlegt, das Wissen räumlich zu ‚zerstreuen' und zeitlich zu ‚zerschleudern'. Keineswegs soll hierdurch der Eindruck entstehen, dass *Isabella's Room* die Idee des Museums zugunsten einer performativen Programmatik ausspielt,

5 Vgl. exemplarisch Anke te Heesen: *Theorien des Museums. Zur Einführung*. Hamburg: Junius 2012, insb. S. 18–29, 156–170.

schließlich steht hier (stellvertretend) das väterliche Erbe zur Disposition. Der zur Aufführung gebrachte Konflikt zwischen der in der Sammlung repräsentierten Idee des bewahrenden Museums und einer auf Dynamisierung und Zerstreuung gründenden Idee des Theaters lässt sich aber als künstlerische Entsprechung eines Generationskonflikts und hierin wiederum als Ödipus-Figuration befragen.
Die kulturwissenschaftlich-vergleichende Analyse von *Isabella's Room* nähert sich von verschiedenen Seiten der Komplexität der Performances, den dort in Erscheinung tretenden narrativen, sinnlich-perzeptiven, räumlichen, epistemischen und symbolischen Implikationen. Sie konzentriert sich auf Isabella Morandi als eine produktive, doch zugleich höchst ambivalente Reflexionsfigur und ihre spezifische Relation zu den sie umgebenden Objekten. Die Analyse folgt keinem hierarchischen Aufbau, sondern bewegt sich erneut in Ellipsenform um die beiden Zentren der Inszenierung: die Kunstfigur Isabella Morandi und jene vielgestaltigen Objekte. Hierdurch kommt es an einigen Stellen zu unvermeidlichen Redundanzen, an anderen zu vorübergehenden Auslassungen, die sich im Fortgang der Lektüre, so hoffe ich, erklären. Die Untersuchung basiert auf wiederholten Aufführungsbesuchen, einem DVD-Mitschnitt und der veröffentlichten Übersetzung, da sie der zwischen englisch und französisch beständig wechselnden Inszenierung in allen bezeugten Aufführungsbesuchen weitgehend entspricht.[6]

Prolog: Spiel im Spiel

Der Bühnenraum ist bereits geöffnet, als die Zuschauer_innen am 14. Dezember 2006 den Saal des Berliner Theaters Hebbel am Ufer (HAU) betreten.[7] Aufgebaut ist eine Auswahl der archäologisch-ethnologischen Objekte aus der Sammlung Felix Lauwers'. Die unterschiedlichen Exponate befinden sich während der Aufführung, wegen der vorherrschenden Farbigkeit auch die ‚weiße Vorstellung' genannt,[8] auf hellen Tischen, Sockeln und in Vitrinen. Einerseits

6 Zur Polyglossie bei Jan Lauwers vgl. Lehmann: *Postdramatisches Theater*, S. 268.

7 Die folgende Beschreibung konzentriert sich der besseren Lesbarkeit halber auf eine Aufführung, die am 14.12.2006 im Berliner Theater Hebbel am Ufer stattfand, wenngleich die Beobachtungen durch weitere Vorstellungsbesuche unterstützt werden.

8 Vgl. Margo Jeffersons Kritik an der für sie rassistisch kodierten Schwarz-Weiß-Metaphorik (Margo Jefferson: A Loose Memoir of Song, Dance and Image. In: *New York Times*, 16.12.2004, http://www.nytimes.com/2004/12/16/theater/reviews/16isab.html?_r=0. (Zugriff am 18.02.2014)); Solange Lévesque hebt die Wirkung des weißen Raumes hervor, worin sich verschiedene Zeiten und Räume durchdringen (Solange Lévesque: Festival de théâtre des Amériques – Kaddish en forme d'hymne à la vie. In: *Le Devoir*, 03.06.2005. http://www.needcompany.org/FR/la-chambre-d-isabella/critique/38 (Zugriff am 19.09.2014)). In *Le Monde*

eignen sich diese eklektischen Arrangements dazu, von Anfang an die Aufmerksamkeit der Zuschauer_innen auf eine „Bühne voller Wunderlichkeiten“[9] zu lenken, andererseits wirkt die Szenerie aufgrund der dezidierten Auswahl der Objekte, der streng konzipierten Anordnung der Möbel und des Verzichts auf weitere Bühnenelemente keinesfalls überladen.
Die Protagonistin Isabella Morandi wird von der charismatischen, stimmlich und körperlich höchst präsenten, heute etwa 70-jährigen Viviane De Muynck gespielt, die seit 1993 zum Ensemble der Needcompany gehört. In der Verkörperung des zentralen Charakters aus Lauwers' Performance bewegt sich De Muynck schon zu Beginn der Aufführung im HAU auf dem schmalen Grat zwischen Bühne und Auditorium. Charmant lächelnd und in konspirativem Gestus teilt sie dem Publikum vom vorderen Bühnenrand aus mit, worauf es sich an diesem Abend gefasst machen soll: Sie werde an jenem Abend eine Blinde spielen, selbstverständlich ohne wirklich blind zu sein. Sie werde eine Sonnenbrille aufsetzen und die Zuschauer_innen müssten sich einfach vorstellen, dass sie sowohl blind als auch sehend sei. Dann stellt Viviane De Muynck den Zuschauer_innen die anderen Performer_innen vor: Ihre Adoptiveltern Anna und Arthur (gespielt von Anneka Bonnema und Benoît Gob), ihren langjährigen Lebenspartner Alexander (Hans Petter Dahl) und ihren Enkel Frank (Maarten Seghers). Außerdem befinden sich ein Erzähler (Ludde Hagberg), der ‚Wüstenprinz' (Julien Faure) und Isabellas personifizierte Gehirnhälften Sister Joy (Louise Peterhoff) und Sister Bad (Tijen Lawton) auf der Bühne. Manchmal übernimmt diesen Part auch Lauwers selbst, der – ungewöhnlich für einen Regisseur – in jeder Aufführung auf der Bühne präsent ist, jedoch ohne erkennbare Rollenfunktion; er wirkt wie ein stummer, in seinem weißen Anzug aber auffälliger Statist. (Abb. 14)
De Muynck steckt das Feld der abendlichen Aufführung ab: Im Prolog wird dem Publikum nicht nur ihre gespielte Blindheit mitgeteilt, sondern es erfährt

wird die Performance mit einem weißen Schatten verglichen, der die Besucher_innen noch nach der Vorstellung verfolge und die weiße Bühne als ein ‚weißes' (d. h. leeres) Gedächtnis erscheinen lässt (Brigitte Salino: Dans la chambre aux secrets d'Isabella défilent lese Amours vivantes et mortes. In: *Le Monde*, 13.07.2004. http://www.needcompany.org/FR/critique/1012 (Zugriff am 16.09.2014)). Jan Lauwers selbst äußert sich in einem Interview mit einem Journalisten der belgischen Tageszeitung *De Tijd* mit den Worten: „I needed to do a ‚white play'." und ergänzt, „I wanted people to feel good when they saw it." (Jan Lauwers / Pieter T'Jonck: Because Women Are Tremendously Important. In: *De Tijd*, 21.09.2004. http://www.needcompany.org/EN/isabella-s-room/review (Zugriff am 19.09.2014).)

9 Christel Weiler: Glückspilze und Trauerklöße. Über die Lust am Theater. In: Clemens Risi / Jens Roselt (Hrsg.): *Koordinaten der Leidenschaft. Kulturelle Aufführungen von Gefühlen*. Berlin: Theater der Zeit 2009, S. 267–279, hier S. 270.

Abb. 14: *Isabella's Room*,
Jan Lauwers. Kaaitheater,
Brüssel, 09/2004.

auch, was es mit den Exponaten auf der Bühne auf sich hat. Christel Weiler erinnert sich an den folgenden Wortlaut De Muyncks:

> Die afrikanischen Skulpturen und Objekte, die Sie hier auf der Bühne sehen, wurden Jan Lauwers, dem Regisseur dieser Inszenierung, von seinem Vater vermacht. Jan Lauwers hatte also ein Problem, er wusste nicht, was er mit diesem Erbe anfangen sollte. Dann kam ihm die Idee, Teile davon in einer Geschichte zu verwenden, die wir nun hier erzählen werden.[10]

Während einer Aufführung in Maastricht im März 2013 übernimmt Lauwers, von sich selbst als „Mann im weißen Anzug“ sprechend, die einführende Rolle, geht aber weiter ins Detail. Er spricht von der Sammelleidenschaft seines Vaters, die sich mit den Jahren zu einer regelrechten Obsession entwickelt habe. Problematisch sei für ihn freilich nicht das Sammeln als Hobby, sondern dessen Ausmaß: Fast 6.000 Exponate befinden sich in der Sammlung.

Isabella Morandi lässt sich weder als biografisches Alter Ego von Jan oder Felix Lauwers begreifen noch als eine reine Kunstfigur. Sie enthält sowohl persönliche als auch erfundene Anteile und kann in Übereinstimmung mit den Wissen verkörpernden Objekten nicht auf eine eindeutig zu entschlüsselnde Figur reduziert werden. Nach ihrem Prolog nimmt Viviane De Muynck als Isabella Morandi am Tisch in der Bühnenmitte neben Hans Petter Dahl Platz. Sie trägt einen offenen, glitzernden Blazer. Die kurzen, weißen Haare sind streng zurückgekämmt. In Kombination mit der dunklen Brille verleiht ihr das einen unnahbaren Zug; gebrochen wird dieser Eindruck durch ein Lächeln, das kontinuierlich ihre Lippen umspielt. Zwischen betonter Freundlichkeit und einer spürbaren Distanzierung changierend, erzeugt dies den Eindruck einer freundlichen Reserviertheit gegenüber dem Dargestellten; dieses Verhältnis wird von allen anderen Performer_innen gespiegelt und trägt maßgeblich zur ironischen Brechung des Dargestellten bei. Ihr Aufzug und ihre gesamte Erscheinung, ihr auffälliger Glitzer-Blazer, die dunkle Sonnenbrille und ihre durch das tief ausgeschnittene Dekolleté betonte Körperlichkeit lassen die Performerin mondän und selbstbewusst wirken. Wenn sie zu sprechen anhebt – in kurzen Sätzen mit prononcierten Pausen – raucht sie in tiefen Zügen und stützt sich mit ostentativer Lässigkeit auf der Tischplatte ab. Sie signalisiert eine an Gleichmut grenzende Coolness, ohne dabei jedoch die Geduld der Zuschauer_innen zu strapazieren.[11] (Abb. 15)

10 Weiler: Glückspilze und Trauerklöße, S. 270.

11 Vgl. dazu auch Lehmann: Détachement, S. 155–159.

Abb. 15: I*sabella's Room*,
Viviane De Muynck als Isabella Morandi.
Kaaitheater, Brüssel, 09/2004.

Isabellas Erinnerungen

Die Schauspielerin lässt das ereignisreiche Leben Isabella Morandis Revue passieren: von ihrer frühen Kindheit um 1910 auf einer Insel an bis zur Gegenwart der Inszenierung in dem auf der Bühne aufgebauten Pariser Zimmer. Ihre ersten Erinnerungen führen Isabella zurück in ein von Karmelitinnen geführtes Kinderheim, das sie nach der Adoption durch Anna und Arthur verlassen konnte. Als Anna starb, wurde aus Arthur ein Vagabund. Isabella ging nach Paris, *der* Stadt der 1920er Jahre, wo sich die in vollkommener Abgeschiedenheit aufgewachsene junge Frau rasch zurechtfand: Sie bezog ein erstaunlicherweise bereits auf ihren Namen gemietetes Zimmer, fand darin tausende archäologisch-ethnologische Bücher und Objekte vor, woraufhin sie sich entschied, Ethnologie zu studieren. Isabella verkehrte aber auch in Künstlerkreisen und erlebte James Joyce, die Surrealisten und Picasso. In Paris beschloss Isabella, sich niemals in ihrem Leben an einen Mann zu binden; sie schaute mit sichtlichem Stolz auf die wachsende Zahl ihrer Liebhaber und bekam sogar ein Kind von einem Mann, dessen Striptease-Vorführung in einem Club sie fasziniert hatte. Trotz ihrer anderslautenden Vorsätze verbrachte sie freilich viele Jahre mit Alexander, einem verheirateten Familienvater, den sie nach seiner Rückkehr aus japanischer Kriegsgefangenschaft Ende der 1940er Jahre bis zum Zeitpunkt der Handlung pflegte. Ihr großes Projekt, eine Expedition nach Afrika, schob sie allerdings immer weiter hinaus. Mit gut 70 Jahren schließlich verliebte sie sich in ihren noch minderjährigen Enkel Frank, der ihre Liebe leidenschaftlich erwiderte und aus Liebe zu Isabella für sie nach Afrika ging. Dort fiel er einem Komplott zum Opfer und starb in Isabellas Armen, die er nicht mehr erkannte und wütend für sein Unglück verantwortlich machte.

Vom Zeitpunkt der Rückschau aus ist eigentlich niemand außer Isabella selbst mehr in der Lage, ihre Lebensgeschichte zu erzählen: Anna, Arthur und Frank sind längst tot, Alexander ist ein verrückter, alter Mann. Doch statt eine alte, einsam in ihrem kleinen Zimmer ihren Gedanken nachhängende Frau zu zeigen, versammeln Lauwers und Needcompany die gestorbenen Weggefährten auf der Bühne: Sie erzählen gemeinsam Isabellas Lebensgeschichte in einer für das postdramatische Theater der Kompanie typischen Weise: „Oft genug erscheint in diesem Theater [...] die Handlung, ohnehin schon fragmentiert, und mit anderen Materialien durchsetzt, nur im Zustand des Referats: erzählt, berichtet, wie beiläufig mitgeteilt.“[12] Charakteristisch ist die „Unterbrechung des gesprochenen [...] Dialogs durch eingelegte Tänzchen“,[13] Livemusik und

12 Lehmann: *Postdramatisches Theater*, S. 195.

13 Ebd., S. 196.

simultane Handlungssequenzen, die die suggerierte Narrativität der Inszenierung auf produktive, weil Spannung erzeugende Weise unterläuft: All die visuellen, auditiven und räumlichen Elemente, die sich mit Hans-Thies Lehmann als signifikante Unterbrechungen begreifen lassen, stellen zugleich zentrale Bausteine der Inszenierungsästhetik dar. Die Kombination der zum Einsatz gebrachten Mittel hebt auch Nancy Delhalle hervor:

> The actor's frontal performance, their complex movements and stage presence – intensified by the use of video, by the ethnic objects from the father's collection [...], by the choreography, and most of all by the constant support that music provides to the whole.[14]

Unterstützt werden die Performer_innen durch einen Erzähler (Ludde Hagberg), der dem Referatscharakter entsprechend als Stichwortgeber fungiert.[15] Jede neue Episode der chronologisch erinnerten Lebensgeschichte etabliert er mit dem durchdringenden Ausruf einer Jahreszahl und des jeweiligen Settings, gefolgt von einem markanten Klopfzeichen, das an die verbindliche Gültigkeit des Hammerschlags auf Auktionen erinnert: „1910 – The Desert Princess" oder „1928 – Isabella's Room". Aus der Verbindung von Referat, Dialog, Selbstgespräch und freiem Spiel entsteht eine Art Flimmern. Die Inszenierung spielt mit der Erwartung der Zuschauer_innen, Zeug_innen einer auf ‚wahren Begebenheiten' basierenden, in sich geschlossenen und sinnstiftenden Geschichte zu werden. Zugleich aber verlegt sie sich auf die idiosynkratische Ausweitung der von der Figur Isabella Morandi getragenen Dekonstruktion dieser Wirklichkeit, die auf eine andere mit dem Kofferwort *anecdotage* korrespondierende Wirklichkeit verweist. Dieser Neologismus fußt auf dem Begriff der Anekdote und der Beobachtung, dass manche Menschen im Alter wunderlich oder kindisch werden (*dotage*), was vor allem in ihrer Art, Geschichten zu erzählen, zutage tritt. Orte, Jahreszahlen, Personen und Verwandtschaftsgrade werden mitunter durcheinander gebracht, Illusionen in Tatsachen verwandelt und umgekehrt. Für die Zuhörenden ist es schwierig, den ‚wahren Gehalt' solcher Geschichten zu extrahieren. Doch ist es eine Lust, De Muynck und die anderen Performer_innen bei diesem ‚Spiel' auf der Bühne zu erleben, selbst Zeuge/in davon zu werden, wie sie sich gegenseitig die Bälle zuspielen, Geschichten aufnehmen und weitererzählen – und damit auch die Grenzen zwischen den einzelnen Elementen verunklären: Als De Muynck im Rückblick zum ersten Mal Arthur erwähnt, deutet Hans Petter Dahl sogleich mit ausholender,

14 Nancy Delhalle: Care of the Self, Denial of the World. Isabella's Myth. In: Stalpaert / Le Roy / Bousset (Hrsg.): *No Beauty for Me there*, S. 341–351, hier S. 341.

15 Zur Bedeutung des auf Zitation und Montage setzenden Referats im postdramatischen Theater vgl. auch Sibylle Peters: *Der Vortrag als Performance*. Bielefeld: Transcript 2011.

majestätischer Geste auf den Arthur verkörpernden Benoît Gob und hebt zu einem eingängigen Song über ihn an. Während Isabella noch weiterspricht, wird dieser Song nach und nach von den anderen Performer_innen aufgegriffen, bis schließlich alle im Chor diesen zum Ohrwurm geeigneten, sogenannten *Song for Budhanton* singen – eine Anspielung auf das eigentlich unversöhnliche Ideal, sein Leben gleichzeitig so ausschweifend und martialisch wie der römische Feldherr Marcus Antonius auf der einen Seite und so friedlich und bescheiden wie Buddha auf der anderen zu verbringen:

> Der friedliche Kreis Buddhas und die Unverwundbarkeit Mark Antons, des römischen Generals, der einmal seine eigene Pisse trank, als er in der eisigen Kälte der Alpen schlappmachte, und als Nächstes mit der schönsten Frau der Welt in einem goldenen Bett Liebe machte. Und der seine Taten nie bereute.[16]

Isabella's Room formuliert so einen grundsätzlichen Zweifel an der Möglichkeit, zwischen Fakt und Fiktion zu unterscheiden – selbst wenn es sich um die Idee der Selbstkonstitution, um die eigene Biografie handelt.[17]

Die montierte Szene

Wichtigstes Mittel der Aufführung ist die Montage; sie prägt sowohl die Szenografie als auch die Schauspieltechnik und nicht zuletzt den spezifischen Umgang der Inszenierung mit dem Thema Blindheit. Der folgende Abschnitt widmet sich deshalb dem produktionsästhetischen Stellenwert der Montage.

Aus dem Eklektizismus der ausgewählten Objekte und dem Eindruck ihrer Fülle speist sich wie bereits festgestellt eine besondere Spannung; gleichzeitig entfaltet hier ein erstes produktionsästhetisches Paradox seine Wirkung. Die suggerierte Fülle und das zufällig wirkende Nebeneinander verschiedenster Objekte, nicht nur im Original auf den Sockeln, in den Vitrinen und auf den Tischplatten, sondern auch auf Fototapeten reproduziert, ruft die Assoziation einer barocken Kunst- und Wunderkammer wach, einem Sammlungstypus aus der Frühphase des europäischen Museumswesens, der für beeindruckende Vielfalt und das Nebeneinander verschiedenster Kunst- und Naturobjekte steht.[18] Dieses Bild

16 Jan Lauwers: Isabellas Zimmer. In: Ders.: *Sad Face/Happy Face*, S. 15–57, hier S. 56–57. Seitenangaben im Folgenden im Text.

17 Vgl. weiterführend Paul de Mans Dekonstruktion des Begriffs der Autobiografie, die der Autor statt einer Gattungsbezeichnung als eine allgemeine Lese- oder Verstehensfigur begreift, die in Texten jedweder Art vorkommen kann (de Man: Autobiographie als Maskenspiel).

18 Die Genese des europäischen Museumswesens, das als Institution seit gut 200 Jahren besteht, wird als sich formierende Bewegung auf die im 16. Jahrhundert vorrangig an deutschen Fürstenhöfen etablierten Kunst- und Wunderkammern zurückgeführt; als erste museumstheoretische Schrift, die sich mit den historischen Sehgewohnheiten und Ordnungsprinzipien

wiederum wird durch die strenge, in Farbigkeit und Mobiliar reduzierte Bühne sowie die bei genauem Hinsehen gar nicht mehr so große Anzahl an Objekten unterlaufen: Es ist, als hätte die Kunst- und Wunderkammer – führenden Museumstheorien ihrer Zeit nach selbst ein Theater[19] – als Zitat Eingang in den White Cube, das vorherrschende Ausstellungskonzept der ‚Postmoderne', gefunden.[20] Beide Konzepte sind als verschiedene, zeitgebundene Museumsinterpretationen zu verstehen, die durch die Neuzusammensetzung zu etwas Neuem verschmelzen, zugleich aber in ihrer Differenz hervortreten. Das Setting in *Isabella's Room* ist also deutlich als eine Zitat-Montage gekennzeichnet. Die sich vor allem mit dem avantgardistischen Film und seiner Theoriebildung, mit Namen wie Sergej Eisenstein und Béla Balász verbindende, filmische wie intellektuelle Technik der Montage entwickelte sich rasch zu einem „Zauberwort des Modernismus".[21] Ihre gar bis heute ungebrochene Attraktivität sieht Diedrich Diederichsen darin, dass

> [i]n der Montage [...] die Nähte genau wie die Herkunftskontexte der montierten Bestandteile erkennbar [sind] und damit auch die gestalterische oder künstlerische Praxis selbst. Alle Ursprünge und Quellen sind freigelegt und können keine höhere Originalität mehr beanspruchen: Egal ob man einer so verstandenen Montage das Argument zuschreibt, nicht der Ursprung zähle, sondern die Kombination – und die Montage sei der wahre Ursprung; oder ob man argumentiert, es gäbe keine unterschiedlichen Grade der Produktion, beide Argumentationen lassen Kategorien des Primären in der Kunst kollabieren.[22]

Die für den Bereich der Darstellung von Isabellas Erinnerungen diagnostizierte Vielschichtigkeit setzt sich szenografisch fort. Ähnlich der *anecdotage* bleiben

auseinandersetzt, die sich darin niederschlagen, gilt Samuel Quicchebergs *Inscriptiones Vel Tituli Theatri Amplissimi* aus dem Jahr 1556. Vgl. einführend te Heesen: *Theorien des Museums*; Ulrike Vedder: Museum / Ausstellung. In: *Ästhetische Grundbegriffe. Ein Historisches Wörterbuch in sieben Bänden*, Bd. 7, hrsg. v. Karlheinz Barck / Martin Fontius / Friedrich Wolfzettel / Burkhart Steinwachs. Stuttgart / Weimar: Metzler 2005, S. 148–190; Horst Bredekamp: *Antikensehnsucht und Maschinenglauben. Die Geschichte der Kunstkammer und die Zukunft der Kunstgeschichte*. Berlin: Wagenbach 1993; Krzysztof Pomian: *Der Ursprung des Museums. Vom Sammeln* [1986], aus d. Franz. v. Gustav Rossler. Berlin: Wagenbach 1988.

19 Vgl. te Heesen: *Theorien des Museums*, S. 32, mit Verweis auf Quicchebergs erwähntes Traktat, „eine Art Idealplan einer Kunstkammer", das als „umfangreichste[s] Theater" verstanden wird. Vgl. dazu auch Werner Hanak-Lettner: *Die Ausstellung als Drama. Wie das Museum aus dem Theater entstand*. Bielefeld: Transcript 2011, insb. S. 33–102 (Kap. „Die Geburt der Ausstellung aus dem Geist des Theaters?").

20 Zum White Cube als Ausstellungsraum siehe Brian O'Doherty: *In der weißen Zelle*, aus d. Amerik. u. hrsg. v. Wolfgang Kemp. Berlin: Merve 1996, S. 9. (Herv. i. Orig.)

21 Diedrich Diederichsen: Sampling und Montage. Modelle anderer Autorschaft in der Kulturindustrie und ihre notwendige Nähe zum Diebstahl. In: Reulecke (Hrsg.): *Fälschungen*, S. 390–405, hier S. 391.

22 Ebd., S. 393.

auch hier die Bestandteile und ihre Nähte erkennbar; der Konstruktionscharakter der Aufführung wird nicht etwa verheimlicht, sondern selbstbewusst ausgespielt. Die Anwendung der Montagetechnik verändert den Blick auf das Dargestellte, sie öffnet den Blick für die Historizität der Wahrnehmung und ihrer Konventionen. Mit Benjamin wird dies zum Paradigma der Moderne: „Die Art und Weise, in der die menschliche Sinneswahrnehmung sich organisiert [...,] ist nicht nur natürlich[,] sondern auch geschichtlich",[23] nicht nur physiologisch, sondern auch kulturell bedingt; das Museum ist eine ähnlich dynamische Institution wie das Theater, was mit Blick auf Lauwers' Inszenierung nicht nur als Diagnose, sondern auch als Aufgabe zu verstehen ist.
Die Kunst- und Wunderkammer steht als Prototyp der Privatsammlung in *Isabella's Room* gewissermaßen Pate für die von Felix Lauwers ererbte Sammlung. Zugleich verlangen solche nahe liegenden Identifizierungen ein gebotenes Maß an Skepsis, denn statt im Bühnenbild die Repräsentation einer prototypischen Sammlung oder eines postmodernen Ausstellungskonzepts zu erkennen, öffnet die Inszenierung den Blick für die Annahme eines potenziell noch nicht erreichten Dritten, das sich weder der einen noch der anderen Darstellungskonvention zuweisen lässt – Darstellungskonventionen, die in ihrer jeweiligen historischen Bedeutung und ihrer zeitlichen Differenz einen denkbar weiten Gegensatz aufmachen.
Anerkennend merkt Lehmann zur Funktionalität von Lauwers' szenografischer Montagetechnik an, man finde hier

> einen hochartifiziell konstruierten Raum, ein System aus wechselseitigen Spiegelungen und mit einer visuell konzipierten Aufteilung. Die Bühne ist Bild, Tableau. In diesem klaren und mit künstlerischer Strenge oft fast minimalistisch reduzierten Rahmen scheint nichts überflüssig, trägt jedes Detail zur ästhetischen Logik bei.[24]

Hier stellt sich die Frage nach den Konsequenzen dieser Beobachtung für die Funktion der Exponate im Kontext der Bühnenästhetik. Werden sie infolge der Montagetechnik Teil des funktionalen Dekors oder zu Requisiten der Akteur_innen? Bevor ich im zweiten Teil der Untersuchung ausführlicher auf diese Thematik, das heißt auf den konkreten Umgang mit den Objekten eingehen werde, beschränke ich mich vorerst auf die Anmerkung, dass die ausgestellten Dinge aufgrund der angewandten Montagetechnik als bereits unumkehrbar fiktionalisierte Objekte in den Blick rücken, deren ‚Ursprünge' nicht das entscheidende Kriterium bei der Suche nach einer gegenwärtigen oder

23 Benjamin: Das Kunstwerk, S. 14.
24 Lehmann: Détachement, S. 155.

künftigen Aufstellung sind. Eine zentrale Frage, die sich mit *Isabella's Room* verbindet, lautet: Ist es legitim, als Künstler_in oder Theatermacher_in auf eine in verschiedener Hinsicht wertvolle Sammlung zuzugreifen – und ihre historische bzw. wissenschaftliche Bedeutung zugunsten persönlicher Aspekte auszublenden? Bei Lauwers und Needcompany stehen die teils Jahrtausende alten Sammlungsgegenstände also nicht als historische Zeugnisse außereuropäischer Kulturen im Zentrum der Aufmerksamkeit, sondern als Objekte einer Theaterinszenierung, die, wie noch zu erörtern sein wird, die Grenze zum Requisit zu überschreiten droht.

Die montierte Spielweise

Das Freilegen gewöhnlich verdeckt bleibender Strukturen ist ein Charakteristikum von Lauwers' Theaterkonzeption. So nimmt Lauwers für sein Theaterverständnis in Anspruch: „Ich zeige die Illusion, welche Theater ist. Ein Spiel, in dem gespielt wird, dass es gespielt ist."[25] Und konkretisiert die desillusionierende Praxis der Sichtbarmachung dahingehend, dass es sich um eine „‚nachepische' Theaterform" handele,

> in der Brechtsche Motive weiterwirken, freilich in ganz verwandelter Form, schon weil die skeptischere Weltsicht des Künstlers Jan Lauwers utopischen Vorstellungen über die mögliche weltverändernde Kraft von (Theater-)Kunst kaum Raum gibt.[26]

Dieser Gedanke ist ein Schlüssel zur Auseinandersetzung mit *Isabella's Room*, weil Brechts Hoffnung auf die progressive, gesellschaftsverändernde Kraft des Theaters bei Lauwers durch ein Spiel mit den geradezu arbiträr wirkenden Möglichkeiten der Kombinatorik, der eklektischen Zusammensetzung verschiedener Wirklichkeiten zu einer neuen Wirklichkeit, ersetzt ist. In der in *Isabella's Room* entfalteten Bühnenrealität erweist sich die Erkenntnis historischer Zusammenhänge gerade nicht als Schlüssel zu einer vor Irrtümern gefeiten Gegenwart. Vielmehr wird die Gegenwart zum Ausgangspunkt einer aus den Versatzstücken des Vergangenen neu zusammensetzbaren Entwurfs, wie mit Blick auf Isabella Morandi zu zeigen sein wird.

In ihrer Vorrede schließt De Muynck zunächst eine Art Illusionspakt mit dem Publikum, dessen Kopräsenz die zentrale Voraussetzung des zu bezeugenden Theaterereignisses ist.[27] Darin erhebt die Schauspielerin ihre dunkle Brille zur

25 Zit n. Lehmann: Détachement, S. 154.

26 Ebd.

27 Vgl. exemplarisch Fischer-Lichte: *Ästhetik des Performativen*, insb. S. 58–126, worin die Autorin die leibliche Kopräsenz von Akteur_innen und Darsteller_innen zur Bedingung der Aufführung als Live-Ereignis erklärt.

Zeichenträgerin einer ‚nur gespielten', von den Zuschauenden eindeutig zu entschlüsselnden Blindheit. Das Publikum müsse sich beides zugleich vorstellen: De Muynck als blinde und als nicht blinde Person. Dass sie hiermit auf eine allbekannte Konvention, nämlich die „Spannung, die sich zwischen dem phänomenalen Leib des Darstellers, seinem In-der-Welt-Sein, und seiner Darstellung einer Figur ergibt",[28] rekurriert, ist offenkundig; interessant indes ist die Art und Weise, in der sie die „Dualität von Verkörperung und Kommunikation"[29] als solche herausstellt. In Übereinstimmung mit den hier entfalteten (nach-) epischen Mitteln wäre von einer gesteigerten „Technik der Präsenz"[30] zu sprechen. Die Brille fungiert in diesem Sinn von Anfang an als äußeres Zeichen, das gerade nicht von De Muynck selbst hervorgebracht und bestätigt wird: Sie legt es nicht auf Ähnlichkeit an; ihr Verhalten lässt in keiner Weise darauf schließen, dass sie eine Blinde ‚spielt', vielmehr spielt sie selbstironisch mit dieser Vorstellung und lässt das Publikum im Prolog am Spiel teilhaben. Aus De Muyncks Haltung ergibt sich eine Parallele zu Brechts Schauspielkonzeption, wenn er nach Benjamins Schilderung vom Schauspieler fordert, er

> muß eine Sache zeigen, und er muß sich zeigen. Er zeigt die Sache natürlich, indem er sich zeigt; und er zeigt sich, indem er die Sache zeigt. Obwohl dies zusammenfällt, darf es doch nicht so zusammenfallen, daß der Unterschied zwischen diesen beiden Aufgaben verschwindet.[31]

Augenfällig ist die (auf das epische Verfahren selbst gerichtete) Ironie, die De Muynck in dieses Spiel einbringt und die dazu berechtigt, hier von nachepischen Effekten zu sprechen.[32] Die Vision gesellschaftlicher Veränderbarkeit durch die Offenlegung der bürgerlich-kapitalistischen Strukturen ist hier einem Bewusstsein gewichen, demnach man im Theater bestenfalls noch so tun könnte, als wäre Veränderung möglich, aber dieses Als-ob erscheint immer schon im Modus der ausgestellten Zitation, der distanzierten Ironie und einer lustvollen Exzentrik.

Signifikant ist die Simultaneität von ‚echter' Rollenverkörperung, der als solche herausgestellten Rollenverkörperung und der Präsenz der Performer_innen als reale Personen (in ihrem Habitus, ihrer Körperlichkeit) auf der Bühne: Die Nähte zwischen den verschiedenen Funktionen sind zwar noch zu erkennen, es wäre jedoch müßig zu fragen, in welchem Moment ein_e Akteur_in welche

28 Ebd., S. 129.

29 Ebd.

30 Lehmann: *Postdramatisches Theater*, S. 243.

31 Zit n. Walter Benjamin: *Versuche über Brecht*. Frankfurt am Main: Suhrkamp 1966, S. 29.

32 Vgl. Lehmann: *Postdramatisches Theater*, S. 243.

Funktion an den Tag legt. In der Tat gilt bei Needcompany das Prinzip des Spiels, in dem gespielt wird, dass es gespielt ist. Die Performer_innen fungieren aus diesem Grund für Lehmann

> kaum als Schauspieler im Sinne einer traditionellen Rollengestaltung, sondern als Persönlichkeiten (mehr performer als actor), die eine bestimmte Körperlichkeit, Gestalt, Stimme, Haltung vor den Zuschauern „ausstellen".[33]

Für das fast zur Unkenntlichkeit des Vorgangs gesteigerte Prinzip vom Spiel im Spiel ist der „ungewöhnliche Grad von Selbstbezogenheit, Entspannung und Entspanntheit"[34] kennzeichnend, den die Performer_innen gerade „durch das Ausbleiben der erwarteten Emphatisierungen, den Verzicht auf Techniken der Übertragung von seelischem Pathos, momentaner (Theater-)Affektivität" erreichen, sodass zwischen den Akteur_innen und den Zuschauer_innen ein „Spiegel der Gelassenheit"[35] entsteht. Das heißt allerdings nicht, dass die Aufführungen die Zuschauer_innen ‚kalt' ließen; sie affizieren sie jedoch nicht auf der Ebene der Identifikation mit psychologisch durchdachten Rollenfiguren und der Einfühlung in eine geschlossene und logisch nachvollziehbare Handlung. „Wenn das Theater als Skizze daherkommt, nicht als fertiges Gemälde"[36], so Lehmanns weitere Beobachtungen zu Lauwers' Theater, „läßt es dem Zuschauer die Chance, seine Präsenz zu fühlen, zu reflektieren, selbst zum Unfertigen beizutragen."[37] Bezeichnend ist in diesem Sinn, dass Lauwers als Regisseur nicht vom Auditorium aus das Geschehen auf der Bühne verfolgt, sondern sich inmitten der Bühnenvorgänge positioniert: auf diese Weise aber, bemerkte er in einem Interview, könne er paradoxerweise sicher gehen, sich selbst aus der doch sehr persönlichen Inszenierung herauszuhalten; am Geschehen unmittelbar zu partizipieren, wenn auch in keiner konkreten Funktion, befreie ihn von einer sinnlich wie reflexiv kodierten Distanzierung.[38] Zudem artikuliert sich in seiner Anwesenheit auf der Bühne der Ensemblegeist der Needcompany, deren Gründung sich unmittelbar auf Lauwers' Bedürfnis nach kollektiven Arbeitsstrukturen zurückführen lässt: *he needs company*.

Auf komplexe Weise vermengt und verarbeitet *Isabella's Room* biografische Erfahrungen mit fiktiven und kulturellen Wissensbeständen. Dabei übersteigt Lauwers' Protagonistin das poetologische Konzept der Handlungsfigur;

33 Lehmann: Détachement, S. 156.

34 Ebd., S. 161.

35 Ebd.

36 Lehmann: *Postdramatisches Theater*, S. 196.

37 Ebd.

38 Vgl. Lauwers / T'Jonck: Because Women Are Tremendously Important.

sie dekonstruiert ein auf der „Kohärenz von Empfindung, Vorstellung und Darstellung“[39] aufbauendes Begriffsverständnis und tritt als eine Figuration in Erscheinung, die disparat, künstlich, aus vielerlei Facetten montiert und tendenziell unverfügbar ist. Der Versuch, Isabella Morandi auf eine stabile (Rollen-)Identität festzulegen, ist der performativen Dimension zeitgenössischer Figurenkonzepte in den darstellenden Künsten entsprechend zum Scheitern verurteilt.[40]

Der begehbare Denkraum

Isabella Morandi ist eine lebensbejahende, pragmatische und lustbetonte Frau, die als 90-jährige ihr aufregendes Leben nicht vor ihrem ‚geistigen Auge‘ wiederauferstehen lässt. Ihre Blindheit steht in Verbindung mit ihrer unkonventionellen Art zu denken und sich an ihr Leben zu erinnern, schließt aber ihre Fähigkeit ein, Imaginiertes real werden zu lassen. Dies möchte ich zunächst am Beispiel der szenischen Überlagerung des Bühnenraums mit Isabellas mehrdeutigen Denk- und Wahrnehmungsraum zeigen, denn beide Tätigkeiten – Perzeption und Rezeption –gehören hier untrennbar zusammen.

Einerseits kann das Pariser Zimmer, das die heterogenen Objekte beherbergt und mit denen sie sich als Ethnologin beschäftigt, als Arbeitszimmer und Denkraum begriffen werden. Zugleich beansprucht die Inszenierung, mit der Bühne tatsächlich Isabellas Gehirnstruktur sicht- und begehbar zu machen und den Konstruktionscharakter ihres Denkens freizulegen. Hierzu sagt Lauwers, dass alle auf der Bühne agierenden Performer_innen als Facetten seiner eigenen Person und demnach auch der zentralen Figur betrachtet werden könnten.[41] Zudem repräsentierten Sister Joy und Sister Bad unter anderem Isabellas Gehirnhälften, auch wenn sie in der Inszenierung vor allem tänzerisch in Erscheinung treten. Isabellas mentaler wie sexueller Eskapismus findet etwa in einer Szene seinen Ausdruck, in der Louise Peterhoff als Sister Joy wie im Wahn schreiend im Kreis läuft; an einer anderen Stelle der Aufführung springt sie wie besinnungslos bis zur Erschöpfung wieder und wieder mit sichtbarer Anstrengung so weit wie möglich in die Höhe – ein ostentativ vorgeführter Überschuss an Energie, der in einer völligen, sinnlos wirkenden Verausgabung endet, weil sich dieser Ausbruch gänzlich unvermittelt ereignet, weder eingeleitet wird, noch sich in andere Bahnen umleiten lässt. (Abb. 16)

39 Brandstetter / Peters: Einleitung, S. 12.

40 Ebd., S. 7–9.

41 Ebd.

Abb. 16: *Isabella's Room*,
Louise Peterhoff als Sister Joy.
Kaaitheater, Brüssel, 09/2004.

Was sich in Form des realen Bühnengeschehens vor den Augen der Zuschauer_innen entfaltet, kann als Äußerung von Isabellas entfesselten Erinnerungen begriffen werden – erzählerische ebenso wie gestische *anecdotages*, zufällige Kombinationen einer ausgebreiteten Fülle an Material: „Sometimes you think too much and your imagination runs riot", lautet die treffende Charakterisierung, auf die ich anschließend zurückkommen werde. Vorerst richtet sich der Fokus indes auf die durch die Simultaneität verschiedener Realitätsebenen erreichte Steigerung des schauspielerischen und bühnenästhetischen Montageprinzips.

Der Dramaturg Erwin Jans beginnt seine schriftliche Einführung in die Inszenierung mit den mehrdeutigen Worten: „Isabella's room contains a secret. It is the location of a lie. It is the location of the lie that dominates Isabella's existence. This lie is an image."[42] Damit spielt Jans darauf an, dass Anna und Arthur für ihre Adoptivtochter Isabella einst einen geheimnisvollen, auf einer Expedition verschollenen Wüstenprinzen erfunden haben, um ihr das angenehme Gefühl zu vermitteln, als Tochter dieses Prinzen selbst eine Wüstenprinzessin zu sein. Das Zimmer mit den ägyptisch-afrikanischen Objekten fungiert aus Isabellas Perspektive als Beweis seiner Existenz – selbst dann noch, als Isabella erfahren hat, dass es sich bei ihm um eine Erfindung handelt. Ein Spiel, in dem gespielt wird, dass gespielt wird – vergleichbar mit dem Prinzip der Illusionserzeugung in Lohers *Hund*.

Jonathan Crary erinnert in seinem Text „Die Modernisierung des Sehens" an die sich vor allem mit Locke und Descartes verbindende kulturgeschichtliche Tradition, den menschlichen Geist als einen „inneren Raum[]" aufzufassen, „in dem klare und deutliche Vorstellungen vor einem inneren Auge Revue passieren".[43] Während in Meg Stuarts Schwarzraum, wie im nächsten Kapitel zu zeigen ist, perzeptuelle und körperliche Erfahrungen im Zentrum stehen, sind es bei Lauwers die von Isabella Morandi in ihrem Denkraum neu zusammengesetzten Lebenserinnerungen. Als Vergleich zur Bühne in *Isabella's Room* sei hier ein für dieses Muster repräsentatives Bild zitiert, das mit Isabellas doppeldeutigem Zimmer korrespondiert, sich aber auch auf signifikante Weise davon unterscheidet. Sein *Buch des Vergessens* eröffnet der

42 Erwin Jans: *La chambre d'Isabella / Isabella's Room / De kamer van Isabella. Laugh and Be Gentle to the Unknown.* Programmheft zur Inszenierung, o. P. Stark gekürzt online unter: http://www.needcompany.org/EN/isabella-s-room (Zugriff am 22.04.2014).

43 Jonathan Crary paraphrasiert hier Richard Rorty (vgl. Crary: Die Modernisierung des Sehens, S. 70).

Psychologe Douwe Draaisma mit einem Gedankenexperiment, zu dem er seine Leser_innen einlädt:

> Angenommen, Ihr Gedächtnis sähe so aus: ein geräumiges Zimmer. Das Licht fällt durch hohe Fenster. Sauber und ordentlich ist es. Ihre Erinnerungen stehen geordnet in langen Regalreihen an der Wand, sorgfältig gepflegt, aufgezeichnet, registriert. Treten Sie ruhig näher, nehmen Sie ein Buch, einen Ordner heraus. Sie lösen die Bänder, blättern ein wenig, und schon bald halten Sie das Gesuchte in Händen. Sie begeben sich damit an den Tisch und breiten Ihren Fund auf der glänzenden Oberfläche aus. Setzen Sie sich hin, Sie haben alle Zeit der Welt. Es ist still hier, niemand wird Sie stören.[44]

Dass Draaismas Beschreibung etwas antiquiert klingt, liegt nicht nur daran, dass die zweifelsohne hinter dieser Visualisierung stehende Idee der ‚realkörperlichen' Bibliothek im Zeitalter der Digitalisierung an sich schon wie ein Relikt vergangener Zeiten anmutet, sondern auch daran, dass es sich jenseits der hier sichtbar werdenden historischen Diskrepanz zwischen verschiedenen Organisationsformen des Wissens um eine sehr alte Bibliothek handelt, die Draaisma vor den Augen seiner Leser_innen entstehen lässt.[45] Ein unmögliches, aus der Zeit gefallenes Bild wird hier aufgerufen, darauf deutet gleich Draaismas erstes Wort hin. Der Einstieg („[a]ngenommen") ist Einschränkung und Indikator für die folgende Idealkonstruktion. Draaisma appelliert mit der Vorstellung eines ‚perfekten' Gedächtnisses an die menschliche Sehnsucht, sich im eigenen Denken wie in einer geordneten Bibliothek bewegen und die Erinnerungen nach Belieben materialisieren, inventarisieren und abrufen zu können. Bemerkenswert an *Isabella's Room* ist daher, dass die ihren Denkraum füllenden Objekte im Gegensatz zu den gängigen Ordnungsprinzipien des Sammelns und Bewahrens stehen. Hier wird die Vergangenheit weder negiert noch als der notwendige Ursprung der Gegenwart angesehen. Im Einklang mit dem vorherrschenden Montageprinzip dient die Vergangenheit bei Lauwers und Needcompany vielmehr als Material, nicht aber als eine Fundgrube. Auffällig ist, dass Isabella Morandi als frei von Reue, frei von jedem Anflug eines schlechten Gewissens charakterisiert ist. Freimütig bekennt sie: „I do not want bitterness. I want life", und im eingängigen Song *All in vain* heißt es: „When Anna died / I felt no sorrow / When Arthur died / I felt no pain / It's all in vain / It's all in vain." (53)

44 Douwe Draaisma: *Das Buch des Vergessens. Warum Träume so schnell verloren gehen und Erinnerungen sich ständig verändern*, aus d. Niederl. v. Verena Kiefer. Berlin: Galiani 2012, S. 9.

45 Tatsächlich handelt es sich um die Darstellung eines historischen Archivs um 1900 (vgl. ebd., S. 8–9). Nebenbei achte man auf die ähnlich anachronistisch anmutende Fenstermetapher, auf die Kapitel III der vorliegenden Studie Bezug nimmt, und die hier für die menschlichen Sinne, insbesondere die lichtabhängige Sicht steht.

Isabella Morandis ambivalente Blindheit muss in diesem Zusammenhang gesehen werden: eine bewusste Blindheit gegenüber affektiver Reiz-Reaktions-Schemata und ebenso – wie erwähnt – gegenüber bestimmten Legitimationsstrategien der Geschichtswissenschaft oder der Archäologie, die sich um Objektivität bemühen. Dem erzählerischen Prinzip der *anecdotage* entsprechend greift Isabella Morandi ungezwungen in ihre eigene Geschichte ein und amüsiert sich gemeinsam mit dem Publikum über ihre Selbstermächtigung. In Isabellas Spielweise, die die Vergeblichkeit des Bemühens um Objektivität und den fragmentarischen Charakter der Wahrnehmbarkeit und Darstellbarkeit von Geschichte spiegelt, durchdringen sich auch die angesprochenen räumlichen Ausstellungs- und Ordnungsideen. Der White Cube steht für das Prinzip der Reduktion auf das Wesentliche, nichts soll die Aufmerksamkeit von den ausgestellten Exponaten ablenken. Die Kunstkammer dagegen verweist auf einen *horror vacui* und die Idee einer Heterogenität der Objekte, die sich dem Ordnungssystem der Postmoderne entzieht.

Die Inszenierung erhebt den Anspruch, mit Isabellas Innerem auch ihren Konstruktionscharakter als Theaterfigur sicht- und begehbar zu machen. Sie entzieht deshalb konsequenterweise das die Struktur umhüllende Äußere dem Blick der Zuschauer_innen. Die Inszenierung beansprucht für das Publikum sichtbar zu machen, was die Kunstfigur Isabella Morandi selbst nicht sehen kann: die Funktionsweise ihres Denkens oder den blinden Fleck ihrer Wahrnehmung, der aus psychoanalytischer Sicht jene Teile der Persönlichkeit betrifft, die man selbst nicht wahrnehmen kann: „[J]ede ungelöste Verdrängung […] entspricht nach einem treffenden Worte von W. Stekel einem ‚blinden Fleck' in [der] analytischen Wahrnehmung".[46] Erstmals beschrieben wurde das hier auf das Denken bezogene Phänomen des blinden Flecks 1668 vom französischen Geistlichen Edme Mariotte, der damit einen „Wahrnehmungsausfall" beschreibt, „der dann eintritt, wenn das Bild eines Objekts genau auf den optischen Nerv fällt".[47] Doch auch Isabella Morandi ist in der Lage etwas zu sehen, was sich der Sichtbarkeit der Zuschauer_innen entzieht. Nachdem sie innerhalb der erzählten Vergangenheit etwa 50-jährig erblindet ist, wird sie mit einer unsichtbaren Kamera ausgestattet,[48] die es ihr ermöglicht, trotz ihrer Blindheit

46 Sigmund Freud: Ratschläge für den Arzt bei der psychoanalytischen Behandlung [1912]. In: Ders.: *Studienausgabe*, Bd. 11, hrsg. v. Alexander Mitscherlich / Angela Richards / James Strachey. Frankfurt am Main: Fischer 1975, S. 169–180, hier S. 176.

47 Zit n. Bexte: *Blinde Seher*, S. 193. Bexte erschließt in seinem Buch den ersten, in Vergessenheit geratenen Bericht Mariottes neu und macht ihn zugänglich.

48 Dieses Narrativ erschließt sich nicht aus der Aufführung selbst, in der die Zuschauer_innen lediglich gegen Ende erfahren, dass Isabella ihre Kamera verliert, weil die Institution, die das Experiment durchführt, in Konkurs gegangen sei. Zuvor spielt die Kamera allerdings keine

zu sehen – auf eine Weise, die sich dem Verständnis, ja der Anschauung des Publikums notorisch verschließt. Über die Auswirkung dieser Kamera, die Qualität und Beschaffenheit ihrer Bilder wird nichts verlautbart. Isabella Morandis Blindheit erscheint folglich nicht einfach als Negation ihres bisherigen bzw. eines hergebrachten Sehens, sondern als dessen Transformation hin zu einer produktiven Fähigkeit: Was Isabella Morandi sich mental vorstellt, ist nicht zu unterscheiden von dem, was ihr real widerfährt. Wie in den vorangegangenen Kapiteln stellt sich bei der Inszenierung also weniger die Frage, ob die als blind imaginierte Protagonistin sieht oder nicht, sondern auf welche Weise sich ihr Seh- und Denkvermögen durch seine Suspendierung verändert.

Die Wunschmaschine

Gut 50-jährig glaubt Isabella einen Fremdkörper in ihrem Auge zu verspüren: „Ich habe etwas im Auge." Unvermittelt sieht sie weiße Blitze aufflackern, ein Phänomen, dem sie zunächst kaum Bedeutung beimisst: „Ich sehe weiße Blitze. Na und, ich nehme an, es geht vorbei." (43) Über den Einsatz von Dunkelheit und plötzlich aufleuchtendem Scheinwerferlicht vermittelt die Inszenierung hiervon einen Eindruck. Vorübergehend verwandelt sich die Bühne in ein Schattenkabinett; einzelne Objekte werden durch Lichtführung kurz akzentuiert und verschwinden wieder in der Dunkelheit: „Es ist nichts zu sehen, Isabella", beurteilt Anna die Situation aus ihrer in mehrfacher Hinsicht von Isabellas Sicht abweichenden Perspektive: „Manchmal denkst du zu viel, und dann bist du geistesabwesend, oder deine Phantasie geht mit dir durch ...". (44) Dass die Ärzte, die Isabella wegen ihres Augenleidens konsultiert, keine Ursache für ihre Erblindung finden, korrespondiert mit der zentralen Auslassung in den bisher untersuchten Arbeiten: Ein ‚objektiver' Grund für die Blindheit der entsprechenden Protagonist_innen ist weder in Brodowskys Erzählung noch bei Loher oder Calle Thema. Wie erwähnt stellt Anna einen unmittelbaren Bezug zwischen Isabellas Sehstörung und ihrer gesteigerten Fantasietätigkeit her. Sie wird auch dadurch zu diesem Befund autorisiert, dass sie zu diesem Zeitpunkt bereits 30 Jahre tot ist.

Christel Stalpaert hebt in ihrem Aufsatz „On Art and Life as Roundabout Paths to Death" die Parallelen zwischen Lauwers' Hauptfigur und Homer hervor. Homer als größter antiker Rhapsode ist auch im Sinne der in den vorherigen Kapiteln skizzierten Verbindung zwischen einer suspendierten physiologischen Sicht und einer dadurch bewirkten Stimulanz der inneren Vorstellungskraft

Rolle. Im Programmheft erklärt Erwin Jans: „Isabella is blind: her seeing has come to an end. But she is a participant in a scientific experiment whereby images are projected directly into her brain by means of a camera."

Begründer der kulturgeschichtlichen Tradition einer metaphorischen Blindheit. Sie wird zur Bedingung eines poetischen Formgebungsverfahren für etwas zuvor mit eigenen Augen Gesehenes. Dieses Erlebnis verändert sich demnach im subjektiven Zugriff vom real Gewesenen zur imaginär nachvollzogenen Verdichtung, wobei das Erleben selbst an ein hohes Maß der äußeren Aufmerksamkeit geknüpft ist; seine Aufbereitung basiert jedoch auf der Abkehr von der ablenkenden Gegenwart zugunsten der (inneren) Fokussierung auf das Gewesene.

Stalpaert verbindet Isabella mit Homer, weil beider Blindheit mit ihrer besonderen Art, sich zu erinnern, korrespondiert:

> As such, *Isabella's Room* may perhaps also come close to Homer's *Illiad* and *Odyssey*. According to Van Duinkerken, the blind Homer composed the *Iliad* out of what he had observed with his sight and dreamed in his blindness to form – at least – a double vision. Old and roaming once again, robbed by death of his wife and daughter, he composed the *Odyssey* from a double longing; the one for the future, the other for the period of our youth. The parallels with the blind Isabella are clear. Just like Homer's gaze, her eyes stare blindly but broadly over everything that is visible, to eternity. [...] To Homer, everything he imagines is equally close. Isabella similarly confuses the distinction between actual and virtual. She remembers not for the sake of an authentic retrieval of the past, but for the sake of the ulti mate triumph of difference.[49]

Wie der von Stalpaert aufgerufene Homer vermag Isabella die Vergangenheit in einer Weise zu vergegenwärtigen, die den Unterschied zur Gegenwart aufhebt. Doch während Homers Blindheit als Garantin einer wirklichkeitstreuen Wiedergabe der Historie gilt, bestätigt Lauwers' Figurenentwurf die spielerische Lust an der Demontage von Geschichte und Tradition. Trotz der in die Agonie Annas und Arthurs verlegte Präsenz der Melancholie und der zahlreichen Todesfälle, die Isabella Morandi im Laufe der Zeit erleben muss, ist sie eine über Affekte wie Trauer, Schmerz und Verzweiflung erhabene Figur.[50] Ob diese Behauptung Teil ihrer auf der Verdrängung der Realität basierenden Imaginationsmacht ist oder eine auf die Ereignisse selbst bezogene Haltung, gehört zu den unauflösbaren Widersprüchen der Inszenierung. Die offenkundig Isabella Morandis Erinnerungen entsprungenen Figuren sind in ihrer sinnlichen Präsenz von den Lebenden nicht zu unterscheiden.

49 Christel Stalpaert: On Art and Life as Roundabout Paths to Death. Melancholia, Desire and History in "Isabella's Room". In: Dies. / Le Roy / Bousset (Hrsg.): *No Beauty for Me there*, S. 317–332, hier S. 332.

50 Stalpaert arbeitet in ihrem Aufsatz die vielschichtigen Durchdringungen von Trauer, Melancholie und Tod in *Isabella's Room* heraus, die überpräsent sind – etwa in der Agonie der Eltern und ihrer todesbringenden Schwermut – und deutet im Kontrast zur im Westen dominierenden Lesart den Tod mit Blick auf Isabella in etwas Positives um.

Die Präsenz der Toten

Das Besondere am Umgang der Performancegruppe mit dem Tod ist seine Negierung. Bereits die zweite Szene, die 1924 angesiedelt ist, verhandelt den Tod und das Begräbnis von Isabellas Adoptivmutter Anna. Analog zur „provokante[n] Präsenz des Menschen anstelle der Verkörperung einer Figur"[51] ist, wer in Isabellas reinszenierter Erinnerung stirbt, nicht tot, sondern in der Inszenierung ebenso präsent wie die der Erzählzeit nach noch lebenden Personen. Die Präsenz der Toten auf der Bühne belegt die wirklichkeitskonstituierende Kraft von Isabella Morandis Imaginationsvermögen. Isabellas Mutter Anna beispielsweise wird erst im Augenblick ihres Todes in einem eindrucksvollen Solo sichtbar. Vom *Song for Anna* begleitet, tragen die Darsteller Benoît Gob, Maarten Seghers, Hans Petter Dahl und Julien Faure Anna (Anneke Bonnema) wie eine Tote in einem imaginären, gestisch angedeuteten Sarg über ihren Köpfen. Ihre Hände bewegen sich rasch und stehen so im Kontrast zur steifen Toten, die auf den Händen der Träger wie ein leichtes Schiff auf offenem Meer hin und her schaukelt. Trotz der Zierlichkeit der Schauspielerin wirken die Träger unter dem Gewicht angestrengt; sie müssen ihre Handgriffe dem schwankenden Leichnam Annas ständig anpassen, finden aber trotzdem Zeit, den verrutschten Saum ihres Trägerkleids liebevoll zurecht zu zupfen. Anna besingt – verstärkt durch ein Mikrofon und begleitet von flächigen Sounds aus dem Off – mit einer tiefen Stimme, die im Kontrast zu ihrer Sprechstimme und ihrer zarten Körperlichkeit steht, ihren Tod und ihr unerträgliches Leben auf dem „island of madness" (22), wo sie mit Arthur und Isabella gelebt hat. Annas im Lied als Ursache ihres frühen Todes benannte melancholische Leere findet in dem kräftigen, dann wieder verzweifelt-gebrochenen Gesang und sprachlich in den überbordenden, weniger auf Sinn, denn auf Klang abhebenden Binnenreimen („Sad Anna / Bad Anna / Mad Anna […] / Mean Anna clean Anna", 22) ihre Entsprechung. Hierzu trägt auch der verwirrende Wechsel der Erzählinstanzen zwischen erster, zweiter und dritter Person („[a]nd when I looked in the mirror / I couldn't believe my eyes Anna: / Your eyes were not nice Anna", 22) bei, worin erneut die Lust an der spielerischen Verunklärung der agierenden Instanzen zum Ausdruck kommt. In Übereinstimmung mit der (nach-)epischen Distanzierung der Schauspielerin zählt hier nicht so sehr die Bedeutung der Worte als vielmehr ihre stimmungsevozierende Kraft.

Eiichiro Hirata kommt in seinem Essay zum Schluss, dass der Tod in allen drei Teilen der Trilogie *Sad Face / Happy Face*, deren Auftakt *Isabella's Room* bildet, im Gegensatz zu den antiken Tragödien nicht die Konsequenz, sondern die

51 Lehmann: *Postdramatisches Theater*, S. 243.

Ausgangsbedingung der Geschichte bildet.[52] Für Lehmann ist dieser Umgang mit dem Tod, seine Inversion, gar ein Indiz des Postdramatischen:

> Wie sehr das Dramatische schwindet, wird besonders auffallend, wo bei Lauwers der Tod dargestellt wird. Zu den stärksten Augenblicken in diesem Theater gehört es, wenn Akteure, die in der Fiktion eben starben, im nächsten Augenblick durch Mitspieler ganz ruhig von der Bühne geleitet werden: ein Bühnen-Leben ist zu Ende, der Akteur bleibt in Freundschaft.[53]

Das umgangssprachlich oft in tröstender Absicht beschworene Weiterleben geliebter Menschen in den Erinnerungen der Hinterbliebenen ist in *Isabella's Room* keine Metapher, sondern materialisiert sich in den Körpern der Performer_innen. Es ist in dieser spezifischen künstlerischen Konstellation nicht mehr vonnöten, sie noch von der Bühne zu geleiten; sie dürfen, ja sie müssen bleiben: zwischen Leben und Tod, zwischen realer und bloß imaginierter Präsenz. Maßgeblich ist der Fakt der Ununterscheidbarkeit zwischen den sich tendenziell ausschließenden Möglichkeiten, der Erzeugung einer noch vertrauten, aber schon befremdenden Realität. Im zwischen Ernsthaftigkeit und Spielfreude geöffneten Feld ist auch die Diskrepanz zwischen Isabellas proklamierter Lebensbejahung und der Schwermut und Verbitterung ihrer Angehörigen Anna, Arthur und Alexander anzusiedeln. Während Isabella sich frei von Kummer, Trauer und Schwermut wähnt, ist sie in Gestalt ihrer Angehörigen gerade von diesen Gefühlen umgeben. Folgt man der Deutung, dass all die Koakteur_innen Teile von Isabellas disparater Persönlichkeit verkörpern, lässt sich feststellen, dass Isabella Morandi es zwar einerseits geschafft hat, abgelehnte Gefühle und Affekte von sich abzuspalten, sie ihnen andererseits trotzdem ständig ausgesetzt ist und mit ihnen interagieren muss. Über Arthurs Seelenzustand nach Annas Tod verlautbart der Erzähler: „Sein großer Kummer und die grenzenlose Qual der ewigen Gegenwart verwandelten Arthurs täglichen Trinkspruch in einen miesen Drink. Er verließ die Insel und ließ Isabella zurück." (23) Diese wirft Anna wiederum vor: „Du hast dich immer von der Außenwelt abgekapselt. Ich fand diese Schwermut unerträglich." (21) Es ist

52 Eiichiro Hirata: Über Melancholie und Gemeinschaft in der Tragödien-Trilogie Sad Face/Happy Face der Needcompany. In: Patrick Primavesi / Martina Groß (Hrsg.): *Lücken sehen… Beiträge zu Theater, Literatur und Performance. Festschrift für Hans-Thies Lehmann zum 66. Geburtstag.* Heidelberg: Winter 2010, S. 241–250. *The Lobster Shop* beginnt, nachdem der Sohn des Protagonisten durch einen Unfall ums Leben gekommen ist; *The Deer House* geht ähnlich wie *Isabella's Room* auf den vorangegangenen Tod eines nahen Angehörigen einer Performerin der Needcompany zurück.

53 Lehmann: *Postdramatisches Theater*, S. 195.

aber in erster Linie Isabella Morandi, die als „cloistered individual“[54] bezeichnet werden kann: das Kloster, die Insel, das als Klause dechiffrierbare Zimmer – mit diesen drei konkreten Orten verbindet sich ihr Leben.

Die Sammlung als vererbter Konflikt

Bevor Arthur nach Annas Tod die Insel verlässt, übergibt er Isabella, die von da an auf sich gestellt sein wird, drei Dinge: einen Schlüssel, einen Zettel mit einer Pariser Adresse und ein Foto, das einen bärtigen Mann zeigt. Isabella bezieht diese drei Dinge aufeinander:

> Isabella ist überzeugt davon, dass die Adresse auf dem Foto, das Arthur ihr gegeben hat, sie schließlich nach Afrika und zu ihrem richtigen Vater, dem Wüsten-Prinz, führen wird, und so fährt sie nach Paris. Hinter der Adresse verbirgt sich ein Zimmer, das auf ihren Namen gemietet ist und in dem sich Tausende von Objekten und Büchern größtenteils aus Afrika befinden. (26)

Als Isabella Morandi erstmals mit dem Pariser Zimmer konfrontiert ist, haben die Objekte ihren großen Auftritt: Für etwa sieben Minuten stehen sie im Mittelpunkt der Inszenierung. Im Rahmen einer ausgiebigen Präsentation werden einige Dinge in einer eigentümlichen Mischung aus sachlichen Informationen und lakonischem Kommentar vorgestellt. Dazu greift sich jeweils ein_e Akteur_in einen Gegenstand heraus, geht ein paar Schritte auf das Publikum zu, reißt das Objekt in die Luft oder wiegt es bedeutungsvoll in den Händen. Dann erklärt er/sie lautstark:

> Ein Bronzegewicht, das die Ashanti als Zahlungsmittel verwendeten, um Salz von ihren Feinden zu kaufen. Der kleine Mann und die kleine Frau strahlen eine große Heiterkeit aus.
> Eine Ushapti-Figur, Wächter der Toten, gestohlen aus dem Grab eines Pharaos. Um 1900 war einem Silberschmied nichts Besseres eingefallen, als ihr eine silberne Rüstung überzuziehen. Isabella hatte den Jugendstil schon immer für ziemlich überflüssig gehalten. Dieses ganze Gewinde und Gebiege diente zu nichts.
> [...]
> Das Reibbrett eines Schamanen in Form eines Krokodils. Es riecht nach geräuchertem Schinken. Je schwieriger das Reiben, desto schuldiger der Angeklagte.
> [...]
> Der mumifizierte Kopf einer Katze. Aus dem ptolemäischen Zeitalter. Die Katze war ein weiteres heiliges Tier der alten Ägypter.
> Ein ägyptisches Bes-Amulett. Der Gott der Gesundheit. Ein kleiner, etwas gequält aussehender Kerl, der selbst nicht gerade vor Gesundheit strotzt. Diese Art von Amulett wurde im Schlafzimmer aufgehängt. (27–28)

54 Delhalle: Care of the Self, S. 342.

Auf diese Weise werden etwa 25 einzelne Objekte vorgestellt, wobei die Haltung der Performer_innen sich durch eine hervorgehobene, affizierend wirkende Spannung auszeichnet, die zwischen jener prägnanten *désinvolture* und einer das Publikum regelrecht bedrängenden Aggressivität oszilliert.[55] Mit ihren Erklärungen versuchen die Performer_innen die aus dem Off eingespielte, elegische, immer lauter werdende Instrumentalmusik zu übertönen. In Folge der zunehmenden Lautstärke müssen sie nach einer Weile schreien, um noch zum Publikum vordringen zu können. Die Szene wirkt wie ein aggressiver Vorwurf, der sich gegen eine anonyme, schweigende und lethargische Masse im Auditorium zu richten scheint.
In einem Zeitungsinterview äußerte sich Lauwers zu den Umständen seiner Erbschaft, wobei er den ethischen Aspekt stärker betont:

> When my father died two years ago, he left me a collection of about 5800 ethnological and archaeological objects. My father was a doctor, but in his free time he was an amateur ethnographer. As a child I never questioned it: I grew up amongst all these objects. Of course with hindsight you wonder what they did for him. And when such a collection is just handed to you, you also have to decide what you're going to do with it. It's an ethical question too, because many of these objects were probably stolen from their original creators and ended up in a setting where they don't belong.[56]

Ohne Genaueres über die historischen Bedingungen der Lauwers'schen Sammlung zu wissen, erscheint der Tod des Vaters als Wendepunkt, von dem aus die zuvor unhinterfragte Präsenz der Sammlung im Elternhaus für den Sohn nicht länger selbstverständlich ist: Als Kind war das Hobby seines Vaters einfach ein Fakt, nach dem Tod des Vaters aber war es für jede Frage zu spät. Lauwers begreift sich als einen ‚unvorbereiteten' Erben, der sich von seiner Erbschaft überfordert fühlt. Er kennt weder die Hintergründe noch hat er eine Idee, wie mit der Sammlung künftig umzugehen sei; passiv abzuwarten erscheint kaum als Lösung angesichts der überwältigenden Größe jener Sammlung, die schon vom logistischen Gesichtspunkt aus eine Last bedeutet. Hinzu kommt die Einsicht in die ethische Verantwortung für eine höchstwahrscheinlich auch auf unrechtmäßigen Erwerbspraktiken basierende Sammlung; auch Lauwers ist sich der erst seit einigen Jahrzehnten öffentlich wahrgenommenen Tatsache

55 Die für Needcompany signifikante Ausstellung einer *désinvolture* – einer spürbaren Loslösung – ist Teil von Lehmanns Gedanken zum Schauspielstil der Gruppe, den er vor allem im Modus eines in eine ähnliche Richtung weisenden *détachement* beschreibt, siehe Lehmann: Détachement.

56 Lauwers / T'Jonck: Because Women Are Tremendously Important.

bewusst,[57] dass ein erheblicher Teil der ethnologischen Sammlungen in europäischen Museen aus früheren Kolonialgebieten stammt.

Ein Erbe, so Derrida in seinem politischen Essay *Marx' Gespenster*, suche man sich niemals aus. Eine Erbschaft anzutreten bedeute, „das ‚Lebendigste' davon zu übernehmen, das heißt paradoxerweise dasjenige davon, was niemals aufgehört hat, die Frage des Lebens zu stellen".[58] Das Erbe selbst künde nämlich von der, „Ungleichzeitigkeit der lebendigen Gegenwart mit sich selbst";[59] in ihm verbinden sich der „auf die Dekonstruktion der Vergangenheit und de[r] auf den Entwurf der Zukunft" gerichtete Impuls.[60] Das angedeutete Unrechtsbewusstsein gegenüber den einst ausgebeuteten ehemaligen Kolonialgebieten überlagert sich in Lauwers' Stellungnahme auf disparate Weise mit dem erinnerten Einvernehmen als Kind hinsichtlich der Sammlung, die bis zum Tod des Vaters ein Stück Familienidentität verkörpert hat – und aus der Gegenwart der Erbschaft heraus infrage gestellt wird.

Bevor ich unter Einbeziehung des Ödipus-Stoffes auf das Thema der verspäteten Erkenntnis eingehe, möchte ich mit Rückgriff auf Foucaults Heterotopie-Begriff die wirkungsvolle Besetzung der Sammlung als eines märchenhaften Ortes oder Hortes der Kindheit hervorheben, weil sich dieses Narrativ in aller Deutlichkeit durch die Inszenierung zieht – inklusive seiner (zu) späten Anzweiflung.

57 Vgl. exemplarisch: Margit Berner / Anette Hoffmann / Britta Lange (Hrsg.): *Sensible Sammlungen. Aus dem anthropologischen Depot.* Hamburg: Philo Fine Arts 2011; Koos van Brakel / Susan Legêne (Hrsg.): *Collecting at Cultural Crossroads. Collection Policies and Approaches (2008–2012) of the Tropenmuseum.* Amsterdam: KIT 2008; Dominik Collet: Inklusion durch Exklusion. Die Kunstkammer als Wissensraum kolonialer Topographien. In: Dorit Müller / Sebastian Scholz (Hrsg.): *Raum – Wissen – Medien. Zur raumtheoretischen Reformulierung des Medienbegriffs.* Bielefeld: Transcript 2012, S. 157–180; ders.: „An Empire of Things" – Exotische Objekte im ‚Musaeum' der Royal Society. In: *Werkstatt Geschichte* 43 (2006), S. 5–22.

58 Jacques Derrida: *Marx' Gespenster. Der Staat der Schuld, die Trauerarbeit und die neue Internationale*, aus d. Franz. v. Susanne Lüdemann. Frankfurt am Main: Suhrkamp 2004, S. 81.

59 Ebd., S. 11.

60 Susanne Lüdemann: *Jacques Derrida zur Einführung.* Hamburg: Junius 2011, S. 133. Lüdemann findet die Verbindung dieser beiden für Derridas Denken wichtigen Impulse vor allem in seinen späten, politischen Schriften vor, zu denen auch *Marx' Gespenster* gehört. Selbst wenn Derrida darin vordergründig über ein philosophisches Erbe, also die Notwendigkeit der kritischen, stets erneuernden Textlektüre schreibt, verwebt er diese Gedanken dennoch mit zahlreichen kulturtheoretischen Fäden und potenziellen Kulturinterpretationen, was die Anwendung auf ein konkretes, den Erben zugleich vor diskursive Probleme stellendes Erbe rechtfertigt.

Heterotopien

Georges Banu erinnert sich an den folgenden Wortlaut, mit dem Lauwers das Publikum in eine Vorstellung von *Isabella's Room* einführte:

> My family home was full of all these objects, some of them more exotic than others. In my bedroom, for example, there was a sarcophagus of a mummified child, six years of age. I was also six, but I was bigger, so I was not afraid. / I thought this was normal.[61]

Lauwers' Beschreibung seines Kinderzimmers beschwört eine seltsame Normalität herauf, ein Bild, das in seiner stilisierten Exzentrik kaum mit der Zustimmung der Zuschauer_innen rechnen kann – aber mit ihrem Staunen und ihrer Skepsis. So erscheint die Konfrontation des 6-jährigen Kindes mit einer ebenso alten Kindermumie von vornherein im Modus des Unheimlichen, gerade weil es in der präparierten Leiche etwas von sich selbst wiederzufinden vermag. Die Sammlung lässt sich dementsprechend auf ihre Funktion als Heterotopie in den Blick nehmen – eine durch Lauwers' Erinnerung aufgerufene, erfolgreiche Besetzung eines realen Ortes im Haus seiner Kindheit.[62]

Michel Foucault begreift auch solche Räume als lokalisierte Utopien:

> Und es gibt schließlich geschlossene Bereiche der Ruhe und des Zuhause. Unter all diesen verschiedenen Orten gibt es nun solche, die vollkommen anders sind als die übrigen. Orte, die sich allen anderen widersetzen und sie in gewisser Weise sogar auslöschen, ersetzen, neutralisieren oder reinigen sollen. Es sind gleichsam Gegenräume. Die Kinder kennen solche Gegenräume, solche lokalisierten Utopien sehr genau. Das ist natürlich der Garten. Das ist der Dachboden [...].[63]

Es ist ein Leichtes, diese Überlegungen in Richtung der zum Teil schaurigen Lauwers'schen Artefakte weiterzudenken: eine heimlich-unheimliche Spielwiese – wegen des fehlenden oder trotz des herrschenden väterlichen Regiments. Denn eine Heterotopie ist in diesem Sinn ein Raum, der nicht allen Mitgliedern der Gemeinschaft (hier der Familie) offen steht.[64] Mit Gerald Siegmund ließe sich zur Realität eines solchen Raumverständnisses innerhalb der Inszenierung ergänzen, dass „Abwesenheit [...] mithin nicht als binäre Opposition zu

61 Zit n. Banu: Portrait of the Father as a Collector, S. 336.

62 Vgl. Freud: Das Unheimliche.

63 Michel Foucault. *Die Heterotopien*. In: Ders.: *Der utopische Körper. Zwei Radiovorträge*, aus d. Franz. v. Michael Bischoff. Suhrkamp: Frankfurt am Main 2005, S. 7–22, hier S. 10.

64 In eine ähnliche Richtung, die hier jedoch nicht weiter verfolgt werden soll, weisen die anthropologischen Studien von Marc Augé und de Certeau. Vgl. Marc Augé: *Orte und Nicht-Orte. Vorüberlegungen zu einer Ethnologie der Einsamkeit*, aus d. Franz. v. Michael Bischoff. Frankfurt am Main: Fischer 1994; Michel de Certeau: *Kunst des Handelns*, aus d. Franz. v. Ronald Voullié. Berlin: Merve 1989.

Präsenz zu verstehen [ist], sondern gerade als Fremdes im Nahen, Vertrauten"[65] – das heißt als die imaginäre Besetzung eines Ortes, der für die anderen Familienmitglieder zur gleichen Zeit anders kodiert ist. Indem Foucault vom Rückzugsort des Kindes aus die Chronologie umkehrt und nicht die Kinder, sondern die Erwachsenen als die eigentlichen Erfinder solcher Gegenräume (wie Friedhöfe, Gärten, Bordelle, Irrenanstalten etc.) hervorhebt,[66] stärkt er die Daseins-Berechtigung dieser Heterotopien. In der Inszenierung äußert sich die Erfindung und Lokalisierbarkeit von Geschichte auslöschenden, neutralisierenden und substituierenden Gegenräumen als eine dezidiert von Isabella Morandi ausgehende, ja ausgreifende, ausufernde Geschichte. Die Vorstellung von Gegenräumen ist hier mit der Vorstellung existierender ‚Gegeneltern' verknüpft. Isabella Morandi wird als eine Person dargestellt, deren kindliche Identifikation mit dem Wüstenvater wirkungsvoller ist als die ‚objektive' Korrektur in Form eines Bekenntnisses, das keinen Zweifel daran zulässt, dass Arthur Isabellas leiblicher Vater ist. Isabella Morandis kindlicher Blick erweist sich als mächtiger als der Blick einer Erwachsenen und bleibt der Maßstab ihres Elternbildes: „Er [der Wüstenprinz] wird immer da bleiben. Nicht wie Anna, Arthur, Alexander, Frank: gegangen. Für immer." (57) Damit ist es wiederum Isabellas Fantasie, die in der Inszenierung den Sieg über die Realität davon trägt und so einen möglichen Umgang mit einem als Belastung empfundenen Erbe vorschlägt.

Ödipus-Variationen

Arthurs Tod in der Inszenierung lässt auch den realen Familienkonflikt von Lauwers zutage treten, transformiert ihn und spitzt ihn zu. Er wird zum Kommentar für Lauwers' Bekenntnis, erst durch den Tod des Vaters bemerkt zu haben, wie wenig er diesen Menschen eigentlich gekannt hat. Arthur hatte sich aus anhaltender Verzweiflung eines Tages vom Leuchtturm aus ins Meer gestürzt. Aus seinem an sie adressierten Abschiedsbrief erfährt Isabella die Wahrheit über ihre Herkunft:

> Dein Wüsten-Prinz, über den Du so viele Fragen gestellt hast, existiert nicht. Ich bin Dein Vater. Die Wahrheit ist so einfach: Ich bin Dein Vater. Und Anna ist Deine richtige Mutter. Sie trägt keine Schuld: Sie wusste es nicht und wird es nie wissen. (38)

Als junger Mann war Arthur, wie er erklärt, unsterblich in Anna verliebt, aber seine Liebe wurde nicht erwidert: „Jahrelang litt ich und unterdrückte meine

65 Siegmund: Erfahrung, dort, wo ich nicht bin, S. 64.

66 Foucault: *Die Heterotopien*, S. 11.

Leidenschaft. Ich schloss mich in das Zimmer ein, das jetzt Dir gehört und suchte bei meiner Sammlung Zuflucht. Aber es half nichts." (38) Als er Anna eines Abends allein durch die Straßen laufen sah, verlor er, wie er weiter schreibt, die Kontrolle über sich; hinterrücks schlug er sie nieder und vergewaltigte die Bewusstlose. Anschließend half er ihr, wieder zu Bewusstsein zu kommen, und tat, als wäre er zufällig vorbeigekommen; er kümmerte sich um Anna, die aus Dankbarkeit bei ihm blieb; doch anstatt das aus der Vergewaltigung hervorgegangene Kind auf Annas Wunsch hin zu töten, brachte Arthur es heimlich in ein Kinderheim und holte es später als vorgebliches Adoptivkind zu sich und Anna zurück. Anna erfuhr niemals, dass Isabella ihr eigenes Kind war; sie hielt sich selbst bis zu ihrem Tod für eine Kindsmörderin.

Im zweiten Kapitel wurde herausgestellt, wie Forschung und Kritik fast reflexhaft auf Ödipus als einen von wenigen Prototypen rekurrieren, wenn sie in der Literatur oder Kunst im Allgemeinen auf das Motiv Blindheit treffen. Daher wurde vorgeschlagen, sich von diesem konservativen Reflex zu lösen und stattdessen zeitgemäßeren Interpretationen Raum zu geben. Nun taucht in *Isabella's Room* mit Isabella Morandi allerdings eine echte Ödipus-Figur auf, doch statt traditionelle Deutungsmuster zu reproduzieren, gelingt Lauwers' Inszenierung eine einfallsreiche Demontage und Umdeutung der antiken Figur. Zunächst gewährt die Inszenierung über die Herausstellung ausgeprägter Parallelen zur antiken Tragödie ein hohes Maß an Wiedererkennbarkeit. Wie Sophokles' Ödipus so soll auch Isabella als ein Unglück verheißendes Kind getötet werden. Sie wird aus Mitleid ausgesetzt und kommt, von ihrer eigenen Mutter unerkannt und ohne ihrerseits Vater und Mutter zu erkennen, über Umwege zu ihren leiblichen Eltern zurück. Einer weiteren Analogie bedient sich Lauwers, indem er Isabella ein inzestuöses Verhältnis mit ihrem minderjährigen Enkel zuschreibt. Im Kontrast zu diesen offenkundigen Parallelen steht die Ausstattung der Figur mit autobiografischem Material und ironischen Facetten des italienischen Malers Giorgio Morandi.[67] Lauwers demontiert auf diese Weise rücksichtlos die kulturgeschichtlich überfrachtete Ödipus-Figur bzw. entwirft mit Isabella Morandi gleichzeitig eine transformierte Wiedergängerin und aggressive Gegnerin. Im Interview mit Pieter T'Jonck führt er aus:

67 Morandi gelang es im Gegensatz zu Isabella (und Jan Lauwers), sich als Künstler auf ein einziges Thema zu konzentrieren, was ihm den Spottnamen ‚Flaschenmaler' bescherte. Im Interview mit Pieter T'Jonck führt Jan Lauwers bezüglich der Anleihen zu Giorgio Morandi aus: „Sometimes I wished that I was the sort of artist who could concentrate on a single thing and distil the essence from it. Whereas in fact I'm very restless. I'm always doing four things at the same time." (Lauwers / T'Jonck: Because Women Are Tremendously Important.)

> I opted for a female rather than a male narrator in the first place because I think women are tremendously important, but are never given the position they deserve. Even in literature and film you find very few portraits of feisty women. I wanted to create a female counterpart to such mythical characters as Zorba the Greek and Mark Antony in Shakespeare.[68]

Lauwers gibt also an, sich bewusst für eine weibliche Protagonistin, eine Erzählerin, entschieden zu haben, weil Frauen nach wie vor gesellschaftlich nicht die Position einnähmen, die ihnen zukommt; er beklagt, dass es selbst in Literatur und Film nur wenige Frauengestalten gebe, die einem Alexis Sorbas oder Shakespeares Marcus Antonius an Temperament ebenbürtig seien.[69] Isabella Morandi ist als eine von weiblichen Klischees freie, das heißt betont selbstbewusste und handlungsaktive Frau konzipiert, die ökonomisch und sexuell unabhängig ist und zudem mit einem derben Humor und einer tiefen Stimme – tendenziell eher männlichen Attributen – ausgestattet ist. Damit erfährt nicht nur Ödipus' Geschlecht eine Umdeutung, sondern auch seine Blindheit als eine ihn in seiner Autonomie fundamental einschränkende Strafe: Isabellas Blindheit schränkt sie keinesfalls ein – im Gegenteil befähigt jene sie erst dazu, dasjenige Wirklichkeit werden zu lassen, was sie sich erwünscht: „Isabella is blind, but she does not experience this as a deficiency, as a much-missed entry to the paradigm of the gaze."[70] Damit korrigiert Lauwers Ödipus' Selbstbestrafung durch Blendung, die durch die psychoanalytische Konstitution des sogenannten Ödipus-Komplexes eine enorme Aufladung erfahren hatte. Für Stalpaert stellt Isabella Morandi sogar die ‚Tyrannei des Blicks' infrage, die das den Ödipus-Komplex auslösende Urereignis Freuds kennzeichnet – jenen Moment also, in dem das Kind das ‚große Nichts' im Schoß der Mutter anstelle des väterlichen Geschlechtsteils wahrnimmt: „Isabella's blindness calls into question the tyranny of the eye in Freud's psychoanalysis."[71] Als sich Isabella Morandi mit 69 Jahren in das Liebesabenteuer mit ihrem Enkel stürzt, entgegnet sie auf Annas Bedenken: „Es ist reine Schönheit. Jetzt verstehe ich wenigstens, was Leben bedeutet. Ich will keine Verbitterung. Ich will Leben." (48) Ohne jeden Anflug von Scham oder Schuldgefühl demonstriert sie, dass gesellschaftliche Moralvorstellungen wie das Inzestverbot für sie nicht existieren. In einer ironischen Volte nivelliert Isabellas Blindheit das allgemeine Lob

68 Lauwers / T'Jonck: Because Women Are Tremendously Important.

69 Man könnte so eindrückliche Frauenfiguren wie Elektra oder Antigone dagegen halten, doch verdeutlicht schon Nochlin: Why Have There Been No Great Women Artists, dass dieser Einwand die strukturelle Diskrepanz, um deren Herausstellung es Lauwers hier geht, nur bestätigen und verfestigen würde.

70 Stalpaert: On Art and Life, S. 323.

71 Ebd.

der Erkenntnisfähigkeit (im Sinne einer Suche nach der Moral des menschlichen Handelns) und führt stattdessen die Freude an der Tabuverletzung, das heißt der Überschreitung gängiger Moralvorstellungen, vor. Im Gegensatz zu Sophokles' Ödipus handelt Isabella Morandi dabei in vollem Bewusstsein; sie ist Protagonistin einer ‚postmodernen' Blindheit, sie zitiert und montiert ihre Geschichte mit ironischen Anleihen bei Ödipus und anderen Figuren, ohne das Walten eines ‚blinden Schicksals' zu beklagen. Eine solche Lesart ist nicht nur ein verhältnismäßig offen angelegtes Rezeptionsangebot, sondern bietet auch einen Zugang zur präsentierten väterlichen Sammlung. Ein Exkurs zu deren signifikanten Leerstellen soll dies verdeutlichen.

Die verlorene Geschichte des Erbes

Nach Krzysztof Pomian ist eine Sammlung eine

> Zusammenstellung natürlicher oder künstlicher Gegenstände, die zeitweilig oder endgültig aus dem Kreislauf ökonomischer Aktivitäten herausgehalten werden, und zwar an einem abgeschlossenen, eigens zu diesem Zweck eingerichteten Ort […].[72]

Es ist unbekannt, wann und auf welche Weisen die in *Isabella's Room* präsentierten, der Sammlung des Vaters entnommenen Objekte aus ihren jeweiligen sozialen Kontexten entfernt wurden. Aber dass sie als Sammlungsexponate eine neue, ‚künstliche' Ordnung bilden und so in einem Zusammenhang stehen, in den sie im Grunde nicht gehören, steht außer Frage. Dieses ‚unerhörte', zugleich lange zurückliegende Initiationsmoment, das nach Mieke Bal jede Sammlung auszeichnet, überführt Lauwers mit *Isabella's Room* in die Sphäre des Theaters, das heißt auf eine ‚Wanderbühne', in deren Kontext die Exponate auch nach heutigen Konventionen nicht gehören dürften.[73]

Felix Lauwers ist vermutlich auf höchst unterschiedliche Weise in den Besitz der knapp 6.000 Objekte gekommen: durch eigene Funde, Ankauf, Tausch und über Auktionen. Einzelne Bestandteile der Sammlung tauchen immer wieder im internationalen Kunsthandel auf. So informierte ein französisches Auktionshaus darüber, dass im September 2013 eine anthropomorphe Amulettmaske aus der Demokratischen Republik Kongo versteigert wurde, deren Anfangsgebot bei 2.500 Euro lag. Diese ursprünglich für Rituale der im Kongo lebenden Pende benutzte Maske ist circa 5 cm hoch. Lauwers erwarb diese Maske den Angaben der Auktionsplattform nach 1963 in Antwerpen; zuvor befand

72 Pomian: *Der Ursprung des Museums*, S. 16.

73 Bal: Vielsagende Objekte.

sie sich im Besitz eines gewissen Jean Batiste Constant Vandewalle. Die Maske wird wie folgt beschrieben:

> Elfenbein, honigbraune Patina im Wechsel mit helleren Partien, min. besch., feine Risse, leichte Abriebspuren; diese Masken wurden bei Heilungsriten beschworen, bei denen der Patient selbige zu seinem Schutz um den Hals trug. In früheren Zeiten wurden diese Anhänger den Jungen nach ihrer Initiation mukanda als Trophäe präsentiert. Die ikokos sind meist Kopien von großformatigen Masken, die bekannt sind für ihre heilenden Kräfte, wobei vor allem auf die phumbu-Maske zurückgegriffen wird.[74]

Auffällig ist, dass mit Constant Vandewalle nur ein einziger Vorbesitzer genannt wird. Jede zeitliche Präzisierung oder Schilderung der Umstände, unter denen diese kleine Amulettmaske nach Europa, Belgien und Antwerpen gekommen ist, fehlt. Es ist sehr wahrscheinlich, dass die Maske im Zusammenhang mit der belgischen Kolonisierung des Kongo nach 1884/85 nach Belgien gelangt ist. Damals wurde auf der sogenannten Berlin-Konferenz unter Vorsitz des deutschen Reichskanzlers Otto von Bismarck unter elf europäischen Staaten, dem Osmanischen Reich und den USA mit Afrika ein ganzer Kontinent aufgeteilt. Auf dem Treffen wurden Einflusssphären abgesteckt, deren einstige Grenzen größtenteils bis heute Gültigkeit besitzen.

Welche Geschichte und welche ursprüngliche Funktion oder Bedeutung sich hinter den auf der Bühne gezeigten Objekten verbirgt, ist, wie die kargen Informationen zu einem versteigerten Einzelstück erahnen lassen, kaum zu rekonstruieren. Dies wiederum ist für viele Sammlungsobjekte symptomatisch, wie die Hildesheimer Ausstellung *Gegenwelten. Die unsichtbare Seite der Dinge* (2013/2014) verdeutlicht:

> Ein Objekt verliert spätestens mit dem Ortswechsel in ein Museum das kulturelle Umfeld, seine Herkunftsgesellschaft sowie seine ursprüngliche Funktion. Aus einer Schale wird nicht mehr getrunken, eine Waffe nicht mehr im Kampf eingesetzt und auch sakrale Gegenstände verlieren ihren Ort in einer rituellen Ordnung.[75]

Auch Anke te Heesen sensibilisiert in diesem Zusammenhang dafür, dass das Museum unter anderem auch ein Ort der Amnesie sein kann, an dem sich ein spezifisches Wissen – über die Umstände des Erwerbs, die ursprüngliche Bedeutung des Exponats, seine genaue Herkunft etc. – auf signifikante Weise verflüchtigt. Daran anschließen lässt sich ein Beispiel aus der Wissenschaftspraxis, das

74 Zit. n. http://www.auction.fr/DE/Auktion_works_of_art/v20670_zemanek_munster/l4517669_anthropomorphic_amulet_mask_ikokod_congo_pendeivory_.html (Zugriff am 10.02.2014).

75 Zit. n. dem ausgestellten Wortlaut im Rahmen von *Gegenwelten. Die unsichtbare Seite der Dinge*, eine Ausstellung in Kooperation mit der Stiftung Universität Hildesheim. Roemer- und Pelizaeus-Museum Hildesheim, 16.11.2013–15.06.2014.

Sally Price in ihrem Aufsatz „Silences in the Museum" schildert. Darin erzählt die Anthropologin, wie sie mit einer einfachen Anfrage zu einer aus Mali stammenden, überlebensgroßen Holz-Statue das Musée du Quai Branly, also das seit seiner Eröffnung 2006 wichtigste französische Museum für außereuropäische Kunst, überforderte. Price erzählt von einer prominenten Statue, vor der Kofi Annan, Diplomat und damals Generalsekretär der Vereinten Nationen, anlässlich der feierlichen Eröffnung des Museums im Jahr 2006 für eine offizielle Fotografie posierte. Ihre Fragen an das Museum lauteten: Wie, wann und durch wen wurde die Statue ursprünglich ‚entdeckt'? Wem gehörte sie in Mali? Wann und unter welchen Umständen wurde sie nach Europa exportiert?[76] Nachdem Price mit dieser Anfrage von Experte_in zu Experte_in weitergeleitet worden war, kam sie letzten Endes zum ernüchternden Ergebnis, dass es sich bei dieser Statue einerseits um eines der besterforschten Exponate des Museums handelt, dass andererseits jedoch grundlegende historische Fakten *die* fundamentale Leerstelle in den Wissensbeständen des Museums und seiner angegliederten wissenschaftlichen Institutionen bilden. Price erhielt nicht eine einzige treffende Information, die sie in ihren Forschungen weiterbrachte. Diese Leerstelle verweist auf ein kulturelles und kulturhistorisches Problem, das meines Erachtens mit dem von Lauwers geäußerten Unbehagen korrespondiert, die väterliche Erbschaft überhaupt anzutreten: Eine Erbschaft, von der man nicht weiß, was sie bedeutet, auf welchen potenziell unrechtmäßigen Erwerbspraktiken sie fußt, der man sich aber zugleich – auch das gehört zum Vorgang des Erbens – nicht oder nur schwer entziehen kann.[77]

Der weiße Blick der Ethnologin

Zu den Widersprüchen, die die Inszenierung infolge des ambivalenten Erbes produziert, gehört der Fakt, dass Isabella Morandi zwar Ethnologin mit „Spezialgebiet Afrika" (26) wird, andererseits aus eigener Anschauung nichts über ihren gigantischen Forschungsgegenstand erfährt. Als sie, um den schwer verwundeten Frank ein letztes Mal zu sehen, ganze sechs Stunden in Westafrika verbringt, stellt sie zu ihrem Erstaunen fest, dass sie jahrelang einem falschen Afrika-Bild anhing: „Von der Schönheit, die ich so genau in meinem Zimmer studiert hatte, war nichts zu sehen. Der Bürgerkrieg hatte alles zerstört, und die einzigen Blumen, die ich sah, waren Plastiktüten, die an jedem

76 Sally Price: Silences in the Museum. Reflections on the European Exotic. In: *Historische Anthropologie. Kultur – Gesellschaft – Alltag* 18,2 (2010): Visuelle Geschichte, S. 176–190, hier S. 181.

77 Vgl. Derrida: *Marx' Gespenster*.

verdorrten Busch flatterten.“ (51) Isabella Morandis Blindheit ist also auch ein Symptom ihres ‚weißen Blicks‘: Sie huldigt einer pauschalen, auf ihre ‚Schönheit‘ reduzierten und an der Wirklichkeit eines nicht wahrgenommenen Bürgerkriegs vorbei kultivierten Projektion, imaginiert sich als Tochter eines ‚Wüstenprinzen‘ und bezahlt einen attraktiven schwarzen Mann für einen One-Night-Stand. Isabella ist die prototypische Vertreterin einer weißen Normativität und einer kolonialen Traditionen verhafteten Sicht, deren in den 1980er und 1990er Jahren begonnene wissenschaftliche Wahrnehmung zur Etablierung der Critical-Whiteness-Forschung beigetragen hat. Auch für Lauwers Protagonistin gilt daher Nanna Heidenreichs Aussage: „Der weiße Blick ist derjenige, der sieht, ohne selbst gesehen zu werden.“[78]

Entsprechend dem *cloistered individual*, das sie vorstellt, fehlt ihr ein notwendiges Korrektiv von außen, ein sie reflektierender Blick. In diesem Zusammenhang sei noch einmal an die Kamera erinnert, die als Bildapparat Isabella Morandi Wunschbilder liefert und so ihre physiologische Sehfähigkeit durch die Erzeugung künstlicher Bilder ersetzt. Ohne diese Analogie überstrapazieren zu wollen, lässt sich festhalten, dass jener Apparat als technisch privilegierter Referent der Wirklichkeit (vgl. Kap. II) Isabellas Sicht innerhalb der Aufführungswirklichkeit mit einer gewissen Autorität ausstattet, die die Notwendigkeit eines Korrektivs in noch weitere Ferne rückt. Es ist der sich selbst gegenüber blinde ‚weiße Blick‘, der durch die Kunstfigur Isabella Morandi zur Aufführung gelangt; sie ist nicht in der Lage, die *whiteness* ihres Blicks zu erkennen: Einen Kernbestand des Ödipus-Narrativs auch in dieser Hinsicht umdeutend, verweigert sich Lauwers' Protagonistin möglicher Erkenntnis. Indem die Inszenierung die blinde Ethnologin karikierend als verkörperte Kontinuität des eurozentrischen, weißen Blicks zeigt, tragen Lauwers und Needcompany zur Aufdeckung der kolonialen und postkolonialen Verstrickungen der europäischen Länder bei.[79] Als notorisch von ihrem Untersuchungsgegenstand ‚Afrika‘ getrennte Person lenkt Isabella jedoch gleichzeitig die Aufmerksamkeit auf die

78 Nanna Heidenreich: ‚Deutsche‘ (Un-)Sichtbarkeiten. In: Eva Lezzi / Monika Ehlers (Hrsg.): *Fremdes Begehren. Transkulturelle Beziehungen in Literatur, Kunst und Medien. Literatur – Kultur – Geschlecht*. Köln: Böhlau 2003, S. 307–319, hier S. 307.

79 Dass Lauwers' produktionsästhetischer Ansatz nichtsdestoweniger eine ethisch-politische Gratwanderung darstellt, spiegeln einige kritische Reaktionen wider. Vgl. beispielhaft Martin Harries' Aufsatz, der auf diese Problematik ausführlich eingeht (Martin Harries: Isabella's Room, or Untimely Mediations. In: Stalpaert / Le Roy / Bousset (Hrsg.): *No Beauty for Me there*, S. 82–90). Vgl. exemplarisch die Theaterkritik von Jefferson: A Loose Memoir, die in *Isabella's Room* die Reproduktion und Perpetuierung eines eurozentrischen, weißen Blicks sieht.

Komplexität der präsentierten Sammlung, in der die ausgestellten Dinge einerseits da, das heißt physisch erfahrbar, und andererseits fort sind.
Jene Durchdringung von äußerer Sichtbarkeit und einer semiotisch zu überwindenden Unsichtbarkeit ist der Kern von Pomians Mitte der 1980er Jahre aus der Auseinandersetzung mit der Sammlung gewonnenen Analysekategorie des ‚Semiophors', für te Heesen eines der „einflussreichsten theoretischen Konzepte"[80] zum Verständnis der Institution Museum. Mithilfe dieses Begriffs bestimmt Pomian Sammlungsgegenstände als zweiseitig,

> weil sie einen materiellen und einen semiotischen Aspekt besitzen. Der materielle Aspekt besteht in den physischen und äußeren Merkmalen des Objekts. Die semiotischen Aspekte sind die „sichtbaren Merkmale, in denen man eine Verweisung auf etwas sehen kann, das augenblicklich nicht da ist. [...] Die sichtbaren Merkmale dienen hier als Träger unsichtbarer Beziehungen; diese werden im Gegensatz zu physischen Beziehungen nicht so sehr durch die Hand hergestellt als vielmehr durch den Blick und die Sprache".[81]

Objekte werden den traditionellen Legitimationsinteressen (kultur-)geschichtlicher Museen folgend vor allem als ‚Zeugen' behandelt, die Vergangenheit glaubhaft machen sollen, so als gäbe es eine objektive Wahrheit über diese Vergangenheit zu erzählen. Pomians duale Konzeption hingegen zeigt an, dass es immer des an ein Subjekt gebundenen Blicks, einer Stimme, bedarf, die im Gegensatz zu den über große Zeiträume weitgehend unveränderlichen Objekten gerade nicht objektiv gegeben ist, sondern ihre ‚Wahrheit' immer wieder neu konstituiert. Es handelt sich also um einen historisch kodierten und seinem Wesen nach veränderlichen Dialog. Diese Sichtweise findet in der mehrdeutigen Blindheit Isabella Morandis ihren Ausdruck. Isabellas Wunsch, Ethnologin zu werden, verbindet sich offenkundig mit der Hoffnung, die Dinge ‚zum Sprechen zu bringen' – und zwar im bewussten Gegensatz zur museologischen Konvention der vereindeutigenden Narration, deren Autor_innen sich den Besucher_innen niemals offenbaren. Objektkennungen, Datierungen, Materialangaben und auch der Duktus der Objekttexte vermitteln in den meisten (kultur-)geschichtlichen Museen und Ausstellungen den Eindruck, die ausgestellten Objekte wären Zeugen einer zu vermittelnden ‚Wahrheit' über die Vergangenheit, weshalb Zeichen von Subjektivität, die sich unter anderem in der Auswahl und Zusammenstellung, der Aufbereitung und Kontextualisierung der Objekte zeigen, für die Besucher_innen tendenziell ‚verwischt' werden. Isabella Morandi verkörpert vor diesem Hintergrund auf fast übertriebene Weise einen subjektiven Zugang zu ‚ihren' Objekten. Institutionelle

80 Te Heesen: *Theorien des Museums*, S. 157.

81 Ebd. mit Verweis auf Pomian: *Der Ursprung des Museums*.

Ordnungs- und Darstellungskriterien blendet sie selbstbewusst aus. Die Inszenierung übt damit Kritik an einer positivistischen Tradition, die sich trotz zahlreicher progressiver Ansätze im Bereich der Forschung als äußerst zählebig erweist. Isabella Morandi hat sich ihr Erbe nicht ausgesucht, die Objekte sind bereits vorhanden, als sie das Zimmer in Paris betritt: Sie sind ein Geschenk und zugleich eine Verpflichtung zur Auseinandersetzung. Aber Isabella Morandi ist keine seriöse Wissenschaftlerin, denn ihre Interessen liegen auf anderen Gebieten: Sie möchte die Objekte zum ‚Leben erwecken', anstatt sie auf eine zu erforschende Historizität festzulegen. Wie von Derrida gefordert, setzt sie sich damit auf die für sie lebendigste Weise mit dem Erbe auseinander, eine Weise, die sie daran bindet – und sie zugleich davon befreit.

Die Gefährdung der Dinge

Mit den Mitteln des Theaters versucht *Isabella's Room* eine lange Zeit ausgesetzte ‚Normalität' erfahrbar zu machen, indem sie die in die Sammlung eingegangenen und demnach um ihre soziale Funktion gebrachten Objekte einem beständig zu wiederholenden, das heißt von Aufführung zu Aufführung erneut heraufbeschworenen Gebrauch zuführt. Sie erzeugt eine imaginäre, künstliche Realität, in der Dinge möglich sind, die im Kontext des traditionellen ethnologischen Museums nicht oder nur im Rahmen eines temporären Exkurses, einer Aussetzung der Norm, denkbar wären.[82] Zudem werden die Objekte von den Performer_innen scheinbar willkürlich, ihrer eigenen Lust und Spontaneität folgend, benutzt und bewegt und so der affektiven wie kinästhetischen Dynamik der Aufführung entsprechend in Gefahr gebracht. Auf der Bühne sind die Artefakte in Handlungsabläufe eingebunden, die im Kontext der väterlichen Sammlung kaum vorstellbar gewesen sein dürften:

> Je nach Größe und Gestalt benötigen Objekte besondere Lagerflächen; verschiedene Materialien erfordern unterschiedliche Bedingungen in der Aufbewahrung und Neuzugänge müssen trotz begrenztem Platz in den Bestand einsortiert werden. Die wichtigsten Kriterien sind die sichere Lagerung und eine Systematik, die es ermöglicht, die Objekte zu lokalisieren und schnell auf sie zugreifen zu können.[83]

82 In diesem Sinn ist bezeichnend, dass insbesondere Museen für zeitgenössische Kunst Theater- und Performancekünstler_innen einladen, um in ihren Räumen und mit ausgewählten Exponaten künstlerisch zu arbeiten. Umgekehrt wäre indes kaum vorstellbar, dass ein Museum seine Exponate für eine Aufführung im Theater zur Verfügung stellt. Vgl. exemplarisch Hanak-Lettner: *Die Ausstellung als Drama*; Sandra Umathum: *Kunst als Aufführungserfahrung. Zum Diskurs intersubjektiver Situationen in der zeitgenössischen Ausstellungskunst. Felix Gonzalez-Torres, Erwin Wurm und Tino Sehgal*. Bielefeld: Transcript 2011.

83 *Gegenwelten. Die unsichtbare Seite der Dinge.*

Über diese allgemeinen Gebote setzt sich die Inszenierung geradezu provokant hinweg: Schwungvoll ergreifen die Performer_innen Exponate, schwenken sie, streifen sie im Vorbeigehen und bringen sie ins Wanken: Dass sie dabei beschädigt werden könnten, scheint niemanden zu stören. Es erweckt gar den Anschein, die Performer_innen machten durch ihre Spielweise die Gefährdung zum zentralen Thema der Inszenierung. George Banu, der sich selbst als Sammler in seine Überlegungen zu Lauwers' unorthodoxen Umgang mit ‚Museumsstücken' einbringt, erinnert sich voller Erstaunen an die Gelassenheit, ja Großzügigkeit Lauwers' auf seine Frage hin, ob im Laufe der Zeit bereits Dinge verloren gegangen seien: „[H]e said no. 'But things have been broken', he said. 'So it goes with living objects'."[84] Lauwers' Antwort erschreckt den nach eigenen Worten schon den kleinsten Kratzer befürchtenden Sammler und verdeutlicht, wie weit sich die Sammlung bereits von der traditionellen Kontrolle durch die Sammlerpersönlichkeit entfernt hat, ja wie weit die Transformation der ehemaligen ‚Museumsstücke' zu performativen, beinahe lebendigen Dingen bereits gediehen ist.

Die rituelle Transformation des Erbes

Auch ohne zu wissen, wie und wo die Objekte in der elterlichen Wohnung positioniert waren, unterminiert die öffentliche Präsentation auf der Bühne die vormalige Aufstellungsordnung: Auf die vom Vater repräsentierte Idee der konzentrierten Sammlung antwortet sie mit dem gegenläufigen Modell der Zerstreuung, die ihrerseits zum integrativen Bestandteil einer ritualhaften Inszenierung wird. Obwohl sich das Ritual, wie Matthias Warstat meint, aufgrund der Komplexität und Heterogenität seiner interkulturellen und interreligiösen Ausprägungen kaum als Analysekategorie eignet – und auch hier nicht als solche aufgerufen wird –, liegen die Parallelen doch auf der Hand:[85] Das Ziel einer rituellen Handlung, die einem tradierten Muster (hier: der Inszenierung) folgt, ist die Transformation des Erbes durch eine aneignende Neuordnung. Diese Transformation, nach Derrida notwendiger Teil des Erbens selbst, verpflichtet im Rahmen des mit dem Erben verbundenen Generationswechsels also vor allem dazu, für die Sammlung „neuartige Kategorien der Ordnung zu identifizieren".[86] Im Anschluss an Banu, der ebenfalls auf die Nähe zum

84 Banu: Portrait of the Father as a Collector, S. 335.

85 Matthias Warstat: Ritual. In: *Metzler Lexikon Theatertheorie*, hrsg. v. Matthias Warstat / Fischer-Lichte / Kolesch, S. 274–278, hier S. 274. Für weitere Ausführungen zur Rolle des Rituals im Theater siehe Kap. VI, Anm. 21.

86 Ohad Parnes / Ulrike Vedder / Stefan Willer: *Das Konzept der Generation*. Frankfurt am Main: Suhrkamp 2008, S. 189.

Ritual hinweist, lässt sich in Lauwers' Umgang mit der väterlichen Passion nicht allein eine Transformation, sondern auch ein Akt der Befreiung erkennen:

> There is a real internal rivalry. By making this rivalry public, Lauwers surrenders to a ritual that frees him from the load he experienced, he attenuates what his father had made the master of the household.[87]

Banus Modell des machtvollen Vaters korrespondiert mit häufig diagnostizierten Auswirkungen privater Sammelleidenschaft auf die Familienangehörigen des Sammlers. Während dieser den Beobachtungen Justin Stagls nach die Lust, die sich so offenkundig mit dieser Kulturtechnik verbindet, für sich allein reklamiere, werde den entsprechend frustrierten Angehörigen „Geld, Platz, Zeit und Aufmerksamkeit"[88] entzogen. Auch Jean Baudrillard befindet aus betont unsentimentaler Perspektive, dass „[n]icht die Art der Gegenstände [...] das Sublime am Sammler aus[mache] [...], sondern der Fanatismus".[89] Schon indem die Inszenierung es wagt, eine repräsentative Auswahl der zusammengetragenen Objekte *live on stage* zu präsentieren, bricht Lauwers mit den Prinzipien des Vaters. „Sammlungen zu veröffentlichen'", konstatiert Anke te Heesen, „bedeutet nicht nur, sie einem erweiterten Publikum zuzuführen, sondern auch die Sammlerpersönlichkeit verschwinden zu lassen."[90] Hierin äußert sich (neben dem Dilemma des Erbes insgesamt) das Dilemma des Sohnes, der den Vorstellungen des Vaters einerseits treu bleiben möchte und zugleich das Erbe ‚lebendig' halten, also es transformieren muss.[91] Das Dilemma des Erben ist in der Simultaneität zweier potenzieller Wünsche zu suchen: Dem Wunsch, ein Bild (des Vaters, der väterlichen Sammlung) zu bewahren, und dem Wunsch, es zu ersetzen – das heißt, sich die Sammlung anzueignen, sie zu

87 Banu: Portrait of the Father as a Collector, S. 336–337.

88 Justin Stagl: Homo Collector. Zur Anthropologie und Soziologie des Sammelns. In: Aleida Assmann / Monika Gomille / Gabriele Rippl (Hrsg.): *Sammler – Bibliophile – Exzentriker. Literatur und Anthropologie*, Bd. 1. Tübingen: Narr 1998, S. 37–54, hier S. 50.

89 Dieser Fanatismus sei unabhängig von der Beschaffenheit und Ausrichtung der Sammlung immer der Gleiche: „Deshalb ist die Unterscheidung zwischen Amateur und Sammler im Grunde belanglos." (Jean Baudrillard: *Das System der Dinge. Über unser Verhältnis zu den alltäglichen Gegenständen*, aus d. Franz. v. Joseph Garzuly. Frankfurt am Main / New York: Campus 2007, S. 113.)

90 Te Heesen: *Theorien des Museums*, S. 53.

91 Treffend paraphrasiert Susanne Lüdemann zur metaphysischen Bedeutung des Begriffs bei Derrida: „Niemand hat so eindringlich und so oft wie Derrida betont, dass wir *Erben sind* – dass unser *Sein*, hier und heute, seinen Grund nicht in der Natur und nicht in sich selbst, sondern in einer Tradition und in einem *Erbe* hat, das wir ebensowenig ausschlagen wie kapitalisieren können, das uns aufgegeben bleibt und von dem wir zeugen *müssen*, ob wir es wollen oder nicht." (Lüdemann: *Jacques Derrida zur Einführung*, S. 54.)

einem Bestandteil des eigenen Lebens, der eigenen ästhetisch-künstlerischen Vorstellungen zu machen.
Hier ist es möglich, Warstats Auffassung von der Ambiguität des Rituals mit Lauwers' Theaterästhetik zu verknüpfen. Zum einen folgt die Aufführung einstudierten Formeln und Formen, zum anderen eignet ihr in ihrer Wirkung und ihrem Verlauf jene Kontingenz, die auch das Ritual auszeichnet. Also ist nicht nur die einzelne Aufführung im Anschluss an Fischer-Lichtes Performativitätstheorie ein unwiederholbares, emergentes und folglich singuläres Ereignis, sondern auch die sich stets von Neuem vollziehende ritualhafte Transformation des Erbes.[92] „Einerseits", so Warstat über Rituale,

> tragen sie formale, regelhafte und repetitive Züge, durch die sie für den Einzelnen oder für eine Gruppe stabilisierend und kohärenzstiftend wirken. Andererseits können Rituale als kontingente und transgressive Ereignisse beschrieben werden, deren Funktion darin besteht, unterschiedliche Arten von Grenzüberschreitungen zu ermöglichen.[93]

Die Inszenierung versucht diese Überschreitung weder durch die nachahmende Vorführung eines vormaligen Gebrauchs herzustellen noch durch die Vorführung einer möglichst originellen Zweckentfremdung. Statt also durch eine wie auch immer geartete Auratisierung der Objekte zu einer „manisch aufgeladene[n] Gegenwart"[94] beizutragen, überrascht *Isabella's Room* mit radikaler Trivialisierung. Sie führt die Kluft zwischen der uneinholbaren und deshalb potenziell auratischen Vergangenheit und der exemplarischen ‚Profanierung' eines Objekts in aller Deutlichlichkeit vor Augen: „[Isabella] verwendete das Trankopfergefäß als Salzfässchen, und der schwere Walpenis stand hinter der Tür, für den Fall, dass Einbrecher kämen. Sie hängte ihren Schlüsselring an den Nagel eines afrikanischen Nagelfetischs." (30) Die im Gestus der Übertreibung vorgeführte Diskrepanz zwischen der physischen Präsenz der Objekte, ihrer Bedeutung als Artefakte und ihrer Trivialisierung spiegelt Lauwers' beinahe kokettierend nonchalante Haltung wider, mit der er sich zur Normalität des Verschleißes bekennt. Seine Haltung ist Resultat seiner aus dem ererbten Dilemma erwachsenen Selbstverpflichtung, sich selbst im Erbe zu suchen. Das Projekt *Isabella's Room* beruht deshalb auf der stetigen Wiederholung der Aufführungen. Die Serialität ist hier nicht allein ein theaterkonstituierendes (Flüchtigkeits-)Moment, sondern Grundlage der notwendigen Transformation der Sammlung. Der Abschluss dieses so umfassenden Projekts liegt daher in ferner Zukunft, zumal Lauwers sich mit seiner Installation *The House of Our*

92 Fischer-Lichte: *Ästhetik des Performativen.*

93 Warstat: Ritual, S. 274.

94 Siegmund: Erfahrung, dort, wo ich nicht bin, S. 63.

Fathers dem Thema erneut, wenngleich mit anderen Mitteln nähert. Die durch die Transformation entstandene neue Situation verhindert es, die Sammlung wieder stillzustellen.[95] Das Ziel muss folglich die Aufrechterhaltung des Transit-Zustands sein: die Sammlung nirgendwo ankommen zu lassen, ihr immer nur vorübergehend Asyl zu gewähren und ihr somit einen Ort, an dem sie sich ‚sammeln', etablieren, institutionalisieren könnte, vorzuenthalten.

Crazed Curators

Wenn die Performer_innen einzelne Objekte in die Höhe strecken, erinnert die Szene an Stil und Duktus eines Schnelldurchgangs im Museum, wie er häufig für Reisegruppen angeboten wird. Die Zuschauer_innen können, anders als Georges Banu annimmt, die Objekte allerdings nicht frei betrachten wie im Musée du Quai Branly.[96] Vielmehr verdeutlichen die Performer_innen die unüberbrückbare Distanz zwischen den von ihnen präsentierten Objekten und einem Publikum, das sich der Zeitlichkeit der Bühnenvorgänge ebenso zu unterwerfen hat wie der räumlichen Distanz im Theaterraum – das also hier ganz andere Bedingungen vorfindet als in einer Ausstellung. In Konkurrenz zur anschwellenden Musik müssen auch die Performer_innen kontinuierlich lauter sprechen, um noch zum Publikum vorzudringen. Ihre Rede steigert sich auf diese Weise zu einem wütenden Geschrei, das sich in der Beschleunigung ihrer kurzen Stellungnahmen widerspiegelt; tatsächlich wirken sie in dieser Szene wie „crazed curators",[97] durchgedrehte Kurator_innen, die den Ausverkauf der Kunst betreiben und damit den Warencharakter der Dinge vorführen.[98] Doch dürfen Artefakte einer wertvollen Sammlung hierfür benutzt werden, ja sollten sie überhaupt auf einer Bühne sein? Nach Auffassung von Martin Harries,

95 Die Performance-Installation *The House of Our Fathers* (2011) lässt sich als eine Fortführung oder Ausuferung von *Isabella's Room* begreifen. Die in weiten Bahnen zu umkreisende Installation stellt eine konkrete Akkumulation und Vervielfältigung (etwa durch Gipsabgüsse) von Dingen dar, auf die Lauwers bezeichnenderweise erst *nach* dem Tod seines Vaters gestoßen sei: „After my father's death, I subjected his house, which by his absence had become a different house, to a thorough investigation." (The House of Our Fathers. http://www.needcompany.org/EN/the-house-of-our-fathers (Zugriff am 22.02.2017).) Auch diesen Fundstücken wird eine Aura des Unheimlichen, Unnahbaren, Mystischen zugeschrieben; so ist im Pressetext „von sonderbare[n] Dingen" die Rede, „von seltsamen Antiquitäten bis hin zu eingelegten Organen", die „alle bedeutungsvoll" seien und „jedes auf seine Weise rätselhaft" (http://kunstfestspiele.hannover.de/Programm-2013/Veranstaltungen-2013/JAN-LAUWERS-NEEDCOMPANY-THE-HOUSE-OF-OUR-FATHERS (Zugriff am 17.02.2014)). Jan Lauwers / Needcompany: *The House of Our Fathers* (UA: 03.06.2011, Kunsthalle Mannheim, Internationale Schillertage).

96 Banu: Portrait of the Father as a Collector, S. 335.

97 Harries: Isabella's Room, or Untimely Mediations, S. 88.

98 Vgl. exemplarisch Baudrillard: *Das System der Dinge*.

der hier stellvertretend für die auch in vergleichbaren Fällen, etwa bei Kunstaktionen Ai WeiWeis vorgetragene und unter anderem von Banu geteilte Kritik, genannt sei, besteht in diesem Zusammenhang eindeutig die Gefahr, dass Kunstobjekte zu billigen Requisiten verkommen.[99]

Isabella Morandis Umwertung von Dingen, die bereits dem sozialen Verkehr entzogen und so mindestens einmal um ihre Funktion gebracht worden sind, kann, so imaginär sie auch sein mag, als eine gewaltsame Umdeutung verstanden werden, die sich als bewusst zugespitzte Vorführung bereits erlittener Gewaltakte deuten lässt – sei es in Form kolonialer oder postkolonialer Praktiken der Enteignung oder in Form denkbarer privater Willkür.[100] Die in *Isabella's Room* in provozierendem Gestus vorgeführte Zweckentfremdung der Objekte, jene ostentative ‚Entweihung' eines ehemals geheiligten Gefäßes, dient also gerade dazu, die Aufmerksamkeit darauf zu lenken, dass solche Formen der Umdeutung und Aneignung von Objekten auf vielfältige Weise und in unterschiedlichen Kontexten nach wie vor stattfinden, ja dass der Verlust des Erbes, der Verlust von Geschichte, deren aktive Vernichtung eine irreversible Voraussetzung zur Konstitution eines kulturellen Gedächtnisses ist. Mit Ulrike Vedder lässt sich anschließen:

> Daß die geretteten Dinge im Museum neuen Wahrnehmungs- und Gebrauchsweisen unterliegen, die ihre vormalige physische und kulturelle Identität verändern, ja zerstören können, daß also „der Verwandlungsprozeß ins Historische das ‚reale Nichtsein' des Verwandelten notwendig nach sich zieht", das macht die Dialektik der Musealisierung aus.[101]

Harries stellt von der Diagnose der „crazed curators" ausgehend fest, die Performer_innen seien „the guardians of a collection they do not know how to use".[102] Was nach einem Vorwurf klingt, kann auch als Kompliment ausgelegt werden, denn es gehört Mut dazu, seine Überforderung einzugestehen – und offensiv zu kommunizieren: ‚Seht her! Wir sind die Wächter einer Sammlung, mit der wir nicht umgehen können.' Das ist die demonstrative Anti-Haltung

99 Harries: Isabella's Room, or Untimely Mediations, S. 87.

100 Vgl. exemplarisch Gabriele Lindinger / Karlheinz Schmid (Hrsg.): *Erfolgreich sammeln. Zeitgenössische Kunst zwischen Leidenschaft und Rendite.* Regensburg: Lindinger + Schmid 2007, o. P.: „Angenehmerweise hat der sammelnde Privatmensch keinerlei Pflichten; er hat keine Chronistenpflicht, muss nichts beweisen oder vor der Geschichte Recht behalten. Wenn er will, darf er mit der Kunst sogar Unfug treiben. Einzig seine Vorlieben, sein Erkenntnishorizont und die verfügbaren Mittel bestimmen Natur und Format privater Sammlungen."

101 Vedder: Museum / Ausstellung, S. 150, mit Verweis auf Gottfried Fliedl: Testamentskultur: Musealisierung und Kompensation. In: Wolfgang Zacharias (Hrsg.): *Zeitphänomen Musealisierung. Das Verschwinden der Gegenwart und die Konstruktion der Erinnerung.* Essen: Klartext 1990, S. 166–179, hier S. 173.

102 Harries: Isabella's Room, or Untimely Mediations, S. 88.

gegenüber all denjenigen, die genau wissen, wie mit dem kulturellen Erbe umzugehen sei. Das Eingeständnis des eigenen Unvermögens ist, wie *Isabella's Room* zeigt, eine wichtige Voraussetzung für die Entwicklung eines neuen Umgangs mit gesammelten Dingen in Alltag, Kunst und Wissenschaft. Für Isabella Morandi bleiben die Objekte auf dialektische Weise sichtbar und unsichtbar zugleich – in ihrem ambivalenten Status als Gebrauchsgegenstände, als Forschungsmaterial, als Hinterlassenschaft des Vaters und als unlösbares Geheimnis.

Selbstbewusste Blindheit

Lauwers' Arbeit am Erbe verdeutlicht, wie wichtig die eigene Befindlichkeit, mit Irit Rogoff „unsere eigene Verwicklung in das Objekt",[103] für solche künstlerischen Auseinandersetzungen ist. Es ist diese Subjektivität, das Affiziertsein, das den passionierten Sammler und Hobby-Archäologen Felix Lauwers auszeichnet und das auch *Isabella's Room* anzumerken ist; sie ist eine zentrale Voraussetzung für die Auseinandersetzung mit dem Erbe. Auch Banu kommt zu diesem Schluss, wenn er von der Überlegung ausgeht, dass zu jeder Sammlung Leidenschaft gehört und er diese Eigenschaft als Gemeinsamkeit von Jan und Felix Lauwers benennt: „[T]he father and the son remain together. The collection is tied. No one gets killed."[104]

Am Ende der Inszenierung emanzipiert sich Isabella Morandi von ihrer Kamera als vermeintlich objektiver Garantin ihrer selbst erschaffenen Wirklichkeit – sie braucht sie nicht mehr: „Selbst ohne meine Kamera sehe ich ihn kristallklar: Felix. F.E.L.I.X. Und das bedeutet ‚Glück' in einer toten Sprache. Betrug und Täuschung." (57) *Isabella's Room* basiert, so Erwin Jans, auf der Grundlage der stets erneuerten Lüge: Die ‚Lüge' der Imagination sei Lauwers' Antwort auf die Lüge der Realität – in ihrer Struktur und ihrem Wirklichkeitsanspruch unterscheiden sie sich nicht. *Isabella's Room* läuft auf die Erkenntnis hinaus, dass sich ‚Glück' nur in einer toten Sprache schreiben lässt, dass Glück nur in der Vergangenheit existieren kann. Die Imagination kann vom verlorenen Glück nicht lassen, sie versucht Spuren des Vergangenen freizulegen, um sie in das ewig fragmentarische Puzzle der Gegenwart zu integrieren.

Isabella Morandis Verstrickung in die Welt der vorgefundenen Objekte äußert sich in ihrer selbstbewusst kultivierten Blindheit: Faktizität und Fiktion sind in *Isabella's Room* auf untrennbare Weise miteinander verschmolzen. Erneut tritt

103 Irit Rogoff: What is a Theorist? In: *transversal*, 1/2013. http://eipcp.net/transversal/0806/rogoff1/en (Zugriff am 03.09.2013).

104 Banu: Portrait of the Father as a Collector, S. 338.

damit jene signifikante Differenz zwischen dem Inhalt des Dargestellten und dessen Zeigemodus hervor. Es ist die zwischen der provozierten Gefährdung und der distanzierten Darstellung evozierte emotionale Spannung, die affirmativ und affektschürend auf die Zuschauenden wirkt. Vom Funktions- und Kontextverlust aus, den Objekte herkömmlich ‚erleiden', wenn sie aus einem sozialen Handlungszusammenhang in eine Sammlung oder ein Museum überführt werden, paraphrasiert te Heesen Jean Baudrillard mit den Worten, dass das, „[w]as alle Dinge eint, die, die wir gebrauchen, wie die, die wir anschauen", darin liege, „dass sie etwas über uns und unsere Rationalitäten und Emotionen, über unsere Vorstellungen und Ängste aussagen".[105] Die Zuschauer_innen sind ebenfalls Erb_innen und als solche aufgefordert, ihre eigenen Bedenken, Ängste und Hoffnungen in die Vorstellung einzubringen.

Lauwers und Needcompany setzen sich in ihrer tourenden Inszenierung mit der Komplexität einer aus den Angeln gehobenen Ordnung auseinander, in der sich die komplexe Problematik des kulturellen, insbesondere kolonialen und postkolonialen Erbes exemplarisch verdichtet. Die Inszenierung basiert auf den Merkmalen der kinästhetischen wie sinnlich-intellektuellen Mobilisierung des Erbes, der Ausstellung eines kollektiven Problems und der Konstituierung einer Figur, die das Dilemma postmoderner Selbsterkenntnis auf einzigartige Weise verkörpert. Als Gegenentwurf und Wiedergängerin des Sophokleischen Ödipus' bestreitet Isabella Morandi die Privilegierung einer auf Sichtbarmachung gründenden Erkenntnisfähigkeit. Der Ödipus' Selbstbestrafung vorausgehenden Verblendung ist in *Isabella's Room* die freiwillige Blindheit der Protagonistin entgegen gestellt. Realität und Imagination bewegen sich hier grundsätzlich auf einer Ebene und zeigen, dass deren zementierte kulturgeschichtliche Dichotomie eine willkürliche Grenzziehung darstellt. Die Blindheit der Protagonistin erscheint nicht als Einschränkung, sondern als bewusste Fokussierung und Ausblendung verinnerlichter Restriktionen, als selbstbewusste Lenkung des Blicks und der Aufwertung des Visionären in seinem transformativen Potenzial. Sie erhebt gar nicht erst den Anspruch, als glaubwürdige Charakterisierung einer (ohnehin schon disparaten) Rollenfigur erfahren zu werden, sondern verstärkt deren Wirkung als eine ironische, niemals jedoch triviale Figuration. Auch die dargestellten Objekte erscheinen in diesem Sinn als Figurationen: Als vielschichtige Objekte, die sich mit ihrer Umgebung verbunden haben und die es im Zuge der rauschhaften Theateraufführung ins Spiel zu integrieren, zu genießen und zu ‚vergeuden' gilt. Die darin transportierte Sehnsucht nach De-Materialisation konkretisiert sich in Isabella Morandis Blindheit, die ein

105 Te Heesen: *Theorien des Museums*, S. 176.

spezifisches Modell zur Befragung der Geschichte, der Wahrnehmung und Konstitution von Wirklichkeit begründet:[106] Ein Modell, in dem Wahrheit und Fiktion, Eigenes und Fremdes von vornherein miteinander vermischt sind. Der Impuls zur Verflüchtigung des Materiellen und Evidenten bei Lauwers bedeutet freilich keine Absage an die konventionellen bedeutungsgenerierenden Mechanismen, sondern ergänzt die Vorstellung, dass etwas sichtbar Vorhandenes Bedeutung hat und hervorbringt, um die Idee, dass auch nicht sichtbar Vorhandenes Bedeutung stiften kann.
Die Entkopplung des binären Denkens, der Opposition zwischen einer wirklichen Welt und einer Vorstellungswelt, Eigenem und Fremden wurde in allen bis hierhin untersuchten Arbeiten als Blindheit erprobt – sei es als Setzung wie in *Aufnahme*, als Kondition wie in *Les Aveugles* oder als subjektive Haltung wie in *Isabella's Room*. In der folgenden und letzten der zu untersuchenden Arbeiten, in Stuarts *All Together Now*, erfolgt die Entkopplung in einer ungewohnten Radikalität. Sie verbleibt nicht im Bereich des Vorgeführten, sondern ergreift Besitz von den Zuschauer_innen. Blindheit ist hier keine szenische Installation, die sich vor den Augen des Publikums abspielt, sondern die in die Rezipient_innen hinein verlegt wird.

106 Vgl. zur Bedeutung der De-Materialisation für Lauwers und Needcompany auch Lehmann: Détachement, S. 155.

VI
Das erblindete Publikum – Fremdheit und Transformation in Meg Stuarts szenischer Installation *All Together Now* (2008)

Die Abwesenheit der Darstellung

Dass etwas gezeigt wird, ist für die darstellenden Künste selbst dann bezeichnend, wenn es ausdrücklich um Formen des Entzugs und der Abwesenheit von Bildern, des Sichtbaren oder der Synthesis geht.[1] Im deutschsprachigen Raum haben vor allem Gerald Siegmund, Krassimira Kruschkova und André Eiermann das ästhetische und politische Potenzial derartiger ‚Ästhetiken zweiter Ordnung' bezüglich der neueren Tanz- und Performancekunst herausgearbeitet, worunter auch Formen des Schweigens, der Leere und der Pause zählen.[2] Derartige Formen und Analysen ästhetischer Erfahrung können als eine Gegenbewegung zu den Artikulationen und emphatischen Proklamationen prononcierter Präsenzerfahrung begriffen werden, die in Guy Debords *Gesellschaft des Spektakels* ihren charakteristischen Ausdruck gefunden haben und sich mit der philosophisch-kulturtheoretischen Diagnose einer zunehmenden Ästhetisierung nahezu aller Lebensbereiche verbinden.[3] In diesem Sinn werden

1 Für dieses Kapitel wurde der Aufsatz „Kalkulierte Kontrollverluste" überarbeitet, korrigiert und erweitert (vgl. Astrid Hackel: Kalkulierte Kontrollverluste: Der Schwarzraum in Meg Stuarts Tanzperformance „All together now". In: Ruth Reiche / Iris Romanos / Berenika Szymanski / Saskia Jogler (Hrsg.): *Transformationen in den Künsten. Grenzen und Entgrenzung in bildender Kunst, Film, Theater und Musik.* Bielefeld: Transcript 2011, S. 33–46).

2 Siegmund: Erfahrung, dort, wo ich nicht bin; ders.: *Abwesenheit*; Eiermann: *Postspektakuläres Theater*; Kruschkova (Hrsg.): *OB?SCENE.*

3 Vgl. exemplarisch Guy Debord: *Die Gesellschaft des Spektakels.* Berlin: Tiamat 1996; Gernot Böhme: *Atmosphäre. Essays zur neuen Ästhetik.* Frankfurt am Main: Suhrkamp 1995; Jean Baudrillard: *Der symbolische Tausch und der Tod*, aus d. Franz. v. Gerd Bergfleth. München: Matthes & Seitz 1982; ders.: *Simulacres et Simulation.* Paris: Galilée 1981.

auch jenseits der darstellenden Künste Ausprägungen von Abwesenheit, Konzepte wie die sogenannte „Anästhetik“ (Wolfgang Welsch) oder „Inästhetik“ (Alain Badiou) als Phänomene post-moderner Lebenserfahrung verstärkt rezipiert und theoretisiert.[4]
Die folgenden Überlegungen gehen von einer performativen Sequenz aus, die sich über die theatrale Konvention eines wechselseitigen Schauens und Zu-Schauen-Gebens in ungewohnter Radikalität hinwegsetzt. Die Performance-Installation *All Together Now* von Meg Stuart und ihrer Kompanie Damaged Goods zeigt minutenlang nichts: keinen Raum, keine Körper, keine Stimmen oder Sounds. Sie stellt nicht nur das Gebot der Darstellung, sondern auch die gleichzeitige Anwesenheit von Akteur_innen und Zuschauer_innen infrage, welche für die darstellende Kunst konstitutiv ist.[5]
Die in Koproduktion mit dem Festival Steirischer Herbst entstandene Arbeit, die im Oktober 2008 in Graz uraufgeführt wurde, erreicht diese radikale Ausblendung durch den Einsatz eines Schwarzraums, wie er vor allem aus der bildenden bzw. der Installationskunst bekannt ist.[6] Dabei handelt es sich um einen licht- und oft auch schallisolierten Raum, der alternativ als Black Box bezeichnet und in der Regel für eine begrenzte Dauer erfahrbar gemacht wird. Das heißt, dass die Besucher_innen im Rahmen einer Ausstellung weitgehend selbst darüber entscheiden, wie lange sie sich dieser Erfahrung aussetzen. In der Gegenüberstellung zum White Cube beschreibt Annette Jael Lehmann die Eigenschaften einer mediatisierten Black Box wie folgt:

> Die *Black Box*, der Schwarzraum, ist ebenso wie der *White Cube* ein künstlich geschaffener und isolierter Raum, der ideale Präsentationsbedingungen für auf Projektionsmedien basierende Kunstprojekte liefert. Bei einer Black-Box-Installation handelt es sich jedoch um einen Ausstellungsraum, in dem absolute Dunkelheit herrscht, die gleichwohl von verschiedenen, immer künstlichen Lichtquellen erhellt bzw. durchbrochen werden kann. Oftmals betreten die Besucher diesen Raum über eine Schleuse, die externe Licht- und Geräuschquellen ausschließt. [...] Die Black Box stellt ein Raumparadigma dar, das sich substanziell von den Vorführräumen des Kinos oder auch ihrem historischen Vorläufer, der Camera Obscura,

4 Vgl. exemplarisch Wolfgang Welsch: Ästhetik und Anästhetik. In: Ders. / Christine Pries (Hrsg.): *Ästhetik im Widerstreit. Interventionen zum Werk von Jean-François Lyotard.* Weinheim: VCH 1991, S. 67–87; Alain Badiou: *Petit manuel d'inesthétique. L'ordre philosophique.* Paris: Seuil 1998. Vgl. außerdem exemplarisch Ulrike Lehmann / Peter Weibel (Hrsg.): *Ästhetik der Absenz. Bilder zwischen Anwesenheit und Abwesenheit.* München: Klinkhardt & Biermann 1994; Michel de Certeau: *L'Absent de l'Histoire.* Paris: Marne 1973.

5 Vgl. exemplarisch Fischer-Lichte: *Ästhetik des Performativen*, insb. S. 58–126, worin die Autorin – wie bereits in Kapitel V erwähnt – die leibliche Kopräsenz von Akteur_innen und Darsteller_innen zur Bedingung der Aufführung als Live-Ereignis erklärt.

6 Vgl. exemplarisch Ralf Beil (Hrsg.): *Black Box. Der Schwarzraum in der Kunst.* Ausstellungskatalog Kunstmuseum Bern. Ostfildern: Hatje Cantz 2001; Blocker: Blink.

unterscheidet, da die Wahrnehmungsvorgänge durch die Lichtgestaltung unter radikalisierten Bedingungen vollzogen werden.[7]

Anders als in der bildenden Kunst begründet der Schwarzraum im (Tanz-) Theater keine eigene Tradition, was unter anderem mit den strengen Sicherheitsauflagen zusammenhängt, die das Ausschalten der Notbeleuchtung nur in absoluten Ausnahmefällen gestatten.[8] Stuarts szenisch-installative Arbeit, in der die absolute Dunkelheit minutenlang weder von Sounds noch Lichtprojektionen durchbrochen wurde, konnte aufgrund der technisch-administrativen Schwierigkeiten und der Sorge um die Sicherheit der Besucher_innen nur an einem weiteren Spielort, dem Kaaitheater in Brüssel, aufgeführt werden. Bezeichnend ist, dass die Besucher_innen von *All Together Now* nicht entscheiden konnten, wie lange sie sich den radikalisierten Wahrnehmungs- und Fortbewegungsbedingungen aussetzen wollten. Sie waren, wie im Theater üblich, auf eine externe Dramaturgie angewiesen, ohne zu wissen, wann und auf welche Weise die außergewöhnliche Situation beendet werden würde.

Ging es in den vorangegangenen Kapiteln verstärkt um künstlerisch vermittelte Fragen der Bild- und Sinnproduktion, der Selbst- und Fremdwahrnehmung, rückt nun eine Konstellation ins Zentrum der Studie, in der die Rezipient_innen selbst vorübergehend ‚erblinden'. Die im hergebrachten Sinn als Zuschauer_innen oder Betrachter_innen angesprochenen Rezipient_innen der Aufführung *All Together Now* erscheinen als auf künstliche Weise in ihrer Sicht Behinderte und als zweifelhafte ‚Zuschauer_innen' einer Darbietung, die sich ihrer visuellen wie auditiven Zeugenschaft entzieht.[9] Die Analyse fragt nach den konkreten Effekten einer spezifisch ästhetischen Konstellation, die unter Einsatz sparsamster Mittel eine derart enorme Wirkung erzielt. Sie fragt nach dem Status der Rezipient_innen, die in dieser Situation zu Produzent_innen werden, und geht vor diesem Hintergrund dem Beitrag jener installativen Anordnung zum Verständnis des Wahrnehmungsapparats nach.

7 Lehmann: *Kunst und Neue Medien*, S. 158.

8 Erinnert sei etwa an den legendären Streit, den Thomas Bernhard und sein Regisseur Claus Peymann 1972 mit der Direktion der Salzburger Festspiele austrugen, weil sie *Der Ignorant und der Wahnsinnige* unbedingt in absoluter Finsternis enden lassen wollten. Als nach einer reibungslosen Generalprobe die Notbeleuchtung wider die Absprache zur Premiere angeschaltet blieb, zogen der Autor und sein Regisseur die Inszenierung kurzerhand vom Spielplan zurück.

9 Um Missverständnissen vorzubeugen: An die etwa 10-minütige Konfrontation der Besucher_innen mit dem Schwarzraum schloss eine interaktive Aufführung an, die aus einzelnen Stationen bestand, in denen Formen der Partizipation zwischen Akteur_innen und Zuschauer_innen erprobt werden konnten. Dieser Teil ist für meine Analyse jedoch nicht relevant, da er hinter den Effekten im ersten Teil zurückbleibt und das durch den Schwarzraum entfaltete Potenzial kaum nutzte.

Sie knüpft dabei an neuere wahrnehmungstheoretische und phänomenologische Überlegungen, vor allem an Sabine Schoutens Studie über Genese und Ausprägungen von Atmosphären im Gegenwartstheater an, worin die Autorin philosophiegeschichtliche Ansätze, etwa von Gernot Böhme und Waldenfels, mit Aufführungsanalysen aus dem Spektrum des postdramatischen Theaters verbindet und weiterentwickelt.[10] In einem größeren Kontext betrachtet, bestätigt und radikalisiert Stuarts Schwarzraum die aufgrund des Performative Turn oder Iconic Turn erfolgte interdisziplinäre Fokussierung auf die aktive, das Kunstwerk (mit-)konstituierende Rolle der Rezipient_innen.[11] In Abwandlung von Peggy Phelans im zweiten Kapitel angeführten Zitat über Woodman lässt sich unter Bezugnahme auf Stuart fragen: ‚Is it possible to enter something that doesn't exist?'[12] Einen Raum also, der sich den Zuschauer_innen auf signifikante Weise verschließt?

Mit der in diesem Kapitel zu vollziehenden Wende verlagert sich die Emphase auf die ambivalente Rolle verunsicherter Rezipient_innen, die in Stuarts Schwarzraum zum Auslöser von Ereignissen werden, die sie in ihrem Selbstverständnis, ihrer Wahrnehmung und ihrem Verhalten unmittelbar beeinträchtigen: Alle partizipieren zwar an ein und demselben Ereignis, interagieren aber nicht im herkömmlichen Sinn miteinander, sondern sind in ungewohnter Radikalität auf sich allein gestellt. Aufbauend auf den ambivalenten Auswirkungen des strategischen Lichtentzugs widmet sich der letzte Abschnitt dieses Kapitels dem Potenzial des Schwarzraums, die laut Judith Butler maßgeblich durch kulturelle Situierung und Wiederholung eines bestimmten Tuns hervorgebrachte soziale Geschlechtsidentität in ihrer dezidierten Sichtbarkeit zur Diskussion zu stellen und exemplarisch zu verunklären.[13] Dabei wird mit Eszter Salamons *Tales of the Bodiless* (2011) eine weitere Inszenierung einbezogen, die durch den Einsatz

10 Vgl. Schouten: *Sinnliches Spüren*.

11 Beide Begriffe sind wie der Linguistic Turn Teil der konstruktivistischen Wende in den Geistes- und Kulturwissenschaften. Ich beschränke mich hier auf eine kleine Auswahl neuerer und zentraler Titel, die sich unter dem Aspekt der konstitutiven Rolle der Betrachter_innen in die Analyse weiterführend einbeziehen lassen: Czirak: *Partizipation der Blicke*; Umathum: *Kunst als Aufführungserfahrung*; Gabriele Brandstetter: *Bild-Sprung. TanzTheaterBewegung im Wechsel der Medien*. Berlin: Theater der Zeit 2005; Jon McKenzie: *Perform or Else. From Discipline to Performance.* London / New York: Routledge 2001. Vgl. außerdem bildwissenschaftliche Forschungen zur ‚Aktivität des Bildes', z. B. Didi-Hubermann: *Was wir sehen, blickt uns an*; Horst Bredekamp: *Theorie des Bildakts. Frankfurter Adorno-Vorlesungen 2007.* Berlin: Suhrkamp 2010.

12 Vgl. Phelan: Francesca Woodman's Photography, S. 988. Im Orig. „to photograph".

13 Vgl. Butler: *Das Unbehagen der Geschlechter*; dies.: *Excitable Speech*; vgl. exemplarisch auch Schaffer: *Ambivalenzen der Sichtbarkeit*.

eines Schwarzraums soziale Kategorisierungen (wie *gender*, aber auch *race*, *class* oder *age*) dekonstruiert. Während bei Stuart der_die konkrete Teilnehmende in den Vordergrund rückt, sind es bei Salamon kulturell geprägte Körperkonzepte. Im Anschluss an die im zweiten und dritten Kapitel herausgestellte Unbestimmtheit der Geschlechter geht es hier also um konkrete Auswirkungen einer atmosphärischen Situation auf binäroppositionelle Zuschreibungen wie männlich und weiblich, sichtbar und sehend, agierend und zuschauend.[14]
Die Untersuchung basiert auf eigenen Erinnerungen an die Aufführung; diese werden durch vergleichbare Erfahrungsberichte und interdisziplinäre Denkansätze ergänzt. Der Text wird deshalb zwischen der Artikulation persönlicher und dritter Erfahrungen ebenso wie zwischen verschiedenen Zeitformen wechseln. Darüber hinaus werde ich im Aufbau der Argumentation zwischen affektiven, mentalen und perzeptiven Modalitäten meines Zugangs zur Aufführung unterscheiden, obwohl sich die verschiedenen Eindrücke in meiner Erinnerung von Anfang an überlagern. Dies dient der besseren Beschreib- und Verstehbarkeit der komplexen Wahrnehmungstransformation, wie sie im Schwarzraum stattfindet.

Defigurierte Körper bei Meg Stuart
Die Choreografin und Tänzerin Meg Stuart, die 1965 in New Orleans (USA) geboren wurde, studierte an der New York University Tanz. Auf Einladung des Klapstuck Festivals in Leuven (Belgien) entwickelte sie Anfang der 1990er Jahre ihre erste abendfüllende Choreografie *Disfigure Study*, eine Körper- und Bewegungsstudie, die mit den in den USA und Westeuropa bis in die 1980er Jahre vorherrschenden Tanzstilen radikal bricht. Statt an die vorherrschende Repräsentation virtuoser Körper und harmonischer Bewegungen auf der Bühne anzuknüpfen, gibt die Studie mit dem programmatischen Titel den Blick auf defigurierte, entkontextualisierte Körper(-teile) und Bewegungssequenzen frei, die laut Gabriele Brandstetter „ein Bild des durch Deformation formierten Körpers“[15] vorstellen. Indem der entstaltete Körper hier den Maßstab der Darstellung konstituiert, werden bis dahin in Tanz (und Gesellschaft) verbreitete Vorstellungen harmonischer Geschlossenheit dekonstruiert. Damit steht

14 Ausgehend von jüngeren Inszenierungen hat Adam Czirak die vielfältigen Überschneidungen innerhalb dieser idealen Konstruktion von aufgeteilten Blickweisen herausgearbeitet. Demnach sind sowohl die Akteur_innen als auch die Zuschauer_innen prinzipiell in der Situation, zu beobachten und dabei zugleich beobachtet zu werden. (Vgl. Czirak: *Partizipation der Blicke.*)
15 Gabriele Brandstetter: Grenzgänge II. Auflösungen und Umschreibungen zwischen Ritual und Theater. In: Dies. / Helga Finter / Markus Weßendorf (Hrsg.): *Grenzgänge. Das Theater und die anderen Künste.* Tübingen: Narr 1998, S. 13–22, hier S. 17.

Disfigure Study mit ihrem Fokus auf verfremdeten Details historisch betrachtet am Beginn einer Entwicklung, die Gerald Siegmund als „zunehmende Radikalisierung im Umgang mit dem Erbe des klassischen Balletts",[16] bezeichnet, während zugleich „das Interesse der Künstler für die reine Bewegung – jenem Paradigma der klassischen Tanzmoderne – abnahm" und „[d]ie Künstler [...] ihr Augenmerk auf die Bühne, den Raum und das Licht [richteten]", wodurch wiederum Kontexte eröffnet worden seien, „in denen der Körper als das Werkzeug des Tänzers anders wahrgenommen werden konnte."[17]
Disfigure Study weist durch die ungewohnte und verstörende Sichtbarmachung fragmentierter und entfremdeter Körper(-teile) auf Arbeiten wie die als Meilenstein der jüngeren Tanzgeschichte geltende Performance *Self Unfinished* (1998) von Xavier Le Roy voraus und bietet sich in dieser Richtung als eine Referenz für stilbildende Arbeiten wie *other feature* (2002) von Saskia Hölbling oder *Soli Deo Gloria* (2013) von Lee Meir an.[18] Mit *Disfigure Study* verlagerte Stuart, deren Arbeiten wie die von Lauwers und Needcompany als postdramatisch gelten können, ihr Schaffenszentrum nach Westeuropa und gründete 1994 in Brüssel die Kompanie Damaged Goods. Schon der Name der Gruppe, der sich mit ‚beschädigte Ware' übersetzen lässt, kündet vom selbstbewussten Bruch mit tradierten Tanz- und Theaterformen. Darüber hinaus ist der Kompanie-Gedanke bei Stuart ähnlich vorherrschend wie bei Lauwers und Needcompany.[19] Symptomatisch für Stuarts dekonstruktive Arbeitsweise ist in diesem Sinn der interdisziplinäre Austausch mit Tänzer_innen und Choreograf_innen, bildenden Künstler_innen, Musiker_innen und Schriftsteller_innen wie Brendan Dougherty, Ann Hamilton, Claudia Hill, Benoît Lachambre, Hahn Rowe, Tim Etchells und Philipp Gehmacher. Sie alle sind Teil eines offenen, sich beständig verändernden Netzwerks. Von Anbeginn ihres Schaffens ist Stuart also an kollektiven und interdisziplinären Verfahren der Weiterentwicklung und kritischen Redefinition der Kunst und insbesondere des Tanzes interessiert, den sie als ein gattungsüberschreitendes Modell zur Artikulation ästhetischer und politischer Ansprüche erkennt.

16 Siegmund: *Abwesenheit*, S. 9.

17 Ebd.

18 Saskia Hölbling: *other feature* (UA: 04.04.2002, dietheater, Wien); Lee Meir: *Soli Deo Gloria* (UA: 05.04.2013, Theater Erfurt, Thüringer Bachwochen).

19 Vgl. Meg Stuart: To have company. In: Jeroen Peeters (Hrsg.): *Damaged Goods / Meg Stuart. Are we here yet?* Dijon: Presses de réel 2010, S. 143: „'To have company' means that you are not alone, that you share yourself and your place with others. [...] I like to create an open structure where dancers are independent and have the opportunity to do their own work and that of other artists. I think it feeds them and consequently the work."

Eine ausgefeilte Licht- und Musikdramaturgie bildet die Grundlage vieler Arbeiten von Stuart und Damaged Goods. Techno, Hard-Core-Electro und Industrial Sounds erscheinen als Auslöser von Bewegungen, die in *Visitors Only* (2003) oder *Violate* (2011)[20] nicht nur die Tänzer_innen affizieren, sondern auch die Zuschauer_innen ergreifen. Bezeichnend ist, dass sie sich aufgrund der extremen Lautstärke nicht entscheiden können, ob sie sich von der Musik beeinflussen lassen oder nicht. Stuarts Produktionen erzeugen Zustände der gesteigerten Intensität und der Liminalität, die nicht nur die Akteur_innen an die Grenze der Belastbarkeit bringen, sondern auch den Zuschauer_innen starke Reize und verstörende Eindrücke zumuten, selbst wenn Letztere jenseits von *All Together Now* oder Stuarts Beitrag zu *X Wohnungen* (2005) selten als aktive Partizipierende in die Aufführungen involviert sind.[21]

Die Zelle als Schleuse

Von Anfang an steht die Choreografie *All Together Now* im Zeichen des Zauderns und der Zumutung. Vom Foyer der Helmut-List-Halle aus, einer entlegenen, ehemaligen Fabrikhalle für Motorentechnik im österreichischen Graz, betreten wir – gut 80 Besucher_innen – einen aus Brettern gezimmerten, provisorischen Raum. Alle Taschen und Jacken sollten zuvor an der Garderobe abgegeben werden. Vorsorglich erkundigten sich die Einlasser_innen, ob jemand unter Platzangst litte. In dem Fall sollte man so lange wie möglich im Foyer warten und erst zuletzt den vergleichsweise winzigen Raum betreten.

Dieser Raum ist mit rotem Teppichbelag ausgelegt, die Wände sind mit hellgrüner, zart glitzernder Strukturtapete verkleidet. Links vorn in der Ecke steht ein schmales, niedriges Feldbett, an der Decke hängt ein überdimensionierter,

20 Meg Stuart / Damaged Goods: *Visitors Only* (UA: 30.04.2003, Schauspielhaus Zürich); Meg Stuart: *Violate* (UA: 07.04.2011, PACT Zollverein, Essen).

21 *X Wohnungen – Suburbs*, Veranstaltungsreihe des Theaters Hebbel am Ufer (HAU), unter Beteiligung diverser Künstler_innen, u. a. Meg Stuart, 05.05.–08.05.2005. Zum Begriff der Liminalität vgl. Fischer-Lichte: *Ästhetik des Performativen*, S. 305–307. Zentral für Fischer-Lichtes anthropologisches Verständnis der Liminalität im Theater ist die rituelle Erzeugung eines Zustands *zwischen* Alltag und Kunst, ein mit Victor Turner präzisierter Zustand des „betwixt and between the positions assigned and arrayed by law, custom, convention and ceremonial" (ebd., S. 305–306). Während die Besucher_innen einer Theateraufführung nach Fischer-Lichte in der Trennungsphase aus ihrem Alltag herausgelöst und in der Inkorporationsphase wieder in den Alltag entlassen werden, versetzt sie die mittlere, sogenannte Schwellen- oder Transformationsphase „in einen Zustand *zwischen* allen möglichen Bereichen [...], der [...] ihnen völlig neue, zum Teil verstörende Erfahrungen ermöglicht" (Erika Fischer-Lichte: Ästhetische Erfahrung als Schwellenerfahrung. In: Joachim Küpper / Christoph Menke (Hrsg.): *Dimensionen ästhetischer Erfahrung*. Frankfurt am Main: Suhrkamp 2003, S. 138–161, hier S. 139. (Herv. i. Orig.)) Vgl. außerdem die Überlegungen zur ritualhaften Transformation in Kap. V.

prunkvoller Kronleuchter mit runden Glühbirnen, die an Weihnachtskugeln erinnern. Immer mehr Zuschauer_innen zwängen sich in den kleinen Raum, der ihrer Zahl nicht angemessen ist. Wie in einem überfüllten Fahrstuhl müssen wir uns zusammendrängen, was eine Intimität unter Fremden erzwingt, die charakteristisch für die durch Stuarts Arbeiten ausgelösten Effekte ist.[22] Zu meiner eigenen Befindlichkeit mag auch die seltsame Zusammenstellung des Mobiliars beitragen: Die heimelige Atmosphäre, die das kitschige Wohnzimmer erzeugt, wird durch den Eindruck, den die provisorische, Krankheit und Entbehrung verheißende Liege auf mich macht, kontrastiert. Schließlich wird die Tür von außen geschlossen. Aus dem Off ertönt ein Text des Theaterautors und Performers Tim Etchells, einem der Mitbegründer der Performance-Gruppe Forced Entertainment, die Hans-Thies Lehmann neben Lauwers und anderen zu den zentralen Protagonist_innen des postdramatischen Theaters zählt.[23] Etchells gehört darüber hinaus zu jenen Künstler_innen, mit denen Stuart seit Jahren immer wieder zusammenarbeitet.[24] Mit monotoner Stimme wird ein Text vorgetragen, der die ambivalente räumliche Atmosphäre klanglich und inhaltlich verstärkt. Die im Ausdruck reduzierte Stimme ist auf dem Grat zwischen menschlicher Stimme und Computer-Stimme angesiedelt; sie wirkt gedehnt, unbeteiligt und distanziert. Sie erzählt von einem Mann und einer Frau, die sich wünschen, ihre Körper einander anzunähern, sie ineinander gleiten zu lassen, als handele es sich dabei um ein von ihrem Denken abgespaltenes Material – merkwürdig zwischen Lebendigem und Leblosem changierend und kraft der Stimme wie mechanisch um eine abwesende Lust kreisend. „Sie beginnen einander anzusehen. Niemand weiß, wer damit beginnt. Münder offen, Körper, (*Pause*) eng aneinander gedrückt. (*Pause*). Sie gleiten ineinander."[25] Die ausgedehnten Pausen verfremden den Inhalt der Aussage. Auch die irritierende Stimme verändert den Sinn der Wörter, die wie losgelöst voneinander wirken. Auf diese Weise entsteht der ambivalente Eindruck, bei jenem aufgerufenen

22 *Intimate Strangers* war auch der Name eines fünftägigen Festivals, das in Brüssel stattfand. Die Performer_innen von Damaged Goods widmeten sich dabei den Zwischenformen privater und öffentlicher Schaustellung mit Mitteln des Tanzes, der Musik, der Video- und Installationskunst. Vgl. http://www.damagedgoods.be/EN/intimate_strangers_brussels (Zugriff am 23.09.2014).

23 Lehmann: *Postdramatisches Theater*, S. 24–25.

24 Tim Etchells schreibt vor allem Texte für Meg Stuart und Damaged Goods, über *All Together Now* hinaus etwa für die Performance *It's not funny* (2006) oder die darauf basierende Videoinstallation *I thought I'd never said this* (2008); diese Texte entstehen in engem Austausch mit Stuart und Damaged Goods, etwa während der Probenprozesse, vgl. Tim Etchells: Tuning in. In: Peeters (Hrsg.): *Damaged Goods*, S. 129–131.

25 Aus der Erinnerung zitiert.

Paar handele es sich um entfremdete und doch vereinigte Wesen. Durch das Prononcieren wirken die erotisch konnotierten Begriffe Körper, Münder und Öffnungen wie aus dem Kontext gelöste, aber auch von den betreffenden Körpern abgespaltene Relikte.
Assoziationen mit der eigenen Situation sind unvermeidlich. Ich kann mich nicht bewegen, vor mir erstreckt sich ein gigantischer Rücken, über den mein Blick nicht hinausreicht. Ich starre auf die vereinzelten Krümel, Schuppen und Haare auf dem rosafarbenen Hemd; feuchte Flecken zeichnen sich unter den Achseln ab. Es ist unangenehm warm, die Luft wirkt schwer. Aus allen Richtungen drücken sich Körper an mich. Sie vergegenwärtigen mir die Unfreiwilligkeit, in der ich hier mit anderen Menschen zusammenkomme, deren Nähe ich nicht gesucht habe. Als sich eine Tür zur anderen Seite der Zelle hin öffnet, wird sofort ein angenehmer Luftzug spürbar. Im hinteren Teil der Zelle, worin die Besucher_innen immer noch zusammengedrängt stehen, breitet sich Unruhe aus, auch die Letzten wollen diese unerträgliche Situation endlich hinter sich lassen. Warum sich der Raum deshalb nicht schneller entlädt, bleibt unklar. Erst, als ich selbst an der Schwelle zwischen der hellen Zelle und der dunklen Halle stehe, verstehe ich das Zögern, das mich hier körperlich erfasst. Auf der Schwelle zu jener undurchdringlichen Dunkelheit halte ich unwillkürlich inne. Ich kann nicht anders, als in meiner Bewegung zu stocken, denn ich sehe nichts als Schwärze.

Die Schwelle

„Der Raum des Theaters ist sowohl Voraussetzung der Aufführungen als auch Produkt theatraler Vorgänge",[26] hält Jens Roselt in seiner *Phänomenologie des Theaters* fest. Roselt geht von einer betont sozialen Verfasstheit des (Theater-)Raumes aus, der wesentlich durch die Anwesenheit der Zuschauer_innen hervorgebracht wird. „Der Raum organisiert die Blicke, macht sichtbar oder verstellt die Perspektive. Mit der Anwesenheit im Raum beginnt das Theater, noch bevor der erste Satz gesprochen ist."[27] Im Schwarzraum sind die soziokulturell verinnerlichten Sehkonventionen auf einzigartige Weise außer Kraft gesetzt. Die Besucher_innen befinden sich in einer verwirrenden Situation, in der sie sich nicht orientieren können. Der liminale Zustand des *betwixt and between*, den *All Together Now* erzeugt, scheint die institutionelle Idee vom Theater als einem Apparat des Zeigens und Schauens und darüber hinaus die vorrangig auf

26 Jens Roselt: *Phänomenologie des Theaters*. München: Fink 2008, S. 65.
27 Ebd., S. 67.

visuellen Parametern aufbauende Herstellung und dreidimensionale Organisation des Raumes zu negieren. Auf diese Weise wird deutlich, dass der winzige Raum, den die Zuschauer_innen durchqueren mussten, als eine Schleuse fungiert, die, wie Annette Jael Lehmann konstatiert, dem installativen Schwarzraum oft vorgeschaltet ist.[28] Die Schleuse dient offenkundig der Vorbereitung auf die daran anschließende Erfahrung, die den Faktor der ersten Zumutung noch steigert. Auf der Schwelle zwischen den beiden Räumen finden sich, mit Joseph Vogl gesprochen, die

> Elemente eines Zaudersystems versammelt, das von einer ästhetischen Figur über einen Geschehniszusammenhang in eine prinzipielle Dimension hinüberreicht und dabei eine spezifische Schwebe produziert: durch gegenstrebige Kräfte, die einander motivieren und blockieren zugleich; durch ein Bewegungs- bzw. Affektbild, das einen Moment der Unbestimmtheit zwischen Wahrnehmung und Aktion hervortreibt; durch eine dysnarrative Funktion, die das Syntagma der [...] Erzählung unterbricht; durch Grundsätze und Gesetzmäßigkeiten schließlich, die an den Rand von Sturz und Fall transportiert werden.[29]

All diese Elemente, die Vogl in seinem Essay *Über das Zaudern* beschreibt, greifen auch in der Schwellensituation, der Stuart ihre Besucher_innen aussetzt, ineinander. Die Grenze zwischen dem begehbaren Kunstwerk und der in diesem Sinn partizipierenden Rezeption ist hier verunklärt. Die erste Zumutung, der die Zuschauer_innen verständlicherweise ‚entkommen' möchten, wird auf der Schwelle zur eigentlichen Aufführung(-shalle) gegen eine grundsätzlich anders kodierte Zumutung getauscht, die jedoch noch verstörendere Erfahrungen evoziert. Die Enge der Zelle wird gegen eine paradoxe, weil enge Unabsehbarkeit getauscht und an die Stelle der eindringlichen Verlautbarung Tim Etchells tritt eine auffällige Stille. Die im ersten Raum als störend empfundene Reizkulisse wird im Schwarzraum gegen einen spürbaren Entzug getauscht, der sich vor allem in der Abwesenheit von visuellen und akustischen Signalen äußert.
Wie in Vogls Beschreibung sind an diesem schwellenartigen Bewegungs- und Affektbild verschiedene Kräfte beteiligt. Während der schwarze Raum den_die Besucher_in unwillkürlich zaudern lässt, drängen die Dahinterstehenden ihn_sie mehr oder weniger deutlich in dieses Ungewisse hinein. Ich selbst fühlte mich hin- und hergerissen zwischen dem aussichtslosen Impuls, einfach stehenzubleiben oder gar umzukehren, und der Neugier weiterzugehen. Jene dysnarrative Funktion schließlich, die Vogl zum Zaudersystem zählt, verweist bei Stuart auf die signifikante Unerklärbarkeit eines Vorgangs, der sich nicht in meinen Erfahrungshorizont integrieren lässt. Er hält mich in einem Affekt- und

28 Vgl. Lehmann: *Kunst und Neue Medien*, S. 158.

29 Joseph Vogl: *Über das Zaudern*. Zürich / Berlin: Diaphanes 2007, S. 22–23.

Bewegungsbild, zwischen den gegensätzlichen Impulsen des Ausschreitens und des Verharrens. „Wenn Gegensätze zusammenfallen, das eine zugleich auch das andere sein kann", hält Erika Fischer-Lichte in der *Ästhetik des Performativen* fest, „dann richtet sich die Aufmerksamkeit auf den Übergang von einem Zustand zum anderen".[30] Und für Waldenfels erscheint „die Schwelle als ein Ort des Fremden par excellence", weil es „das Fremde als ein Anderswo [ist], das Eigenes markiert, indem es sich diesem entzieht".[31] Trotz der unterschiedlichen disziplinären Ansätze betonen damit sowohl Vogl als auch Waldenfels und Fischer-Lichte ein unversöhnliches Moment innerhalb einer Erfahrung, die sich auf keine eindeutige Motivation zurückführen lässt und einen dritten Zustand zwischen zwei widersprüchlichen Impulsen erzeugt. Der für Vogl entscheidende „Moment der Unbestimmtheit zwischen Wahrnehmung und Aktion"[32] trifft in *All Together Now* die Rezipient_innen, die durch diese Schwellenerfahrung zugleich zu Produzent_innen der sinnlichen Vorgänge werden. Diese Erfahrung beschränkt sich bei Stuart auf keine liminale Schwelle, sondern wird zeitlich und räumlich ausgedehnt – obwohl der Raum selbst (und damit gewissermaßen auch das von ihm abhängende Zeitbewusstsein) zur Disposition steht. Er wird, wie im Folgenden zu präzisieren ist, als ein ambivalenter Schwellenraum begreifbar, an den sich die Zuschauer_innen nicht gewöhnen können, gleichwohl er ihnen die seltene Gelegenheit bietet, sich auf eine ungeahnte Weise selbst gegenüberzutreten – als handele es sich bei ihnen selbst um unbekannte Wesen.

Übungen zur Fremdwerdung

Auf unwillkürliche Weise beeinflusst der Schwarzraum die Wahrnehmung und die Art der Fortbewegung. Formen der Fremdsteuerung sind charakteristisch für die Arbeiten von Stuart. Fiktive Szenarien, die die Choreografin für ihre Kompaniemitglieder und Auszubildenden entwirft, dienen der Erkundung des eigenen Körpers unter der Voraussetzung der Infragestellung des Eigenen und einer darauf aufbauenden potenziellen Neukonfigurierung. Der Sammelband *Are we here yet?* über Stuart und Damaged Goods enthält neben Essays, Reflexionen, Proben- und Inszenierungsaufnahmen einen Katalog praktischer Übungen aus dem Probenalltag der Choreografin: *Looking at your own body as*

30 Fischer-Lichte: *Ästhetik des Performativen*, S. 305.

31 Waldenfels: *Sinnesschwellen*, S. 9.

32 Vogl: *Über das Zaudern*, S. 22.

if you were dead lautet eine davon, *The last person on earth* eine andere. In dem Zusammenhang führt Stuart aus:

> When I began to research I would create exaggerated fictions for myself, for example insisting that I was not simply lying on the floor but, for that moment, that I was no longer alive. Or I would go to sleep in the studio, then wake up and imagine that I was the last person on earth or that I had only two seconds to live. By walking my students through scores that include memory spaces, dream worlds or ideas of transformation, they are offered imagery that they wouldn't necessarily enter on their own. This helps them to develop a rich internal world, the fiction becomes a doorway for movement investigation.[33]

Die Grundidee der Fiktion, der eine zentrale Bedeutung innerhalb von Stuarts Schaffen zukommt, besteht für die Imaginierenden darin, sich im (Sich-)Fremdwerden zu üben. Oft wirken die Körper der Tänzer_innen, als seien sie aus der Fassung geraten und unsichtbaren Kräften und Energien ausgesetzt, die sie in ihren natürlichen Bewegungen hemmen und gleichzeitig zu unkontrollierbaren Handlungen veranlassen. Zu diesen Praktiken der Verselbständigung des Körpers zählt das exzessive, unkontrollierbare Zittern, das Stuart wiederholt in ihren Arbeiten einsetzt. Am Anfang von *Visitors Only* beispielsweise zittert das ganze Ensemble minutenlang: „Dance is a place to try things that you aren't necessarily comfortable with."[34] Das Ausprobieren und Wiederholen unangenehmer Handlungen kann zur Normalisierung der sowohl von den Darsteller_innen als auch den Zuschauer_innen als befremdlich empfundenen Praktiken führen, wie Rudi Laermans hervorhebt, oder umgekehrt die Diskrepanz zwischen Vertrautem und Nicht-Vertrautem verschärfen, wie Brandstetter herausstellt.[35] Für Brandstetter ist der „Tremor" im ständigen Verlust der Selbst-Konstitution ein mögliches „Residuum an Widerständigkeit" des Körpers, dessen „Beharren auf Präsenz" den Zuschauer_innen zugemutet wird.[36] Wie lange man sich dem Anblick der zitternden Körper als Zuschauer_in auch aussetzen mag – diese Körper lassen sich nicht scharfstellen, sondern flimmern, auf den Titel einer Dokumentation über die Künstlerin anspielend, *somewhere in between*,[37] zwischen dem Eindruck der Körperhaftigkeit und dem der Körperlosigkeit, zwischen Kontur und Konturverlust, einer ästhetischen und einer existenziellen Ausnahmesituation.

33 Meg Stuart: A Place to Try Things. In: Peeters (Hrsg.): *Damaged Goods*, S. 150.

34 Ebd.

35 Rudi Laermans: Dramatische Gesellschaftsbilder. In: *Ballett International/Tanz Aktuell* 8/9 (1995) S. 54–59.

36 Brandstetter: Grenzgänge II, S. 17.

37 *Somewhere in Between* (F 2004, R: Pierre Coulibeuf).

Wenn der Tanz für Stuart einen bevorzugten Bereich kennzeichnet, um sich unbequemen Tatsachen und Erfahrungen auszusetzen, verstärkt der Schwarzraum dieses Prinzip, da er ohne Instruktionen funktioniert und die Besucher_innen von *All Together Now* vor der Premiere bewusst im Unklaren darüber ließ, was sie an jenem Abend zu erwarten hätten. Spontane Bestürzung schien sich umso intensiver zu äußern, als sie weitestgehend unvorbereitet in die ungewohnte Situation hineingerieten.[38] Dass bereits die enge Zelle einen Schwellen- oder Übergangsraum markiert, an den ein weiterer, vollkommen anders beschaffener, aber die Erwartungsvollen ähnlich hinhaltender Raum anschließt, bringt den Verdacht mit sich, man habe es hier mit einem vorsätzlichen System zu tun: Indem zwei Transiträume aneinandergereiht werden, rückt der in Aussicht gestellte Beginn der ‚eigentlichen' Aufführung in immer weitere Ferne. Derartige Hinhaltetaktiken jedoch sind wie erwähnt charakteristisch für Stuart und Damaged Goods, deren Produktionen oftmals aus lang anhaltenden Sequenzen oder beständig wiederholten Attacken wie dem erwähnten Zittern und Schütteln bestehen. So konnte der Verdacht auftauchen, der Schwarzraum diene der Qualifikation für die Teilnahme an der noch ausstehenden Performance: Nur wer der Enge und Hitze der ersten Zelle gewachsen und im Anschluss daran noch in der Lage sein würde, den lichtisolierten Raum zu durchschreiten, käme irgendwann in den ‚Genuss' einer ‚echten' szenischen Darbietung.

Die dunkle Halle

In der Helmut-List-Halle, deren Veranstaltungssaal 45 x 23 x 12 Meter misst, sind die Besucher_innen plötzlich auf sich allein gestellt. Obwohl etwa 80 Menschen darin versammelt sind, ist keine räumliche oder soziale Orientierung möglich. Der Schwarzraum kaschiert seine Tiefen, seine Inhalte und Proportionen. Auf der Schwelle rechne ich zunächst damit, diesen Raum förmlich ‚wiederzuerkennen', indem ich das Gesehene mit den Worten Jacques Rancières unbewusst „mit vielen anderen Dingen"[39] verbinde, die ich „auf anderen Bühnen und an anderen Arten von Orten"[40] gesehen habe. Dahinter steht die dominierende Funktion des Blicks, Dinge zu erkennen, zu identifizieren und zu klassifizieren. Weil ich dieses unbewusste Wiedererkennen als

38 Im Vorfeld der Aufführung wurde Stillschweigen über den Einsatz des Schwarzraums gewahrt; auch die Programmzettel enthielten keinen Hinweis darauf.

39 Jacques Rancière: *Der emanzipierte Zuschauer*, aus d. Franz. v. Richard Steurer, hrsg. v. Peter Engelmann. Wien: Passagen 2009, S. 23.

40 Ebd.

ein Sinngebungsverfahren verinnerlicht habe, gerate ich in eine Notsituation, da dieses basale Instrumentarium hier versagt. Jenseits architektonischer oder sozial verfasster Räume habe ich es hier mit einem auf meinen eigenen Empfindungen basierenden, in besonderem Maß von mir selbst hervorgebrachten, atmosphärischen Raum zu tun.

Dieser Eindruck bestätigt auch zentrale Gedanken, die Sabine Schouten in ihrer Studie *Sinnliches Spüren* formuliert. Im Vergleich mit der theaterhistorischen Bedeutung des auf Rollenidentifikation und Psychologisierung basierenden Begriffs der Einfühlung analysiert Schouten zeitgenössische Formen des emotionalen Zugangs zu Bühnenvorgängen, die im Unterschied zum bürgerlichen Illusionstheater wesentlich durch szenische Atmosphären hervorgerufen werden.[41] Unter Bezugnahme auf die phänomenologischen Studien von Böhme, Waldenfels u. a. sowie Fischer-Lichtes Herausstellung der emotionalen Anteile, die die Zuschauer_innen einer Theateraufführung zum Vollzug des Atmosphärischen beitragen, zeichnet Schouten die Bedeutungsgeschichte der Atmosphäre als einer ästhetischen Kategorie nach, die ähnlich der kommunikativen Struktur der Sinne weder auf ein separates Objekt noch auf eine separate Sinnestätigkeit zurückfühbar ist. Im Vergleich verschiedener Arbeiten aus dem Musik-, Sprech- und Tanztheater weist Schouten nach, dass „Atmosphären eine eigenständige Räumlichkeit schaffen, die nicht der architektonischen Aufteilung des Theaters folgt, sondern der Situativität seiner Bespielung".[42] Sofern „Räume stets über mehrere Sinne erfahren werden", fährt Schouten in ihrer Argumentation fort, „stellt sich im Umkehrschluss auch die Räumlichkeit der Atmosphäre über die Pluralität modaler Eindrücke her."[43] Damit präzisiert sie Gernot Böhmes Verständnis der Atmosphäre als einer ästhetischen Kategorie und wendet es unmittelbar auf postdramatische Aufführungssituationen an:

> In der Wahrnehmung der Atmosphäre spüre ich, in welcher Art Umgebung ich mich befinde. Diese Wahrnehmung hat also zwei Seiten: auf der einen Seite die Umgebung, die eine Stimmungsqualität ausstrahlt, auf der anderen Seite ich, indem ich in meiner Befindlichkeit an dieser Stimmung teilhabe und darin gewahre, dass ich jetzt hier bin. […] Umgekehrt sind Atmosphären die Weise, in der sich Dinge und Umgebungen präsentieren.[44]

Wie Böhme legt auch Schouten Wert auf die Akzentuierung des Wechselverhältnisses zwischen der subjektiven Befindlichkeit der Zuschauenden und der komplexen Artikulationsformen des Raumes. Die Atmosphäre wird

41 Schouten: *Sinnliches Spüren*, insb. S. 193–243.

42 Ebd., S. 244–245.

43 Ebd.

44 Böhme: *Atmosphäre*, S. 96.

explizit zwischen den Wahrnehmenden und dem Wahrgenommenen verortet. Wie Schouten darlegt, ist sie weder als das reine Produkt einer Inszenierung noch als reines Produkt ihrer Rezipient_innen zu begreifen, sondern als eine an beide Bereiche rührende und in ihren Effekten nur begrenzt vorhersehbare Stimmung.[45]

Der Verlust der Perspektive

Wie oben dargelegt, handelt es sich beim Schwarzraum um einen Raum, der subjektive Befindlichkeiten auslöst und verstärkt. Trotz seiner Weite kann ich mich nicht frei in ihm bewegen. Der Entzug des Lichts drosselt das Tempo meiner Bewegungen, die ich durch diese Veränderung bewusst wahrnehme. Ich habe nicht das Gefühl, mich in einem Raum zu befinden, sondern vor einer gleichmäßigen Fläche, die in jeder Richtung, in der ich versuche, meinen Blick schweifen zu lassen, an meinem Körper anschließt. Wie aber ist es möglich, sich *in* einer Fläche zu bewegen? Das signifikante Zaudern auf der Schwelle zu einem Raum, der mich nicht ohne Weiteres in sich aufnimmt und von dem ich nicht weiß, ob ich mich überhaupt in ihn hineinbegeben möchte, korrespondiert mit einer Notiz von Schouten im Anschluss an ihren Besuch einer Aufführung von *Visitors Only* in der Berliner Volksbühne. Die dichten Sounds, die nicht nur den Theatersaal beschallen, sondern den Besucher_innen bereits beim Betreten des Foyers entgegen schlagen, veranlassten die Theaterwissenschaftlerin zur Beobachtung: „Nicht ich betrete den Raum, sondern der Raum betritt mich."[46] Dieses Gefühl lässt sich auf Stuarts Schwarzraum übertragen, dessen verstörende Erfahrung unmittelbar zur Frage nach der Genese dieser räumlichen Atmosphäre führt. Wie also kommt der spezifische Raumeindruck in *All Together Now* zustande?

Der Schwarzraum widerspricht zunächst der Logik des Raumes – zumindest in den Augen des/r ‚Betrachtenden', denn diese_r ist, wie im vorangegangenen Kapitel dargelegt, so sehr an das perspektivische Denken gewöhnt, dass kaum eine Alternative dazu denkbar ist. Die Rezipierenden bleiben also Fremde in dieser spezifischen Situation. Raum entpuppt sich hier als eine visuelle Erfindung: Er ist gewissermaßen nur, solange eine Lichtquelle existiert, die es erlaubt, ihn in die historisch reproduzierte und perpetuierte Struktur des Sehens einzubinden. Diese Struktur basiert auf der Aufteilung des Sichtbaren in Sehendes und Gesehenes. Da es im Schwarzraum zunächst nichts Wahrgenommenes

45 Schouten: *Sinnliches Spüren*, S. 15. Zur Artikulation des Raumes vgl. auch die entsprechenden Ausführungen in Kap. V.

46 Ebd., S. 38.

(nichts Gesehenes oder Gehörtes) gibt, existiert darin auch keine Wahrnehmung. Eine grundsätzliche Offenheit gegenüber der Umwelt stößt auf radikale Ablehnung. Ich könnte mich frei in der großzügigen Halle bewegen, würde sie mich nicht von Anfang an abweisen, indem sie sich weigert, mir zu geben, was ich aufgrund meines (Vor-)Wissens erwarte.

> An der Schwelle von Helle zu Dunkelheit vollzieht sich im sehenden Menschen eine Veränderung, die seine Raumwahrnehmung entscheidend prägt. Die Dominanz des Sehsinns wird bei zunehmender Dunkelheit von den anderen Sinnen abgelöst.[47]

Der Schwarzraum führt mir vor Augen, wie hoffnungslos visuell und begrenzt mein abstraktes Wissen verfasst ist, denn ich kann nicht glauben, was ich nicht sehe. Das heißt, ich kann mich offenbar nur frei in diesem Raum bewegen, wenn ich mein Wissen bestätigt finde – das Wissen, dass ich es trotz allem mit einem perspektivischen Raum zu tun habe, in den ich vordringe. In der wechselwirksamen Durchdringung von Wahrnehmung und Wahrgenommenem, die mich normalerweise bewegt, mich zu Handlungen veranlasst, erfahre ich hier eine stärkere Verunsicherung als etwa durch eine mir als Hindernis bewusste Augenbinde. Ich durchblicke diese Art der Störung nicht – da ist nichts, das ich von meinen Augen lösen könnte. Der Mangel einer objektiven Ursache aber bringt mich dazu, mich und meine Augen anzustrengen. Sie sind weder geschlossen noch verbunden, sie sind in dieser Situation sogar besonders weit geöffnet.

Während die Besucher_innen in der Regel selbst bestimmen, wovor sie wann die Augen verschließen, funktioniert diese automatisierte und gleichzeitig emanzipatorische Geste hier nicht. Über die Intensität, die Dauer und die Konsequenz dieses Aussetzens der Sichtbarkeit können sie nicht selbst entscheiden. Diese Beobachtung korrespondiert mit einer Feststellung Alva Noës, denn es ist die Wahrnehmung selbst, die hier zur Disposition steht:

> To perceive is not merely to have sensory stimulations one understands [...]. The fact that there are different standards for concept possession doesn't alter the fact that some perceptual content is framed precisely in terms of what perceivers know about their worlds.[48]

47 Martina Tritthart: Der negative Raum oder die andere Seite des Lichts. Maria Nordman und Nan Hoover: Wahrnehmung Raum Kunst Architektur. In: *all-over. Magazin für Kunst und Ästhetik,* 6/2013, S. 14–25, hier S. 14. http://allover-magazin.com/wp-content/uploads/2013/10/AO_05_Tritthart.pdf (Zugriff am 14.04.2014).

48 Alva Noë: *Action in Perception.* Cambridge: MIT 2004, S. 181. Noë entwickelt diesen Gedanken ausgehend von Immanuel Kants sinnlichem Denkmodell, demnach ohne die menschliche Fähigkeit zur Wahrnehmung kein Denken möglich sei.

Über die körperlichen Voraussetzungen zum Sehen zu verfügen, nützt mir im Schwarzraum nichts, denn die damit zusammenhängenden äußeren Bedingungen sind hier nicht gegeben. Meine Augen werden im Schwarzraum nicht durch visuelle Reize stimuliert. Der notwendige Rahmen, das erlernte und sinnlich wie kinästhetisch verkörperte Wissen über die visuell kodierte Beschaffenheit und Funktionalität von Räumen, wird mir hier als eine basale Orientierungshilfe vorenthalten. Die durch den Schwarzraum ausgelöste Destabilisierung der Wahrnehmung hat folglich umfassendere Auswirkungen als eine etwa durch eine Augenbinde hervorgerufene Sichtbehinderung. Während die Augenbinde in ihrer Objekthaftigkeit spürbar ist, stellt die Konfrontation mit dem Schwarzraum das abstrakte perspektivische Denken auf umfassende Weise infrage: Ich zweifle hier an meinen Sinnen.

Durch Wände greifen

Die Dunkelheit lässt den subjektiven Raumeindruck schrumpfen. Während der Blick den Schwarzraum nicht durchmessen kann, widerspricht der Körper diesem Eindruck, indem er ihn zwar zögerlich, doch ungehindert durchläuft. Zunächst aber misstraue ich dieser Fähigkeit. Reflexartig ziehe ich meinen Kopf zwischen die Schultern und hebe schützend die Hände vor diesen schwarzen Wölbungen und Vorsprüngen, die unentwegt auf Kopfhöhe vor mir aufragen. Anstatt mich auf die weite, leere Aufführungshalle einzulassen, verhalte ich mich unwillkürlich wie auf verstelltem Gelände. Die dadurch erzielte Wirkung spiegelt Stuarts Raumauffassung wider: „I never see an empty space. [...] for me it's packed. It's full of presences, full of memories and people."[49] Diese Wahrnehmung konstituiert sich also unabhängig von ‚objektiven' Gegebenheiten. Auch wenn die Bühne leer ist, auf der sich die Tänzer_innen von Damaged Goods bewegen, gewinnt man als Zuschauer_in ihrer Aufführungen immer wieder den Eindruck, es mit in sich selbst gefangenen Wesen zu tun zu haben, die zugleich in imaginären, unsichtbar bleibenden Räumen agieren, die sie in ihrer Bewegungsfreiheit extrem einschränken. Dabei wird einmal mehr ununterscheidbar, ob es sich um einen subjektiv oder räumlich erzeugten Eindruck handelt. Dieser Eindruck ist explizit der sich zwischen agierendem Subjekt und wahrnehmbarem Raum entfaltenden Atmosphäre zuzuschreiben. Auf ähnliche Weise zwingt mich der Schwarzraum, meinen inneren Befindlichkeiten entsprechende Bewegungen auszuführen, die sich fremd anfühlen. Anders als

49 Meg Stuart: Blending and Merging. In: Peeters (Hrsg.): *Damaged Goods*, S. 228–231, hier S. 230.

mein Blick prallt mein Körper an der vor ihm aufscheinenden schwarzen Wand, als die sich die Dunkelheit präsentiert, nicht ab. Sie erweist sich als durchlässig und erscheint in ihrer Beschaffenheit doch anders als Luft. Weil ich nicht sehen kann, habe ich es hier paradoxerweise mit einer Art sichtbar gemachtem, vorgetäuschtem Widerstand zu tun. Nach wie vor wehrt sich mein Bewegungsapparat wider das Sehen vorzugehen, ganz so, als wolle er „der herrschenden rhetorischen Verbindung zwischen dem epistemischen Bereich der Wissbarkeit oder Erkennbarkeit und dem Bereich des Sehens"[50] Recht geben. Die mich umgebende Dunkelheit erscheint mir stofflich-kompakt. Wie eine plötzlich Erblindete wage ich mich langsam tappend und tastend vorwärts und durchquere so einen unmöglichen Raum, der meine durch die ungewohnte Wahrnehmung unmittelbar beeinflusste Bewegung auf aufdringliche und gleichzeitig vollkommen zurückgenommene Weise zu steuern scheint. Einerseits greife ich vor, schütze mich vor möglichen Zusammenstößen, andererseits lässt er mich spüren, wie überflüssig diese Vorsichtsmaßnahmen sind.

Während meine Augen mich wissen lassen, dass ich vor einer Wand stehe, widersprechen meine reflexhaft in Taststellung gebrachten Hände dieser Information. Sie greifen hinein in die vermeintliche Wand. Die Füße folgen, eher tappend, mein Körper folgt ebenfalls. Während sich meine Hände und meine Augen anfangs auf kein gemeinsames Erfahrungs-Bild einigen können, es also zu einer Trennung von Tast- und Seheindrücken kommt, merke ich, wie sie an der allmählichen Integration der disparaten Informationen arbeiten, am Versuch also, das sinnlich Auseinanderweisende zusammenzubringen. Motorisch, ja mechanisch folgt der verstellte Blick den Händen und der Bewegung meines Körpers. Ich sehe nicht, begreife aber buchstäblich, dass ich sehen müsste, denn ich kann nur durchschreiten, was der Blick mir an Wissen freigibt. Folglich beginne ich im Schwarzraum nach einer Weile zu imaginieren, eine übliche Form der Anpassung, die auch andere beschreiben, etwa Antje von Graevenitz nach ihrem Besuch einer Black-Box-Installation der Künstlerin Maria Nordman:

> [Man] meint [...], in einem kleinen, länglichen Raum zu stehen, der tief verschattet daliegt. Bald darauf meint man links einen dunklen Block zu erkennen, hinter dem merkwürdigerweise ein zweiter Raum, gleicher Abmessungen wie der, in dem ich stehe, erscheint. Der dunkle Block weicht einer dunklen Zone, die sich betreten lässt: Ich wage es und stehe nun in dem zweiten Raum dahinter. Als ich zurückblicke, stelle ich fest, dass ich mich stets im selben Raum befunden habe, der sich nun als Saal entpuppt.[51]

50 Schaffer: *Ambivalenzen der Sichtbarkeit*, S. 52–53.

51 Antje von Graevenitz: Selbsterfahrung durch die Sinne. In: Theodora Vischer (Hrsg.): *Skulptur im 20. Jahrhundert.* Katalog zur Ausstellung im Merian-Park Basel. Werner 1984, S. 175–184, hier S. 180. Für den Hinweis danke ich Volkmar Mühleis.

Von Graevenitz' Beobachtung, die sich ihrer Struktur nach auf die Wirkung von Stuarts Schwarzraum übertragen lässt, legt nahe, dass man in der Black Box selbst dann sieht, wenn es aufgrund des Lichtentzugs gar nicht möglich ist. Um welche Art von Sehen handelt es sich hier?

Einbildungen

Im Schwarzraum stellt sich eine bis auf die Antike zurückgehende Kardinalfrage der Geschichte des Sehens, die Waldenfels in *Sinnesschwellen* aktualisiert: „‚Wer sieht?' [...] Sieht das körperliche Auge oder sehen Seele und Geist mittels der Augen, wie schon Platon uns nahe legt?"[52] Gewohnt, mit den (körperlichen) Augen zu sehen, zeigt der Schwarzraum den Besucher_innen, wie sehr ihre visuellen Eindrücke von ‚fremden' Reizen geprägt sind. Die Imaginationen, die der Schwarzraum erzeugt, lassen sich dezidiert zwischen den Polen ihrer An- und ihrer Abwesenheit verorten, das heißt an den Grenzen des Wahrnehmbaren. In einem Moment ist mir, als sähe ich etwas – im anderen, als sähe ich nichts. An einem (imaginären) Punkt schlägt meine Wahrnehmung um. Dieser paradigmatische Punkt, an dem Nichtwahrnehmbarkeit in Wahrnehmbarkeit, Unsichtbarkeit in Sichtbarkeit umschlägt, entfaltet seine Wirkung im Schwarzraum in Analogie zur Schwelle kontinuierlich. Das heißt, dass meine Wahrnehmung in jedem Moment zwischen Ablehnung und Bejahung changiert. Hier herrscht eine Situation der gleichzeitigen Sicht- und Unsichtbarkeit vor, die mich permanent zweifeln lässt: Sehe ich oder sehe ich nicht?
Da es sich bei dieser spezifischen Erfahrung um einen umfassenden Eindruck handelt, der maßgeblich durch die Kooperation der Hände, aber auch der Füße zustande kommt, bringt der Schwarzraum offenkundig die leibliche Verfasstheit des Sehens zum Ausdruck. Weil es darin unabhängig von visuellen Reizen zu visuellen Reaktionen kommt, eignet er sich dazu, die interaktive Struktur der Sinneswahrnehmung offenzulegen. Vereinfacht gesagt basiert das sensorische Reiz-Reaktions-Modell auf der Annahme, dass separate Reize separate Reaktionen derselben Modalität hervorrufen. Während Klänge also gehört und Farben gesehen werden, können nach dem synästhetischen Modell auch Farben gehört und Klänge gesehen werden. Die visuellen Eindrücke, so labil sie auch sein mögen, lassen sich weder auf separate noch ausschließlich auf aktuelle Sinnestätigkeiten zurückzuführen. Inwiefern es sich bei den labilen Phänomenen um Erinnerungen, Trug- oder Nachbilder handelt, ist folglich schwer zu entscheiden. Deutlich wird in dieser spezifischen Situation aber, dass

52 Waldenfels: *Sinnesschwellen*, S. 150.

wir über mehr als eine Art des Sehens verfügen und dass das hier aktivierte Sehen durch eine Fremdheitserfahrung, eine massive Verunsicherung, eine sinnliche Störung ausgelöst wird.[53] Dass es im Schwarzraum zu visuellen Einbildungen kommt, scheint einerseits mit der Widersprüchlichkeit zwischen visuellen und taktilen Sinneseindrücken zusammenzuhängen und andererseits mit der erhöhten Aufmerksamkeit des Einzelnen. Zweifellos versetzt mich der Schwarzraum in einen Zustand der Wachsamkeit. Im Schwarzraum findet der Blick nirgends Halt, dennoch bemühe ich mich um einen Anhaltspunkt, versuche meine Augen an die Dunkelheit zu gewöhnen und durch äußerste Konzentration etwas zu erkennen. Wenn ein Ereignis eintritt, das die übliche Monotonie durchbricht, wird der Blick, der laut Waldenfels aus einer Beunruhigung erwächst, aufgestört, alarmiert, stimuliert.[54] Dieses nicht mit dem erkennenden, identifizierenden und klassifizierenden Blick zu verwechselnde Sehen ist offen, suchend, tastend.

Selbst wenn ich mir sicher bin, dass keine gefährlichen Objekte am Boden liegen, befürchte ich zu stolpern oder zu fallen. Diese Sorge, die mich in meinen Bewegungen hemmt und einschränkt, ist auch ein gängiges Motiv in Geschichten, die von Blindheit handeln. Der männliche Protagonist Diddy geht in Sontags erwähntem Roman *Todesstation* ganz selbstverständlich davon aus, dass Blinde in ständiger Gefahr lebten, und erweist sich letztlich selbst als derjenige, der sich von seiner Umwelt beständig angegriffen und bedroht fühlt. Die Beschreibung des Anderen erscheint also als eine verdrängte Selbstbeschreibung: „Die Welt der Blinden [...] ist schrecklich wenig verläßlich. Es ist da immer ein Loch, direkt vor deinen Füßen. Du weißt, daß das Loch da ist, und doch mußt du weitergehen."[55] Und in den *Aufzeichnungen eines Blinden* hält Derrida mit Blick auf den Maler Coypel fest, dass die von ihm gezeichneten blinden Figuren

> alle [...] die Hände aus[strecken], ihre Geste oszilliert im Leeren – zwischen Greifen, furchtsamem Begreifen, Bitten und Flehen. [...] Wie alle Blinden müssen sie *vordringen*, d. h. sich exponieren, (in) den Raum laufen wie man (in eine) Gefahr läuft.[56]

Wie sehr diese Auffassung von der Deutungsmacht über den Raum und über ‚die Blinden' abhängt, verdeutlicht ein Film wie *Tui Na – Blind Massage*.[57] Darin verlautbart die auktoriale Erzählstimme aus dem Off, dass blinde Menschen bei Tag die Hilfe Sehender gebrauchen könnten, während umgekehrt blinde Menschen prädestiniert seien, sehende durch die Dunkelheit zu geleiten.

53 Vgl. dazu Schouten: *Sinnliches Spüren*, S. 50–65.

54 Waldenfels: *Sinnesschwellen*, S. 124–125.

55 Sontag: *Todesstation*, S. 150.

56 Derrida: *Aufzeichnungen eines Blinden*, S. 14–15. (Herv. i. Orig.)

57 Siehe Kap. IV, Anm. 58.

Wieder stellt sich die mit Laermans und Siegmund aufgeworfene Frage, ob und – wenn ja – auf welche Weise es möglich sei, sich an eine so unvertraute Situation zu gewöhnen.[58]

Die Störung des Sinnesverkehrs, welche in ihrer katalysierenden Wirkung allen in dieser Studie besprochenen Arbeiten zugrunde liegt, veranlasst hier zur Auseinandersetzung mit den Voraussetzungen des eigenen Wahrnehmens und Spürens. Indem ich die Sicht auf meine körperlichen Grenzen und mein Körpergefühl in der mich umgebenden Unendlichkeit verliere, fallen mein Blick und mein Gespür auseinander. Wo der eigene Körper aufhört und der Raum beginnt, ist kaum noch auszumachen. Was bleibt, ist die Möglichkeit, mich selbst abzutasten, um mich meiner selbst taktil zu vergewissern. Die Hände emanzipieren sich vom Blick, indem sie selbst tastend voranschreiten und gewissermaßen sehend werden, während der Blick in seine Schranken gewiesen wird. Weil ich mich darum bemühe, selbst in der Abwesenheit des Lichts noch etwas zu erkennen, glaube ich also, vor mir eine schwarze Fläche zu sehen. Sobald ich mich allerdings dieser Fläche nähere, zerstöre ich diesen Eindruck mit meinen Händen. Die vorgreifende Hand ertastet einen Raum und korrigiert so den ersten, visuellen Eindruck. Der Blick passt sich diesem Eindruck an und nimmt nun einen Durchgang in Form eines sich kaum merklich abhebenden, helleren Bereichs an, eine imaginäre Tür, ähnlich wie Antje von Graevenitz es beschreibt. Die in Taststellung gebrachten Hände sind also vor allem damit beschäftigt, visuelle Eindrücke zu korrigieren und hervorzubringen. Es ist der Blick, der sich den taktilen Erfahrungen anpasst, nicht umgekehrt. Dadurch, dass die mentalen Bilder sich auf taktile Eindrücke zurückführen lassen, tritt hier eine leibliche, ja taktile Dimension des Sehens zutage.

Mit Waldenfels ließe sich behaupten, dass gerade die Befremdlichkeit der Situation mich verführt, Dinge zu sehen, die ‚objektiv betrachtet' nicht da sind. In dem Fall kennzeichnen meine Erinnerungen oder Prägungen den Bereich, von

58 Man kann sich an den Schwarzraum nicht gewöhnen. Eine reizarme Umgebung ist eine bewährte Foltermethode. Selbst wenn die ästhetische Erfahrung, die *All Together Now* forciert, nicht mit körperlichen oder seelischen Repressionen vergleichbar ist, so fällt doch auf, dass die Performance auf die Art der Wahrnehmungseinschränkung setzt, die auch im Rahmen der so genannten Weißen Folter zum Einsatz kommt. Psychologische Untersuchungen führen die Entstehung von Wahnvorstellungen neben vielen anderen Faktoren auf die doppelte Isolation zurück. So erklärt der Psychoanalytiker Johann Cullberg, es sei „relativ leicht, in eine Psychose zu gleiten, wenn unsere äußere Wahrnehmungsfähigkeit systematisch eingeschränkt wird". Cullberg bezieht sich auf Studien, in deren Verlauf licht- und schallisolierte Student_innen nach wenigen Stunden paranoide Verhaltensformen gezeigt hätten. Die künstlich heraufbeschworenen Psychosen, von denen Cullberg spricht, verschwanden nach kurzer Zeit wieder. (Vgl. Johann Cullberg / Anne-Ev Ustorf: „Es ist relativ leicht, in eine Psychose zu gleiten." In: *Psychologie heute,* 5/2010, S. 78–81.)

dem aus ich mich entfernen muss, weil ich nicht länger auf das zurückgreifen kann, was ich schon kenne. Gerade die Konflikte, in die meine Art zu sehen und meine Art, die ‚Dinge' zu berühren, hier geraten, würden demnach meine Kreativität anregen, etwas zu sehen, das weder (allein) von außen noch (allein) aus meinem Inneren kommt: „Gibt es eine radikale Fremdheit, so bleiben die leiblichen Sinne von ihr nicht verschont, im Gegenteil, nur weil wir nie völlig bei Sinnen [...] sind, wenn Fremdes unsere Sinne anrührt, sprechen wir darauf an, bevor wir uns dagegen abschirmen können."[59] Wir müssen erst sehen oder hören, was wir nicht wahrnehmen oder wahrhaben wollen, ehe wir uns davon abwenden können.[60]

Die allem Anschein nach unwillkürliche Regung, mit der die Sinne im Schwarzraum auf etwas reagieren, das sie nicht kennen, korrespondiert mit der oben geschilderten, affektiv leiblichen Wirkung, die sich hier entfaltet, jenem bezeichnenden Zustand des Zauderns oder Schreckens bei gleichzeitiger Neugier oder Lust weiterzugehen. Im Schwarzraum bin ich mir meiner Selbst plötzlich nicht mehr sicher, da sich das ‚objektiv Andere', das ich nicht durchblicke, bis zur Ununterscheidbarkeit meinem Körper annähert und ihm seine äußeren Konturen raubt. Wie Roger Caillios bemerkt, bedroht die Dunkelheit den „Gegensatz [...] von Organismus und Umgebung".[61] Indem die Dunkelheit mich umhüllt, zudeckt, kaschiert, entgleitet mir also nicht nur der Blick für die anderen Besucher_innen und den Raum, in dem wir uns befinden, sondern auch der partielle Blick auf meinen Körper. Von phänomenologischer Warte aus ist mir mein Körper nur partiell gegeben. Während ich mich in meiner Leiblichkeit spüre, kann ich den Anderen hingegen nur als Körper (Objekt), nie aber als Leib wahrnehmen. Jene fundamentale Problematik der Intersubjektivität, welche die Frage nach sich zieht, wie ich mir der Existenz des Anderen sicher sein kann, macht mir der Schwarzraum von umgekehrter Seite aus bewusst, indem er

59 Waldenfels: *Sinnesschwellen*, S. 10.

60 Dass Waldenfels nicht einfach ein ‚griffiges' Bild verwendet, wenn er davon spricht, dass wir niemals völlig bei Sinnen wären, wird klar, wenn er genauer ausführt, was er damit meint. Er möchte diesen Satz, mit dem wir jemandem vorwerfen, er hätte unklug, unüberlegt gehandelt, durchaus wörtlich verstanden wissen: „Wie neuere Theorien dynamischer Systeme zeigen, lassen sich die Anfangsbedingungen solcher Systeme nicht unendlich genau bestimmen, und ein Gemisch von Zuständen (zum Beispiel der Bewegungsarten von Rotation und Oszillation) macht den Übergang von einem Punkt des Phrasenraums zum anderen uneindeutig." (Ebd.) Paul Valéry zitierend, führt Waldenfels weiter aus: „Die Schwelle ist generell durch eine Art Kontrollverlust gekennzeichnet. – Freude, Verzweiflung, Niedergeschlagenheit, Bestürzung – und ihre harmlosen Formen – alles intrinsische, intensive Phänomene, ohne andere als energetische Bedeutung." (Ebd., S. 11).

61 Roger Caillois: *Méduse & Cie. Die Gottesanbeterin. Mimese und legendäre Psychasthenie*, aus d. Franz. v. Peter Geble. Berlin: Brinkmann & Bose 2007, S. 37.

mich über die gestörte Selbstimagination als Körper auch leiblich verunsichert und mich so die enge Verbindung zwischen Körperlichkeit und Leiblichkeit erfahren lässt. Von Waldenfels aporetischem Satz ausgehend: „Ich fasse mich nur, indem ich mir entgleite. Leiblichkeit besagt, daß ich nur *Als anderer ich selbst* sein kann",[62] merkt Gerald Siegmund an, was sich auf die Besucher_innen im Schwarzraum anwenden lässt: Unheimlicher nämlich, als dass sie sich im Schwarzraum als Instanzen wahrnehmen, die sich selbst beim Agieren zusehen, sich also imaginär verdoppeln, wiegt der Fakt „eines permanenten Entgleitens des Subjekts, das keinerlei Kontrolle mehr über sich zu haben scheint."[63] Stuart versucht, wie Siegmund argumentiert, im Kontrast zum modernen Tanz der vorletzten Jahrhundertwende „nicht mehr, die Abwesenheit, die sich zwischen Subjekt und Objekt auftut, ideologisch zu schließen, indem sie auf der integrierenden Subjektposition beharrt. Ihre Subjekte begeben sich in die Abwesenheit, um sich dort zu verlieren."[64] Eine radikale Form dieses Experiments erreicht Stuart mit *All Together Now*, worin sie die Besucher_innen in eine Abwesenheit dirigiert, in der sie sich ein Stück weit verlieren müssen. Die Vorhut dieses Verlusts bildet der Blick, der die spezifische, auf die Doppelnatur von Körper und Leib zurückführbare Fremdheit motiviert, weil er sich in einen subjektiven Blickappell und einen darauf antwortenden Gegenblick spaltet, die wechselseitig miteinander verschränkt sind, wie Sartre in seiner phänomenologischen Konzeption des Blicks dargelegt hat.[65] Die auf diese Weise motivierten Blickordnungen bestätigen also die soziale Verfasstheit eines auf Gegenseitigkeit beruhenden Prinzips von Sehen und Gesehenwerden. Da der Schwarzraum die Zuschauer_innen voneinander isoliert und den Versuch, sich in Anbetracht der fehlenden Blickverhältnisse neu zu orientieren, zu einem Hauptanliegen macht, suspendiert er dieses Prinzip und kehrt das soeben beschriebene entfremdende Moment hervor.

Aufrecht gehen, aufrecht sehen

Nicht nur die Hände arbeiten an den bildlichen Imaginationen mit, auch die Füße haben Anteil daran. So sorgt die Gravitationskraft zunächst buchstäblich dafür, dass die Teilnehmer_innen nicht vollends den Boden unter den Füßen verlieren. Waldenfels stellt in den *Sinnesschwellen* die Bedeutung des aufrechten

62 Siegmund: *Abwesenheit*, S. 410–411. (Herv. i. Orig.)

63 Ebd.

64 Ebd.

65 Vgl. Jean-Paul Sartre: *Das Sein und das Nichts. Versuch einer phänomenologischen Ontologie. Gesammelte Werke in Einzelausgaben. Philosophische Schriften*, Bd. 3, aus. d. Franz. v. Hans Schöneberg / Traugott König. Reinbek: Rowohlt 2012, v. a. S. 457–538.

Gangs für den reibungslosen Ablauf visueller Wahrnehmungsprozesse heraus, der als eine fatale Selbstverständlichkeit kulturgeschichtlich zwar vorausgesetzt, jedoch kaum reflektiert werde: „[D]er Blick [ist] nicht zu denken [...] ohne den *aufrechten Gang*, der Blick und Mund ebenso wie die Hand freisetzt. [...] Sehen vollzieht sich im Stehen und Gehen, wobei der Blick anhält oder wandert."[66] Die Wechselseitigkeit zwischen einem sinnlichen und einem motorischen Vorgang gibt für Waldenfels auch die horizontale Ausrichtung des Sehens vor. Mit Verweis auf George Berkeley führt er aus, dass

> der bloße optische Eindruck nicht erkennen [lässt], ob sich etwas oben oder unten befindet, ob etwa der Mensch aufrecht steht oder auf dem Kopf, solange nicht der Tastsinn zu Hilfe kommt. Wichtiger als die fragwürdig assoziative Ergänzung des Sehens durch das Tasten ist die gleichzeitig kinästhetische Annahme, daß wir hierbei die *Erde mit den Füßen berühren*, also aufrecht stehen und uns auf der Erde bewegen.[67]

Berkeleys Einschätzung ist bemerkenswert, gerade im Vergleich zur exklusiven Stellung, die de Condillac oder Diderot dem Tastsinn in ihren erkenntnistheoretischen Schriften beimessen. Mit Blick auf Husserls affirmative Auslegung des radikalen Sensualisten Berkeley schließt Waldenfels an, dieser habe „entsprechende Revisionen vorgenommen, in denen er das ‚ich nehme wahr' konsequent als ein ‚ich bewege mich' versteht".[68] Husserls kinästhetisches Wahrnehmungsverständnis steht am Beginn einer breiten Entwicklung in den Geisteswissenschaften, zu der auch die oben zitierte Studie von Alva Noë zählt. Wahrnehmung kann demnach als eine Handlungsmodalität begriffen werden.

Wie ungehindert und zügig ich normalerweise einen Raum durchschreite, wird mir im Schwarzraum *ex negativo* klar, denn mein Gehen wird mir hier in dem Maße bewusst, in dem es mir zu misslingen droht. Ich habe das Gefühl, alles sei verlangsamt, ich bewege mich wie in Zeitlupe durch die dichte Materie. Alternieren beim Gehen Arme und Beine gewöhnlich wechselseitig, erfolgt hier eine geradezu unwillkürliche Synchronisierung der beiden Bewegungsabläufe. Infolge der Taststellung bewegt sich mit dem linken Arm nachgerade automatisch auch das linke Bein vorwärts; damit werden nicht länger zwei Diagonalen, sondern zwei Vertikalen im Körper betont, wodurch er mir schwerfälliger, weniger austariert vorkommt. Abwechselnd kippen die linke und die rechte Körperhälfte leicht nach vorn. Gravierender ist, dass ich kein Gefühl für die

66 Waldenfels: *Sinnesschwellen*, S. 173. (Herv. i. Orig.) Inzwischen ist zudem eine Kulturgeschichte des aufrechten Gangs erschienen, siehe Kurt Bayertz: *Der aufrechte Gang. Eine Geschichte des anthropologischen Denkens*. München: Beck 2012.

67 Waldenfels: *Sinnesschwellen*, S. 173. (Herv. i. Orig.)

68 Ebd.

Räumlichkeit meiner Bewegungen habe, dass ich nicht weiß, woher ich komme und worauf ich mich zu bewege. Über das Moment meiner prekären Bewegung setzt der Schwarzraum ein räumlich-zeitliches Wissen außer Kraft, über das ich mir meiner Selbst als einer Gehenden bewusst werde. Dieser Verlauf korrespondiert mit Maurice Merleau-Pontys Ausführung zum sogenannten Bewegungsgedächtnis, da die Bewegung im Moment ihrer Infragestellung ins Zentrum der Aufmerksamkeit rückt:

> In keinem Augenblick einer Bewegung ist der vorangegangene Augenblick unbekannt, stets aber ist er in die Gegenwart gleichsam eingeschlossen, und die gegenwärtige Wahrnehmung besteht schließlich darin, auf Grund der aktuellen Stellung die Reihe der vorangegangenen und einander umschließenden Stellungen wiederzuerfassen. Doch auch die nächstbevorstehende Stellung ist in die gegenwärtige eingeschlossen, und durch sie alle weiteren künftigen bis hin zum Endpunkte der Bewegung. Jeder Moment der Bewegung umfaßt deren ganzen Umfang, und insbesondere stiftet schon der erste Moment, der Bewegungsansatz, eine Verbindung des Hier mit dem Dort und des Jetzt mit der Zukunft, die alle weiteren Momente nur mehr zu entfalten haben.[69]

Merleau-Ponty stellt die durch die räumliche Durchquerung erfahrene Zeitlichkeit der Bewegung heraus. Die räumliche Verunsicherung zieht unmittelbar auch den Verlust der zeitlichen Orientierung nach sich. So wird deutlich, dass der immer wieder zu aktualisierende Reflex, eine „Synthese der Zeit wie des Raumes“[70] herzustellen, im Schwarzraum in dem Maße intensiviert wird, in dem diese Herstellung missglückt.

Oben wurde von Formen der Amnesie gesprochen; hier ließe sich nun präzisieren, dass es zu Lücken oder Störungen innerhalb des „Bewegungsgedächtnis[es]“[71] kommt. Die Sichtlosigkeit bewirkt also über die veränderte Stellung der Hände hinaus auch eine Anpassung der Gangart, ja des ganzen Körpergefühls – eine kinästhetische Veränderung aufgrund der sinnlichen Verwirrung. Der Körper bricht aus seiner habitualisierten Haltung heraus und verliert das übliche Gleichgewicht. Hinsichtlich der Gefahr zu stolpern oder zu fallen lässt sich mit Waldenfels' reklamierter positiver Umdeutung körperlicher Labilitäten anschließen, dass „[d]as Stolpern [...] die Selbstbewegung [stört], so daß sie ihren Rhythmus verliert, auf Hindernisse stößt“.[72]

Es geht in Stuarts Schwarzraum um die Provokation von Bewegungen, die verstärkt durch die umfassende Desorientierung „unserer Kontrolle entgleite[n]. Der Körper entschlüpft sich selbst.“[73] Sofern die Besucher_innen in diesem

69 Merleau-Ponty: *Phänomenologie der Wahrnehmung*, S. 169–170.

70 Ebd., S. 170.

71 Ebd., S. 169.

72 Waldenfels: *Sinnesschwellen*, S. 219. Vgl. dazu auch die Ausführungen in Kap. II.

73 Ebd.

spezifischen Raum genötigt werden, derlei Grenzerfahrungen zu machen, werden sie selbst zu prädestinierten Tänzer_innen, die ihrem Gespür mehr Bedeutung beimessen (müssen) als ihrem Sehen. Besonders Michael Wetzel und später Brandstetter[74] stellen die Interferenzen zwischen Blindheit und moderner choreografischer Praxis heraus. Die bekannte Mignon-Szene aus Goethes Roman *Wilhelm Meisters Lehrjahre*, worin Mignon trotz verbundener Augen elegant zwischen rohen Eiern tanzt, ohne eines zu berühren, wird für Wetzel zu einer ‚Urszene' des modernen Tanzes. Die Augenbinde, bis dahin vorrangig negativ besetztes Attribut allegorischer Darstellungen (Cupid, Fortuna, Errore, Synagoge),[75] erfährt hier eine programmatische Umdeutung:

> [D]as ‚trotz' schlägt um in ein ‚dank' verbundener Augen, wenn es um die Selbstsicherheit von Mignons Tanzbewegungen geht. Blindheit wird zur *via regia* eines gesteigerten Körperempfindens, das für die moderne Choreographie in die Forderung einer Blindheit des Tänzers sich selbst gegenüber mündet, der ein „fühlendes", nicht ein sehendes Auge werden soll, dessen Leib in seiner performativen Metamorphose zum autoaffektiven „Augenkörper" durch den Blick in den Spiegel und die sich ihm dort offenbarende „verzerrende Teilwahrheit [...] nur irre gemacht, verführt und verdorben werden" kann.[76]

Der Entzug des Blicks für die eigene Sichtbarkeit wird im Schwarzraum zur Voraussetzung einer körperlichen Affizierung, die von den Rezipient_innen selbst ausgeht – indem sie fühlend werden, ohne sich selbst bei den Mechanismen dieser Transformation zuzusehen. Nichts kann sie von einer Erfahrung ablenken, die sie deshalb mit größter Intensität betrifft.

Resonanzraum: Die Akustik

Nachdem über den atmosphärischen Raumeindruck hinaus konkrete Effekte des Schwarzraums, die visuelle und die taktile Wahrnehmung sowie die Infragestellung des aufrechten Gangs herausgestellt wurden, möchte ich die Aufmerksamkeit nun auf die Akustik in Stuarts Schwarzraum lenken. Auffällig ist, dass er nicht nur von visuellen, sondern auch von akustischen Zeichen entleert war. Kein Laut drang an mein Ohr. Der Schwarzraum schien jeglichen Ton, selbst den Klang der Schritte, zu absorbieren. Die schallausgleichende

74 Brandstetter: Un/Sichtbarkeit. Ausgehend von Turrinis Drama *Alpenglühen* konstatiert Brandstetter hier, dass der Blinde das Grundprinzip des Theaters auf paradigmatische Weise verkörpere: als „eine Bühne, die Abwesendes, Un/Sichtbares und Unsichtbarkeit selbst sichtbar macht" (ebd., S. 88).

75 Vgl. dazu Panofsky: Blind Cupid.

76 Vgl. Wetzel: „Ein Auge zuviel", S. 141, in Rekurs auf Hans Brandenburg. Wetzel legt zudem dar, dass Derrida die „performative Brechung eines referentiellen Bezugs der Darstellung auf schon Sichtbares" anhand der Pantomime-Ausführungen von Mallarmé dargelegt habe (ebd.).

Akustik der Hellmut-List-Halle trägt zu dieser Wirkung bei. Die Seitenwände und die Saalrückwand sind ebenso wie die Decke und der Boden im Rahmen umfangreicher Umbauten zu einem Konzert- und Veranstaltungsort mit Schallabsorbern ausgestattet worden.[77] Doch noch ein anderer Aspekt scheint mir für die prononcierte Stille verantwortlich zu sein: eine Art sinnesüberschreitende Affizierung. Schon Eugène Minkowski hatte bemerkt, dass ein dunkler Raum ein Subjekt „von allen Seiten ein[hüllt]".[78] Er nehme ihm nicht nur die Sicht, sondern wirke sich auf ähnliche Weise auch auf seine auditive Wahrnehmung aus. Dies würde bedeuten, dass es sich beim Schwarzraum um einen synästhetischen Verstärker handelt: dass Klangprojektionen aufgrund ausbleibender visueller Reize hier besonders intensiv wahrgenommen würden, umgekehrt aber auch die dezidierte Abwesenheit von Geräuschen. Ähnlich wie sich der Blick durch die erzwungene visuelle Enthaltsamkeit nach ‚innen' richtet, scheint es sich mit dem Gehör zu verhalten. Der Entzug der Geräusche ist in Stuarts Schwarzraum folglich als ein forcierter Entzug wahrnehmbar. Er lässt sich mit der suggerierten Stofflichkeit der Dunkelheit erklären, die nicht nur die Augen, sondern auch das Gehör in seiner Rolle als Fernsinn betäubt. Damit versetzt der Schwarzraum die Besuchenden in einen Zustand, der die künstlich erzeugte Blindheit mit einer ebenso künstlich forcierten Art von ‚Taubheit' verschaltet. Im isolierten Raum wird deutlich, wie ungewohnt, ja ‚unnatürlich' es ist, weder zu hören noch zu sehen. Bei Bewusstsein zu sein, bedeutet demnach eine grundsätzliche Offenheit für das Empfangen äußerer Reize.

In ihren Überlegungen zum in seiner Struktur immer wiederkehrenden Ritornell, das ein im Chaos wurzelndes räumlich-klangliches Gefüge umreißt, berufen sich Gilles Deleuze und Félix Guattari auf das Kind, das in der als chaotisch empfundenen Dunkelheit unwillkürlich ein Lied anstimmt, um eine schützende Klangmauer um sich und gegen seine Angst zu errichten:

> Ein Kind, das im Dunklen Angst bekommt, beruhigt sich, indem es singt. Im Einklang mit seinem Lied geht es weiter oder bleibt stehen. Hat es sich verlaufen, versteckt es sich, so gut es geht, hinter dem Lied, oder versucht, sich recht und schlecht an seinem kleinen Lied zu orientieren. Dieses Lied ist so etwas wie der erste Ansatz für ein stabiles und ruhiges, für ein beruhigendes und stabilisierendes Zentrum mitten im Chaos.[79]

77 Eine ausführliche Darstellung der technischen Maßnahmen zur Verbesserung der Akustik unter http://www.helmut-list-halle.com/acoustics (Zugriff am 14.04.2014).

78 Zit n. Caillois: *Méduse & Cie*, S. 37.

79 Gilles Deleuze / Félix Guattari: 1837 – Zum Ritornell. In: Dies.: *Kapitalismus und Schizophrenie. Teil: Tausend Plateaus*, aus d. Franz. v. Gabriele Ricke / Ronald Voullié, hrsg. v. Günther Rösch. Berlin: Merve 1993, S. 423–479, hier S. 424.

Woran also mag es gelegen haben, dass kein_e einzige_r Besucher_in im befremdlichen Schwarzraum das Wort ergriff? Vielleicht waren die Besucher_innen viel zu sehr damit beschäftigt, ihre visuelle Orientierung wiederzuerlangen. Warum hätten sie schließlich an der Wirkkraft ihrer Stimme zweifeln sollen? Ein weiterer Grund könnte darin liegen, dass sie nicht sonderlich erpicht darauf waren, aktiv an der Aufführung zu partizipieren. Vielleicht wollten sie der konventionellen Rolle der Zuschauer_innen einer Theateraufführung entsprechend lieber beobachten, besser gesagt: das (ausbleibende) Ereignis bezeugen, anstatt persönlich in Erscheinung zu treten. Vielleicht also waren sie damit beschäftigt, eine ästhetische Erfahrung zu machen: Wenn die (relative) Stille den Bodensatz potenzieller Klänge bildet, wäre dies eine Erklärung dafür, dass sich die Besucher_innen in Stuarts Schwarzraum besonders auf die visuelle und akustische Leere konzentrierten.[80] Schließlich wurde hier eine prägnant sichtlose Aufführung mit einer ebenso lautlosen Aufführung verschaltet. Wenn die Abwesenheit visueller Zeichen den subjektiven Wunsch nährt, trotz allem etwas zu sehen, so verhält es sich nach dem bis hierher Dargelegten wahrscheinlich ähnlich mit der (erschreckenden) Abwesenheit von Geräuschen. In diesem Sinn erinnert Uwe Rasch an die einschlägige Episode aus der Odyssee, in der sich Odysseus an einen Pfahl binden lässt und seiner Mannschaft befielt, sich die Ohren mit Wachs zu verstopfen. Auf diese Weise kann er selbst dem Gesang der Sirenen lauschen, ohne Gefahr zu laufen, von ihrem Gesang verführt zu werden. Auf die Frage hin, was Odysseus eigentlich gehört habe, dass es ihn beinahe um den Verstand brachte, mutmaßt Franz Kafka in einer Erzählung, es sei explizit ihr Schweigen gewesen:

> Nun haben aber die Sirenen eine noch schrecklichere Waffe als den Gesang, nämlich ihr Schweigen. […] Odysseus aber, um es so auszudrücken, hörte ihr Schweigen nicht, er glaubte, sie sängen, und nur er sei behütet es zu hören.[81]

Mit Blick auf Stuart ist zu vermuten, dass es an mir selbst lag, wenn ich nichts hörte. Der Wille zu hören verleitete mich dazu, selbst keine Geräusche zu verursachen. Wenn es aber den anderen Besucher_innen ähnlich ging, so trug jeder Einzelne unabänderlich zur Stille bei und reproduzierte sie auf diese Weise.

80 Vgl. hierzu Uwe Rasch: Stillen – Pausen – Leeren. In: Lehmann / Weibel (Hrsg.): *Ästhetik der Absenz*, S. 32–41.

81 Zit n. ebd., S. 32.

Dunkelheit spüren

Die vorangegangenen Beschreibungen haben gezeigt, wie schwer es im Schwarzraum ist, zwischen den einzelnen Sinnesmodalitäten zu unterscheiden und ihren Einfluss auf den Körper und das subjektive Empfinden zu erklären. Die als Besonderheit herausgestellten Imaginationen lassen sich nicht auf konkrete Faktoren, die Regungen der verschiedenen Sinnesorgane, affektive oder mentale Effekte, Nachbilder oder vergleichbare Phänomene reduzieren. Zudem stehen sie in unmittelbarem Zusammenhang mit der gesteigerten Aufmerksamkeit, die der Schwarzraum seinen Besucher_innen abverlangt, dem Gefühl der Desorientierung und des Ausgeliefertseins an eine Umgebung, die ihnen einerseits fremd bleibt und sie andererseits in sich aufnimmt. All diese Beobachtungen und Schlussfolgerungen legen nahe, dass der Schwarzraum nicht nur als Verstärker potenzieller Sinnesreize, sondern auch als Verstärker ausbleibender Reize fungiert. Die dichten Empfindungen und sinnlich-kinästhetischen Transformationen, die die Besucher_innen in Stuarts Schwarzraum durchlaufen, zeigen, dass sich die Organisation der Wahrnehmung komplexer gestaltet, als ein auf einzelne Funktionen und Grenzen der Sinnesorgane ausgerichtetes Modell verdeutlichen kann.

Schouten stellt in ihrer Studie heraus, wie wichtig es sei,

> den Blick auf die Anmutungen des Atmosphärischen [zu lenken], die neben oder auch alternativ zu hermeneutisch fundierten Verstehensakten den Zuschauer über seine leiblich-affektiven Empfindungen an das Wahrgenommene binden und ihm zugleich ermöglichen, spezifische ästhetische Erfahrungen zu machen.[82]

Diese Einsicht lässt sich auf Stuarts Installation übertragen, die exemplarisch vorführt, wie eine bestimmte räumliche Atmosphäre es schafft, die Zuschauer_innen in sich einzubinden. Sofern der Schwarzraum die Aufteilung in Sehende und Sichtbares suspendiert, ist auch kaum zu entscheiden, ob die dazwischen verlaufende Grenze im Schwarzraum verschwindet oder umgekehrt ins Unermessliche ausgedehnt wird, was mit Vorstellungen des Schwellenraums korrespondiert. Auch bestätigt Schoutens Schlussfolgerung erneut, dass es in diesem spezifischen Raum nicht darum geht, das zu Vollziehende rational nachzuvollziehen, sondern darum, sich als ‚Zuschauer_in' auf diese Erfahrung, den Entzug der Synthesis und der Selbstgewissheit, einzulassen.

Der Schwarzraum eignet sich im besonderen Maß, die Bereitschaft der Zuschauer_innen zu steigern, derartige Erfahrungen zu machen. Die darin erzeugten, komplexen Eindrücke und Transformationen stützen Schoutens

82 Schouten: *Sinnliches Spüren*, S. 241.

These, dass das vorherrschende Sinnesmodell um eine weitere Modalität ergänzt werden muss, um diese Wirkung und Funktion angemessen zu beschreiben. Unter dieser zusätzlichen Sinnesmodalität, der kein spezifisches Organ zu Grunde liegt und die auch mentale Vorgänge integriert, versteht Schouten die Fähigkeit, eine Situation in ihrer Gesamtheit zu erfassen. In Abgrenzung zu Aristoteles' *sensus communis* und Herders Gemeingefühl nennt sie diese kompositorische Fähigkeit „Gespür":

> Während wir eine Umgebung sehen, hören, riechen, schmecken und tasten, während wir darin handeln, reagieren und denken, erfahren wir die Atmosphäre als leiblich-affektives Extrakt all dieser situativen Qualitäten. Das atmosphärische Spüren liegt quasi hinter den sinnlichen Perzeptionen und mentalen Zuschreibungen. Damit ist kein zeitliches Nachgeordnetsein angesprochen, sondern vielmehr ein Wechsel der Ebenen. Statt der modalen Besonderheit der Eindrücke oder ihrer Referenzialität offenbart sich im Spüren der Atmosphäre die affektive Gesamtwirkung der Situation.[83]

Das atmosphärisch zu Erspürende ist, wie Schouten betont, nicht gegenständlich verfasst, „sondern nur anhand der eigenen Befindlichkeit"[84] zu perzipieren, was sie dazu veranlasst, sich eingehender mit Funktion und Bedeutung der Intuition für das Verständnis zeitgenössischer Theateraufführungen zu beschäftigen.[85] Stuarts Schwarzraum kehrt über den radikalen Entzug sinnlicher Reize eine auf die Gesamtheit der Situation verweisende Wahrnehmungsmodalität hervor, die sich im Anschluss an Schouten als Gespür begreifen lässt.

Exkurs: Eszter Salamons Szenerien des Körperlosen

Da die Besucher_innen im Schwarzraum weder als visuell Wahrnehmende noch als visuell Wahrgenommene in Erscheinung treten, gelingt es in dieser spezifischen Situation wie eingangs erwähnt, Vorstellungen des menschlichen Körpers jenseits des Paradigmas der Sichtbarkeit zu erzeugen. Was im Hinblick auf das befremdliche Gefühl des sichtlichen Körperverlusts diskutiert wurde, lässt sich unter Einbeziehung einer Inszenierung von Eszter Salamon bezüglich geschlechtlicher Kodierungen präzisieren und weiterdenken. Auch Salamon setzt auf die Wirkung des Schwarzraums, verankert diesen aber in konkreten Fiktionen, in denen die Auflösung von Geschlechterkategorien vollzogen, Geschlechterunterschiede also erfolgreich ignoriert werden bzw. abgeschafft wurden.[86] Beide Inszenierungen weisen strukturelle Gemeinsamkeiten auf.

83 Schouten: *Sinnliches Spüren*, S. 81.

84 Ebd., S. 82.

85 Ebd.

86 Zur Vorstellung vom Postgenderism vgl. exemplarisch Donna Jeanne Haraway: A Cyborg Manifesto: Science, Technology, and Socialist-Feminism in the Late Twentieth Century. In:

Wie *All Together Now* bedient sich auch *Tales of the Bodiless* (2011) der paradigmatischen Schall- und Lichtisolierung, um so einen idealen Aufführungsraum für bewusst gesetzte Licht-, Sound- und Stimmprojektionen zu schaffen. Doch anders als in *All Together Now* nehmen die Besucher_innen in einer Aufführung von *Tales of the Bodiless* wie gewöhnlich ihre Plätze im Theater ein.[87] Mit einem Mikrofon in der Hand wendet sich ihnen Salamon wie eine Gastgeberin von der Bühne aus zu, begrüßt sie und informiert sie darüber, dass in wenigen Minuten die Vorstellung beginnen wird. Doch zuerst erzählt Salamon wie zur Einstimmung eine Geschichte. Sie berichtet von einer scheinbar realen Begebenheit, die mit der Performance wenig zu tun habe: An der Stelle des aktuellen Theatergebäudes habe schon früher einmal ein Theater gestanden, das eines Nachts ausgebrannt sei. Komplett mit Samt ausgekleidet fiel die Bühne nach der Vorstellung einer achtlos fallengelassenen Zigarette zum Opfer. In aller Ausführlichkeit schildert Salamon den Weg, den die Flammen von der Bühne aus über die schweren Vorhänge hinüber zu den Logen nahmen, bis sie schließlich das leere Auditorium einschlossen. Während es den Feuerwehrleuten misslang, das Feuer unter Kontrolle zu bekommen, weinten draußen die Schaulustigen um ihr Theater und stellten sich nach diesem Ereignis die Frage, ob sie ein neues Theater brauchten oder lieber versuchen sollten, das alte zu vergessen. Am Ende dieser Vorgeschichte bittet Salamon alle Zuschauer_innen, ihre Mobiltelefone komplett auszuschalten, sowohl den Ton als auch das Licht, und zwar bis nach Verlassen des Saals am Ende der Vorstellung.

Anders als in *All Together Now* schafft Salamons Prolog einen gemeinsamen Verstehenshorizont im Vorfeld der Aufführung, obwohl kein direkter Zusammenhang zwischen dieser Anekdote und der anschließenden musikalischen Performance besteht. Indem Salamon jedoch ein Bewusstsein für den prekären Status des Theaters, nicht nur als konkretes Gebäude, sondern auch als eine kulturelle Institution schafft, deren sinnstiftende Funktion nicht selbstverständlich ist, bereitet sie das Publikum auf ein Ereignis vor, das mit den zentralen Parametern der Aufführung bricht: Es verzichtet auf ein Bühnenbild, auf Figuren, mit denen man sich identifizieren kann, und auf die Darstellung szenischer Vorgänge. So stellt sich vom Prolog ausgehend die Frage, ob das Publikum bereit ist, sich auf diese Neuerung einzulassen. Das Heraufbeschwören des brennenden Theaters dient also, wie sich im weiteren Verlauf der Aufführung

Dies.: *Simians, Cyborgs and Women: The Reinvention of Nature*. New York: Routledge 1991, S. 149–181.

87 Ich beziehe mich hier auf die Aufführung vom 18.08.2011 im Theater Hebbel am Ufer in Berlin.

zeigt, der Einstimmung auf die darin vollzogene, modellartige Verabschiedung von einem Theater der Repräsentation.

In den an Salamons Prolog anschließenden Minuten wird die Beleuchtung im Saal allmählich reduziert, dann herrscht eine schwer zu bestimmende Zeit lang absolute Dunkelheit im Saal, ehe dieser Zustand durch Lichtprojektionen unterbrochen wird. Mir erscheint diese Zeit sehr lang, tatsächlich umfasst sie etwa 10 Minuten. In Erinnerung geblieben sind mir vor allem die bedrohlichen Sounds, die die Dunkelheit beherrschen. Während Stuart mit dem Schwarzraum eine Art auditives Vakuum erzeugt, gelingt *Tales of the Bodiless* durch das Ausblenden der Beleuchtung die Etablierung eines durchdringenden Hörraums, von dem ich nicht weiß, ob er eher in oder außerhalb meiner Ohren, meines Kopfes, meines Körpers zu lokalisieren ist. Erneut stellt sich hier die grundsätzliche Frage, wo sich dieser spezifische Raumeindruck verorten lässt. Die Klänge erfassen mich in ungeheurer Intensität, was zum einen auf die Dunkelheit zurückzuführen ist, die jede visuelle Ablenkung verhindert, und zum anderen auf die Beschaffenheit der Komposition.[88] Es handelt sich um ein bedrohlich wirkendes Soundszenarium, ein Dröhnen, das entfernt an einen Luftkrieg erinnert, mit metallischen Anklängen, die wiederum Assoziationen an Weltraumfilme und imaginäre Verlautbarungen der Sphären wecken. Die Erzeugung dieser Töne bleibt ungenau. Mal glaube ich, konkrete Instrumentierungen, eine Orgel oder Streichinstrumente auszumachen, dann wiederum ist mir, als hätte ich mir diese Klangfarben nur eingebildet, als spielten meine Erwartungen mir einen Streich. Waren es bei Stuart visuelle Eindrücke, so erweisen sich hier vor allem die auditiven ‚Bilder' als labile Phänomene, die beständig zu kippen drohen. Zur Verunsicherung trägt die der Dunkelheit geschuldete Nicht-Lokalisierbarkeit des diffusen, sich in mir und um mich herum ausbreitenden, sich nur langsam verändernden Klangnetzes bei. Hatte ich in Stuarts Schwarzraum das Gefühl, mir selbst (leiblich) zu entgleiten, suche ich hier danach, die Töne außerhalb meiner Selbst zu verorten, was mir nicht gelingt. Sie haben offenkundig keinen konkreten Ort, keinen Bezug zum Raum. Obwohl sie mich durchdringen, bleiben sie mir fern, eine weitere intime Begegnung mit dem Fremden, gegen dessen Affizierung ich mich nicht wehren kann.

Charakteristisch für den weiteren Verlauf der etwa 70-minütigen Vorstellung sind einsetzende Lichtprojektionen: auf die Bühnenrückwand projizierte Texte, bunt beleuchtete Nebelformationen und figürliche *tableaux vivants*, deren Teilnehmer_innen durch die entfremdende Atmosphäre und ihren wie eingefrorenen Zustand depersonalisiert und unwirklich scheinen. Zu dieser Folge tragen

88 Die Musik im ersten und zweiten der vier Teile umfassenden Inszenierung komponierte Cédric Dambrain.

die auf ähnliche Weise wie in Stuarts Vorraum weitgehend entemotionalisierten, nahe an der Computergenerierung siedelnden Stimmen von Jan Ritsema, Eszter Salamon, Sasa Asentic, Bojana Cvejic und anderen bei, die laut und vernehmlich die Atmosphäre dominieren. Sie wirken auf ähnliche Weise aus dem Register gewohnter Ton- und Klangfarben, Rhythmik, Dynamik und Anteilnahme herausgelöst wie die erwähnten Sounds und der Inhalt der vorgetragenen Texte. In den vier verschiedenen Szenarien, die sich mit subversiven Ideen der Körperlosigkeit befassen,[89] geht es zunächst um das Moor als ein unterschätztes Ökosystem, das Leichen in untypischer Weise konserviert. Während die Knochen zerfallen, bleibt die menschliche Hülle erhalten. Im zweiten Teil haben sich die Hunde erfolgreich gegen ihre Besitzer_innen erhoben und tauschen sich über die Maßnahmen aus, durch die sie einst unterdrückt worden waren. Der dritte Teil handelt vom Ende der Unterdrückung Prostituierter. Die Idee des binären Geschlechterunterschieds wird durch die Dichotomie von sogenannten Körperlosen und Körpervollen ersetzt, was als Substitution bezeichnet wird. Die Substitution ersetzt die Prostitution. Das Begehren ist aufseiten der Körperlosen und äußert sich im Verlangen, ihren verlorenen Körper wiederzuerlangen.

> Es treibt die Körperlosen dazu, das körperliche Vergnügen, zu dem sie selbst nicht fähig sind, stellvertretend in denjenigen zu suchen, die dieses Vergnügen unmittelbar in ihren eigenen Körpern ausleben können. Die Substituierten sind die einzigen Wesen, die sich im Genuss eines Körpers befinden. Sie substituieren für die Körperlosen, indem sie für diese sinnliches Vergnügen ausführen [...] ohne jeden Körperkontakt.[90]

Ähnlich des minutenlang den Raum dominierenden, sich stetig ausbreitenden, in seinen Formationen unvorhersehbaren Nebels heißt es über die Körper der Substituierten, dass sie „wachsen, [...] unzügelbar und unvorstellbar [werden]. Ihr Fleisch verwandelt sich in Schaum, der aus einer Zentillion von Blasen besteht, einzellige Organismen, die in einer Zentillion von Mikro-Orgasmen explodieren",[91] Zahlen und metamorphe Vorgänge, die unvorstellbar bleiben; die Begierde erscheint darin als eine entkörperte Kraft.

Theater, Hörspiel oder *musical fiction without science*: *Tales of the Bodiless* veranschaulicht zunächst wie *All Together Now* die effektive Bedeutung der Installation als eines Modells der Überschreitung werkästhetischer Kategorien,

89 Einen theoretischen Ausgangspunkt für die Inszenierung bildet Edward Gordon Craigs Konzept der Übermarionette (1907). Die Übermarionette soll Craig zufolge den Schauspieler als einem emotionalen und egoistischen Wesen auf der Bühne ersetzen und dadurch eine grundlegend andere Form der Darstellung ermöglichen. (Vgl. Tales of the Bodiless. http://www.eszter-salamon.com/WWW/talesofthebodiless.htm (Zugriff am 19.09.2014).)

90 Bojana Cvejic: Über die Performance Tales of the Bodiless. In: Dies. / Eszter Salamon: *Tales of the Bodiless. Musical Fiction Without Science*. Berlin: Botschaft 2011, S. 111–116, hier S. 113.

91 Ebd., S. 114.

worin Juliane Rebentisch eine Tendenz neuerer Kunstproduktion erkennt.[92] Die Bühne bleibt auf programmatische Weise in beiden Inszenierungen unbespielt und unverortbar. Sie bildet nicht länger das Zentrum der Darstellung. Statt Figuren zu verkörpern, dient der stark abgedunkelte Raum bei Salamon als Verstärker für die Wirkkraft konkreter emanzipatorischer Ideen. Es geht um die Dekonstruktion althergebrachter Machtverhältnisse und die enthüllende Zuspitzung ihrer Strukturen. Auch frühere Arbeiten der Choreografin kreisten um diskursive Destabilisierungen im Zeichen des Visuellen. So arbeitete Salamon bereits in ihrem Solo *What a Body You have, Honey* (2001) an der „vollständige[n] Decouvrierung physischer Markierungen",[93] indem sie als ein von Kopf bis Fuß in eine Steppdecke gewickelter, depersonalisierter Körper agierte. Anstatt sich, wie Susanne Foellmer herausstellt, „im Feld [von] Genderzuschreibungen und deren möglicher Kritik"[94] aufzuhalten, setzt Salamon an die Stelle der binären Geschlechterproblematik eine radikalere Dualität, mit der verglichen die verfestigte Geschlechterdichotomie beinahe als marginales Problem erscheint. Ein künstlerisches Prinzip von Salamon besteht also in der Zuspitzung aktueller Fragestellungen.

Die in *All Together Now* als ein Merkmal des Schwarzraums herausgestellte subjektive Verunsicherung verbindet sich in *Tales of the Bodiless* mit gattungsästhetischen, gendertheoretischen und humanwissenschaftlichen Diskursen, die auf die Dekonstruktion verfestigter Dichotomien wie dem Theater als einem Apparat des Zeigens und Schauens, heteronormativer Kategorien des Männlichen und Weiblichen sowie der kategorischen Unterscheidung zwischen Mensch und Tier, Körper(haftem) und Körperlosem zielen. Sowohl inhaltlich als auch formal lassen sie sich damit der Donna Haraways Cyborg-Manifest zum Ausgang nehmenden Postgender-Bewegung zuordnen, in die auch poststrukturalistische, gendertheoretische und transhumanistische Ansätze eingeflossen sind.[95] Dabei geht es um die Auflösung der epistemologischen Unterscheidung zwischen Natur und Kultur, Mensch und Maschine bzw. Mensch und Tier. Bezeichnend für diese Korrespondenz ist der interventionistische Zug von Salamons Inszenierung, den auch Bojana Cvejics manifestartiger Begleittext zum Ausdruck bringt:

92 Rebentisch: *Ästhetik der Installation*, S. 15.

93 Susanne Foellmer: Un/Doing Gender. Markierungen und Dekonstruktionen der Inszenierung von Geschlecht in zeitgenössischen Tanzperformances. In: Marie-Luise Angerer / Yvonne Hardt / Anna-Carolin Weber (Hrsg.): *Choreographie – Medien – Gender*. Zürich: Diaphanes 2013, S. 139–155, hier S. 146.

94 Ebd.

95 Haraway: A Cyborg Manifesto.

> Kein Körper heisst keine Live-Präsenz / Keine Figur heisst kein Bild / Kein Tableau heisst, dass die Bühne nicht länger das Zentrum ist / Keine Dominante des Visuellen heisst keine Klarheit, Transparenz oder Stabilität.[96]

Besonders deutlich wird die Auflösung normativer Hierarchien auf der auditiven Ebene der Inszenierung. Die Verabschiedung vom Theater als Repräsentationsapparat setzt an die Stelle der suspendierten Bedeutungen als „[d]as einzige verbleibende menschliche Organ […] die Stimme, allerdings getrennt von den Körpern, eine akusmatische Stimme, deren Kraft in ihrer Forderung liegt: ‚Höre mir zu!'"[97] Weil *Tales of the Bodiless* auf der Fiktion der Körperlosigkeit aufbaut, ist die Stimme nicht mehr an einen erzeugenden (Klang-)Körper gebunden. Wie die Musik bleiben die Mittel der Klangerzeugung unsichtbar, ebenso wie die Qualität der Stimmen und Klänge (menschlich, technisch, instrumental) unklar bleibt. Im Bereich der Akusmatik, den Cvejic anspricht, entsteht durch die Unverortbarkeit und Unidentifizierbarkeit gehörter Klänge eine Situation des ‚reinen Hörens'. Visuelle Reize bleiben außen vor. Während in Stuarts Schwarzraum sowohl umfassende Dunkelheit als auch Stille herrschen, fungiert der Schwarzraum bei Salamon als ein Verstärker visueller und auditiver Reize. Damit wertet *Tales of the Bodiless* die hör- und sichtbaren, aber schwer verortbaren Elemente als Effekte des Atmosphärischen auf. Das Atmosphärische dient hier der radikalisierten Entfaltung von Vorstellungen menschlicher Körperlosigkeit und eines dezidiert körperlosen Theaters. Wie in *All Together Now* werden die Rezipient_innen zum Austragungsort ihrer eigenen Empfindungen und Bewegungen, die sich aus einer umfassenden, fiktiv und atmosphärisch erzeugten Körperlosigkeit ergeben. Darin markieren ihre Körper die „rare, lebendige Präsenz, die den ihnen innewohnenden Fiktionen Dauer verleihen",[98] wie Bojana Cvejic anmerkt. Die Inszenierung bestätigt die in *All Together Now* herausgestellte Rolle der Besucher_innen als Produzent_innen der komplexen Vorgänge um sie herum. Es liegt an ihnen, den verbreiteten Fiktionen Bedeutung und Dauer zu verleihen.

96 Cvejic: Über die Performance Tales of the Bodiless, S. 114–115.

97 Ebd., S. 115. Cvejic nimmt hier Bezug auf Roland Barthes' Verständnis vom „intersubjektiven Raum […], in dem ‚ich höre zu' auch heißt , höre mir zu'" (Roland Barthes: Zuhören. In: Ders.: *Der entgegenkommende und der stumpfe Sinn. Kritische Essays III*, aus d. Franz. v. Dieter Hornig. Frankfurt am Main: Suhrkamp 1990, S. 249–263, hier S. 249). Zur vermeintlichen Körperlosigkeit der akusmatischen Stimme siehe auch Pinto: *Stimmen auf der Spur*, insb. S. 182–186 (Kap. „Es gibt keine ‚körperlosen Stimmen'"). Darin beschreibt der Autor, dass eine menschliche Stimme nur aus einer die Visualität bevorzugenden Perspektive als körperlos beschrieben werden kann. Darüber hinaus *ist* die Stimme Körper und sie *hat* einen (Stimm-)Körper.

98 Ebd.

Die Blindheit des Mediums

Die zurückliegenden Beobachtungen gingen von einer unmöglichen performativen Sequenz aus und sind im Versuch, über das sich dem Blick Entziehende nachzudenken, die Erwähnung des allzu Sichtbaren, das heißt der daran anschließenden Bühnenvorgänge, schuldig geblieben. Einerseits mag dies gerechtfertigt sein, da der Schwarzraum in seinem Sensibilisierungspotenzial für die affektiv-sinnliche Körperlichkeit der Wahrnehmung und ihre Transformationen zur Diskussion stand. Andererseits wird damit außer Acht gelassen, wie sehr das sich in ihm entfaltende Gespür auf etwas gerichtet ist, das im Kommen begriffen ist – und damit auf ähnliche Weise in einem steten Aufschub verharrt wie der Zustand der vollständigen Erblindung der Fotografin in *Aufnahme*. Es erscheint dennoch sinnvoll, diesen Schritt zu gehen und den Schwarzraum aus der Zeitlichkeit der Performance herauszulösen, zumal er die Umkehrung der institutionalisierten Aufmerksamkeitslenkung auf Auftakt und Ende einer Inszenierung einschließt. Das lang anhaltende *black*, das gemeinhin das Ende einer Aufführung anzeigt, fungiert in *All Together Now* als ein radikales Gegenmittel zur omnipräsenten Verpflichtung, sich zwischen verschiedenen Wahrnehmungsangeboten entscheiden zu müssen. Stuarts Schwarzraum überwältigt durch die radikale Ausblendung von Sinnesreizen: Sehende und hörende Menschen sind es nicht gewohnt, auf diese Stimuli zu verzichten. Der Schwarzraum stellt ein ambivalentes Erfahrungsangebot dar, denn er kehrt über den Zusammenhang von Wahrgenommenem und Wahrnehmenden die Einschränkung der Sinnestätigkeit und zugleich deren Erweiterung hervor. Die als labile Phänomene umschriebenen Effekte sind einerseits minimal. Andererseits sind sie als das Ergebnis eines sich hier in besonderem Maß entfaltenden Gespürs anzusehen, das gerade durch die Konflikte der verschiedenen Sinnestätigkeiten angeregt wird und die Wahrnehmung insgesamt verändert.

Wenn ein Anspruch Stuarts darin liegt, Bilder zu erschaffen, die nicht von außen kommen, so bezieht er sich hier zunächst auf die visuellen Phänomene, darüber hinaus aber auf ein Spektrum potenzieller Szenarien der eigenen Befindlichkeit. Stuart erweist sich hierin als eine Meisterin im Erschaffen bedrohlicher Atmosphären, die wie bei einem David-Lynch-Film gerade auf der Nichteinlösung der Erwartung, in der Auslassung der konkreten Bedrohung basieren.

Indem der Schwarzraum über die ästhetischen Implikationen hinaus die visuelle Orientierung des Menschen – seine soziokulturelle Rolle als Zuschauer, Betrachter, Voyeur oder Flaneur – vorübergehend aussetzt, werden die Rezipient_innen hier zu Teilnehmer_innen an einem mit körperlichen Anstrengungen verbundenen Wahrnehmungsexperiment. Daraus ergibt sich eine Parallele zu Lohers Theatertext *Hund*, worin sich Hinkender Dieb merklich bemüht, Alte Hures Anweisungen zu befolgen, ohne dass es ihm gelingt, den erwünschten Zustand der Bewegungslosigkeit zu erreichen. Sich jenseits der habitualisierten, der einstudierten und ständig wiederholten Bewegungen, Handlungsmuster oder Wahrnehmungspräferenzen auf Neues einzulassen, wird zu einer Herausforderung, die anzeigt, wie sehr die an *All Together Now* Beteiligten soziokulturell bereits geprägt und geformt sind. Erneut wird damit die herausragende Stellung des Sehens in dem Maße bewusst, in dem sie den Sehenden entzogen wird. Der Körper rückt im Schwarzraum als ein Umschlagplatz von Erfahrungen in den Blick, die über die konkrete Situation hinaus auf Voraussetzungen und Verfahren der Wahrnehmung, der Bewegung sowie der sinnlich-epistemischen Produktion und Rezeption von Wissen und Bedeutung verweisen. Dabei betrifft die Transformation des sinnlich-affektiven Gefüges, wie betont werden muss, den gesamten Sinnesapparat und schließt das Sehvermögen dementsprechend ein.

Auf diese Weise wird der Schwarzraum in seiner konkreten wie symbolischen Rolle als Ausblendungsinstrument erkennbar und als ein Mittel, die eigenen Produktionsbedingungen kritisch zu hinterfragen: Wie unumgänglich ist das Gebot der Darstellung, das Diktum der Live- oder Kopräsenz? Ist das Theater an die ‚Sichtbarmachung' szenischer oder verkörperter Vorgänge gebunden – oder an institutionelle Vorgaben wie einen bestimmten Aufführungsort oder Produktionsstab? *Tales of the Bodiless* spitzt programmatisch zu, was bereits in Stuarts Schwarzraum als einem radikalisierten Wahrnehmungsmodell angelegt ist: Auch in *All Together Now* wird das Theater als Repräsentationsapparat suspendiert, allerdings nicht in Verbindung mit einem politisch-ästhetischen Bekenntnis. In *All Together Now* werden in erster Linie die Besucher_innen aus dem sinnlichen, affektiven und körperlichen Gleichgewicht gebracht, hier überwiegt der Anspruch, sie weitestgehend ungestört von äußeren Einflüssen Erfahrungen auszusetzen, die sie selbst betreffen und sie von sich selbst entfremden. Demgegenüber begreift *Tales of the Bodiless* die gesteigerte Potenzialität des Schwarzraums als eine Chance, die Besucher_innen von ihrem eigenen Befinden abzulenken, um sie mit interventionistischen Vorstellungen der Körperlosigkeit zu konfrontieren. Die an die Bedeutung wiederholbarer Geschichten knüpfende Körperlosigkeit zielt in *Tales of the Bodiless* unmittelbar auf das sinnliche Regime des Theaters und auf seinen kritisierten Status, zur Reproduktion und Perpetuierung verfestigter Dichotomien bzw. Konstruktionen von Normativität beizutragen.

Indem beide Aufführungen ein defizitäres und irritierendes Potenzial der visuellen Wahrnehmung, ihres Erfassungs- und Erkenntnisvermögens, erfahrbar machen, arbeiten sie an der Relativierung des Zuschauens als der im Theater vorherrschenden Rezeptionshaltung.

VII
„You try, but the light is too bright" – Schlussbetrachtung

Nachbild

Die vorliegende Studie geht von einer grundsätzlichen Verschränkung von Formen und Konzepten des Sehens und der Blindheit aus. Vor dem Hintergrund der von den Visual Culture Studies, der Kunst-, Theater- und Kulturwissenschaft vorangetriebenen Beschäftigung mit Formen und Praktiken visueller Wahrnehmung, Sichtbarkeit und Repräsentation ist aufzuzeigen, dass Blindheit in der neueren Kunst als eine Möglichkeit der Störung, Umbesetzung und Transformation etablierter, visuell kodierter Darstellungs- und Wahrnehmungsweisen fungiert. Über den Einsatz von Blindheit werden visuelle Medien in ihren Bedeutungen und Wirkmechanismen infrage gestellt. Signifikant ist, dass die Kritik nicht im Modus der Abgrenzung zum Sehen erfolgt, sondern im Zeichen der komplexen Durchdringung und im Aufbrechen verkürzter, ausgrenzender und normierter Praktiken visueller Wahrnehmung. Das Ziel dieser Durchdringung liegt weder in einer komplementären Versöhnung noch in der Einebnung von Unterschieden zwischen spezifischen Wahrnehmungspraktiken, sondern im Herausarbeiten vielschichtiger Verbindungen jenseits oppositioneller Hierarchien und in einer damit einhergehenden Öffnung des Denkens und künstlerischen Tuns.

Nachgewiesen wird, dass die Einbeziehung kulturhistorischer Deutungsmuster in die Analyse neuerer Inszenierungen von Blindheit in Literatur, Theater und bildender Kunst unabdingbar ist, denn diese kulturellen Denkmuster dienen bis in die Gegenwart als Matrix für vielschichtige und ambivalente Aushandlungen von Blindheit an der Schwelle zwischen Sehen und Nichtsehen, physiologischer Realität und Sinnbildlichkeit. Die Rezeptionsgeschichte mit ihren Anachronismen bildet vor diesem Hintergrund die zentrale

Herausforderung für die künstlerische Hervorbringung und theoretische Reflexion von Blindheitsszenarien.

Krisen der (visuellen) Wahrnehmung und des Denkens werden in künstlerischen Arbeiten an Figuren gekoppelt, die zur Neukonstituierung ihres Verhältnisses zu sich selbst wie zu ihrer Geschichte, ihrem Körper und ihrer Umwelt und nicht zuletzt zu Neubestimmung ihrer Wahrnehmung gezwungen sind. Vor diesem Hintergrund erweist sich die Arbeit mit Blindheit als einer performativen Kategorie, die gleichzeitig verkörpert und in Form einer sich modifizierenden Wahrnehmungspraxis vollzogen wird, als produktiv für die vergleichende Analyse.

In ihrer Argumentation orientiert sich die Studie an der Struktur der Ellipse als einer Untersuchungsform und Schreibpraxis, die mal näher, mal ferner um ihren zentralen Gegenstand kreist. Entscheidend für diesen Ansatz ist die Diagnose einer Verschränkung von Blindheit mit kunst-, kultur-, medien- und gendertheoretischen sowie psychoanalytischen Fragestellungen, weshalb ihre Reflexion um Exkurse ergänzt und eine nichthierarchische Gliederung des Untersuchungsmaterials vorgenommen wird. Die Aktualität einer Denkfigur, die ihr historisches Erbe in sich trägt und zugleich in jeder neuen kulturellen Situation neu besetzt werden kann und muss, tritt in ihrer Ambivalenz und Komplexität innerhalb spezifischer Schwellensituationen zutage. Dies herauszuarbeiten ist ein Kernanliegen der Untersuchung. Vier zentrale Ergebnisse gilt es in diesem Zusammenhang noch einmal hervorzuheben:

1. Als eine heterogene Figur der Aktivierung und der Überschreitung folgt Blindheit dem narrativen Muster der Desorientierung und Re-Orientierung. Sie beschränkt sich nicht auf den Gesichtssinn, sondern beeinflusst den gesamten Sinnesapparat, die affektive, körperliche, kognitive und mentale Verfasstheit eines Subjekts in Relation zu seinem räumlichen und sozialen Gefüge, das im Fokus jeder Inszenierung steht.

2. Blindheitsgeschichten sind in der Regel Erblindungsgeschichten, die sich durch die gleichzeitige An- und Abwesenheit von Blindheit auszeichnen. In allen untersuchten Arbeiten bleibt ihre Ursache ungenannt. Hierin liegt der Unterschied zu traditionellen Deutungsmustern, die Blindheit als höhere Form der Einsicht, Strafe, Vorbotin des Todes oder männliches Attribut verhandeln und somit in einen kausallogischen Zusammenhang rücken. Es ist gerade die ausbleibende Erklärung, die für die ausgeprägte Selbstreferenzialität von Blindheit und ihre Elastizität innerhalb medialer und interdisziplinärer Zusammenhänge verantwortlich ist.

3. Die Auseinandersetzung mit der binärgeschlechtlichen Kodierung von Blindheit ist heute Teil von postgender-, kultur- oder medientheoretischen Diskursen. Vor dem Hintergrund der Repräsentationskrise nach 1945 und postmoderner Wirklichkeitserfahrung zielen neuere künstlerische Verhandlungen von Blindheit stärker auf das in diesem Zug als prekär gedeutete Privileg, überhaupt einen Körper zu haben und (auch im politischen Sinn) sichtbar zu sein.

4. Alle untersuchten Arbeiten nutzen Blindheit zur Demontage binärer Denkmuster, zum Aufbrechen der Opposition zwischen Evidenz und Spekulation, Männlichkeit und Weiblichkeit, Aktivität und Passivität, Fertigem und Unfertigem, Leben und Tod, Sehen und Blindheit. Diese Entkopplungen bewirken keine Einebnung von Differenzen, sondern ermöglichen durch Blindheit als produktiver Figur der Störung ein neues Nachdenken über Praktiken, Muster und Normen der Ab- und Ausgrenzung, der Justierung, Benennung und Einordnung von Sachverhalten, Personalfiguren und diskursiven Räumlichkeiten.

Im zweiten Kapitel liegt der Akzent auf Brodowskys literarischer Verknüpfung von Blindheit mit fotografiegeschichtlichen sowie psychoanalytischen Diskursen und der Verhandlung von Blindheit als Krise bzw. als Transformation von Krise. In Abgrenzung zum traditionellen Ödipusbild und zur männlichen Kodierung von Blindheit als Strafe sind zwei gegenläufige Ideenstränge zu extrahieren: Die Durchdringung des menschlichen Daseins durch die zukünftige Abwesenheit, das heißt die Unmöglichkeit, diese Abwesenheit vor ihrem Erreichen zu denken. Der imaginäre Punkt, an dem diese beiden Vorstellungen zusammentreffen, markiert einen ‚blinden Fleck' innerhalb der Erzählung – eine auch für die anderen untersuchten Inszenierungen konstitutive Form der Auslassung. Während in *Les Aveugles* ein bestimmtes Bild von Blindheit die zentrale Leerstelle bildet, weist Alte Hure in Lohers *Hund* die Vorstellung von Blindheit als Verlust zurück, wenn sie proklamiert, es gäbe keine Zerstörung, sondern nur Tausch. Blindheit wird hier eben nicht als Verlust erfahren, sondern als eine Form der Intensivierung. Damit wird die bislang in der Forschung vorherrschende, unter anderem auf den Teiresias-Mythos zurückzuführende Lesart von Blindheit als Gabe und Fluch umgedeutet. Tausch bedeutet bei Loher keine Äquivalenz oder Kontinuität unter anderen Vorzeichen, sondern eine Form der Anreicherung des Erlebten und Gedachten durch eine veränderte ‚Sehweise'. Wie die Fotografie in *Aufnahme* fungiert die Bildhauerei in *Hund* als ein extrapoetisches Korrektiv – eine Praxis der Distanzierung zum Verfertigten, dessen notorisches *infinto* unter Einbeziehung von Sartres Überlegungen zu

Giacomettis Kunstschaffen aufgezeigt wird. *Aufnahme* und *Hund* entwerfen ein affirmatives Verständnis von Blindheit als einer Wahrnehmungsform, die sich Alte Hure und Brodowskys Fotografin aktiv angeeignet haben. Diese Ausrichtung verbindet die beiden literarischen Texte mit *Isabella's Room*. Blindheit hat sogar Anteil an der selbstbewussten Haltung, die Isabella Morandi gegenüber ihrer eigenen Biografie und zugleich der Geschichte des 20. Jahrhunderts einnimmt. Sie materialisiert sich in einem konkreten Erbe, das (nach Derrida) transformiert werden muss, um weiter bestehen zu können: Im prononcierten *intransit* und *in between* ist dieses Erbe wie Isabellas Blindheit an- und abwesend zugleich. Die Akzeptanz der Verpflichtung zur ‚treulosen Treue' (Derrida) in Form einer aktiven Verflüchtigung materieller Objekte ist kein mutwilliger Akt der Zerstörung, sondern zugleich eine affirmative Reaktion auf ein komplexes Schweigen, mit dem die Institution Sammlung zu kämpfen hat und das sich wie mit Verweis auf Sally Price herausgestellt 1) im Verschweigen historischer Fakten, 2) in der Ungleichbehandlung unsichtbarer Privat- und zu besichtigender öffentlicher Sammlungen und 3) in der Unzugänglichkeit gigantischer Museumsdepots äußert. Die inszenatorische Akzentuierung des Unvermögens, diesen komplexen Tatbestand als Theaterkollektiv sach- und zeitgemäß zu bewältigen, und die gleichzeitige Not, sich als Erb_innen dieser Aufgabe dennoch stellen zu müssen, werden als Umdeutung des Ödipus-Mythos markiert. Die ambivalente Blindheit der Protagonistin steht für die Ausblendung verinnerlichter Restriktionen und für die selbstbewusste Lenkung des Blicks auf das Lebendige und Begehrenswerte im Leben.

An das akzentuierte Potenzial der De-Hierarchisierung anknüpfend lotet Calle die Wahrnehmung Blinder in ihrer Doppeldeutigkeit als introspektiver und für ein sehendes Publikum ausgestellter Vorgang aus. Sie nutzt einen dokumentarischen Stil, um die ihrer Arbeit inhärenten Übergänge zwischen Tradition und Erfindung zu verunklären, wodurch eine weitere Form der Unbestimmtheit benannt ist, die Blindheitsinszenierungen insgesamt charakterisiert. Während Brodowskys Erzählung *Aufnahme* das sukzessive Verlernen einer bestimmten und bevorzugten Sehweise herausstellt, ist in *Les Aveugles* visuelle Wahrnehmung ein dezidiert konstruktiver Vorgang, der nicht nur die Augen, sondern auch das Denken und Fühlen eines Menschen affiziert. *Les Aveugles* führt Mechanismen der ambivalenten Imagebildung vor, die auf das 18. Jahrhundert, und hier vor allem auf Diderots *Brief über die Blinden*, und die Engführung von Kunst und Schönheit als visuell verifizierbare Kategorien innerhalb einer ästhetischen Lehre zurückgeführt werden. Indem *Les Aveugles* das produktive Potenzial von Blindheit gegenüber planen, fotografischen Bebilderungen herausstellt, erfährt Schönheit eine über das Sichtbare hinausgehende, affektive wie körperliche Umdeutung.

Das absolute Statement eines vermeintlich blinden Mannes verbindet die Arbeit schließlich mit Stuarts *All Together Now*, der im Rahmen des Untersuchungsmaterials am weitesten gehenden Auseinandersetzung mit Blindheit. Indem die in *All Together Now* erzeugte Dunkelheit in die Besucher_innen hinein verlegt wurde, kündet sie von der unhintergehbaren Innerlichkeit eines Phänomens, das die kognitiven und körperlichen Anteile visueller Wahrnehmung verdeutlicht. In der Verschränkung von Konzepten des Sehens und der Blindheit durchdringen sich körperliche, affektive, sinnliche, das heißt perzeptive und mentale Vorgänge, wodurch die Studie an neuere Ergebnisse aus der phänomenologischen und theaterwissenschaftlichen Forschung anknüpft. Am Beispiel des Schwarzraums zeigt sich, wie schwer es ist, von der Blindheit der Rezipient_innen zu sprechen, da das Unvermögen, mit den eigenen Augen zu sehen, und die Herstellung eines spezifischen Raumes, der sich selbst negiert, ineinandergreifen. Blindheit lässt sich hier nicht mehr individualisieren und Einzelnen zuordnen. Da es im begehbaren Schwarzraum nichts zu sehen (und nichts zu hören) gibt, kann hier kaum von einer kollektiven Blindheit des Publikums gesprochen werden, wohl aber von einer erfahrbar gemachten Blindheit des Mediums.

Von diesem Ereignis aus, das in seiner Einmaligkeit als überwältigend und bedrohlich, als Anreicherung und gleichzeitige Entleerung von Wissen und Kodierung geschildert wurde, soll nun der Blick auf die Anfänge des Films zurück und zugleich in die Zukunft gerichtet werden, in der sich die interdisziplinäre Forschung stärker als bisher mit dieser sowohl technischen als auch wahrnehmungstheoretischen Zäsur und deren Auswirkungen auf Inszenierungen von Blindheit auseinandersetzen muss. Daran anknüpfend gilt es zu fragen, ob es auch eine Blindheit in der Literatur geben kann, die über das erzähltheoretische Potenzial von de Man und Iser hinausgeht. Zunächst jedoch ist kurz zu skizzieren, welche Veränderungen die Einführung und mehr noch die Etablierung des Films hinsichtlich der Darstellungen von Blindheit bewirkt hat.[1]

1 Mit den Anfängen des Films verbindet sich der Name der Brüder Auguste und Louis Lumière. Zwei ihrer bekanntesten und ältesten Kurzfilme, die im Rahmen öffentlicher Vorführungen gezeigt wurden, waren *La Sortie de l'usine Lumière à Lyon* (*Arbeiter verlassen die Lumière-Werke,* F 1895, R: Louis Lumière) und *L'Arrivée d'un train en gare de La Ciotat* (*Die Ankunft eines Zuges auf dem Bahnhof in La Ciotat*, F 1895, R: Louis Lumière) aus dem Jahr 1895.

Ausblick

Die Vorführung bewegter Bilder Ende 1895 in New York und insbesondere in Paris löste in der Folgezeit eine regelrechte Wahrnehmungsrevolution aus. Anknüpfend an die in meiner Arbeit durch weitere Argumente untermauerte These von Caroline Jones ist es vor allem die Wirkmacht des Kinos, die Blindheit als einer „überraschend konstante[n] Partnerin der Macht visueller Darstellung“[2] Nachdruck verleiht. „Sie erscheint genau dort als zentrales diskursives Gegengewicht, wo visuelle Formen der Bildung im Aufstieg begriffen sind und als überwältigend empfunden werden“.[3] Bedeutsam ist, dass Blindheit nicht nur in einigen frühen Filmen wie in *Das Liebesglück der Blinden*, *Der Gang in die Nacht* und *Zwei Waisen im Sturm* ein Thema ist,[4] sondern auch in der theoretischen Reflexion des innovativen Mediums und seiner teils noch spekulativen, weil eher künftig kulturellen Bedeutung eine Rolle spielt. Der Film forderte eine radikal neue Ausrichtung des Blicks, eine spezifische Sehweise, die erst erlernt werden musste. Benjamin setzt sich in Rekurs auf Baudelaire und Heidegger mit der durch den Film bewirkten Krise des Sehens auseinander. Der Film fordere „ein Sehen ohne Blick“, eine Sehweise,

> die verblendet dem vermeintlich Sichtbaren zugewendet und in ihrem Reagieren auf das *Tempo der Großstadt* angepaßt, das Vermögen verloren hat, den Blick aufzuschlagen: im Gegensatz zur Erinnerung […], welche die Lust am Schönen unsterblich macht.[5]

Benjamin aktiviert in seiner Reflexion der Folgen durch die Einführung des Kinos auf die visuelle Wahrnehmung das dialektische Grundmuster: Das Zu*sehen* erzeuge im Kino eine (sinnbildliche) Blindheit, das zu hohe Tempo der Bilderabfolge bewirke eine (geistige) Leere bei den Zuschauer_innen, die im Gegensatz zur aktiven Erzeugung von (inneren) Bildern, nämlich der Fähigkeit zur Erinnerung, steht. Die blinde bzw. passive Sehweise schließt die ihr gegenübergestellte sehende bzw. aktive Sehweise aus. Ähnlich erlebt es Franz Kafka, der ebenfalls aufgrund der signifikanten Beschleunigung der Bilder auf den Gedanken kommt, das Kino mache „wirklichkeitsblind“,[6] und der warnt: „Der Blick bemächtigt sich nicht der Bilder, sondern diese bemächtigen

2 Jones: Der blinde Mann, S. 154.

3 Ebd.

4 *Das Liebesglück der Blinden* (D 1911, R: Curt A. Stark / Heinrich Bolten-Baeckers); *Der Gang in die Nacht* (D 1921, R: Friedrich Wilhelm Murnau); *Orphans of the Storm* (*Zwei Waisen im Sturm*, US 1921, R: D. W. Griffith).

5 Zit n. Wetzel: „Ein Auge zuviel“, S. 153. (Herv. i. Orig.)

6 Zit n. ebd., S. 152.

sich des Blickes."[7] Kafkas Befürchtung korrespondiert mit dem Mechanismus, den Calle in *Les Aveugles* aufdeckt, indem sie ‚das Sehen' Blinder mit (fotografischen) Bildern für Sehende konfrontiert. Das je nach Kontext modifizierte Problem eines medienspezifischen (metaphorischen!) Blindwerdens ist im Zeichen des Films besonders virulent geworden – es ist jedoch, wie auch *Les Aveugles* zeigt, an keine spezifische Kunstform gebunden. Stattdessen entrollt es einen alten Konflikt: Was in medialen Schwellensituationen reaktiviert wird, ist eine ältere, grundsätzliche Rivalität zwischen technisch und mental erzeugten oder ‚äußeren' und ‚inneren' Bildern. Viel ist über die offenkundige Analogie zwischen menschlichem Blick und Kamera, über die expliziten und impliziten Rivalitäten zweier in ihrem symbolischen Gehalt so mächtigen Größen spekuliert worden. Kinozuschauer_innen identifizieren sich für gewöhnlich mit dem Kamerablick, der das kinematografische Bild konstituiert, ohne selbst sichtbar zu sein.[8] Sie geben sich (bis zu einem gewissen Grad) der künstlerischen Organisation ihres Blicks hin, die sich ihrerseits durch den diskutierten Komplex mangelnder Interaktivität bzw. Partizipation auszeichnet. Stefan Ripplinger spitzt diese Feststellung auf die Aussage zu, dass „Blindheit im Film [...] auch eine Eifersucht von Kunst und Technik auf das natürliche Sehen [bezeichnet]".[9] Andererseits liegen die Differenzen zwischen dem Film als einem künstlichen Medium und dem hochkomplexen Vorgang des Sehens auf der Hand – die untrennbare Verschaltung der visuellen Wahrnehmung mit anderen Sinnesreizen, kognitiven und neuronalen Prozessen, vor allem aber die soziale Verfasstheit des menschlichen Blicks, der auf der wechselseitigen Verschränkung von Sehen und Gesehenwerden gründet. Doch der Film kann versuchen, eine existenzielle Erfahrung so glaubwürdig zu vermitteln, dass das Publikum in intensiver Weise in eine Atmosphäre eintaucht, welche die obligatorische Trennung zwischen Sehen und Gesehenwerden, Film und Zuschauer_in suspendiert: Zum Beispiel durch die Erzeugung eines Schwarzraums im Kino, der die Zuschauer_innen vorübergehend mit einer schwarzen Leinwand konfrontiert

7 Zit n. Ripplinger: *I can see now*, S. 61. Dass Vergleiche mit Blindheit – mithin sogar in ihrer physiologischen Ausprägung – keineswegs selten sind, zeigt auch eine um 1930 hinterlassene Notiz Hermann Hesses an Ninon Dolbin: „In nächster Zeit sollte ich es vermeiden, jemals ins Kino zu gehen. Gestern bin ich beinah blind geworden und werde es noch tagelang spüren. Also möglichst nie ins Kino." (Zit n. *Hermann Hesse – Momentaufnahmen.* Eine Ausstellung des Deutschen Literaturarchivs Marbach und des Schiller-Nationalmuseums in der Vertretung des Landes Baden-Würtemberg in Brüssel, 13.10.–13.12.2002.)

8 Vgl. Knut Hickethier: *Film- und Fernsehanalyse*. Stuttgart: Metzler 1996, S. 56.

9 Ripplinger: *I can see now*, S. 59.

und so aus einem Illusionsapparat eine Art Gefängnis macht.[10] Dieses Gefängnis wiederum fungiert in *All Together Now* als ein großer Tast- und Fühlraum, womit die Übergänge zwischen visuellen und haptischen Qualitäten ebenso exemplarisch gestärkt und vollzogen werden wie die zwischen der vereinzelnden und der kollektivierenden Funktion dieser spezifischen Raumerfahrung.

Inwiefern auch Bücher ‚blind' machen können, davon vermittelt Kurt Johannessens selbstreferenzielle Arbeit *Open Eyes and Closed Eyes*[11] einen Eindruck. Was hier in Buchform vorliegt, entspricht einer endlosen, performativen Feedback-Schleife. Auf dem roten Cover ist die blasse Silhouette eines stark angeschnittenen, jungenhaften Gesichts zu erkennen, das leicht von oben aufgenommen wurde. Mund und Nase sind nicht sichtbar, die Augen geschlossen. Auf dem Cover des kleinformatigen, annähernd quadratischen Buchs sehen die Leser_innen, was die im enthaltenen Text verlautbarte Stimme, also die akustische Imagination einer erklingenden, menschlichen Stimme, an visuellen Eindrücken beschreiben wird, wenn sie die Augen geschlossen hält: rot. Die sehende Instanz und das Gesehene überlagern sich in diesem unscharfen Ausschnitt. *Open Eyes and Closed Eyes* dekonstruiert die literaturwissenschaftliche Idee einer auktorialen Intendier- und Interpretierbarkeit. Der Autor hat sich ebenso aus dem Text verabschiedet wie die Erzählinstanz. Das Buch adaptiert die Sicht des_r Rezipienten_in, der_die in einem zeit- und raumlosen Vakuum in einer einzigen, sich stets wiederholenden Bewegung gefangen ist: *Close your eyes – open your eyes*. Es sucht sich auf ähnliche Weise mit ihnen kurzzuschließen wie Stuarts *All Together Now*.

Der Text basiert auf dem elliptischen Modus von Wiederholung und Auslassung; er spitzt das in dieser Studie als signifikant herausgestellte Verfahren noch zu. Der Text umfasst gut 210 unnummerierte Seiten und ist durchgängig in der zweiten Person Singular verfasst; durch die direkte Anrede der Leser_innen wird suggeriert, es wären ihre Gedanken, die hier verlautbart würden. Sie sind diejenigen, die während des Lesens permanent zwischen zwei Blindheiten wechseln müssen – einer ‚weißen' und einer ‚roten':

> You open your eyes. Everything is white. There is nothing to see, just white. White light. What happened? How did you get here? You don't remember. You have a feeling that you've been crying recently. Your eyes are moist. That's all. It' s all you can remember. And there is nothing here. Why are you here? Where did you come from? Where are all the others? Is there anybody else? There is nothing here. Nothing, bright light and a vague memory of crying. You cannot remember having seen such a bright light before. You cannot remember

10 Vgl. dazu Hackel: Die Gefährdung des Blicks.

11 Kurt Johannessen: *Open Eyes and Closed Eyes*. Bergen: Zeth 2004, o. P.

having seen anything before. Nothing. What has been, feels like nothing, and now there's an unpleasantly bright light. It feels as if it is getting brighter. You cannot stand the light any more. You have to close your eyes. You try to keep them open just a little longer. You try, but the light is too bright. It is as if it's piercing you.[12]

Keine Erinnerung, keine Körper, kein Raum- und kein Zeitgefühl, doch ein Versuch, einen umfassenden Sinn- und Bedeutungsverlust erfahrbar zu machen, nicht nur intellektuell, sondern vor allem durch einen speziellen Modus – 13-mal wiederholt sich die 16 Seiten lange Textsequenz und setzt sich ohne jeden Anspruch fort, an das bereits Gesagte anzuknüpfen. Formal erinnert diese Sequenzierung an die in Kapitel IV herausgestellte monochromatische Leinwand in Jarmans Film *Blue*. Nur handelt es sich hier um einen Text, der sich wiederholt und sich im Vorgang des wiederholten Lesens als ein persönlicher Akt der Ausführung in seiner Wirkung individuell verändert. Wie in den untersuchten Arbeiten bleibt auch hier das zentrale Ereignis einerseits außen vor, markiert aber andererseits die zentrale Frage, die sich der_die Leser_in stellt: Was muss vorgefallen sein, um das sprechende Du aus seinem Sinnzusammenhang, seiner räumlichen, zeitlichen, sozialen und mentalen Ordnung zu reißen und seine verbliebene Entscheidungsgewalt auf das Öffnen und Schließen der Lider zu reduzieren? Charakteristisch ist der mit dem Bemühen um Erinnerung gepaarte stetige Verlust der Erinnerung, die soziale Isolation, eine vage Erinnerung daran, geweint zu haben, und ein Bewusstsein für Einsamkeit, Trauer und Schmerz. Ähnlich wie in *All Together Now* ist kaum zu entscheiden, ob das umfassende Nichtsehenkönnen einen subjektiven oder äußeren Effekt darstellt. Wie in *Aufnahme* überlagert sich Blindheit mit einer mentalen Leere: Hier also erscheint sie als eine Form des Vergessens. Über verschiedene Vorstellungen von Blindheit wird die Durchdringung eines Zustands erfahrbar gemacht, der an ein Koma erinnert. Es gilt, ein unlösbar erscheinendes Problem zu umkreisen, wodurch der Text in einer steten Bewegung zu seiner Eingangsformel „You open your eyes." zurückführt. Die verlautbarte Stimme scheint keinen Körper mehr zu haben, nur noch Funktionen, die entfernt an einen Körper erinnern: Augen und Gehirn.

Die Arbeiten von Stuart oder Kurt Johannessen brechen den zeitlichen, Anfang und Ende aufweisenden Verlauf künstlerischer Praxis ebenso auf wie den eines intentions- und interpretationsorientierten Nachdenkens über Kunst. Die Form der Auslassung und die der Wiederholung, die der Anapher als Form der Ellipse eignet, kommen am deutlichsten überein, wo sich zwischen diesen beiden Ausformungen nicht mehr unterscheiden lässt – ein ständiges Ende

12 Johannessen: *Open Eyes and Closed Eyes*.

und ein darin ständig präsentes Warten auf einen Anfang, der die Unwissenheit und Unordnung unterbrechen soll. Erneut zeigt sich bei Kurt Johannessen, dass die Grenzen zwischen den Blindheit thematisierenden Kunstformen bzw. Austragungsmedien durchlässig sind. Darüber hinaus belegt *Open Eyes and Closed Eyes*, dass auch Literatur visuell kodiert sein kann. Die Blindheit des Mediums, das gilt es vor diesem Hintergrund zu bekräftigen, bleibt eine Herausforderung für die kritische Reflexion künstlerischer Arbeiten zu diesem Thema.

Der exponierte Verlust einer sinn- und körpergebenden Ordnung bildet aktuell einen zentralen Anknüpfungspunkt für weiterführende Studien zu Blindheit und visueller Medialität. Hinsichtlich komplexer Entfremdungserfahrungen oder Auflösungserscheinungen, aber auch der Intensivierung unmittelbarer Körperwahrnehmung ließe sich zukünftig noch gezielter nach geschlechtlichen Kodierungen von Blindheit fragen, vor allem in Verbindung mit (post)gender- und queertheoretischen Fragestellungen. Ein Charakteristikum von Brodowskys Erzählung ist die spürbare Unverbindlichkeit und Unbestimmtheit, die sich in der Vagheit der Figuren, der seltsamen Identitätslosigkeit der Fotografin und der partiellen Amnesie des erzählenden Ich konkretisiert. Das mit der Erblindung und der persönlichen wie künstlerischen Krisensituation der Fotografin eintretende Schwinden ihrer Körperlichkeit könnte auf einer höheren Ebene mit einem neueren, tiefgreifenden Medienwechsel bis hin zur Digitalisierung verbunden werden. Zu diskutieren ist, wie Blindheit innerhalb von oder in Interaktion mit virtuellen Realitäten wirkt, insbesondere als eine latent ungreifbare, zwischen An- und Abwesenheit, Sicht- und Unsichtbarkeit oszillierende Verkörperung. Zu fragen ist ferner, ob und wie sie als Schnittstelle und Movens innerhalb neu auszuhandelnder und zu deutender Körperlichkeit mit Konzepten virtueller Realitäten kooperiert oder gegen sie opponiert. Einzubeziehen wäre beispielsweise über eine vertiefende Analyse von *Tales of the Bodiless* hinaus Dries Verhoevens Theaterinszenierung *Dunkelkammer* (2011), Eskil Vogts Spielfilm *Blind* (2014) oder Lou Yes Spielfilm *Tui Na* (2014), die Blindheit in unterschiedlicher Ausprägung an den Verlust von oder die Sehnsucht nach intensiven körperlichen Erfahrungen knüpfen.[13] Hinsichtlich der exponierten Selbstreferenzialität und Medienreflexivität stellt sich in Zukunft noch stärker die Frage nach entgrenzten Formen von Blindheit, ihrer Bedeutung und ihren Funktionen in virtuellen Aushandlungen von Identität, Sichtbarkeit und Körperlichkeit.

13 Dries Verhoeven: *Dunkelkammer* (UA: 30.09.2011, Münchner Kammerspiele); *Blind* (N 2014, R: Eskil Vogt); *Tui Na* (CN/F 2014, R: Lou Ye) (siehe Kap. IV, Anm. 58).

Dank

Das vorliegende Buch basiert auf meiner an der Philosophischen Fakultät II der Humboldt-Universität zu Berlin eingereichten Dissertationsschrift, deren Entstehung und Veröffentlichung sich in erheblichem Maß der großzügigen Unterstützung zahlreicher Institutionen und Personen verdankt.

Mein besonderer Dank gilt meinen Betreuerinnen Ulrike Vedder und Doris Kolesch, die von Anfang an Vertrauen in meine Arbeit gesetzt und sie mit anregenden und richtungsweisenden Gesprächen begleitet haben. Inge Stephan danke ich für ihre Ermutigung, dieses Projekt in Angriff zu nehmen.

Gedankt sei ferner jenen Institutionen, die meine Arbeit durch Stipendien und Druckkostenbeihilfen unterstützt haben: zunächst der FAZIT-STIFTUNG, der Elsa-Neumann-Promotionsförderung, der Deutschen Forschungsgemeinschaft (DFG) und der Kommission für Frauenförderung für die Förderung im Rahmen des Caroline von Humboldt-Programms der Humboldt Universität zu Berlin. Die Veröffentlichung haben alsdann in großzügiger Weise die FAZIT-STIFTUNG, die FONTE Stiftung, die Gerda-Weiler-Stiftung und der Deutsche Akademikerinnenbund (DAB) gefördert.

Für wichtige Impulse und konstruktive Hinweise gebührt mein großer Dank Claudia Bruns, Gabriele Dietze, Dorothea Dornhof, Beate Binder, Linda Hentschel, Kirstin Mertlitsch, Persson Perry Baumgartinger, Todd Sekuler, Myriam Naumann und allen Beteiligten des Graduiertenkollegs „Geschlecht als Wissenskategorie“ an der Humboldt-Universität sowie Mariko Harigai, Katharina Rost und Jenny Schrödl stellvertretend für die Teilnehmer_innen des Kolloquiums für Examenskandidat_innen von Doris Kolesch am Institut für Theaterwissenschaft der Freien Universität Berlin. Ferner danke ich den Beteiligten des Doktorandenkolloquiums von Ulrike Vedder am Institut für deutsche Literatur an der Humboldt-Universität für zahlreiche anregende Diskussionen.

Andreas Huth, Alexandra Tacke, Adam Czirak und Anne Kraume haben zu jeder Zeit und auf vielfältige Weise Anteil an meiner Arbeit genommen. Für die inspirierenden Gespräche, ihre Offenheit und ihr unerschöpfliches Engagement möchte ich ihnen in aller Herzlichkeit danken. In gleicher Weise zu Dank verpflichtet bin ich meinen Eltern, die mich stets unterstützt und gefördert haben, und meiner ganzen Familie.

Für ihre freundliche Hilfsbereitschaft danke ich besonders Sabine Imhof und Tatjana Schwegler sowie Katrin Dod und Eva Blaute.
Profitiert hat meine Arbeit nicht zuletzt von der sorgfältigen und kritischen Durchsicht der ersten Fassung von Vito Pinto, begleitet von Kerstin Beyerlein, Kerstin Roose, Carsten Hackel und Claus Huth.
Frank Schlöffel und Matthias Naumann danke ich für die Aufnahme des Buchs in das Programm des Neofelis Verlags und für die hervorragende Betreuung.

Literaturverzeichnis

Adams, Rachel: *Sideshow U.S.A.: Freaks and the American Culture Imagination*. Chicago, London: University of Chicago Press 2001.

Agamben, Giorgio: *Der Mensch ohne Inhalt*, aus d. Ital. v. Anton Schütz. Frankfurt am Main: Suhrkamp 2012.

Alberti, Leon Battista: Die Malkunst. In: Ders.: *Das Standbild. Die Malkunst. Grundlagen der Malerei*, aus d. Ital. u. hrsg. v. Oskar Bätschmann / Christoph Schäublin, unter Mitarbeit v. Kristine Patz. Darmstadt: WBG 2000, S. 194–315.

Ahrens, Jörn: *Ödipus. Politik des Schicksals*. Bielefeld: Transcript 2004.

Althammer, Beate: Devianz. In: Herbert Uerlings / Nina Trauth / Lukas Clemens (Hrsg.): *Armut. Perspektiven in Kunst und Gesellschaft*. Begleitband zur Ausstellung des Sonderforschungsbereichs 600 „Fremdheit und Armut", Universität Trier in Kooperation mit dem Stadtmuseum Simeonstift Trier und dem Rheinischen Landesmuseum Trier. Darmstadt: WBG 2011, S. 44–45.

Assmann, Aleida: Der Wissende und die Weisheit – Gedanken zu einem ungleichen Paar. In: Sigrid Schade / Monika Wagner / Sigrid Weigel (Hrsg.): *Allegorien und Geschlechterdifferenz*. Köln: Böhlau 1994, S. 11–25.

Augé, Marc: *Orte und Nicht-Orte. Vorüberlegungen zu einer Ethnologie der Einsamkeit*, aus d. Franz. v. Michael Bischoff. Frankfurt am Main: Fischer 1994.

Auslander, Philip: *Liveness: Performance in a Mediatized Culture*. London / New York: Routledge 1999.

Austin, John: *How to Do Things with Words. The William James Lectures Delivered at Harvard University in 1955*. Cambridge: Harvard UP 1975.

—: *Zur Theorie der Sprechakte*, aus d. Engl. v. Eike von Savigny. Stuttgart: Reclam 1979.

Badiou, Alain: *Petit manuel d'inesthétique. L'ordre philosophique*. Paris: Seuil 1998.

Bal, Mieke: Reading the Gaze: The Construction of Gender in ‚Rembrandt'. In: Stephen Melville / Bill Readings (Hrsg.): *Vision & Textuality*. London: Macmillan 1995, S. 147–173.

—: Zu Tode erschrocken. In: Dies.: *Kulturanalyse*, aus. d. Engl. v. Joachim Schulte. Frankfurt am Main: Suhrkamp 2006, S. 44–71.

—: Vielsagende Objekte. Das Sammeln aus narrativer Perspektive. In: Ebd., S. 117–145.

Banu, Georges: Portrait of the Father as a Collector. The Attraction of the Real. In: Christel Stalpaert / Frederik Le Roy / Sigrid Bousset (Hrsg.): *No Beauty for Me there where Human Life Is Rare. On Jan Lauwers' Theatre Work with Needcompany*. Gent: Academia / International Theatre & Film 2007, S. 334–339.

Barasch, Moshe: *Blindness. The History of a Mental Image in Western Thought*. London / New York: Routledge 2001.

Barck, Karlheinz / Peter Gente / Heide Paris / Stefan Richter (Hrsg.): *Aisthesis. Wahrnehmung heute oder Perspektiven einer anderen Ästhetik*. Leipzig: Reclam 1991.

Barthes, Roland: La mort de l'auteur [1968]. In. Ders.: *Le bruissement de la langue*. Paris: Éditions du Seuil 1984.

—: *Die helle Kammer. Bemerkung zur Photographie*, aus d. Franz. v. Dietrich Leube. Frankfurt am Main: Suhrkamp 1989.

—: Zuhören. In: Ders.: *Der entgegenkommende und der stumpfe Sinn. Kritische Essays III*, aus d. Franz. v. Dieter Hornig. Frankfurt am Main: Suhrkamp 1990, S. 249–263.

Baudrillard, Jean: *Simulacres et Simulation*. Paris: Galilée 1981.

—: *Der symbolische Tausch und der Tod*, aus d. Franz. v. Gerd Bergfleth. München: Matthes & Seitz 1982.

—: *Das System der Dinge. Über unser Verhältnis zu den alltäglichen Gegenständen*, aus d. Franz. v. Joseph Garzuly. Frankfurt am Main / New York: Campus 2007.

Baumeister, Pilar: *Die literarische Gestalt des Blinden im 19. und 20. Jahrhundert: Klischees, Vorurteile und realistische Darstellungen des Blindenschicksals*. Frankfurt am Main: Lang 1991.

Bayertz, Kurt: *Der aufrechte Gang. Eine Geschichte des anthropologischen Denkens*. München: Beck 2012.

Beckett, Samuel: *Warten auf Godot*, aus d. Engl. v. Elmar Tophoven. Frankfurt am Main: Suhrkamp 1971.

—: *Endspiel / Fin de partie / Endgame*. aus d. Franz. v. Elmar Tophoven, franz. Originalfassung u. engl. Übertr. v. Samuel Beckett. Frankfurt am Main: Suhrkamp 1974.

Beil, Ralf (Hrsg.): *Black Box. Der Schwarzraum in der Kunst*. Ausstellungskatalog Kunstmuseum Bern. Ostfildern: Hatje Cantz 2001.

Benjamin, Walter: *Versuche über Brecht*. Frankfurt am Main: Suhrkamp 1966.

—: Das Kunstwerk im Zeitalter seiner technischen Reproduzierbarkeit. In: Ders.: *Das Kunstwerk im Zeitalter seiner technischen Reproduzierbarkeit. Drei Studien zur Kunstsoziologie*. Frankfurt am Main: Suhrkamp 1977, S. 7–44.

—: *Kleine Geschichte der Photographie*. Frankfurt am Main: Suhrkamp 1977.

Berger, John: Giacometti. In: Ders.: *Das Leben der Bilder oder die Kunst des Sehens*, aus d. Engl. v. Stephen Tree. Berlin: Wagenbach 2003, S. 109–114.

Berner, Margit / Anette Hoffmann / Britta Lange (Hrsg.): *Sensible Sammlungen. Aus dem anthropologischen Depot*. Hamburg: Philo Fine Arts 2011.

Bexte, Peter: Die Schönheit der Analyse. In: William Hogarth: *Analyse der Schönheit*. Dresden / Basel: Verlag der Kunst 1995, S. 212–228.

—: *Blinde Seher. Die Wahrnehmung von Wahrnehmung in der Kunst des 17. Jahrhunderts*. Dresden / Basel: Verlag der Kunst 1999.

Bilstein, Johannes / Guido Reuter (Hrsg.): *Auge und Hand. Kunstakademie Düsseldorf*. Oberhausen: Athena 2011.

Binczek, Natalie: *Der Tastsinn in Texten der Aufklärung. Studien zur deutschen Literatur*. Tübingen: Niemeyer 2007.

Birkenhauer, Therese: Werk. In: *Metzler Lexikon Theatertheorie*, hrsg. v. Erika Fischer-Lichte / Doris Kolesch / Matthias Warstat. Stuttgart / Weimar: Metzler 2005, S. 389–391.

Blazwick, Iwona: Introduction. Talking to Strangers. In: Andrea Tarsia / Hannah Vaughan / Candy Stobbs (Hrsg.): *Sophie Calle « »*. London: Whitechapel Gallery 2009, S. 7–16.

Blocker, Jane: Blink: The Viewer as Blind Man in Installation Art. In: *Art Journal* 66,4 (2007), S. 6–21.

Böhme, Gernot: *Atmosphäre. Essays zur neuen Ästhetik*. Frankfurt am Main: Suhrkamp 1995.

—: Die Stimme im leiblichen Raum. In: Doris Kolesch / Vito Pinto / Jenny Schrödl (Hrsg.): *Stimm-Welten. Philosophische, medientheoretische und ästhetische Perspektiven*. Bielefeld: Transcript 2009, S. 23–32.

Böhme, Hartmut: Das Licht als Medium der Kunst. In: Michael Schwarz (Hrsg.): *Licht, Farbe, Raum. Künstlerisch-wissenschaftliches Symposium*. Braunschweig: Hochschule für bildende Künste 1997, S. 111–137.

—: *Natur und Subjekt*. Frankfurt am Main: Suhrkamp 1988.

Brakel, Koos van / Susan Legêne (Hrsg.): *Collecting at Cultural Crossroads. Collection Policies and Approaches (2008–2012) of the Tropenmuseum*. Amsterdam: KIT 2008.

Brandstetter, Gabriele: Grenzgänge II. Auflösungen und Umschreibungen zwischen Ritual und Theater. In: Dies. / Helga Finter / Markus Weßendorf (Hrsg.): *Grenzgänge. Das Theater und die anderen Künste*. Tübingen: Narr 1998, S. 13–22.

—: *Bild-Sprung. TanzTheaterBewegung im Wechsel der Medien*. Berlin: Theater der Zeit 2005.

—: Un/Sichtbarkeit: Blindheit und Schrift. Peter Turrinis ‚Alpenglühen' und William Forsythes ‚Human Writes'. In: Henri Schoenmakers / Stefan Bläske / Kay Kirchmann / Jens Ruchatz (Hrsg.): *Theater und Medien. Grundlagen – Analysen – Perspektiven. Eine Bestandsaufnahme*. Bielefeld: Transcript 2008, S. 85–98.

Brandstetter, Gabriele / Gerko Egert / Sabine Zubarik (Hrsg.): *Touching and Being Touched. Kinethesia and Empathy in Dance and Movement*. Berlin / Boston: de Gruyter 2013.

Brandstetter, Gabriele / Sibylle Peters: Einleitung. In: Dies. (Hrsg.): *De figura. Rhetorik – Bewegung – Gestalt*. München: Fink 2002, S. 7–31.

Bredekamp, Horst: *Antikensehnsucht und Maschinenglauben. Die Geschichte der Kunstkammer und die Zukunft der Kunstgeschichte*. Berlin: Wagenbach 1993.

—: *Das technische Bild: Kompendium zu einer Stilgeschichte wissenschaftlicher Bilder*. Berlin: Akademie 2008.

—: *Theorie des Bildakts. Frankfurter Adorno-Vorlesungen 2007*. Berlin: Suhrkamp 2010.

Brodowsky, Paul: Aufnahme. In: Ders.: *Die blinde Fotografin*. Frankfurt am Main: Suhrkamp 2007, S. 9–29.

Bronfen, Elisabeth: Killing Gazes, Killing in the Gaze: On Michael Powell's "Peeping Tom". In: Renata Salecl / Slavoj Žižek (Hrsg.): *Gaze and Voice as Love Objects*. Durham / London: Duke UP 1996, S. 59–89.

—: Bilder, die töten – Tod im Bild. Gedanken zu Michael Powells *Peeping Tom*. In: Gertrud Koch / Sylvia Sasse / Ludger Schwarte (Hrsg.): *Kunst als Strafe. Zur Ästhetik der Disziplinierung*. München: Fink 2003, S. 207–226.

Bryson, Norman: *Vision and Painting. The Logic of the Gaze*. New Haven: Yale UP 1983.

Budrick, Ariella: Diane Arbus: Gender and Politics. In: *History of Photography* 19 (1995), S. 103–126.

Butler, Judith: *Excitable Speech: A Politics of the Performative*. New York: Routledge 1997.

—: *Das Unbehagen der Geschlechter*, aus d. Amerik. v. Katharina Menke. Frankfurt am Main: Suhrkamp 1991.

—: Performative Acts and Gender Constitution: An Essay in Phenomenology and Feminist Theory. In: *Theatre Journal* 40,40 (1988), S. 519–531.

Caillois, Roger: *Méduse & Cie. Die Gottesanbeterin. Mimese und legendäre Psychasthenie*, aus d. Franz. v. Peter Geble. Berlin: Brinkmann & Bose 2007.

Calle, Sophie: *Blind*. Katalog. Arles: Actes Sud 2011.

Collet, Dominik: „An Empire of Things" – Exotische Objekte im ‚Museum' der Royal Society. In: *Werkstatt Geschichte* 43 (2006), S. 5–22.

—: Inklusion durch Exklusion. Die Kunstkammer als Wissensraum kolonialer Topographien. In: Dorit Müller / Sebastian Scholz (Hrsg.): *Raum – Wissen – Medien. Zur raumtheoretischen Reformulierung des Medienbegriffs*. Bielefeld: Transcript 2012, S. 157–180.

Crary, Jonathan: Die Modernisierung des Sehens. In: Herta Wolf (Hrsg.): *Fotokritik am Ende des fotografischen Zeitalters*, Bd. 1: Paradigma Fotografie. Frankfurt am Main: Suhrkamp 2002, S. 67–81.

Cullberg, Johann / Anne-Ev Ustorf: „Es ist relativ leicht, in eine Psychose zu gleiten." In: *Psychologie heute*, 5/2010, S. 78–81.

Curiger, Bice: Sophie Calle in Conversation. In: Andrea Tarsia / Hannah Vaughan / Candy Stobbs (Hrsg.): *Sophie Calle « »*. London: Whitechapel Gallery 2009, S. 49–58.

Cvejic, Bojana: Über die Performance Tales of the Bodiless. In: Dies. / Eszter Salamon: *Tales of the Bodiless. Musical Fiction Without Science*. Berlin: Botschaft 2011, S. 111–116.

Czach, Marie: Diane Arbus, Sylvia Plath and Anne Sexton. A Stringent Poetry and Tragic Celebrity. In: *History of Photography* 19 (1995), S. 100–106.

Czirak, Adam: *Partizipation der Blicke. Szenerien des Sehens und Gesehenwerdens in Theater und Performance*. Bielefeld: Transcript 2012.

Daemmrich, Horst S. / Ingrid G. Daemmrich: Blindheit. In: Dies.: *Themen und Motive in der Literatur. Ein Handbuch* [1987]. Tübingen / Basel: utb 1995, S. 77–78.

Daston, Lorraine / Peter Galison: *Objektivität*, aus d. Amerik. v. Christa Krüger. Frankfurt am Main: Suhrkamp 2007.

De Berg, Henk: *Freuds Psychoanalyse in der Literatur- und Kulturwissenschaft*, aus d. Engl. v. Stephan Dietrich. Tübingen / Basel: Francke 2005.

De Bolla, Peter: The Visibility of Visuality: Vauxhall Gardens and the Sitting of the Viewer. In: Stephen Melville / Bill Readings (Hrsg.): *Vision & Textuality*. London: Macmillan 1995, S. 282–295.

De Certeau, Michel: *L'Absent de l'Histoire*. Paris: Marne 1973.

—: *Kunst des Handelns*, aus d. Franz. v. Ronald Voullié. Berlin: Merve 1989.

De Condillac, Étienne Bonnot: *Abhandlung über die Empfindungen*, aus d. Franz. v. Eduard Johnson, hrsg. v. Lothar Kreimendahl. Hamburg: Meiner 1983.

De Man, Paul: *Blindness and Insight. Essays in the Rhetoric of Contemporary Criticism*. New York: Oxford UP 1971.

—: Autobiographie als Maskenspiel. In: Ders. *Die Ideologie des Ästhetischen*, aus d. Amerik. v. Jürgen Blasius, hrsg. v. Christoph Menke. Frankfurt am Main: Suhrkamp 1993, S. 131–146.

Debord, Guy: *Die Gesellschaft des Spektakels*. Berlin: Tiamat 1996.

Deck, Jan: Politisch Theater machen. Eine Einleitung. In: Ders. / Angelika Sieburg (Hrsg.): *Theater machen. Neue Artikulationsformen des Politischen in den darstellenden Künsten*. Bielefeld: Transcript 2011, S. 11–28.

Dederich, Markus: *Körper, Kultur und Behinderung. Eine Einführung in die Disability Studies*. Bielefeld: Transcript 2007.

Deleuze, Gilles / Félix Guattari: 1837 – Zum Ritornell. In: Dies.: *Kapitalismus und Schizophrenie. Teil: Tausend Plateaus*, aus d. Franz. v. Gabriele Ricke / Ronald Voullié, hrsg. v. Günther Rösch. Berlin: Merve 1993, S. 423–479.

Delhalle, Nancy: Care of the Self, Denial of the World. Isabella's Myth. In: Christel Stalpaert / Frederik Le Roy / Sigrid Bousset (Hrsg.): *No Beauty for Me there where Human Life Is Rare. On Jan Lauwers' Theatre Work with Needcompany*. Gent: Academia / International Theatre & Film 2007, S. 341–351.

Der kleine Pauly. Lexikon der Antike, Bd. 4, hrsg. v. Konrat Ziegler / Walter Sontheimer. München: dtv 1979.

Derrida, Jacques: *Mémoires d'Aveugle. L'autoportrait et autres ruines*. Paris: Réunion des Musées Nationaux 1991.

—: *Aufzeichnungen eines Blinden. Das Selbstporträt und andere Ruinen*, aus d. Franz. v. Andreas Knop / Michael Wetzel, hrsg. v. Michael Wetzel. München: Fink 1997.

—: *Marx' Gespenster. Der Staat der Schuld, die Trauerarbeit und die neue Internationale*, aus d. Franz. v. Susanne Lüdemann. Frankfurt am Main: Suhrkamp 2004.

Derrida, Jacques / Friedrich Kittler: *Otobiographien. Nietzsche-Politik des Eigennamens*. Berlin: Merve 2000.

Diderot, Denis: Brief über die Blinden. Zum Gebrauch für die Sehenden. In: Ders.: *Philosophische Schriften*, Bd. 1, aus d. Franz. u. hrsg. v. Theodor Lücke. Berlin: Aufbau 1961, S. 51–99.

—: Nachtrag zum Brief über die Blinden. In: Ebd., S. 100–110.

Didi-Hubermann, Georges: *Was wir sehen, blickt uns an. Zur Metapsychologie des Bildes*, aus d. Franz. v. Markus Sedlaczek. München: Fink 1999.

Diederichsen, Diedrich: Sampling und Montage. Modelle anderer Autorschaft in der Kulturindustrie und ihre notwendige Nähe zum Diebstahl. In: Anne-Kathrin Reulecke (Hrsg.): *Fälschungen. Zu Autorschaft und Beweis in Wissenschaften und Künsten*. Frankfurt am Main: Suhrkamp 2006, S. 390–405.

Diogenes Laertius: *Diogenes Laertii vitae philosophorum*, aus d. Lat. u. hrsg. v. Miroslav Marcovich / Hans Gärtner. Stuttgart / Leipzig: Teubner 1999 (Bd. 1–2); München / Leipzig: Saur 2002 (Bd. 3: Indices).

Dolar, Mladen: The Object Voice. In: Renata Salecl / Slavoj Žižek (Hrsg.): *Gaze and Voice as Love Objects*. Durham / London: Duke UP 1996, S. 7–31.

Donoghue, Daniel: *Lady Godiva. A Literary History of the Legend*. Oxford: Blackwell 2002.

Dornhof, Dorothea: Postmoderne. In: Christina von Braun / Inge Stephan (Hrsg.): *Gender@Wissen. Ein Handbuch von Gender-Theorien*. Köln / Weimar / Wien: utb 2009, S. 285–308.

Draaisma, Douwe: *Das Buch des Vergessens. Warum Träume so schnell verloren gehen und Erinnerungen sich ständig verändern*, aus d. Niederl. v. Verena Kiefer. Berlin: Galiani 2012.

Ebeling, Knut: Too much (light). Blendung, Exzess und die Dekonstruktion des Sehens. In: Kathrin Busch / Helmut Draxler (Hrsg.): *Theorien der Passivität*. München: Fink 2013, S. 142–159.

Eco, Umberto: *Das offene Kunstwerk*, aus d. Ital. v. Günter Memmert. Frankfurt am Main: Suhrkamp 1977.

—: *Il nome della rosa*. Mailand: Bompiani 1980.

Eiermann, André: *Postspektakuläres Theater. Die Alterität der Aufführung und die Entgrenzung der Künste*. Bielefeld: Transcript 2009.

Esser, Albert: *Das Antlitz der Blindheit in der Antike. Die kulturellen und medizinhistorischen Ausstrahlungen des Blindenproblems in den antiken Quellen*. Leiden: Brill 1961.

Etchells, Tim: Tuning in. In: Jeroen Peeters (Hrsg.): *Damaged Goods / Meg Stuart. Are we here yet?* Dijon: Presses de réel 2010, S. 129–131.

Ferenczi, Sándor: Symbolische Darstellung des Lust- und Realitätsprinzips im Ödipus-Mythos. In: *Imago* 1,3 (1912), S. 276–284.

—: Zur Augensymbolik. Beiträge zur Symbolik. In: *Internationale Zeitschrift für Psychoanalyse* 1,1 (1913), S. 161–164.

Fischer-Lichte, Erika: Ästhetische Erfahrung als Schwellenerfahrung. In: Joachim Küpper / Christoph Menke (Hrsg.): *Dimensionen ästhetischer Erfahrung*. Frankfurt am Main: Suhrkamp 2003, S. 138–161.

—: *Ästhetik des Performativen*. Frankfurt am Main: Suhrkamp 2004.

—: *Performativität. Eine Einführung*. Bielefeld: Transcript 2012.

Fischer-Lichte, Erika / Christian Horn / Matthias Warstat (Hrsg.): *Verkörperung*. Tübingen / Basel: Francke 2001.

Fo, Dario: Moritat vom Blinden und vom Lahmen. In: Ders.: *Obszöne Fabeln. Mistero Buffo. Szenische Monologe*, aus d. Ital. v. Peter O. Chotjewitz. Berlin: Rotbuch 1984, S. 92–99.

Foellmer, Susanne: Un/Doing Gender. Markierungen und Dekonstruktionen der Inszenierung von Geschlecht in zeitgenössischen Tanzperformances. In: Marie-Luise Angerer / Yvonne Hardt / Anna-Carolin Weber (Hrsg.): *Choreographie – Medien – Gender*. Zürich: Diaphanes 2013, S. 139–155.

Foucault, Michel: Qu'est-ce qu'un auteur? In: *Bulletin de la société française de philosophie*, 22.02.1969, S. 75–104

—: Die Heterotopien. In: Ders.: *Die Heterotopien. Der utopische Körper. Zwei Radiovorträge*, aus d. Franz. v. Michael Bischoff. Frankfurt am Main: Suhrkamp 2005, S. 7–22.

Freud, Sigmund: Die psychogene Sehstörung in psychoanalytischer Auffassung [1910]. In: Ders.: *Studienausgabe*, Bd. 6, hrsg. v. Alexander Mitscherlich / Angela Richards / James Strachey. Frankfurt am Main: Fischer 1971, S. 206–213.

—: Ratschläge für den Arzt bei der psychoanalytischen Behandlung [1912]. In: Ders.: *Studienausgabe*, Bd. 11, hrsg. v. Alexander Mitscherlich / Angela Richards / James Strachey. Frankfurt am Main: Fischer 1975, S. 169–180.

—: Totem und Tabu. Einige Übereinstimmungen im Seelenleben der Wilden und der Neurotiker [1913]. In: Ders.: *Studienausgabe*, Bd. 9, hrsg. v. Alexander Mitscherlich / Angela Richards / James Strachey. Frankfurt am Main: Fischer 1974, S. 287–444.

—: Das Unheimliche [1919]. In: Ders.: *Studienausgabe*, Bd. 4, hrsg. v. Alexander Mitscherlich / Angela Richards / James Strachey. Frankfurt am Main: Fischer 1970, S. 241–274.

—: Das Ich und das Es [1923]. In: Ders.: *Studienausgabe*, Bd. 3, hrsg. v. Alexander Mitscherlich / Angela Richards / James Strachey. Frankfurt am Main: Fischer 1975, S. 273–330.

—: Das ökonomische Problem des Masochismus [1924]. In: Ebd., S. 339–354.

—: Der Untergang des Ödipuskomplexes [1924]. In: Ders.: *Studienausgabe*, Bd. 5, hrsg. v. Alexander Mitscherlich / Angela Richards / James Strachey. Frankfurt am Main: Fischer 1972, S. 243–252.

Frisch, Max: *Mein Name sei Gantenbein*. Frankfurt am Main: Suhrkamp 1964.

Gautier, Théophile: Du beau dans l'art: Réflexions et menus propos d'un peintre genevois, ouvrage posthume de M. Töpffer. In: *Revue des deux mondes: véritable manifeste esthétique*, 01.09.1847, S. 887–908.

Gellert, Christian Fürchtegott Der Blinde und der Lahme. In: *Werke*, Bd. 1, hrsg. v. Gottfried Honnefelder. Frankfurt am Main: Insel 1979, S. 50–51.

Genet, Jean: *Die Zofen* [1947]. Tragödie, aus d. Franz. v. Gerhard Hock. Gifkendorf: Merlin 2006.

Genette, Gérard: *Die Erzählung*, aus d. Franz. v. Andreas Knop. München: Fink 1998.

—: *Fiktion und Diktion*, aus d. Franz. v. Heinz Jatho. München: Fink 2001.

Giesler, Birte: *Überall Täter. Geschlechterkritik in Dea Lohers „Blaubart – Hoffnung der Frauen“*. In: *Forum Modernes Theater* 20,1 (2005), S. 77–93.

Girard, René: *Oedipus Unbound: Selected Writings on Rivalry and Desire*, hrsg. v. Mark Rogin Anspach. Stanford: Stanford UP 2004.

Gleichauf, Ingeborg: „Nicht Harmonisierung, sondern Dissonanz“: Dea Loher. In: Dies.: *Was für ein Schauspiel! Deutschsprachige Dramatikerinnen des 20. Jahrhunderts und der Gegenwart.* Berlin: Aviva 2003, S. 165–180.

Goffman, Erving: *Stigma. Über Techniken der Bewältigung beschädigter Identität* [1963], aus d. Amerik. v. Frigga Haug. Frankfurt am Main: Suhrkamp 1975.

Gombrich, Ernst H.: Vorwort. In: Ernst Kris / Otto Kurz: *Die Legende vom Künstler. Ein geschichtlicher Versuch.* Frankfurt am Main: Suhrkamp 1995, S. 9–15.

Guerini, Battista: Szenen aus dem Pastor Fido. In: August Wilhelm von Schlegel: *Übersetzungen und Nachbildungen nebst Erläuterungen und Abhandlungen. Sämmtliche Werke*, Bd. 1,3, hrsg. v. Eduard Böcking. Leipzig: Weidmann'sche Buchhandlung 1846, S. 149–162.

Haas, Birgit: Gender-Performanz und Macht. (Post)feministische Mythen bei Sarah Kane und Dea Loher. In: Dies. (Hrsg.): *Macht: Performativität, Performanz und Polittheater seit 1990.* Würzburg: Königshausen & Neumann 2005, S. 197–226.

—: *Das Theater von Dea Loher: Brecht und (k)ein Ende.* Bielefeld: Aisthesis 2006.

Hackel, Astrid: Kalkulierte Kontrollverluste: Der Schwarzraum in Meg Stuarts Tanzperformance „All together now“. In: Ruth Reiche / Iris Romanos / Berenika Szymanski / Saskia Jogler (Hrsg.): *Transformationen in den Künsten. Grenzen und Entgrenzung in bildender Kunst, Film, Theater und Musik.* Bielefeld: Transcript 2011, S. 33–46.

—: Die Gefährdung des Blicks. Terence Youngs Thriller „Wait until Dark“ (1967). In: Alexandra Tacke (Hrsg.): *Blind Spots. Eine Filmgeschichte der Blindheit vom frühen Stummfilm bis in die Gegenwart.* Bielefeld: Transcript 2016, S. 143–162.

—: Lost in Translocation. Zur Inszenierung einer archäologisch-ethnologischen Sammlung in der Performance *Isabella's Room* (Jan Lauwers & Needcompany). In: Kerstin P. Hofmann / Thomas Meier / Doreen Mölders / Stefan Schreiber (Hrsg.): *Massendinghaltung in der Archäologie. Der Material Turn und die Ur- und Frühgeschichte.* Leiden: Sidestone 2016, S. 171–186.

—: Laboratorien der Verflüchtigung. Zur Funktion von Objekten in Theater und Performance. In: David Keller / Maria Dillschnitter (Hrsg.): *Zweckentfremdung. ‚Unsachgemäßer‘ Gebrauch als kulturelle Praxis.* Paderborn: Fink 2016, S. 219–232.

—: Das Auge der Kamera. Blindheit und Emanzipation in Maru Solores' Spielfilm *Camera Obscura.* In: Marietta Kesting / Sophia Kunze (Hrsg.): *Dark Rooms. Räume der Un/Sichtbarkeit.* Berlin: Neofelis 2016, S. 141–157.

Hall, Stuart: Encoding/Decoding. In: Ders. / Dorothy Hobson / Andrew Lowe / Paul Willis (Hrsg.): *Culture, Media, Language. Working Papers in Cultural Studies*, 1972–79. London: Unwin Hyman 1980, S. 128–138.

Hanak-Lettner, Werner: *Die Ausstellung als Drama. Wie das Museum aus dem Theater entstand.* Bielefeld: Transcript 2011.

Haraway, Donna Jeanne: A Cyborg Manifesto: Science, Technology, and Socialist-Feminism in the Late Twentieth Century. In: Dies.: *Simians, Cyborgs and Women: The Reinvention of Nature.* New York: Routledge 1991, S. 149–181.

—: *Simians, Cyborgs and Women: The Reinvention of Nature.* New York: Routledge 1991.

—: *The Companion Species Manifesto. Dogs, People, and Significant Otherness.* Chicago: Prickly Paradigm 2003.

Harries, Martin: Isabella's Room, or Untimely Mediations. In: Christel Stalpaert / Frederik Le Roy / Sigrid Bousset (Hrsg.): *No Beauty for Me there where Human Life Is Rare. On Jan Lauwers' Theatre Work with Needcompany.* Gent: Academia / International Theatre & Film 2007, S. 82–90.

Haustein, Lydia: Schönheit als Metapher. In: Dies. / Petra Stegmann (Hrsg.): *Schönheit. Vorstellungen in Kunst, Medien und Alltagskultur.* Göttingen: Wallstein 2006 S. 9–17.

Heidenreich, Nanna: ‚Deutsche' (Un-)Sichtbarkeiten. In: Eva Lezzi / Monika Ehlers (Hrsg.): *Fremdes Begehren. Transkulturelle Beziehungen in Literatur, Kunst und Medien. Literatur – Kultur – Geschlecht.* Köln: Böhlau 2003, S. 307–319.

Heyse, Paul: *Die Blinden.* Berlin: Wilhelm Hertz (Bessersche Buchhandlung) 1852.

Hickethier, Knut: *Film- und Fernsehanalyse.* Stuttgart: Metzler 1996.

Hildebrandt, Alexandra: *„Lebwohl, du heiterer Schein!": Blindheit im Kontext der Romantik.* Würzburg: Königshausen & Neumann 2002.

Hirata, Eiichiro: Über Melancholie und Gemeinschaft in der Tragödien-Trilogie Sad Face/ Happy Face der Needcompany. In: Patrick Primavesi / Martina Groß (Hrsg.): *Lücken sehen … Beiträge zu Theater, Literatur und Performance. Festschrift für Hans-Thies Lehmann zum 66. Geburtstag.* Heidelberg: Winter 2010, S. 241–250.

Hofmann, Gert: *Der Blindensturz.* Darmstadt / Neuwied: Luchterhand 1985.

Hugo, Victor: *L'homme qui rit.* 2 Bde. Paris: Lacroix et Verboeckhoven 1869.

Iser, Wolfang: *Die Appellstruktur der Texte. Unbestimmtheit als Wirkungsbedingung literarischer Prosa.* Konstanz: UVK 1970.

—: *Der implizite Leser. Kommunikationsformen des Romans von Bunyan bis Beckett.* München: Fink 1972.

—: *Der Akt des Lesens. Theorie ästhetischer Wirkung.* München: Fink 1976.

—: *Das Fiktive und das Imaginäre. Perspektiven literarischer Anthropologie.* Frankfurt am Main: Suhrkamp 1991.

Jäckle, Nina: Möglicherweise Tier. In: Dies.: *Es gibt solche.* Berlin: Aufbau 2002, S. 25–44.

Jacob, Pierre / Marc Jeannerod: *Ways of Seeing. The Scope and Limits of Visual Cognition.* Oxford: Oxford UP 2003.

Jans, Erwin: *La chambre d'Isabella / Isabella's Room / De kamer van Isabella. Laugh and Be Gentle to the Unknown.* Programmheft zur Inszenierung 2004.

Jarman, Derek: *Blue.* Kassel: Schmitz 1994.

Johannessen, Kurt: *Open Eyes and Closed Eyes.* Bergen: Zeth 2004.

Jones, Caroline: Der blinde Mann. Oder: Wie man eine Ausstellung besucht. In: Caroline Welsh / Stefan Willer (Hrsg.): *„Interesse für bedingtes Wissen". Wechselbeziehungen zwischen den Wissenskulturen*, aus d. Engl. v. Caroline Welsh. München: Fink 2008, S. 153–178.

Jonte-Pace, Diane: *Teaching Freud.* Oxford: Oxford UP 2003.

Kehlmann, Daniel: Roman *Ich und Kaminski.* Frankfurt am Main: Suhrkamp 2003.

Kelman, James: *How Late It Was, How Late.* Roman. London: Secker & Warburg 1994.

Kemp, Wolfgang: Bild. In: *Metzler Lexikon Kunstwissenschaft*, hrsg. v. Ulrich Pfisterer. Stuttgart / Weimar: Metzler 2011, S. 57–62.

Khuon, Ulrich: Das Spiel des Schreibens und seine Anstöße. Dea Loher und das Autorentheater in Hannover. In: Ders. / Jens Groß (Hrsg.): *Dea Loher und das Schauspiel Hannover.* Hannover: Niedersächsisches Staatstheater 1998, S. 9–17.

Kittner, Alma-Elisa: *Visuelle Autobiographien. Sammeln als Selbstentwurf bei Hannah Höch, Sophie Calle und Annette Messager.* Bielefeld: Transcript 2009.

Kleinspehn, Thomas: *Der flüchtige Blick. Sehen und Identität in der Kultur der Neuzeit.* Reinbek: Rowohlt 1989.

Klonk, Charlotte: *Spaces of Experience: Art Gallery Interiors from 1800–2000.* New Haven / London: Yale UP 2009.

Kolesch, Doris: „Performative turns" in den Kulturwissenschaften. Von der Textualität zur Stimmlichkeit. In: *Jahrbuch des Kulturwissenschaftlichen Instituts Essen* (1998–1999), S. 254–275.

—: Natürlich künstlich. Die Stimme im Medienzeitalter. In: Dies. / Jenny Schrödl (Hrsg.): *Kunst-Stimmen.* Berlin: Theater der Zeit 2004, S. 19–38.

—: Imperfekt. Zur Ästhetik anderer Körper auf der Bühne. In: Jörg Huber (Hrsg): *Einbildungen.* Wien / New York: Springer 2005, S. 193–206.

—: Wer sehen will, muss hören. Stimmlichkeit und Visualität in der Gegenwartskunst. In: Dies. / Sybille Krämer (Hrsg.): *Stimme. Annäherung an ein Phänomen.* Frankfurt am Main: Suhrkamp 2006, S. 40–64.

—: Verkörperung als Paradigma. In: Clemens Risi / Jens Roselt / Christel Weiler (Hrsg.): *Strahlkräfte. Festschrift für Erika Fischer-Lichte.* Berlin: Theater der Zeit 2008, S. 66–78.

—: Zwischenzonen. Leiblichkeit – Räumlichkeit – Aisthesis. In: Dies. / Vito Pinto / Jenny Schrödl (Hrsg.): *Stimm-Welten. Philosophische, medientheoretische und ästhetische Perspektiven.* Bielefeld: Transcript 2009, S. 11–22.

Kolesch, Doris / Sybille Krämer (Hrsg.): *Stimme. Annäherung an ein Phänomen.* Frankfurt am Main: Suhrkamp 2006.

Konersmann, Ralf (Hrsg.): *Kritik des Sehens.* Leipzig: Reclam 1997.

Körner, Hans: Giovanni Gonnelli. Quellen und Fragen zum Werk eines blinden Bildhauers. In: Johannes Bilstein / Guido Reuter (Hrsg.): *Auge und Hand. Kunstakademie Düsseldorf.* Oberhausen: Athena 2011, S. 135–154.

Krämer, Sybille / Marco Stahlhut: Das „Performative" als Thema der Sprach- und Kulturphilosophie. In: Erika Fischer-Lichte / Christoph Wulf (Hrsg.): *Theorien des Performativen.* Berlin: Akademie 2001, S. 35–64.

—: Nachdenken über die Stimme. In: *Jahrbuch Deutsch als Fremdsprache. Intercultural German Studies 31 (2005): Die Stimme. Konkretisationen ihrer Fremdheit.* München: Iudicium 2006, S. 82–91.

—: *Medium, Bote, Übertragung. Kleine Metaphysik der Medialität.* Frankfurt am Main: Suhrkamp 2008.

—: Die Heterogenität der Stimme oder: Was folgt aus Friedrich Nietzsches Idee, dass die Lautsprache hervorgeht aus der Verschmelzung von Bild und Musik? In: Hans Georg Pott / Alfred Messerli / Waltraud Wiethölter (Hrsg.): *Stimme und Schrift. Zur Geschichte und Systematik sekundärer Oralität.* München: Fink 2008.

—: Sprache, Stimme, Schrift. Über die implizite Bildlichkeit im Sprachgebrauch. In: Arnulf Deppermann / Angelika Linke (Hrsg.): *Sprache intermedial. Stimme und Schrift, Bild und Ton.* Berlin / New York: de Gruyter 2010.

Kris, Ernst / Otto Kurz: *Die Legende vom Künstler. Ein geschichtlicher Versuch* [1934]. Frankfurt am Main: Suhrkamp 1995.

Kristeva, Julia: *Sens et non-sens de la révolte.* Paris: Fayard 1996.

—: *Schwarze Sonne. Depression und Melancholie*, aus d. Franz. v. Bernd Schwibs / Achim Russer. Frankfurt am Main: Brandes & Apsel 2007.

Kruschkova, Krassimira (Hrsg.): *OB?SCENE: Zur Präsenz der Absenz im zeitgenössischen Tanz, Theater und Film.* Wien / Köln / Weimar: Böhlau 2005.

Kuhn, Juliane: Nicht Harmonisierung, sondern Dissonanz. Juliane Kuhn im Gespräch mit Dea Loher. In: Ulrich Khuon / Jens Groß (Hrsg.): *Dea Loher und das Schauspiel Hannover*. Hannover: Niedersächsisches Staatstheater 1998, S. 18–22.

Lacan, Jacques: Die Spaltung von Auge und Blick. In: Ders.: *Das Seminar, Buch XI. Die vier Grundbegriffe der Psychoanalyse*, aus dem Franz. v. Norbert Haas. Berlin: Quadriga 1987, S. 71–126.

—: *Le séminaire livre X: L'angoisse* [1962–63]. Paris: Seuil 2004.

Laermans, Rudi: Dramatische Gesellschaftsbilder. In: *Ballett International/Tanz Aktuell* 8/9 (1995), S. 54–59.

Lakoff, George / Mark Johnson: *Leben in Metaphern. Konstruktion und Gebrauch von Sprachbildern*, aus d. Amerik. v. Astrid Hildenbrand. Heidelberg: Auer 1998.

Landau, Terry: *Von Angesicht zu Angesicht. Was Gesichter verraten*, aus d. Engl. v. Brigitte Dittami. Reinbek: Rowohlt 1995.

Langner, Beatrix: Zugespitzt: Sechs Erzählungen und kein Lektor. In: *Neue Zürcher Zeitung*, 22.05.2007, S. 27.

Lauwers, Jan: Isabellas Zimmer. In: Ders.: *Sad Face / Happy Face. Drei Geschichten über das Wesen des Menschen*, aus d. Engl. v. Brigitte Auer. Frankfurt am Main: Fischer 2008, S. 15–57.

Lazardzig, Jan: Illusion. In: *Metzler Lexikon Theatertheorie*, hrsg. v. Erika Fischer-Lichte / Doris Kolesch / Matthias Warstat. Stuttgart / Weimar: Metzler 2005, S. 140–142.

Lehmann, Annette Jael: *Kunst und Neue Medien. Ästhetische Paradigmen seit den sechziger Jahren*. Tübingen / Basel: Francke 2008.

Lehmann, Hans-Thies: Zeitstrukturen/Zeitskulpturen. Zu einigen Theaterformen am Ende des 20. Jahrhunderts. In: *Theaterschrift*, 12/1997, S. 28–46.

—: Unterbrechung. Wie politisch ist postdramatisches Theater? In: Ders.: *Das politische Schreiben. Essays zu Theatertexten*. Berlin: Theater der Zeit 2002, S. 11–21.

—: *Postdramatisches Theater* [1999]. Frankfurt am Main: Verlag der Autoren 2005.

—: Détachement. Zum Spiel bei Jan Lauwers. In: Jan Lauwers: *Sad Face / Happy Face. Drei Geschichten über das Wesen des Menschen*, aus d. Engl. v. Brigitte Auer. Frankfurt am Main: Fischer 2008, S. 151–163.

Lehmann, Ulrike / Peter Weibel (Hrsg.): *Ästhetik der Absenz. Bilder zwischen Anwesenheit und Abwesenheit*. München: Klinkhardt & Biermann 1994.

Lejeune, Philippe: *Le Pacte autobiographique*. Paris: Seuil 1975.

Lévi-Strauss, Claude: Die beiden Blinden. In: Ders.: *Mythologica IV. Der nackte Mensch*, aus d. Franz. v. Eva Moldenhauer. Frankfurt am Main: Suhrkamp 1983, S. 445–488.

Liebmann, Irina: *Berliner Mietshaus*. Halle a. d. Saale / Leipzig: Mitteldeutscher Verlag 1982.

—: *In Berlin*. Köln: Kiepenheuer & Witsch 1994.

Lindinger, Gabriele / Karlheinz Schmid (Hrsg.): *Erfolgreich sammeln. Zeitgenössische Kunst zwischen Leidenschaft und Rendite*. Regensburg: Lindinger + Schmid 2007.

Löffler, Petra: *Verteilte Aufmerksamkeit. Eine Mediengeschichte der Zerstreuung*. Zürich: Diaphanes 2014.

Loher, Dea: *Fremdes Haus*. Frankfurt am Main: Verlag der Autoren 1996.

—: Rede zur Verleihung des Gerrit-Engelke-Preises. In: Ulrich Khuon / Jens Groß (Hrsg.): *Dea Loher und das Schauspiel Hannover*. Hannover: Niedersächsisches Staatstheater 1998, S. 224–230.

—: Manhattan Medea. In: Dies.: *Manhattan Medea / Blaubart – Hoffnung der Frauen. Zwei Stücke*. Frankfurt am Main: Verlag der Autoren 1999, S. 7–62.

—: Blaubart – Hoffnung der Frauen. In: Ebd., S. 65–134.

—: Hund. In: Dies.: *Magazin des Glücks. Berliner Geschichte. Die Schere. War Zone.* Frankfurt am Main: Verlag der Autoren 2002, S. 71–96.

—: War Zone. In: Ebd., S. 167–186.

—: Olgas Raum. In: Dies.: *Olgas Raum, Tätowierung, Leviathan* [1994]. Frankfurt am Main: Verlag der Autoren 2003, S. 7–64.

—: Tätowierung. In: Ebd., S. 65–144.

—: Leviathan. In: Ebd., S. 145–229.

—: Unschuld. In: Dies.: *Unschuld. Das Leben auf der Praça Roosevelt.* Frankfurt am Main: Verlag der Autoren 2004, S. 7–106.

—: Das Auge. In: Dies.: *Hundskopf.* Göttingen: Wallstein 2007, S. 76–89.

—: Das letzte Feuer. In: Dies.: *Das letzte Feuer. Land ohne Worte.* Frankfurt am Main: Verlag der Autoren 2008, S. 7–113.

—: Land ohne Worte. In: Ebd., S. 114–135.

—: *Bugatti taucht auf.* Göttingen: Wallstein 2012.

—: *Am Schwarzen See.* Frankfurt am Main: Verlag der Autoren 2012.

Löhr, Wolf-Dietrich: Die Rede der Hand. Giottos O und die Autorschaft des Künstlers bei Polizian und Vasari. In: Christel Meier / Martina Wagner-Egelhaaf (Hrsg.): *Autorschaft. Ikonen – Stile – Institutionen.* Berlin: Akademie 2011, S. 163–194.

Lord, Catherine. What Becomes a Legend Most: The Short Sad Career of Diane Arbus. In: Liz Heron / Val Williams (Hrsg.): *Illuminations. Women Writing on Photography from the 1850s to the Present.* London: Tauris 1996, S. 237–250.

Lord, James: *Alberto Giacometti. Die Biographie* [1983], aus d. Amerik. v. Dieter Mulch. Frankfurt am Main: Fischer 2009.

Lüdemann, Susanne: *Jacques Derrida zur Einführung.* Hamburg: Junius 2011.

Macel, Christine (Hrsg.): *Sophie Calle. M'as-tu vue.* Ausstellungskatalog Centre Pompidou. München / Berlin / London / New York: Prestel 2003/2004.

—: The Author Issue in the Work of Sophie Calle. *Unfinished.* In: Ebd., S. 17–28.

Manning, Erin: *Politics of Touch: Sense, Movement, Sovereignity.* Minneapolis: University of Minnesota Press 2007.

Manthey, Jürgen: *Wenn Blicke zeugen könnten. Eine psychohistorische Studie über das Sehen in Literatur und Philosophie.* München / Wien: Hanser 1983.

Martinez, Matias / Michael Scheffel: *Einführung in die Erzähltheorie.* München: Beck 2002.

Marks, Leo: *Peeping Tom.* London: Faber 1998.

Matthen, Mohan: *Seeing, Doing, and Knowing: A Philosophical Theory of Sense Perception.* Oxford: Oxford UP 2005.

Matuschek, Stefan: Ellipse. In: *Historisches Wörterbuch der Rhetorik*, Bd. 2, hrsg. v. Gert Ueding. Tübingen: Niemeyer 1994, Sp. 1017–1022.

Mayer, Mathias: *Dialektik der Blindheit und Poetik des Todes. Über literarische Strategien der Erkenntnis.* Freiburg i. Br.: Rombach 1997.

McKenzie, Jon: *Perform or Else. From Discipline to Performance.* London / New York: Routledge 2001.

McLuhan, Marshall: *Understanding Media: The Extensions of Man.* New York: McGraw-Hill 1964. (Critical Edition: Corte Madera: Gingko 2003.)

McTighe, Monica E.: *Framed Spaces. Photography and Memory in Contemporary Installation Art.* New Hampshire: Dartmouth College Press 2012.

Mentzer, Alf: *Die Blindheit der Texte. Studien zur literarischen Raumerfahrung.* Heidelberg: Winter 2001.

Merkle, Harry: *Die künstlichen Blinden. Blinde Figuren in Texten sehender Autoren.* Würzburg: Königshausen & Neumann 2000.

Merleau-Ponty, Maurice: *Phänomenologie der Wahrnehmung*, aus d. Franz. v. Rudolf Boehm. Berlin: de Gruyter 1966.

—: *Das Sichtbare und das Unsichtbare*, aus d. Franz. v. Regula Giuliani / Bernhard Waldenfels, hrsg. v. Claude Lefort. München: Fink 1986.

Mersch, Dieter: *Was sich zeigt. Materialität, Präsenz, Ereignis.* München: Fink 2002.

Metzl, Jonathan M.: Voyeur Nation? Changing Definitions of Voyeurism, 1950–2004. In: *Harvard Review of Psychiatry* 12,2 (2004), S. 127–131.

Michalzik, Peter: Erlösung im Tod. Dea Lohers „Blaubart – Hoffnung der Frauen" am Residenztheater. In: *Frankfurter Rundschau*, 02.12.1997, S. 19.

Montalembert, Hugues de: *Der Sinn des Lebens ist das Leben*, aus d. Franz. v. Eberhard Kreutzer / Anke Kreutzer. Köln: DuMont 2011.

Mühleis, Volkmar: *Kunst im Sehverlust.* München: Fink 2005.

Mulvey, Laura: Visual Pleasure and Narrative Cinema. In: Bill Nichols (Hrsg.): *Movies and Methods.* Berkeley / Los Angeles: University of California Press 1985.

—: The Oedipus Myth. Beyond the Riddles of the Sphinx. In: Dies.: *Visual and Other Pleasures.* Bloomington: Indiana UP 1989, S. 159–176.

—: Visuelle Lust und narratives Kino. In: Liliane Weissberg (Hrsg.): *Weiblichkeit als Maskerade.* Frankfurt am Main: Fischer 1994, S. 48–65.

—: *Fetishism and Curiosity.* Bloomington: Indiana UP 1996.

Neri, Louise: Sophie's Choice. Interview (April 2009). In: Andrea Tarsia / Hannah Vaughan / Candy Stobbs (Hrsg.): *Sophie Calle « ».* London: Whitechapel Gallery 2009, S.149–156.

Nietzsche, Friedrich: *Die fröhliche Wissenschaft. Kritische Gesamtausgabe*, Bd. 5.2, hrsg. v. Giorgio Colli / Mazzino Montinari. Berlin: de Gruyter 1967.

Nochlin, Linda: Why Have There Been No Great Women Artists? In: *ARTnews*, 1/1971, S. 22–39, 67–71.

Noë, Alva: *Action in Perception.* Cambridge: MIT 2004.

Nonnenmacher, Kai: *Das schwarze Licht der Moderne. Zur Ästhetikgeschichte der Blindheit.* Tübingen: Niemeyer 2006.

Oberender, Thomas: Analyse der Störungen. Theater als das Drama der Wahrnehmung. In: Hajo Kurzenberger / Annemarie Matzke (Hrsg.): *TheorieTheaterPraxis.* Berlin: Theater der Zeit 2004, S. 27–39.

Ochsner, Beate / Anna Grebe (Hrsg.): *Andere Bilder. Zur Produktion von Behinderung in der visuellen Kultur.* Bielefeld: Transcript 2012.

O'Doherty, Brian: *In der weißen Zelle*, aus d. Amerik. u. hrsg. v. Wolfgang Kemp. Berlin: Merve 1996.

Ovid: *Metamorphosen*, aus d. Lat. u. hrsg. v. Hermann Breitenbach. Stuttgart: Reclam 1971, Buch X, 243–248.

Panofsky, Erwin: Blind Cupid. In: Ders.: *Studies in Iconology: Humanistic Themes in the Art of the Renaissance* [1939]. New York: Perseus 1972, S. 95–128.

—: Der blinde Amor. In: Ders.: *Studien zur Ikonologie der Renaissance.* Köln: DuMont 1997, S. 153–202.

Parnes, Ohad / Ulrike Vedder / Stefan Willer: *Das Konzept der Generation.* Frankfurt am Main: Suhrkamp 2008.

Person, Jutta: Schöner leiden. Ineinanderkopiert, zusammengesetzt, rückwärts abgespielt: Paul Brodowskys Erzählband „Die blinde Fotografin". In: *Süddeutsche Zeitung,* 31.05.2007, S. 16.

Peters, Sibylle: *Der Vortrag als Performance.* Bielefeld: Transcript 2011.

Phelan, Peggy: *Unmarked. The Politics of Performance.* London / New York: Routledge 1993.

—: Francesca Woodman's Photography: Death and the Image One More Time, In: *Signs* 27,4 (2002), S. 979–1004.

Pinto, Vito: *Stimmen auf der Spur. Zur technischen Realisierung der Stimme in Theater, Hörspiel und Film.* Bielefeld: Transcript 2012.

Plinius: *Naturkunde,* Buch XXXV: Farben – Malerei – Plastik, aus d. Lat. u. hrsg. v. Roderich König in Zusammenarbeit mit Gerhard Winkler. 2., überarb. Aufl. Düsseldorf / Zürich: Artemis & Winkler. 1997.

Pomian, Krzysztof: *Der Ursprung des Museums. Vom Sammeln,* aus d. Franz. v. Gustav Rossler. Berlin: Wagenbach 1988.

Poschmann, Gerda: *Der nicht mehr dramatische Theatertext. Aktuelle Bühnenstücke und ihre dramaturgische Analyse.* Tübingen: Niemeyer 1997.

Preimesberger, Rudolf: Einleitung. In: Ders. / Hannah Baader / Nicola Suthor (Hrsg.): *Porträt. Geschichte der klassischen Bildgattungen in Quellentexten und Kommentaren.* Berlin: Reimer 1999, S. 13–64.

Price, Sally: Silences in the Museum. Reflections on the European Exotic. In: *Historische Anthropologie. Kultur – Gesellschaft – Alltag* 18,2 (2010): Visuelle Geschichte, S. 176–190.

Raddatz, Frank-M.: Vorbemerkung. In: Ders.: *Brecht frißt Brecht. Neues Episches Theater im 21. Jahrhundert.* Berlin: Henschel 2007, S. 7–8.

Rancière, Jacques: *Der emanzipierte Zuschauer,* aus d. Franz. v. Richard Steurer, hrsg. v. Peter Engelmann. Wien: Passagen 2009.

Rasch, Uwe: Stillen – Pausen – Leeren. In: Ulrike Lehmann / Peter Weibel (Hrsg.): *Ästhetik der Absenz. Bilder zwischen Anwesenheit und Abwesenheit.* München: Klinkhardt & Biermann 1994, S. 32–41.

Rebentisch, Juliane: *Ästhetik der Installation.* Frankfurt am Main: Suhrkamp 2003.

Reitler, Rudolf: Zur Augensymbolik. Beiträge zur Symbolik. In: *Internationale Zeitschrift für Psychoanalyse* 1,1 (1913), S. 159–161.

Renger, Almut-Barbara: *Oedipus and the Sphinx. The Threshold Myth from Sophocles through Freud to Cocteau.* Chicago: Chicago UP 2013.

Rentsch, Stefanie: *Hybrides Erzählen: Text-Bild-Kombinationen bei Jean Le Gac und Sophie Calle.* München: Fink 2010.

Reschke, Nils: Blick-Störungen: Sehen, Blindheit, Kino. In: Ders. / Kenneth S. Calhoon / Eva Geulen / Claude Haas: (Hrsg.): *„Es trübt mein Auge sich in Glück und Licht". Über den Blick in der Literatur.* Berlin: Schmidt 2010, S. 257–269.

Reulecke, Anne-Kathrin (Hrsg.): *Fälschungen. Zu Autorschaft und Beweis in den Wissenschaften und Künsten.* Frankfurt am Main: Suhrkamp 2006.

Ripplinger, Stefan: *I Can see now. Blindheit im Kino.* Berlin: Verbrecher 2008.

Roche, Denis: „Das flüchtige Vorüberziehen des Schönen." Fragen von Charles Grivel. In: *Fotogeschichte* 20 (1986), S. 27–32.

Römer, Stefan: Zwischen Kunstwissenschaft und Populismus. Die Rede vom Original und seiner Fälschung. In: Anne-Kathrin Reulecke (Hrsg.): *Fälschungen. Zu Autorschaft und Beweis in den Wissenschaften und Künsten*. Frankfurt am Main: Suhrkamp 2006. S. 347–363.

Roselt, Jens: Figur. In: *Metzler Lexikon Theatertheorie,* hrsg. v. Erika Fischer-Lichte / Doris Kolesch / Matthias Warstat. Stuttgart / Weimar: Metzler 2005, S. 104–107.

—: *Phänomenologie des Theaters*. München: Fink 2008.

Roselt, Jens / Ulf Otto (Hrsg.): *Theater als Zeitmaschine. Zur performativen Praxis des Reenactments. Theater- und kulturwissenschaftliche Perspektiven*. Bielefeld: Transcript 2012.

Sabaddini, Andrea: Watching Voyeurs: Michael Powell's *Peeping Tom* (1960). In: *The International Journal of Psychoanalysis* 81,4 (2000), S. 809–813.

Salecl, Renata / Slavoj Žižek (Hrsg.): *Gaze and Voice as Love Objects*. Durham / London: Duke UP 1996.

Saporiti, Katia: Vom Gebrauch der Vorstellung. Ideen und Bilder bei George Berkeley. In: Ludger Schwarte (Hrsg.): *Bild-Performanz*. München: Fink 2011, S. 163–184.

Sartre, Jean-Paul: Auf der Suche nach dem Absoluten. In: Ders.: *Situationen. Essays*, aus d. Franz. v. Hans Georg Brenner / Günther Scheel. Reinbek: Rowohlt 1956, S. 187–198.

—: *Das Sein und das Nichts. Versuch einer phänomenologischen Ontologie. Gesammelte Werke in Einzelausgaben. Philosophische Schriften*, Bd. 3, aus. d. Franz. v. Hans Schöneberg / Traugott König. Reinbek: Rowohlt 2012, S. 457–538.

Sawyer, Sarah: *Body Piercing and Tatooing. The Hidden Dangers of Body Art*. New York: Rosen 2007.

Saxe, John Godfrey: The Blind Men and the Elephant. In: Ders.: *The Poems of John Godfrey Saxe*. Boston: Houghton, Mifflin and Company 1881, S. 111–112.

Scott, Jill: *Electra After Freud. Myth and Culture. Cornell Studies in the History of Psychiatry*. New York: Cornell UP 2005.

Schade, Sigrid / Monika Wagner / Sigrid Weigel (Hrsg.): *Allegorien und Geschlechterdifferenz*. Köln: Böhlau 1994.

Schaffer, Johanna: *Ambivalenzen der Sichtbarkeit. Über die visuellen Strukturen der Anerkennung*. Bielefeld: Transcript 2008.

Schneider, Pierre: Mein langer Weg. In: Alberto Giacometti: *Gestern, Flugsand. Schriften*, aus d. Franz. v. Maria Hoffmann-Dartevelle, aus d. Ital. v. Aylie Lonmon, hrsg. v. Mary Lisa Palmer / François Chaussende. Zürich: Scheidegger & Spiess 1999, S. 256–262.

Schneider, Rebecca: *The Explicit Body in Performance*. London / New York: Routledge 1997.

—: *Performing Remains: Art and War in Times of Theatrical Reenactment*. London / New York: Routledge 2011.

Schouten, Sabine: *Sinnliches Spüren. Wahrnehmung und Erzeugung von Atmosphären im Theater*. Berlin: Theater der Zeit 2007.

Schößler, Franziska: *Augen-Blicke. Erinnerung, Zeit und Geschichte in Dramen der neunziger Jahre*. Tübingen: Narr 2004.

Schrödl, Jenny: *Vokale Intensitäten. Zur Ästhetik der Stimme im postdramatischen Theater*. Bielefeld: Transcript 2011.

Schube, Inka: Dekonspiration und Mimikry. Die Bemächtigungsstrategien der Sophie Calle. In: Dies. (Hrsg.): *Sophie Calle*. Katalog anlässlich der gleichnamigen Ausstellung im Sprengel Museum Hannover. Köln: König 2003, S. 19–29.

Schürmann, Eva: *Sehen als Praxis. Ethisch-ästhetische Studien zum Verhältnis von Sicht und Einsicht.* Frankfurt am Main: Suhrkamp 2008.

Sedlmayr, Hans: Pieter Bruegel: Der Sturz der Blinden: Paradigma einer Strukturanalyse. In: *Hefte des Kunsthistorischen Seminars der Universitär München* 2 (1957), S. 1–49.

Siegmund, Gerald: Erfahrung, dort, wo ich nicht bin. Die Inszenierung von Abwesenheit im zeitgenössischen Tanz. In: Gabriele Klein / Wolfgang Sting (Hrsg.): *Performance. Positionen zur zeitgenössischen szenischen Kunst.* Bielefeld: Transcript 2005, S. 59–75.

—: *Abwesenheit: Eine performative Ästhetik des Tanzes. William Forsythe, Jérôme Bel, Xavier Le Roy, Meg Stuart.* Bielefeld: Transcript 2006.

Silverman, Kaja: *The Acoustic Mirror: The Female Voice in Psychoanalysis and Cinema.* Bloomington: Indiana UP 1988.

—: *Male Subjectivity at the Margins.* London / New York: Routledge 1992.

—: *The Treshold of the Visible World.* New York: Routledge 1996.

Sophokles: König Ödipus. In: Ders.: *Werke in einem Band*, aus d. Griech. u. hrsg. v. Rudolf Schottlaender. Berlin / Weimar: Aufbau 1982, S. 167–236.

Sontag, Susan: *Death Kit.* New York: Farrar, Straus & Giroux 1967.

—: *Todesstation*, aus d. Amerik. v. Jörg Trobitius. Frankfurt am Main: Fischer 2003.

—: *Über Fotografie* [1980], aus d. Amerik. v. Mark W. Rien / Gertrud Baruch. Frankfurt am Main: Fischer 2013.

Stagl, Justin: Homo Collector: Zur Anthropologie und Soziologie des Sammelns. In: Aleida Assmann / Monika Gomille / Gabriele Rippl (Hrsg.): *Sammler – Bibliophile – Exzentriker. Literatur und Anthropologie*, Bd. 1. Tübingen: Narr 1998, S. 37–54.

Stalpaert, Christel: On Art and Life as Roundabout Paths to Death. Melancholia, Desire and History in „Isabella's Room". In: Dies. / Frederik Le Roy / Sigrid Bousset (Hrsg.): *No Beauty for Me there where Human Life Is Rare. On Jan Lauwers' Theatre Work with Needcompany.* Gent: Academia / International Theatre & Film 2007, S. 317–332.

Starobinski, Jean: Über Corneille. In: Ders.: *Das Leben der Augen*, aus d. Franz. v. Henriette Beese. Frankfurt am Main / Berlin / Wien: Ullstein 1984, S. 20–51.

Steigler, Bernd: Fotografie und Wahrnehmung. In: Ders. (Hrsg.): *Texte zur Theorie der Fotografie.* Stuttgart: Reclam 2012.

Steinweg, Reiner: *Lehrstück und episches Theater. Brechts Theorie und die theaterpädagogische Praxis.* Frankfurt am Main: Brandes & Apsel 1995.

Stephan, Inge / Alexandra Tacke: Einleitung. In: Dies. (Hrsg.): *Nachbilder des Holocaust. Literatur-Kultur-Geschlecht.* Wien / Köln / Weimar: Böhlau 2007, S. 7–17.

Stuart, Meg: To Have Company. In: Jeroen Peeters (Hrsg.): *Damaged Goods / Meg Stuart. Are we here yet?* Dijon: Presses de réel 2010, S. 143.

—: A Place to Try Things. In: Ebd., S. 150.

—: Blending and Merging. In: Ebd., S. 228–231.

Sykora, Katharina: *Die Tode der Fotografie. Totenfotografie und ihr sozialer Gebrauch*, Bd. 1. München: Fink 2009.

Tacke, Alexandra (Hrsg.): *Blind Spots. Eine Filmgeschichte der Blindheit vom frühen Stummfilm bis in die Gegenwart.* Bielefeld: Transcript 2016.

Talbot, William Henry Fox: Der Zeichenstift der Natur. In: Wilfried Wiegand (Hrsg.): *Die Wahrheit der Photographie. Klassische Bekenntnisse zu einer neuen Kunst.* Frankfurt am Main: Fischer 1981.

Te Heesen, Anke: *Theorien des Museums. Zur Einführung.* Hamburg: Junius 2012.

Thurman, Judith: *Cleopatra's Nose. 39 Varieties of Desire.* New York: Picador 2007.

Turner, Victor: Betwixt and between. The Liminal Period in Rites de Passage. In: Melford E. Spiro (Hrsg.): *Symposium on New Approaches to the Study of Religion.* Seattle: American Ethnological Society 1964.

Ugolini, Gherardo: *Untersuchungen zur Figur des Sehers Teiresias.* Tübingen: Narr 1995.

Umathum, Sandra: *Kunst als Aufführungserfahrung. Zum Diskurs intersubjektiver Situationen in der zeitgenössischen Ausstellungskunst. Felix Gonzalez-Torres, Erwin Wurm und Tino Sehgal.* Bielefeld: Transcript 2011.

Utz, Peter: *Das Auge und das Ohr im Text. Literarische Sinneswahrnehmung in der Goethezeit.* München: Fink 1990.

[Vergil] P. Vergilius Maro: *Bucolica. Hirtengedichte.* Studienausgabe Lat./Dt., aus d. Lat. v. Michael v. Albrecht. Stuttgart: Reclam 2001.

Vedder, Ulrike: Museum / Ausstellung. In: *Ästhetische Grundbegriffe. Ein Historisches Wörterbuch in sieben Bänden*, Bd. 7, hrsg. v. Karlheinz Barck / Martin Fontius / Friedrich Wolfzettel / Burkhart Steinwachs. Stuttgart / Weimar: Metzler 2005, S. 148–190.

Vogl, Joseph: *Über das Zaudern.* Zürich / Berlin: Diaphanes 2007.

Von Braun, Christina: *Versuch über den Schwindel. Religion, Schrift, Bild, Geschlecht.* Zürich / München: Pendo 2001.

Von Geisau, Hans: Oidipus. In: *Der kleine Pauly. Lexikon der Antike*, Bd. 4, hrsg. v. Konrat Ziegler / Walther Sontheimer. München: dtv 1979, S. 253–254.

—: Teiresias. In: Ebd., Bd. 5, S. 558.

Von Graevenitz, Antje: Selbsterfahrung durch die Sinne. In: Theodora Vischer (Hrsg.): *Skulptur im 20. Jahrhundert.* Katalog zur Ausstellung im Merian-Park Basel. Basel: Werner 1984, S. 175–184.

Von Ranke-Graves, Robert: *Griechische Mythologie. Quellen und Deutung.* Reinbek: Rowohlt 2001.

Von Rosen, Valeska: Nachahmung. In: *Metzler Lexikon Kunstwissenschaf*, hrsg. v. Ulrich Pfisterer. Stuttgart / Weimar: Metzler 2011, S. 295–299.

Wagstaff, Sheena: Such Is My Pleasure/Such Is My Will. In: Andrea Tarsia / Hannah Vaughan / Candy Stobbs (Hrsg.): *Sophie Calle « ».* London: Whitechapel Gallery 2009, S. 33–40.

Waldenfels, Bernhard: *Antwortregister.* Frankfurt am Main: Suhrkamp 2007.

—: *Sinnesschwellen. Studien zur Phänomenologie des Fremden 3* [1999]. Frankfurt am Main: Suhrkamp 2013.

Waldschmidt, Anne / Hanjo Berressem / Moritz Ingwersen (Hrsg.): *Culture – Theory – Disability. Encounters between Disability Studies and Cultural Studies.* Bielefeld: Transcript 2012.

Warstat, Matthias: Ritual. *Metzler Lexikon Theatertheorie*, hrsg. v. Matthias Warstat / Erika Fischer-Lichte / Doris Kolesch. Stuttgart / Weimar: Metzler 2005, S. 274–278.

Weihinger, Brunhild: „Lettre sur les aveugles à l'usage de ceux qui voient". In: *Kindlers Neues Literaturlexikon*, Bd. 4, hrsg. v. Walter Jens. München: Kindler 1998. S. 672–673.

Weiler, Christel: Glückspilze und Trauerklöße. Über die Lust am Theater. In: Clemens Risi / Jens Roselt (Hrsg.): *Koordinaten der Leidenschaft. Kulturelle Aufführungen von Gefühlen.* Berlin: Theater der Zeit 2009, S. 267–279.

Welskop, Nena: *Der Blinde. Konstruktionen eines Motivs in der deutschsprachigen Literatur nach 1945.* Würzburg: Königshausen & Neumann 2014.

Welsch, Wolfgang: *Unsere postmoderne Moderne.* Weinheim: VCH 1987.

—: *Wege aus der Moderne. Schlüsseltexte der Postmoderne.* Weinheim: VCH 1988.

—: Ästhetik und Anästhetik. In: Ders. / Christine Pries (Hrsg.): *Ästhetik im Widerstreit. Interventionen zum Werk von Jean-François Lyotard.* Weinheim: VCH 1991, S. 67–87.

—: Wiederkehr des Schönen? In: Lydia Haustein / Petra Stegmann (Hrsg.): *Schönheit. Vorstellungen in Kunst, Medien und Alltagskultur.* Göttingen: Wallstein 2006, S. 39–50.

Wenk, Silke: *Versteinerte Weiblichkeit. Allegorien in der Skulptur der Moderne.* Köln: Böhlau 1996.

Wetzel, Michael: „Ein Auge zuviel." Derridas Urszenen des Ästhetischen. In: Jacques Derrida: *Aufzeichnungen eines Blinden. Das Selbstporträt und andere Ruinen*, aus d. Franz. v. Andreas Knop / Michael Wetzel, hrsg. v. Michael Wetzel. München: Fink 1997, S. 129–155.

Windrich, Johannes: *Technotheater. Dramaturgie und Philosophie bei Rainald Goetz und Thomas Bernhard.* München: Fink 2007.

Winkler, Susanne: Ellipsis. In: *Encyclopedia of Language & Linguistics*, hrsg. v. Anne H. Anderson / Laurie Bauer / Margie Berns / Graeme Hirst et al. Oxford: Elsevier 2006, S. 109.

Wirth, Uwe (Hrsg.): *Performanz. Zwischen Sprachphilosophie und Kulturwissenschaften.* Frankfurt am Main: Suhrkamp 2002.

Wolf, Herta (Hrsg.): *Fotokritik am Ende des fotografischen Zeitalters.* 2 Bde. Frankfurt am Main: Suhrkamp 2002–2003.

Wulf, Christoph / Jörg Zirfas (Hrsg.): *Ikonologie des Performativen.* München: Fink 2005.

Žižek, Slavoj: *Looking Awry. An Introduction to Jacques Lacan Through Popular Culture.* Massachusetts: MIT 1991.

Zschocke, Nina: *Der irritierte Blick. Kunstrezeption und Aufmerksamkeit.* München: Fink 2006.

Zupančič, Alenka: Philosophers' Blind Man's Buff. In: Renata Salecl / Slavoj Žižek (Hrsg.): *Gaze and Voice as Love Objects.* Durham / London: Duke UP 1996, S. 32–58.

—: Blindekuh der Philosophen. In: Claudia Blümle / Anne von der Heiden (Hrsg.): *Blickzähmung und Augentäuschung. Zu Jacques Lacans Bildtheorie.* Berlin: Diaphanes, 2009. S. 425–448.

Internetpublikationen

Archiv zum Ingeborg-Bachmannpreis mit der Zusammenfassung der Diskussion über Paul Brodowskys Text *Aufnahme* 2006. http://archiv.bachmannpreis.orf.at/bachmannpreisv2/bachmannpreis/texte/stories/117972/index.html (Zugriff am 15.03.2017).

Bazinger, Irene: Drei Augen sind besser als zwei. Das Sein, das Nichts und der Schatten von beidem: Dea Lohers Erzählungen. *Frankfurter Allgemeine Zeitung*, 16.03.2005. http://www.faz.net/aktuell/feuilleton/buecher/rezensionen/belletristik/drei-augen-sind-besser-als-zwei-1214815.html (Zugriff am 04.02.2014).

Der Neue Pauly, hrsg. v. Hubert Cancik / Helmuth Schneider / Manfred Landfester. http://referenceworks.brillonline.com/entries/der-neue-pauly/orion-e900750 (Zugriff am 04.09.2014).

Dürr, Anke: Raunzen gegen die Kitschgefahr. In: *Spiegel Online*, 30.09.2011. http://www.spiegel.de/kultur/gesellschaft/unschuld-premiere-in-berlin-raunzen-gegen-die-kitschgefahr-a-789269.html (Zugriff am 04.02.2014).

Hirsch, Anja: Etüden in Gleichgültigkeit: Paul Brodowskys Erzählungsband „Die blinde Fotografin" spielt mit der Sprödigkeit – die Wirkung bleibt nicht aus. In: *Frankfurter Rundschau*, 16.06.2007. http://www.fr.de/kultur/literatur/die-blinde-fotografin-etueden-in-gleichgueltigkeit-a-1191825 (Zugriff am 10.04.2017).

Jefferson, Margo: A Loose Memoir of Song, Dance and Image. In: *New York Times*, 16.12.2004. http://www.nytimes.com/2004/12/16/theater/reviews/16isab.html?_r=0. (Zugriff am 18.09.2014).

Korsmeier, Antje: Ganz in Wörter eingehüllt. In: *die tageszeitung*, 17.03.2007. http://www.taz.de/!278314/ (Zugriff am 21.02.2017).

Lauwers, Jan / Peter T'Jonck: Because Women Are Tremendously Important. In: *De Tijd*, 21.09.2004. http://www.needcompany.org/EN/isabella-s-room/review (Zugriff am 19.09.2014).

Lévesque, Solange: Festival de théâtre des Amériques – Kaddish en forme d'hymne à la vie. In: *Le Devoir*, 03.06.2005. http://www.needcompany.org/FR/la-chambre-d-isabella/critique/38 (Zugriff am 19.09.2014).

Meyer, Roland: Kleinerer Versuch über den Staub. Eine Spurensuche. In: Die Junge Akademie (Hrsg.): *Preisfrage 2005. Wo bleibt die Zeit?*, S. 3. http://www.wo-bleibt-die-zeit.de/preis/Meyer.pdf (Zugriff am 10.03.2014).

Rogoff, Irit: What is a Theorist? In: *transversal*, 1/2013. http://eipcp.net/transversal/0806/rogoff1/en (Zugriff am 03.09.2013).

Salino, Brigitte: Dans la chambre aux secrets d'Isabella défilent lese Amours vivantes et mortes. In: *Le Monde*, 13.07.2004. http://www.needcompany.org/FR/critique/1012 (Zugriff am 16.09.2014).

Thomasson, Amie: Roman Ingarden. In: *Stanford Encyclopedia of Philosophy*, hrsg. v. Edward N. Zalta. http://plato.stanford.edu/archives/fall2012/entries/ingarden/ (Zugriff am 18.07.2014).

Tritthart, Martina: Der negative Raum oder die andere Seite des Lichts. Maria Nordman und Nan Hoover. Wahrnehmung Raum Kunst Architektur. In: *all-over. Magazin für Kunst und Ästhetik*, 6/2013, S. 14–25. http://allover-magazin.com/wp-content/uploads/2013/10/AO_05_Tritthart.pdf (Zugriff am 14.04.2014).

Ullmann, Katrin: Frau Zuckers Gespür für Benzin. Dea Lohers böse „Unschuld" – Uraufführung am Thalia Theater Hamburg. In: *Der Tagesspiegel*, 13.10.2003. http://www.tagesspiegel.de/kultur/archiv/13.10.2003/786829.asp# (Zugriff am 03.07.2008).

Unsichtbare Schönheit. In: *Spiegel Special*, 3/1999. http://www.spiegel.de/spiegel/spiegelspecial/d-9583355.html (Zugriff am 16.01.2013).

Vergil: *Eclogia Prima.* http://www.thelatinlibrary.com/vergil/ec1.shtml (Zugriff am 23.04.2014).

Wittstock, Uwe: Laudatio der Brecht-Preisträgerin 2006 Dea Loher. Zur Preisverleihung am 16. Juli 2006 im Goldenen Saal des Augsburger Rathauses. http://www2.augsburg.de/fileadmin/www/dat/07ku/brechtpreis/pdf/Wittstock_LoherRede.pdf, S. 1–9 (Zugriff am 07.10.2016).

Filme

L'Arrivée d'un train en gare de La Ciotat (*Die Ankunft eines Zuges auf dem Bahnhof in La Ciotat*, F 1895, R: Louis Lumière).

La Sortie de l'usine Lumière à Lyon (*Arbeiter verlassen die Lumière-Werke*, F 1895, R: Louis Lumière).

Black Sun (US 2005, R: Gary Tarn).

Blind (N 2014, R: Eskil Vogt).

Blue (US 1993, R: Derek Jarman).

Das Liebesglück der Blinden (D 1911, R: Curt A. Stark / Heinrich Bolten-Baeckers).

Der Gang in die Nacht (D 1921, R: Friedrich Wilhelm Murnau).

La Belle Noiseuse (*Die schöne Querulantin*, F 1991, R: Jacques Rivette).

Letter on the Blind for the Use of Those Who See (US 2007, R: Javier Téllez).

Orphans of the Storm (*Zwei Waisen im Sturm*, US 1921, R: D. W. Griffith).

Somewhere in Bletween (F 2004, R: Pierre Coulibeuf).

Tui Na – Blind Massage (CHN/F 2014, R: Lou Ye).

Inszenierungen

Hölbling, Saskia: *other feature* (UA: 04.04.2002, dietheater, Wien).

Lauwers, Jan / Needcompany: *Isabella's Room* (UA: 09.07.2004, Cloître des Carmes, Festival d'Avignon).

—: *The House of Our Fathers* (UA: 03.06.2011, Kunsthalle Mannheim, Internationale Schillertage).

Loher, Dea: *Olgas Raum* (UA: 07.08.1992, Ernst-Deutsch-Theater, Hamburg, R: Ives Janssen).

—: *Tätowierung* (UA: 08.10.1992, Ensemble am Südstern, Berlin, R: Thomas Hollander).

—: *Leviathan* (UA: 02.10.1993, Staatstheater Hannover, R: Antje Lenkeit).

—: *Fremdes Haus* (UA: 14.09.1995, Staatstheater Hannover, R: Andreas Kriegenburg).

—: *Blaubart – Hoffnung der Frauen* (UA: 26.11.1997, Bayerisches Staatsschauspiel, München, R: Andreas Kriegenburg).

—: *Manhattan Medea* (UA: 22.10.1999, Mecklenburgisches Staatstheater, Schwerin, steirischer herbst, R: Ernst M. Binder).

—: *Unschuld* (UA: 11.10.2003, Thalia Theater, Hamburg, R: Andreas Kriegenburg).

—: *Land ohne Worte* (UA: 30.09.2007, Münchner Kammerspiele, R: Andreas Kriegenburg).

—: *Das letzte Feuer* (UA: 26.01.2008, Thalia Theater, Hamburg, R: Andreas Kriegenburg).

—: *Am Schwarzen See* (UA: 26.10.2012, Deutsches Theater Berlin, R: Andreas Kriegenburg).

Meir, Lee: *Soli Deo Gloria* (UA: 05.04.2013, Theater Erfurt, Thüringer Bachwochen).

Salamon, Eszter: *Tales of the Bodiless* (UA: 21.05.2011, Kaaitheater, Brüssel, KunstenFESTIVALdesArts).

Stuart, Meg / Damaged Goods: *Visitors Only* (UA: 30.04.2003, Schauspielhaus Zürich).

—: *All Together Now* (UA: 16.10.2008, Helmut-List-Halle, Graz, steirischer herbst).

—: *Violate* (UA: 07.04.2011, PACT Zollverein, Essen).

Verhoeven, Dries: *Dunkelkammer* (UA: 30.09.2011, Münchner Kammerspiele).

Ausstellungen

Calle, Sophie: *Le Bronx* (Fashion Moda, New York, 1980).

—: *Les Dormeurs* (Galerie Canon, Genf, 1980).

—: *Les Aveugles* (Galerie Crousel-Hussenot, Paris; École des Beaux-Arts de Tasmanie, Hobart; De Appel, Amsterdam, 1986).

—: *Blind Color* (Leo Castelli Gallery, New York, 1993).

—: *The Last Image* (Sanat Limani, Istanbul 2010).

Gegenwelten. Die unsichtbare Seite der Dinge, eine Ausstellung in Kooperation mit der Stiftung Universität Hildesheim (Roemer- und Pelizaeus-Museum, Hildesheim, 2013/2014).

Abbildungsverzeichnis

Abb. 12 Paul Strand: Blind Woman, New York 1916 (Negativ), 1945 (Druck). Abgedruckt in Peter Barberie / Amanda N. Bock (Hrsg.): Paul Strand. Master of Modern Photography. New Haven / London: Philadelphia Museum of Art / Fundación MAPFRE / Yale UP 2014, Abb. 30. © 2014 Paul Strand Archive / Aperture Foundation, Inc.

Abb. 13 Sophie Calle: Les aveugles / rien, 1986. Abgedruckt in Inka Schube (Hrsg.): Sophie Calle. Katalog anlässlich der gleichnamigen Ausstellung im Sprengel Museum Hannover. Köln: König 2002, S. 86–87. © VG Bild-Kunst, Bonn 2017.

Abb. 14 Isabella's Room, Jan Lauwers. Kaaitheater, Brüssel, 09/2004. © Maarten Vanden Abeele, Courtesy of the Artist.

Abb. 15 Isabella's Room, Viviane De Muynck als Isabella Morandi. Kaaitheater, Brüssel, 09/2004. © Maarten Vanden Abeele, Courtesy of the Artist

Abb. 16 Isabella's Room, Louise Peterhoff als Sister Joy. Kaaitheater, Brüssel, 09/2004. © Maarten Vanden Abeele, Courtesy of the Artist.